KB061724

욕동, 자아, 대상
그리고 자기
임상 작업을 위한 종합

DRIVE, EGO, OBJECT, AND SELF
A Synthesis for Clinical Work

욕동, 자아, 대상 그리고 자기

임상 작업을 위한 종합

프레드 파인 지음
문희경·현상규 옮김

DRIVE EGO
OBJECT & SELF

A Synthesis for Clinical Work

지혜와 사랑

DRIVE, EGO, OBJECT, AND SELF

A Synthesis for Clinical Work

Edited by

FRED PINE

Head & Heart
Seoul, Korea
2021

프로이트가 '정신분석'이라는 폭탄을 인류의 정신사에 던져놓고 세상을 떠난 지 100년이 되어 가고 있다. 짧지 않은 세월이 흐르는 동안 때때로 사람들은 프로이트가 죽었고 그의 이론은 시대에 흐름에 맞지 않는 부적절한 것이라고 치부하였다. 하지만 2006년 프로이트 탄생 150주년을 맞아 그에 대해 다뤘던 Newsweek의 기사에서는 이렇게 얘기하고 있다. "프로이트는 죽지 않았다. 그의 카우치는 사라졌지만, 치료의 문화는 도처에서 발견되며, 과학은 그의 이론에 대해 새로운 관점으로 보고 있다."

그렇다. 프로이트는 죽지 않았고 오히려 그가 창안했던 정신분석은 우리 삶의 다양한 영역에 영향을 미치며 그 생명력을 더해가고 있다. 정신분석은 다양한 과정을 거치면서 발달해왔고, '무의식'을 설명하려는 풍성한 개념들을 중심으로 인간을 이해하고, 인간이 겪는 여러 가지 문제를 해결하는 데 중요한 도움을 제공하고 있다. 또한 전문가의 영역으로만 여겨지던 정신분석이 시대의 요구에 따라서 이전 보다 더 많은 사람들이 접근할 수 있는 대중적인 아이템이 되고 있음은 반가운 일이 아닐 수 없다. 그러나 여전한 문제는 프로이트의 이론도 이해하기가 쉽지 않은데, 그의 이론이 시대적 상황의 변화와 임상적 요구에 따라서 다양한 변화를 거쳐오면서 정신분석 이론의 난해함과 복잡함이 더욱 커졌다는 것이다. 이러한 흐름은 특히 인간의 정신적 문제를 끌어안고 고민하며 해결의 길을 모색하는 이들에게 쉽지 않은 도전이자 끊임없는 문제 제기가 되었다. 정신분석을 대하다 보면 종종 인간의 심연에 대해 무엇인가 잡은 듯하면 흐려지고 이해한 듯하면 또 모호해지는 경험을 하게 되는데 아마도 이런 이유에서일 것이다.

그래서 정신분석이라는 도구를 사용해서 인간의 정신적 문제에 접근하는 이들에게는 그동안 발달해온 정신분석 이론들을 하나씩 섭렵할 뿐만 아니라 실제 임상 작업에서 이것들을 통합적으로 활용해야 하는 쉽지 않은 과제가 부여된다. Fred Pine 박사의 이 책은 그런 과제를 수행함에 있어서 하나의 소중한 길잡이이자 샘플이 될 것이라고 생각된다. 그는 프로이트 이후 발달해온 정신분석의 흐름을 욕동, 자아, 대상관계 그리고 자기라는 핵심 개념을 중심으로 정리하고 실제 임상에서 각각의 이론이 구별되면서도 어떻게 종합적으로 활용될 수 있는지에 대해 그 방향을 제시한다. 이 책은 이론적으로도 많은 공부 거리를 제공하고 있지만 실제 사례들을 통해서 임상 작업을 하는 이들에게 유용한 도움을 주고 있다.

좋은 책이고 꼭 필요한 책이니 함께 공부하는 이들과 한번 읽어보자고 생각하고 시작한 작업이었는데 제법 시간이 흘렀다. 우리 상황에서 정신분석 용어들의 번역이 여전히 통일되지 않은 것도 있지만 그것을 독자의 입장에서 수월하게 읽어나갈 수 있도록 다듬는 데는 적지 않은 시간과 더 많은 세심함이 요구되었기 때문이다. 그나마 원래 혼자 하던 작업을 상담의 길에서 만난 동료이자 친구인 현상규 박사와 함께하면서 부담을 나눌 수 있었음이 다행스럽고 감사한 일이다. 이 책의 1-7장은 문희경이, 8-12장은 현상규가 분담해서 번역을 담당하였고 전체적으로 다듬고 조정하는 과정에서 두 사람이 긴밀하게 소통하였다.

역자들이 협력하여 애를 썼지만 결과적으로 여전히 부족함이 있음을 겸허하게 인정하고 미리 양해를 구해본다. 또한 이 책이 만들어지기까지 손대형, 엄기표, 곽소영, 소연옥, 김경애, 김현주, 정혜옥, 박순희, 김태선, 조영숙(그외 익명의 분들) 님들의 물심양면의 큰 도움이 있었음에 감사의 마음을 전한다. 아무쪼록 이 번역서가 정신분석을 종합적으로 이해하고 실제 임상에 활용함으로써 삶의 어려움을 덜어주려고 오늘도 고군분투하고 있는 이들에게 적절한 도움을 주는 작은 나침반이 될 수 있기를 소망해본다.

2021년 코로나로 인해 빼앗긴 봄의 회복을 기다리며
역자 대표 **문희경**

오늘날 개념화되었듯이, 임상 작업의 현상들은 흔히 네 가지의 넓은 영역으로 나뉘는 것으로 이해된다. 이러한 영역들은 욕동, 자아, 대상관계 그리고 자기라는 익숙한 개념으로 언급된다. 우리의 이론들은 이러한 관찰과 조화를 이루어야만 하고 어떻게 그렇게 되는지 제시해야만 한다. 이 책에서 나의 목표는 그러한 노선들과 조화를 이루는 하나의 견해를 제안하는 것이다.

이 책에 어떤 독창적인 기여가 있든, 이 책은 현상들 자체를 분류하기 위한 것이 아니고, 그것들을 설명하기 위해 사용된 폭넓은 개념적 언어들을 제시하기 위한 것도 아니다. 여기에서 나는 단순히 욕동, 자아, 대상관계 그리고 자기라는 우리의 익숙한 용어들을 다루려고 한다. 나는 이러한 용어들이 느슨하고 중복되는 분류라는 점을 그리고 그 현상들이 다른 방식으로도 분류될 수 있다는 점을 인정한다. 그러나 이것들이 익숙하기 때문에, 나는 임상 작업에서 계속해서 그것들을 재발견해왔고, 그래서 여기에서 이것들을 사용하려고 한다. 나는 처음부터 내가 그 현상들과 관련된 공식적인 이론들이 아니라 현상들 자체에 초점을 맞추게 될 것이라는 점을 강조하고 싶다. 따라서 나는 자기

심리학이 아니라 자기에, 어떤 한 명의 이론가의 견해가 아니라 대상관계에, 고전 정신분석에서 욕동과 자아가 다뤄졌던 방식들에만이 아니라 욕동과 자아에 초점을 둔다.

현상들로서, 그것들은 우리가 정신분석이라고 부르는 사고방식이 Freud의 저술들에 나타나게 된 이후 관찰 자료의 일부가 되었다. 분명히 욕동 개념들은 그의 작업—그의 다양한 이중 본능 이론들과 폭넓게 이해해서 그가 계속해서 성을 중심 주제로 다룬 것—에서 중심이 되었다. 자아 개념은 처음부터 나타났고, "방어"라는 넓은 제목 아래에서 혹은 "억압"이라는 보다 좁은 제목 아래에서 번갈아 언급되었다. 이것은 확실히 익숙한 것이다. 그러나 Freud의 저술에서는 대상관계와 자기 역시 중요하다. 그는 핵심 불안의 단계들을 분리의 언어—그의 첫 두 단계에서 가장 두드러지는 대상 상실과 대상의 사랑 상실—로 표현하면서 대상의 중요성을 인정했다. 그리고 전이와 오이디푸스 콤플렉스는 욕동적 개념들인 것 만큼이나 대상관계적 개념들이기도 하다. 자기에 관해서는, 그가 그것을 유사-리비도적/본능적 용어들로 설명하지만, Freud가 자기애의 개념으로 씨름한 것은 "자기"의 경험, 즉 대상으로서의 자기에 대한 개인의 관계를 다루기 위한 노력이었다. 욕동, 자아, 대상관계 그리고 자기는 정신적 삶의 현상들이고, 혹은 적어도 그것들 가운데 중심이 되는 것이고, 우리는 그것들을 반복적으로 발견한다.

나 자신의 기여는 이러한 현상들을 어느 정도 종합하고(실제로 그것들이 개별적인 인격들 안에서 종합된다는 것을 임상적으로 입증하고) 그것들이 어떻게 그렇게 되는지 발달론적으로 논의하는 것이다. 나는 이것이 그 자체로 야심적인 시도라는 것을 인정하기 때문에, 제시된 견해들이 하려고 시도하지 않는 것을 서둘러서 추가했다. 이것들은 하나의 공식적인 이론을 나타내지 않는다. 여기에는 어떤 메타이론도, 굳건한 고정점으로 기능하는 기본적인 가설들도 없다. 오히려, 나는 중간에 발달론적이고 임상적인 과정들로 들어가서 그것들을 어느 정도 이해하려고 한다. 그리고 나는 나의 논의들이 각각의 입장에 말려들 수 있음을 인식하기 때문에 최근 정신분석 문헌에서 활발하게 논의되고 있는 해석학 대 과학의 주제는 피하려고 한다.

정신분석 문헌에서의 다양한 최근 주제들을 어느 정도 명료화하기 위해서 나 자신의 진술은 세 가지 주요 부분에서, 즉 관점이 개발되는 이론적 영역, 그 관점이 설명되는 임상적 영역 그리고 추가적인 임상 사례들과 함께 그 개념들을 활용하는 응용 영역에서 제시된다.

여기에서 제시된 다양한 개념들 가운데 어떤 것들은 나의 이전 책 *Developmental Theory and Clinical Process*(1985)에서 소개되었지만, 나는 곧 이것이 단지 서론이었고 이것들에 대해서 더 많은 것이 얘기될 수 있다는 생각에 도달하게 되었다. 그러므로 이 책에서는 임상적 설명들과 함께 더욱 충분한 진술들이 제시된다.

　나는 먼저 자신들의 개인적인 분석에서 나와 함께 작업하고 여기에 그 분석 내용들을 기술하도록 허락해준 이들에게 감사를 전하고 싶다. 처음부터 나는 설명을 위해 방대한 임상 보고서들이 이 책에 필요하다고 느꼈다. 그러나 이런 이유로 나는 자연스럽게 그러한 사적인 자료를 출판하는 것을 주저했기 때문에 이 책의 저술은 오랫동안 지연되었다. 마침내 나는 전문성에 있어서 견실하게 느껴지는 방식으로 진행해야겠다고 결정을 했는데, 여기에는 이 책에 자신의 임상 자료(물론, 적절하게 가공된)가 실리게 될 환자들의 허락을 구하는 것이 포함되었다. 나는 다음과 같이 일을 진행했다: 나는 먼저 원고와 사례 보고서들이 최종 형태가 될 때까지 다듬었다. 그 다음에 나는 이것들을 환자들에게 보여주고 허락을 구했다. 그렇게 하고 난 뒤 나는 계속 진행해서 출판할 수 있겠다는 결론을 내렸다. 이 최종 작품은 그런 과정의 결과이고, 나는 여기에서 기술된 자료의 사용을 허락해준 이들에게 다시 한번 감사를 전하고 싶다.

　허락을 구하는 과정은 교육적이면서도 감동적인 것이 되었다. 그들은 보고서들을 읽고, 이것들에 대해 논평하고, 때로는 첨삭하도록 권

해주었다. 이 모든 것이 이 최종적인 발표물에 반영되었다. 그러나 더욱 중요한 것은 보고서들의 내용을 읽고 다루는 전체 과정에서 다양한 방식으로 나의 분석 작업에 자극을 받았다는 점이다. 물론, 그것은 최근에 개인들을 분석할 때 분석 작업의 일부가 되었다. 그리고 나는 그것이 모든 분석에서 그 작업에 계속적으로 영향을 미칠 것이라는 점을 의심하지 않는다. 분석을 마치고 내가 허락을 구하기 위해서 다시 접촉했던 이들에게 그것은 그들의 분석 그리고 나와의 관계 모두에 대해 되돌아보고 재평가하도록 자극이 되었다.

그 문제는 정신분석적 저술에서 상당히 까다로운 것이기 때문에, 나는 시점을 추정하는 과정이 그 자체로 분석 작업 혹은 분석 이후의 평가에 해당하는 것이므로 파괴적인 것이 아니라 오히려 생산적이었던 것 같다고 말하고 싶다. 나는 이러한 특정한 "변수"가 완전히 "분석되었다"고 생각할 만큼 순진하지는 않지만, 나는 이것이 동일한 것이 얘기될 수 있는 분석에서(그리고 종종 분석가가 알지 못하는 것들과 관련하여) 다른 많은 것들과 연결된다고 믿는다. 그러나 분명히, 현재 사례에서 실제 작업은 분석에서의 이러한 새로운 사실과 관련하여 진행되었고, 나는 이것이 계속되기를 기대한다. 그럼에도 불구하고, 나는 일들이 장기간에 걸쳐서 어떻게 잘 되어갈지 그리고 다루기 힘든 복잡한 상황이 어떻게 발달할지 말할 수 없다. 나는 심각하게 문제가 되는 어떤 일도 생겨나지 않기를 삼가 소망한다.

둘째, 나는 내가 이 책을 쓸 수 있도록 크게 도움이 되었던 몇몇 분들에게 감사하고 싶다. 앨버트 아인슈타인 의과대학 정신건강의학과의 학과장이신 Herman van Pragg 박사는 내가 안식년을 요청한 것에 대해 협력적으로 응해주었고, 그 안식년 기간이었던 1987년 후반부에

이 책의 첫 번째 초고가 완성되었다. 나는 그분에게 기쁜 마음으로 감사를 전하고 싶다.

의과대학의 비서이자 눈부신 능력의 소유자인 Marie Mele양은 그 능력을 발휘하여 작업에 도움이 되는 원고의 최종본을 만들어냈다. 내가 내 자신에게 부과한 시간적 압박(내가 정기적으로 원고와 함께 그녀에게 전가하였던)을 받으면서 일하는 동안 그녀가 이 일을 해냈다는 것에 대해서 나는 더욱 큰 감사를 전한다.

Basic Books 출판사의 전문서적 책임자인 Jo Ann Miller는 이 책과 관련해서 그리고 그녀와의 이전 만남에서 분명하고 직설적인 설명으로 의지할 수 있는 대상이 되어 주었다. 그것은 내게 매우 소중한 것이었다. 그녀의 보조였던 Andrea Ben-Yosef은 언제나 도움을 주었다. 그리고 나는 이 책을 편집해준 Nola Lynch의 작업에 대해 감사를 전한다.

마지막으로, 나는 내가 다른 곳에서 출판했던 자료를 이 책에서 때로는 그것들과 다른 형태로 자료를 묶어낼 수 있도록 허락해준 편집인들과 출판인들에게 감사를 전하고 싶다. 공식적인 인사는 저작권 페이지에서 하였지만, 나는 그러한 저작들을 현재 사용하고 있는 것에 대해서 기술하고 싶다. *Journal of the American Psychoanalytic Association* (Pine, 1988, 1989)에 처음 발표했던 두 건의 논문은 여기에서 수정되거나 확대된 형태로 활용되었다. 이것들 가운데 첫 번째는 이 책에서 2장, 3장 그리고 12장의 일부로 실렸다. 두 번째 것은 수정되고 확대된 형태로 5장과 6장의 일부로 실렸다. 이미 출판되었던 다른 두 건의 논문의 일부도 이 책에서 활용되었다. 10장의 특정 자아 능력의 발달에 관한 적은 부분은 보다 분량이 많고 많이 다른 논문의 일부로 *American Journal of Orthopsychiatry* (Pine, 1986a)에 처음으로 게재되었다. 그리고 이 책의 11장은 *Bulletin of the Menninger Clinic* (Pine, 1986b)에 처음 게재되었던 논문을 대폭 증보하고 수정한 판본이다. 그리고 마지막으로, 2장의 일부로 실린 간략한 역사 중심의 문헌 검토는 예일대학교 출판부에서 나온 이전의 나의 책(Pine, 1985)으로 출판되었다. 다른 저자들의 글을 광범위하게 인용해서 활용하는 것에 대해 허락받은 것도 저작권 페이지에 표시되었다. 나는 다시 출판할 할 수 있도록 허락해준 것에 대해 모두 감사를 드린다.

제 1 부

이론적 통합

제1부

이론적 통합

1부에서, 나는 임상과 발달에 기초하여 최근의 주요 네 가지 정
신분석적 심리학—욕동, 자아, 대상관계 그리고 자기에 대
한 심리학—의 통합을 지향하는 모델을 제시한다. 제시된 개념들에는
두 가지 사고방식이 결합되어 있다. 한 가지 방식은 우리가 임상적으
로 관찰한 것에서 시작해서 이것이 어떻게 발달적으로 일어날 수 있
는지를 질문하는 것이다. 반대로 다른 한 가지 방식은 유아와 아동 발
달의 관찰 영역에서 시작해서 다음과 같이 질문하는 것이다: 관찰된
현상들이 나중에 임상적으로 어떻게 나타나는가? 이것들의 심리내적
구성요소들은 무엇인가? 그리고 이것들 가운데 어떤 것이 가장 중심
적인 것이 되고 어떻게 그렇게 되는가? 이 질문들에 대한 대답들은
실제로 나중에 임상에서 나타나는 결과들에 대한 지식에 따라 달라질
것이다.

임상적 현상들이 어떻게 가능한 중심 조직인 욕동, 자아, 대상관계
그리고 자기의 측면들을 포함하게 되는지를 설명하기 위해서 나는 개
인의 발달을 긴밀하게 고려한다. 그리고 거기에서 나는 우리가 네 가

지 가운데 어느 한 가지에도 발달에 있어서 우선되는 것이 없다는 점을 발견했다고 믿는다. 네 가지 각각은 아주 초기에 그 기원이 있고 오랜 과정을 거치면서 발달해왔다. 나의 주된 요점은 그것들이 점차 서로 연결되고, 네 가지 각각이 동기적인 지위를 획득하고 역동적으로 중심적인 조직이 되어 행동의 인과 관계 속으로 들어갈 수 있다는 것이다.

여기에서 개발될 개념들에 근거가 되고 이것들에서 나오는, 인간의 심리적 기능에 대한 전반적인 견해는 갈등의 중심성(centrality)을 강조한 정신분석의 관점과 일치한다. 그러나 이 견해는 **반복**과 **발달**의 위치에 대해서도 동일한 중심성을 부여할 것인데, 후자는 정상적인 발달과 방해받거나 비정상적인 발달을 말한다.

임상적인 설명들은 이 책의 두 번째와 세 번째 부분에서 제공될 것이다.

CHAPTER 01

다양한 관점들과
유일한 개인들

       수십 년이 흐르면서, 정신분석가들은 임상적 정신
분석의 자료를 이해하는 데 도움을 주기 위해서 심리내적인 삶에 대한
다양한 관점들을 발전시켜왔다. 각각은 다소 다른 현상을 강조하면서
인간의 기능에 대해 어느 정도 다른 견해를 취한다. 나는 최근에 중심
이 되는 그러한 관점들을 정신분석의 네 가지 심리학—욕동, 자아, 대
상관계 그리고 자기 경험에 대한 심리학—으로 제안할 것이다. 이것들
을 심리학이라고 부름으로써, 나는 이것들 각각이 마음이 기능하는 중
요한 방식을 기술하기 위해서 주장하는 바를 강조하려고 한다. 그리고
이것들을 정신분석의 심리학이라고 하는 것은 이것들 각각이 신체에
기초하면서도 대상과 연결된 초기 경험들을 형성하는 영향력에 기초
하는, 마음에 대한 복잡하고 심층적인 견해를 주장한다는 사실을 강조
하려는 것이다. 네 가지 각각은 마음에 대한 우리의 이해에 새로운 무
엇인가를 더해준다.

네 가지 개념적인 영역들은 각각 어느 정도 내적인 일관성이 있지만, 또한 어느 정도는 현상에 대해 느슨하게 분류한 것일 뿐이다. 그리고, 이것들은 분명히 경계 지점에서 서로 겹치기도 한다. 특히 인간의 마음 만큼이나 복잡한 영역에서 현상들은 범주적으로 구분될 수 있는 것이 아니라 연속적인 특성을 가진다. 그리고 우리가 임상적으로 관련이 있는 현상들의 네 가지 영역들에 대해 주의를 기울이고 있긴 하지만, 그 개념들이 임상 작업의 실상을 완전하게 설명해주는 것은 아니다.

개별적인 이론가들과 임상가들이 이러한 심리학들 가운데 어느 한 가지를 과도하게 열광적으로 지지한다면, 나는 그들이 각자 다른 부분을 만지면서 그 부분을 전체 동물로 오해하는 장님 코끼리 만지기 같은 낯익은 입장에 서있는 것이라고 믿는다. 인간이라는 존재가 워낙 복잡하기 때문에 우리는 인간을 이해함에 있어서 다양한 관점을 취하게 된다. 코끼리에 대한 관점들은 공간적으로 다양하다; 여러분이 가진 견해는 여러분이 어디를 만지느냐―다리, 꼬리, 상아, 혹은 몸통― 에 따라 달라진다. 그러나 인간의 기능에 대한 관점들은 보는 시간에 따라 다양하다. 우리는 모두 다르게 기능하고 심리내적으로 다른 순간에 다르게 조직된다. 당신이 가진 견해는 당신이 언제 보고 있느냐에 따라 달라진다.

그러나 우리의 잠재적인 관점들이 다양하다 할지라도, 이것들이 설명하는 개인들은 두 가지 의미에서 유일하다. 많은 갈등의 여지가 있긴 하지만 그들은 하나의 전체이고 통합된 존재이다(그리고 다양성의 통합 방식을 제안하는 것이 나의 과제들 가운데 하나이다). 그리고 개인들은 독특하고, 각자 다른 개인들과 다르다는 의미에서 유일하다(그리고 다양한 관점들이 그 독특성을 상세하게 기술하기 위한 도구들을 더 잘 제공해준다).

나는 네 가지 심리학이 제공하는 여러 관점들의 통합적인 견해를 발전시키려고 하겠지만, 일반적인 이론들이나 특정 이론가들의 견해들을 애써 통합하려고 하지 않을 것이다. 그러한 과제는 너무 부담스럽고, 가능하지 않으며, 여하튼 내 의도와는 많이 다르다. 오히려 내가 의도 하는 바는 다양한 이론들이 주의를 기울이는 실질적인 현상들에 대한 통합적인 견해를 제공하기 위해서 노력하는 것이다; 충동들과 같은 현상들(욕동심리학에서); 방어와 적응의 방식들(자아심리학에서); 관계들과 이것들의 내면화, 왜곡, 그리고 반복(대상관계 심리학에서); 그리고 분화와 경계 형성의, 개인적인 주도성과 진정성의, 그리고 자존감의 현상들(자기심리학에서). 욕동 이론에 대해 어떤 자동적인 우선성을 부여하지 않는다고 해서, 내가 갈등의 중심성－사실은 편재성－을 거부하려고 하는 것은 아니다. 오히려 정반대이다. 다양한 이론가들이 강조해왔던, 인간의 기능에 중심이 되는 변수들의 다중성을 인정하고 존중함으로써 나는 복잡성－갈등 및 다중적인 행동 기능들의 중심적인 위치에 반영된 복잡성－에 대한 이론들이 확장되기를 소망한다.

이러한 광범위한 통합적 시도는 임상 경험과 발달 연구의 자연스러운 결과이다. 나에게 그것은 그 두 가지 영역의 현실에 맞거나 적어도 상당히 근접한 것으로 보인다. 임상적인 영역에 있어서는, 주요 정신분석적 학술지들을 살펴본 결과 최근에 작업했던 환자 집단들, 관찰된 임상적 현상들, 이러한 현상들을 조직하기 위해서 사용된 이론들, 그리고 분석에 사용된 해석 방법들과 관련하여 임상 작업이 확대되었음이 분명히 드러났다. 이러한 확대를 위한 틀의 기저를 이루고 그것을 제공해주는, 동기와 성격 조직에 대한 하나의 관점을 제시하는 것이 이 책의 목표이다. 나는 다중관점적인 접근방식이 오늘날 많은 분석가들이 그들의 환자들을 실제로 다루는 방법의 기초가 된다고 믿는다. 그리고 발달 영역에 있어서는, 유아와 아동 관찰을 통해서 얻은, 개인에 대한 관점은 임상 정신분석적 거울에 의해서 주어진 관점들과 많이 다르다. 만약 임상 정신분석에서 계속 나타나는 소망들이 회기에서 연상 자료를 주로 조직하는 것으로서 이해될 수 있다면, 유아와 아동 관찰에서는 관계들과 이것들의 왜곡들, 적응들, 실패들, 자기, 즉 "나"에 대해 떠오르는 의식은 사실상 그것들 자체로 모든 관찰자들에게 영향을 미친다. 우리의 이론들은 이러한 폭넓은 현상들을 반영해야만 한다.

두 가지의 간단한 실례로 시작해보자: 가설적인 임상적 사례와 발달적 사례.

가설적인 임상적 사례

드물지 않은 임상 내력—아동기에 그녀를 강렬하게 흥분시킬 정도로 아버지와 성적으로 유혹하는 관계가 있었고 어머니가 가까이 있을 때는 아버지를 잃었다고 느끼면서 심한 거절감으로 고통을 겪었던 한 여성—을 떠올려보자. 떠올려볼 수 있는 그 회기에서, 그녀는 남성 분석가를 유혹했다. 상상이 되는 다른 회기 내용은 내가 말하고 싶고 가설적인 해석에서 언급될 요점에 따라 다르게 추정될 것이다.

물론 그러한 환자에 대한 해석들은 회기의 내용에 대해 분석가가 반응하는 것이고, 그녀의 중심적인 동기들이 어떻게 이해되는가—어떤 동기(들)이 이러한 특정 회기의 이러한 특정 시기에 작동하는가—에 근거할 것이다. 따라서, 일반적인 임상 상황들과 특정 회기의 내용에 따라서, 우리는 다음과 같은 것들을 적절한 해석으로 생각해볼 수 있다:

1. 그래서, 어머니가 휴가를 떠나셨기 때문에, 다른 사람들에게 하루 종일 그랬다고 말했던 것처럼 환자분은 여기에서도 유혹하는 게 안전하다고 느끼는 것 같네요. 제가 추측하기에 환자분은 결국 이번에는 자신이 느끼기에 아버지가 그랬던 것처럼 제가 그녀와 함께 있는 것을 거부하지 않을 것이라고 생각하고 계시네요.

2. 환자분이 어머니에게 비난받았던 그때의 일을 다시 말하고 있는 자신을 갑작스럽게 발견한 것은 놀라운 일이 아니네요. 저는 환자분이 바로 지금 아주 자유롭게 저에게 추파를 던지고 있는 것에 대해서 스스로를 비난했고, 우리 사이에 더 이상의 일들이 일어날 수 없도록 우리가 함께 있는 바로 이 방에 환자분의 어머니를 불러들였다고 생각되네요.

3. 환자분의 소망은, 만약 자신이 계속적으로 흥분해서 저를 유혹해도 제가 흥분으로 반응하지 않는다면, 결국 자신이 그것에 압도될 것을 두려워하지 않고 자신의 흥분을 견딜 수 있다는 것으로 보입니다.

4. 그렇게 심한 공허감이 환자분에게서 일어날 때, 유혹하기는 자신이 채워지고 살아있다고 느끼는 데 도움이 되고, 그래서 그것이 자신에게 특별히 소중해졌네요. 아버지가 어머니에게 관심을 돌렸을 때, 아버지는 환자분이 그분에게 단지 매력적으로 보일 뿐만 아니라 그분이 달래주기를 바랐다는 사실을 모르셨던 것 같습니다.

이러한 것들은 가상 회기에 대한 가상의 해석들이다. 나는 회기 중에 분석가가 실제로 말하는 것은 그 회기 중에, 그리고 전이 상황이 나타날 때 그것에 대해서, 환자가 실제로 말하는 것에 근거할 것이라는 점을 분명히 하고 싶다. 그러한 맥락에서, (무한한 가능성들 가운데서) 제공된 해석은 특정 회기에 특정 환자의 특정 자료가 어떻게 가장 잘 이해될 것 같은지에 맞춰질 것이다. 우리가 기대하는 바는 어떤 분석가도 회기에서 이론에 좌우되거나 미리 형성된 해석을 가져오지 않는 것이다.

그러나 나의 요점은 실제로 분석가가 사용하는 해석들의 범위는 매우 다양한 인간사의 "내용들"이나 인간 기능의 "과정들"에 따라 달라진다는 것이다. 따라서, 첫 번째 "해석"은 성적으로 작동하는 소망을 비교적 단순한 방식으로 만족시키기 위한 환자의 노력을 강조하는 것이다. 두 번째 해석은 죄책감과 방어에 중점을 둔다; 그것은 성적인 유혹이 불안과 죄책감을 일으키고 어머니에 대한 대상관계의 기억이 방어적인 목적들을 위해 사용될 수 있다는 생각들에 근거한다. 즉, 비난을 표현하고 외면화하기 위해서(어머니가 그녀를 비판하는 것이지, 그녀가 그녀 자신을 비난하는 것이 아니다) 그리고 유혹적인 친밀감에 대해 방어하기 위해서(어머니는 생각 속에서 함께 있는 것으로 간주된다)이다. 세 번째 해석은 숙달을 위한 노력에서 나타나는 반복에 초점을 둔다; 이것은 대상관계 경험에서의 즐거울 수 있는 정서조차도 여전히 막혀있는 정신적 긴장을 숙달하기 위해서 반복적으로 노력하게 되는 외상적인(숙달할 수 없는) 수준에 이를 수 있다는 생각에 근거한다. 네 번째 해석은 자기의 고통스러운 주관적 경험에 중점을 둔다; 이것은 성애적인 흥분(혹은 어떤 강한 정서)이 그 자체로 견딜 수 없는 공허감이나 우울감을 피하기 위해서 방어적으로 사용될 수 있다는 생각에 근거한다. 여기에서는 이러한 해석들이 각각 심리적 기능의 다른 측면들—성적인 만족, 방어, 과거 대상관계의 반복, 그리고 자기의 경험—을 강조하기 위한 설명에 맞춰졌지만, 인간 기능에 대한 어떤 견해도 하나의 공식적인 심리학적 이론만을 고집하지는 않는다. 이것들은 모두 인간 기능의 다양한 측면들이고 당연히 모든 진지하고 포괄적인 이론들에 의해 다루어진다.

나는 나의 주제의 한 측면을 소개하기 위해서 네 가지의 가설적인 해석을 제시했다. 그러나 가설적이라 함은 해석이 실제로 일어나지 않은 가상의 사례와 회기에 기초한다는 의미에서 그렇다. 이것들은 분명히 일상적인 분석작업에서 내가 종종 의지하는 다양한 범위의 해석들이다. 그런 의미에서 보면, 이것들은 전혀 가설적이지 않다. 그리고, 원칙적으로 보면, 여러 경우에, 분석에서는 "동일한" 사건의 다른 측면들이 드러나기 때문에 분석가는 동일한 환자에게 이러한 해석들과 그 이상의 것들을 제공할 수 있다.

나는 이러한 범위의 해석은 대부분의 임상적 정신분석가들이 하는 임상 작업의 일부분이라고 생각한다. 그러나 명시적으로 지지하는 이론들이 언제나 이러한 범위를 충분히 반영하는 것은 아니다. 이론과 임상 실제의 관계는 분석만큼이나 복잡하고, 항상 변화하고, 재현할 수 없는 것이기 때문에 기술하기가 매우 어렵다. 우리는 일차적인 조직자로서 우리에게 유용한 그러한 특정 개념들을 이론의 수준으로 끌어올리는 경향이 있다; 그리고 그럴 때 우리는 다른 이론들을 지지하게 된다. 나는 모든 분석가들이 사실상 동일한 방식으로 작업한다고 제안하는 것이 아니라, 임상 작업은 흔히 우리의 이론들이 반영하는

욕동, 자아, 대상 그리고 자기

것보다 훨씬 더 다양하다고 제안하는 것이다. 정신분석에서는, 복잡한 이론들이라 할지라도 불가피하게 단순화된다. 나는 이론에서 복잡성에 더욱 중심적인 자리를 부여하고 싶다.

이미 언급되었듯이 이 방향에서 목표로 하는 것이 반드시 다양한 **이론들**의 통합을 목표로 하는 것은 아니다. Freud(1905)의 욕동 이론, Heinz Hartmann(1939)의 자아심리학, W.R.D. Fairbairn(1941)의 대상관계이론, 그리고 Heinz Kohut(1977)의 자기심리학은 모두 메타심리학적 특성을 갖고 있다. 나의 목표는 이것들을 모두 합치는 것이 아니다. 각각의 이론들은 인간 기능의 실질적인 **현상들**의 특정 측면들을 강조하고 있으며, 나는 이 모든 것을 포괄하는 견해를 개발하기 위해서 노력할 것이다.

이제 이러한 서론적인 임상 사례에 대한 마지막 요점을 살펴보자. 욕동, 자아 기능, 대상관계 그리고 자기 경험의 현상들에 대한 작업에는 이론가들이 자신들과 연결시키는 여러 메타심리학을 적용하는 것이 필요한 것도 아니고, 네 가지의(아무리 많아도) 다른 방식으로 임상 작업을 하는 것이 필요한 것도 아니다. 나 자신의 작업 방식에는 차분한 경청, 상대적인 익명성, 중립성, 욕동의 목표들을 만족시키지 않기, 그리고 해석(혹은 질문 하기)이 포함된다. 내가 제안하는 것에 담긴 중요한 차이는 해석에 의해 다뤄지는 정신생활의 실질적인 내용에 있고, 이것은 우리가 보는 것의 기저에 있는 중심적이고 적극적인 동기들이 특정 환자에게서 특정 순간에 어떻게 이해되는가에 있다. (나는 우리가 환자를 위한 임상적 순간의 어려움에 따라 "안아주는 환경"의 축—Winnicott, 1963b; Modell, 1984; Pine, 1985를 보라—을 따라서 우리가 다양하게 개입해야만 한다고 믿지만, 이것은 네 가지 심리학 모두에 적용되며 단지 임상적인 개입 방법과 개입 시기라는 이름 아래 해왔던 것을 확장하고 정교화한 것이다.)

발달적인 사례

이번에는 결코 가설적이지 않은 유아를 상상해보자; 오히려, 모든 유아들. 여기에서 상상하는 것은 유아의 주관적인 경험을 느끼려는 노력과 관계가 있다. 그러나 우리는 우리의 주관적인 경험들, 그리고 이미 언어 능력이 있는 아동들과 성인들의 경험들에 근거해서 상상을 한다. 추론들은 단순히 불쑥 도출되는 것이 아니다. 그러나 내가 그리고 비슷하게 생각하는 다른 사람들이 이러한 주관적 경험들을 너무 이른 시기(유아기)로 귀결시킬 수 있다 할지라도, 그것이 여기에서 내가 주장하려고 하는 바의 중심 주제에 영향을 미치지는 않는다: 심리적 경험은 다른 순간에 다른 방식으로 조직되고, 심리적 경험의 형태들에 있어서 이러한 차이들은 욕동, 자아, 대상관계 그리고 자기에 대한 여러 심리학에 있는 차이들의 기저에 있고 그 기초를 제공해준다.

그래서 조용히 깨어 있으면서, 주변을 둘러보고, 꾸룩 꾸룩 소리를 내고 있는 3개월 된 유아―이 모든 것은 Peter Wolff(1959)가 "깨어있는 비활동상태(alert inactivity)"라고 기술했거나 D. W. Winnicott (1956)이 "존재의 연속성"(즉, 방해하는 침범의 경험 없이 고요히 존재하는)이라고 기술했던 상태 속에 있는―를 상상해보라. 시간이 흐르면서 침범이 일어난다. 허기가 강하게 느껴진다. 처음에는 심하지 않기 때문에 유아는 용케 엄지손가락을 찾아낸다. 그리고 입안에 있는 엄지손가락을 부드럽게 빨면서 유아는 주변을 계속 둘러볼 수 있다.

그러나 허기가 더 강해지면서 유아는 점차 관심을 원한다. 엄지손가락은 더 이상 위안이 되지 못한다. 유아는 더 이상 조용히 꾸룩 꾸룩 소리를 내거나 주위를 둘러보지 않는다. 울음이 시작되고 "존재의 연속성"은 약화된다. 그러나 그때 다른 방에서 들려오는 울음소리를 듣고 있던 엄마는 노래하듯이 반응한다, "그래! 엄마가 가고 있단다!" 그리고 유아는 울음을 멈추고 문 쪽을 바라본다. 엄마가 웃으면서 들어온다. 잠시동안 유아는 웃음으로 반응한다. 그러나 엄마가 아기를 먹이기 시작할 때까지 허기와 울음은 다시 이어진다. 처음에는 강력하게 빨지만, 그다음에는 서서히 물리게 되고 멈추기 시작한다. 유아는 계속 빨다가 이완되기 시작하고, 신체의 긴장은 완화되고, 엄마의 몸에 기대어 잠들게 된다.

이 시나리오로부터 우리는 어떤 개별적인 순간들, 어떤 다른 경험의 패턴들을 알아낼 수 있을까? 선택된 사건의 초기에, 유아-둘러보며 꾸룩 꾸룩 소리를 내는-는 스스로 의식하지 못한 채 그의 시각과 발성 기관의 운동에 참여하고, 그의 주변, 즉 외부 현실의 측면들을 받아들인다. 이 모든 것-기능의 발휘와 현실에 대한 평가-은 자아 기능의 심리학에 의해 다뤄진다. 즉, 심리학적으로 적절한 기능의 도구들을 발달시키고 현실 세계에 대해 학습하고 사용하는 것은 우리가 자아 기능으로 언급하는 것에 대한 심리학이 다루는 실질적인 현상들에 속한다.

자아 기능이 작동하는 그 순간에 대한 기술은 관찰에 기초한다. 그러나 이제 추론에 의지해서 두 번째의, 가능한 심리내적인 순간으로 넘어가 보자. 허기가 침범으로 기술될 수 있다는 사실(Winnicott, 1960b)을 고려하면 우리는 그것이 무엇에 대한 침범인지 의문을 갖게 된다. 그리고 여기에서 나는 그 고요하고, 주변을 둘러보며 꾸륵 꾸륵 소리를 내는, 허기 이전의 유아의 상태—허기가 침범한 상태—에 대해 궁금해하는 것이 타당하다고 생각한다. Winnicott(1956)은 이것을 "존재의 연속성"의 상태라고 하였고, 우리는 자기의 주관적인 상태의 아직 의식하지 못하는 전조의 특성에 대해 추측할 수 있다. 그것은 존재의 시기이자, 자기 경험의 시기이다. 아마도 그러한 상태는 유아의 경험에서 대비에 의해 —즉, 허기의 방해를 통해서 존재의 연속성 상태가 약화될 때— 현상학적으로 부각된다. 이론적으로는 그렇지만, 이것이 성인(혹은 아동)의 경험과 전혀 관계가 없는 것은 아니다. 그러한 고려들, 그리고 그러한 상태는 자기 경험의 심리학에 중심이 된다.

그리고 이제 세 번째 순간은 기술된 경험의 흐름으로부터 추론될 수 있다. Winnicott(1960a)은 초기에 생물학적 충동들이 유아에게 아직 내적인 것으로 경험되지 않을 수 있다고 제안한다. 이것들은 존재의 연속적인 상태에 대한 침범이고 "천둥 소리나 충격처럼 외적인 것일 수 있다"(p. 141). 그리고 내가 선택한 실례에서, 허기가 강해지면서, 나중에 다시 유아가 그의 엄지손가락을 발견하거나 어머니의 목소리를 듣는 지연의 순간들 이후 수유가 시작될 때, 여기에 욕동심리학에 중심이 되는 그러한 심리적 경험들—충동과 그것의 긴장, 지연, 만족에 대한 경험들—의 기원들이 있다. 자연스럽게 이것은 단지 시작일뿐이다. 생물학적 충동들의 심리적 표상과, 언뜻 보기에 무한해 보이는 그것들이 변화하고 정교화될 수 있는 가능성들은 이 지점에서 시작된다.

이제 유아가 그의 엄지손가락을 발견하고 빠는 순간에 집중해보자. 물론 엄지손가락을 빠는 이 순간은 욕동심리학과 관련이 있지만, 나는 그것의 다른 측면을 강조하고 싶다. 유아가 엄지손가락을 발견하고, 일시적으로 허기의 긴장을 감소시키고, 그럼으로써 계속 바라보게 될 때, 그는 또한 자아 기능의 심리학에 의해 다뤄지는 것―여기에서는 방어라는 광범위한 제목 아래―의 단편을 보여준다. 이 경우에, 우리는 아직 순전히 심리내적인 방어를 보지 못한다; 그리고 우리는 이것을 불안에 대한 방어로서 기술하는 것이 아직은 불편할 수 있다. 그러나 우리는 욕구의 힘을 조절하는 데 도움이 되고, 그리하여 충동을 완화시키거나 불안을 감소시키는 데 도움이 되는, 이후의 심리내적인 (방어) 행동의 전조로서 광범위하게 이해될 수 있는 스스로 시작한 행동(엄지손가락을 입으로 가져가는)을 한다. 엄지손가락 빨기가 방어적으로 사용되는 것은 어떤 고통의 순간―떠날 준비를 하는 엄마, 부모의 싸움, 우연히 무엇인가를 깨뜨린 아이, 등등―에 엄지손가락이 입으로 가게 될, 나중에 익숙하게 엄지손가락을 빠는 사람에게서 훨씬 더 분명하다. 물론 (이후의 어떤 자위행위처럼) 엄지손가락 빨기는 여전히 방어적인 목적으로 만족을 이용할 가능성을 보여주지만, 여기에서는 그것이 허기와 명백하게 상관이 없다.

이제 기술된 실례의 또 다른 측면―어머니가 웃으면서 들어올 때 유아가 어머니의 목소리를 듣고서 울음을 멈추고, 문 쪽으로 바라보고, 웃음으로 반응하는 순간을 살펴보자. 여기에서 우리는 좋은 내적 느낌을 만들어내고 만족이 주어질 것에 대한 기대를 갖게 하면서 울음을 일시적으로 지연시키는, 내적으로 전달된(학습된) 대상관계적 경험에 대한 증거를 본다. 어머니가 부르면서 들어올 때 어머니와의 실제적인 관계가 있다. 그러나 만약 그 반응이 울음을 지연시킨다면, 현재에 기능적으로 작용할 수 있는 이전의 기억된 관계에 대한 증거도 있다. 그러한 것들은 대상관계 심리학에 중심이 되는 실질적인 현상들이다.

그리고 마지막으로, 인용된 실례에서, 젖을 빨고 난 다음 순간—유아가 잠에 빠져들고 (긴장이 이완되면서) 엄마의 몸속으로 녹아들 때—은 자기의 또 다른 상태로서 이해될 수 있다. 이 시기는 "융합," 경계선 없음의 상태이다(Pine, 1985, 1986b; Mahler, Pine, and Bergman, 1975를 보라). 이것 역시 자기 경험의 심리학의 한 측면으로서 다뤄진다(11장을 보라).

내가 임상적이고 발달적인 나의 사례들로 주장하고 싶은 것은 내가 네 가지 심리학이라는 용어 아래 포함시켜왔던 방식으로 다룰 수 있는, 광범위한 실질적인 현상들이 임상적이고 발달적인 두 영역 모두에 있다는 것이다. 그리고 유아나 아동의 특정한 취약성들과 주 양육자들이 아이와의 상호작용에 가져오는 특정한 정신병리에 따라서 이러한 영역 어디서든 일이 잘못될 수 있다(11장을 보라). 이러한 다양한 현상들은 인간 발달과 기능의 이러 저러한 측면에 대한 우리의 이해를 돕고 다양하게 설득하는 모습을 보여주었던 이론가들에 의해 다루어졌다. 임상 상황에서 현상들을 이해하는 다양한 방식들은 발달 관찰의 유사한 방식들과 일치하는 것으로 드러났다. 물론, 궁극적으로, 단지 하나의 심리학, 우리 모두의 그러한 발달과 기능을 폭넓게 기술하는 심리학이 있다. 그러나 우리의 이해는 조금씩 발달했고, 여기에서는 우리의 목적을 위해서, 계속해서 네 가지 심리학에 대해 말하는 것이 가장 유용할 것이다.

아동에게서, 욕동, 자아, 대상관계 그리고 자기 경험의 개념 아래 포괄할 수 있는 다양한 현상들은 심리학적으로 중요한 활동의 다양한 중심 혹은 형식으로 이해될 수 있다. 이런 관점에서, 우리의 개념적인 과제이자 이 책의 목표는 시간의 흐름에 따라 정교화하는 것(발달에 대한 질문) 그리고 네 가지 심리학의 현상들을 인격 안에 통합시키는 것(심리적 구조에 대한 질문)에 대한 연구로 이해될 수 있다. 내가 이미 지적했듯이, 심리적 활동의 이런 형태들은 물론 절대적이지도 않고 중복되지 않는 것도 아니며, 우리는 한 가지 심리학의 어떤 단일 사례에서도 다른 심리학의 측면들을 볼 수 있다. 그러나 어떤 목적들을 위해서는 그 중복을 이해하는 것이 유익하지만, 다른 목적들을 위해서는 내가 보여주고자 하는 것처럼 그 차이들을 명심하는 것이 유익하다.

　"욕동 모델"(보다 개인-내면적인)에서 "관계 모델"(보다 개인-상호적인)까지 다양한 축을 따라서 광범위한 정신분석 이론가들을 그들의 입장에서 개관했던 탁월한 책에서, Jay Greenberg와 Stephen Mitchell(1983)은 그 모델들이 근본적으로 양립할 수 없기 때문에 두 모델을 혼합하는 것은 본질적으로 불안정하다고 말한다. 이것에 대한 설명(11장을 보라)에서, 그들은 자신이 "혼합 모델" 이론가라고 생각하는 Kohut(1971, 1977)과 Joseph Sandler(1976, 1981; Sandler and Rosenblatt, 1962; Sandler and Sandler, 1978)의 연구를 검토하면서 각자가 결국에는 한 방향으로 더 나아갔고 혼합으로부터 멀어졌음을 보여주려고 한다. 그러한 설명에는 모델들 간의 "근본적인 양립 불가능성"(p. 403)이라는 개념을 제시하기 위한 그 무엇도 나타나 있지 않다; 그것은 그러한 개인들의 생각이 발달하는 방향만을 설명해준다.

　Greenberg와 Mitchell은 만약 우리가 혼합 모델 이론을 개발하려고 한다면, 그것들을 연결시켜주는 "개념적 접착제"(p. 352)를 개발할 필요가 있다고 주장한다. 분명히, 나는 그러한 혼합 모델, 어쩌면 정말로 뒤섞인 모델들로 작업하고 있는지도 모른다. 나는 우리의 개념들(욕동, 자아, 대상관계, 자기에 대한)이 중요한 경험의 다양성을 인식하면서 발전해왔다고 주장할 것이다. 그러나 나는 그것들을 연결시켜주기 위해서 어떤 개념적인 접착제, 경험 위에 있고 그것을 초월하는 메타심리학 수준에서의 어떤 접착제도 필요하지 않다고 주장할 것이다. 그것들이 이어지는 방식, 즉, 이러한 다양한 현상들이 어떤 한 개인에게서 통합되는 방식은 그 자체가 발달의 산물이자 발달의 과제이다. 다양한 현상들이 존재하고, 그것들은 통합된다. 이것이 내가 말하려고 하는 발달의 이야기이다. 우리의 개념들은 접착제를 제공하는 것을 필요로 하는 것이 아니라 그것의 자연스러운 발달을 우리에게 설명해주는 용어들을 제공하는 것을 필요로 한다.

정신분석적 심리학들: 왜 이 네 가지인가?

질문들이 생긴다: 왜 네 가지인가? 그리고 왜 이 특정한 네 가지의 심리학인가: 욕동, 자아, 대상관계 그리고 자기?* 대체로 이 네 가지 용어는 각각 다음의 영역을 가리킨다. (a) 욕동들, 충동들, 소망들, (b) 방어, 적응, 현실 검증, 그리고 각각의 발달에서의 결함들, (c) 경험되고 기억에 남겨진 ─그러한 경험과 기억들에 수반될 수 있는 부수적인 어떠한 왜곡들에도 불구하고─ 중요한 타자들과의 관계들, (d) 경계선, 자존감, 존재감, 주체감(agency)과 같은 현상들과 관련된 자기의 주관적인 경험. 이 시점에서 네 가지를 실질적으로 더욱 상세히 논하

---

*이 부분은 한 공개 강연에서 제시된 5장의 내용을 들은 후 Elizabeth A. Sharpless 박사가 내게 제기했던 질문들 때문에 쓰게 되었다. 그러한 사려 깊은 질문들에 대해서 그녀에게 감사를 전하고 싶다.

는 것은 돌아가는 것처럼 느껴질 수 있으므로 나는 2장에서 그것에 대해 다룰 것이다. 그래서 나는 이 책의 독자들이 네 가지 용어가 폭넓은 의미들을 환기시키고 있는 최근의 정신분석 문헌에 충분히 익숙할 것이라고 가정한다. 그러한 일련의 일반적인 의미들은 내가 여기에서 발전시키고 싶은 특정한 요점들을 위한 충분한 배경이 되어줄 것이다.

왜 이 네 가지인가? 이것이 완전한 목록인가? 특별히, 나는 다음과 같은 질문을 받았다: 초자아의 심리학은 어떤가? 혹은 대인관계 심리학은? 당분간은, 초자아를 대상관계 심리학(동일시에 관한)과 욕동심리학(공격적인 욕동에 관한)의 중요한 일부로 생각하는 것이 매우 타당하다. 그리고 나는 대인관계 심리학을 하나의 분리된 심리학이 아니라 다른 네 가지가 작용하는 영역들 가운데 하나(다른 하나는 심리내적인 것)로 이해한다. 그러나 분명히 이것들은 개념적인 선택들이고, 실질적인 현상들에 대한 초점을 반복적으로 강조하겠지만, 나는 그것들의 절대적인 사실성 혹은 독립성이라는 개념을 과장하고 싶지 않다. 나는 목록이 완전하거나 상호배타적이라고 주장할 수 없다; 따라서, 나는 또한 다섯 번째 혹은 여섯 번째 심리학을 위한 여지를 두는지, 그리고 목록이 계속 추가될 수 있는지 질문을 받았다. 누군가가 우리에게 정신분석적 경험에서 충분히 보편성을 가진 중요한 현상들의 새로운 영역에 대해 환기시켜 준다면, 그에 대한 나의 대답은 원론적으로 긍정적이다. 그러나 나는 그런 일을 빠른 시간안에 혹은 기대와는 달리 자주 보지 못할 것이다.

네 가지 심리학은 모두 정신분석적 경청으로부터 생겨났다. 그것들은 우리가 자유연상과 전이라는 관점에서 심리내면의 삶에 대해 발전시킨 이해들을 반영한다. 그리고 동일한 관점에서 보면, 그것들은 정신분석에서 우리가 보고 작업하는 현상들에 적합하다. 그것들은 정신분석적으로 이해된 삶의 내용과 관계가 있다.

나는 Hans Loewald(1971a)가 제시한 가정과 주의를 염두에 둔 정신분석적 관점을 강조한다:

> 정신분석가의 해석들은 다음과 같은 근본적인 가정에 기초하고 그것을 사용한다. 일어나는 것은 무엇이든지 개인적인 동기에 의해 유발된다. 이러한 가정은 모든 개별적인 해석들을 위한 토대를 구성하는 포괄적인 해석이다.... 나는 정신분석의 대상이 개별적인 인간 개인이라는 사실을 암시했다. 우리는 이러한 실체 안에서만 정신분석이 정신적 삶과 정신적 현실이라고 부르는 것을 만나게 된다. 그것은 우리가 다루는 단위이다. 물론 이것은 이러한 현실에 대해 어떠한 보편적인 진술이나 명제도 만들어질 수 없다는 것을 의미하지 않는다. **오히려 그것이 의미하는 바는 정신분석적 진술이나 명제는 언급된 기본적인 해석적 가정에서 인식되고 이러한 가정에 의해 결정되는 정신분석적 방법에서 이해되는 이러한 실체와 관련하여 특히 타당하다는 것이다.** 정신분석적 진술은 예를 들어 가족이나 사회와 같은 다른 단위들이 개인들로 구성되었다 할지라도 그것들에 관하여 반드시 타당한 것은 아니다. 또한 그것들이 실험 혹은 일반 심리학의 경우에서처럼 개인에 의해 구성된 단위의 맥락에서 나온 심리적 현상들에 대해서도 반드시 타당하거나 적절한 것은 아니다. (pp. 103-104) [강조는 추가됨.]

그래서 내가 욕동, 자아, 대상관계 그리고 자기의 심리학들이 정신분석 상황에서의 자유연상과 전이에 대한 관점에서 획득된, 심리내적 삶에 대한 우리의 이해를 반영하기 때문에 그것들로 작업할 것이라고 말할 때, 나는 그 **상황에서의** 그것들의 독특성과 유용성을 모두 강조하고 있는 것이다. 그런데도, 이 경우, 우리는 그 "단위," 그 "개별적인 인간"과 함께 적어도 하나의 다른 영역에 들어가서 다시 네 가지 심리학이 적절하고 유용하다는 것을 발견할 수 있다. 나는 개별적인 인간 발달의 영역을 염두에 둔다.

이러한 네 가지 심리학은 우리가 유아와 아동 발달에 대해 알게 되었던 것과 조화를 이룬다. 분명히 신체적 쾌감 경험들과 그것을 반복하고 싶은 소망들 그리고 다른 만족들의 중요성, 숙달과 적응의 중요성, 그리고 중요한 타자들과의 관계의 중요성은 중요한 발달적 변화와 정교화가 밝혀질 수 있는 분명한 관찰 대상들이다. 대체로, 그것들은 발달의 요소와 관련된 것이다. "자기"에 대한 질문은 상대적으로 두드러지지 않고, 아마도 잘 관찰되지 않을 것이다; 그러나 Rene Spitz (1957), Winnicott(1956), 그리고 Margaret Mahler(1972)와 같이 정교한 분석력을 갖춘 유아와 아동 임상 연구가들은 그 개념을 없어서는 안 될 것으로 보았고, 그것은 이제 더욱 체계적인 경험적 연구에서도 중심적인 조직화 개념이 되었다(Stern, 1985). 욕동, 자아, 대상관계 그리고 자기심리학의 용어들이 정신분석 상황과 아동 관찰 상황에서 조화롭고 유용하다는 사실은 신뢰를 더해준다.

여기에서는 Arnold Cooper(1987a)가 제시한 관점이 적절하다. 그는 "우리가 구성하지 않은 다른 어떤 과거도 존재하지 않으며, 현재와의 관계를 고려하지 않는다면 그 과정을 이해할 수 있는 다른 방법이 없다"(p. 83)라는 해석학적 입장의 극단적인 진술에 이의를 제기하고 싶었다. 그는 계속해서 다음과 같이 말한다.

나는 정신분석(역사와 비슷하지만 소설과는 다른)에 고정점들이 있다는 사실을 강조하려고 한다. 역사의 고정점들은 사건들이 일어났었다는 증거들이다. 로마 제국이 있었고, 그 시대가 있었고, 실제 사람들이 살았고 죽었다. 이러한 "사실들" 때문에 진지하게 고려될 수 있는 내러티브와 해석이 제한된다. 정신분석은 발달심리학과 애착 그리고 정서 생물학에 그 과학적인 토대를 두고 있다. 생물학을 통해서 가능한 이야기들에 한계와 질서가 부여되고, 우리가 과거에 대해 구성하는 것은 이러한 과학적 지식과 일치해야만 한다. 발달적인 가능성에 대해 우리가 알고 있는 것과 양립할 수 없는 아동기에 대한 구성을 통해서 우리는 발달에 대한 새로운 개념들에 눈을 뜰 수 있지만, 그것들은 자존감과 내적인 일관성을 유지하기 위한 노력에서 우리의 환자들을 이상한 내러티브의 구성으로 이끌어가는 왜곡된 아동기에 대해서 더 환기시켜주는 것 같다. (pp. 83-84)

발달과정을 특징짓는 욕동, 자아, 대상관계 그리고 자기심리학의 용어들은 정신분석의 그러한 "고정점들"이다. 그리고 그것들이 개별적인 발달을 특징짓는다는 사실로 인해서 계속해서 "한계들이 지워지고," 우리가 구성할 수 있는 "가능한 이야기들"을 위한 가능성들이 부여된다.(이것은 나의 주장들이 최근의 해석학과 과학 논쟁의 어떤 측면으로 이끌려 들어갈 수 있다는 머리말의 나의 의견과 연결이 된다. 한편으로, 욕동, 자아, 대상 그리고 자기의 여러 관점에서 나온 시각들은 삶의 이야기에 대한 대안적으로 가능한 이야기들이나 해석들을 제공하는 것으로 이해될 수 있다; 그리고 실제로 그렇게 한다. 그러나 다른 한편으로, 특히 그 관점들이 다양한 개인의 독특한 삶의 역사에 적용되는 것처럼, 그것들은 또한, 적용하는 실제적인 내러티브들을 제한하고 안내해주는 발달과정에서의 고정점들을 제공해준다.)

그리고 마지막으로, 네 가지 심리학의 용어들이 개인의 발달에 쉽게 적용될 수 있다는 사실 때문에 우리는 그것들을 임상적 자료의 흐름으로부터 나온 적합한 추상 개념들로서 신뢰한다. 뿐만 아니라 그것들은 환자들에게 사실처럼 들린다. 해석 혹은 재구성을 통해서 그들에게 제공될 때, 환자들은 그러한 용어들을 현재의 기능에서 경험되고 표현된 그들의 삶의 이야기들과 쉽게 연결시킬 수 있다. Roy Schafer(1983)가 지적했듯이, 우리는 환자들과 많은 내러티브들을 만들어낸다. 그러나 나는 임상 작업이 우리에게 이러한 것들의 적합성에 대해 가르쳐주어서가 아니라 그것들이 개인적인 이야기에 적합하기 때문에 모두 내가 나열했던 네 가지 심리학 가운데 한두 가지의 개념들 속에 있을 가능성이 크다고 믿는다. 그리고 우리가 분석에서 도달하게 되는, 역사적 진실의 불확실한 특성에 대한 더욱 극단적인 견해(Spence의 것과 같은, 1982)조차도 어떤 임의의 이야기가 동등하게 사용될 수 있다고 주장하지 않는다; 그 내러티브는 환자에게 이해가 되어야만 하고, 이것은 현재의 그리고 기억된 심리내적 삶에 대한 개념들과 비교될 것이다. 그러한 삶에서, 이 네 가지의 심리학은 중심적인 역할들을 할 것이다.

이제 내가 네 가지 심리학으로 작업하려는 결정과 관련된 마지막 요점을 제시하려고 한다. 나는 네 가지와 관련된 통합적인 접근방식, 즉 그것들의 차이들과 통합적인 기여들을 존중하는 접근방식을 시도할 것이다. 그러나 다른 접근방식도 시도될 수 있다; 즉, 그 시도는 네 가지를 그것들 가운데 한두 가지로 환원하기 위해서 이뤄질 수 있다. 세 가지 이유로 나는 그러한 접근방식을 거부한다. 첫째, 수년간 정신분석적 이론이 확장되고, 정신분석적 작업 "범위가 확장된 것"(Stone,

1954)에서 임상적 현상들이 확장되는 것을 고려하면, 그러한 환원의 시도들이 내게는 임의적인 것으로 보인다. 아마도 누군가 설득력 있는 환원주의적 견해들을 주장할 수 있겠지만, 그것들은 한 가지 이상 심리학들의 지지를 받을 때 설득력이 있을 수 있다. 둘째, 내가 5장에서 보여주려고 하겠지만, 네 가지 심리학 각각의 현상들은 시간이 흐르면서 동기를 부여하는 지위를 얻고 심리내면의 무대에서 독립적인 배우들로서 기능한다; 적어도 개념적으로는 이것 때문에 그것들의 상대적인 독립성이 강화된다. 그리고 셋째, 그리고 내가 개인 발달에 대해 주장해오고 있는 요점들로부터 직접적으로 알게 되는 것인데, 유아기에 대한 임상가-관찰가들과 경험적 연구자들 모두의 연구는 욕동, 자아, 대상관계의 현상들도, 자기 경험의 현상들도 유아의 삶에서 분명하게 우선되지 않는다는 점을 분명히 해준다; 오히려, 각각에는 매우 초기의 기원들(그리고 나는 중요한 발달적 역사를 추가해야만 하겠다—4장을 보라)이 있다. 따라서 이 지점에서 네 가지는 서로 환원될 수 없는 것 같다. 그것들이 통합된다면, 임상적 상황의 측면들을 더욱 폭넓게 기술하게 해주고 임상 작업과 발달적 역사를 조화시킬 수 있는 보다 많은 기회를 제공해줄 것이다.

미리 보기와 관점

나는 욕동, 자아, 대상관계 그리고 자기라는 용어들에 포함되는 각각의 현상들을 다룰 것이다. 다음 장에서 나는 그것들 각각에 대해 좀 더 자세히 토론하고, 또한 내가 그것들을 활용하는 것을 둘러싼 많은 주제들을 토론할 것이다. 현상들은 임상적으로 그리고 발달 과정에서 이해되고, 3장과 4장은 각각 그러한 두 영역에 초점을 둔다. 임상적인 토론(3장)은 "고르게 주의를 기울이기"(Freud, 1912)를 중심으로, 우리가 환자의 자유연상을 경청하기 위해서 조율될 수 있는 것을 중심으로 이뤄졌다. 그리고 발달에 대한 토론(4장)은 초기의 핵심적인 발달들과 지속되는 일생 동안의 발달들 모두가 네 가지 심리학 각각과 관련하여 일어난다는 주장을 중심으로 이뤄졌다. 마지막으로, 5장과 6장은 다소 큰 이론적 질문들을 다룬다. 그것들은 네 가지 심리학 각각에서의 동기와 그것들을 초월하는 성격 조직에 대한 것들이다.

이 책의 2부에서는 전적으로 임상 상황에서 도출된 네 가지 심리학의 현상들에 대한 사례들이 집중적으로 다루어진다. 7장에서는 개별적인 회기들의 과정에 대한 기록들을 살펴보고, 8장에서는 완료된 분석들에 대한 요약들을 다룬다. 임상적 사례들은 어떤 의미에서 평범해야 한다. 즉, 그것들은 놀랄만한 것이 아니라 익숙한 것이어야만 한다. 나는 각 심리학의 현상들이 불가피하게 어떤 분석에서도 나타나며 해석적으로 다뤄진다고 주장한다. 그것들을 개념적으로 풀어내서 어떤 분석에도 적용되는 작업의 다양성을 강조하는 것이 나의 목표이다. 그럼에도 불구하고 이 모든 것이 어떤 특정 분석가가 사용하는 이론에서 드러날 수 있는 것은 아니다. 네 가지 심리학이 어떤 임상 사례에서도 역동적으로 그리고 구조적으로 완벽하게 통합된다 할지라도 그것들은 개념적으로 분리될 수 있고, 발달에 대한 우리의 기술에서도 어느 정도 분리될 수 있다.

그리고 마지막으로, 3부에서, 나는 여기에서 제시된 생각들을 어떻게 적용할 것인지에 대해 제시할 것이다: "전오이디푸스기 병리" 개념 그리고 관련된 개념인 "자아 결함"(9장과 10장)에 대한 진단적/발달적 연구; 공생 단계 개념과 일반적인 단계 개념에 대한 최근의 논쟁들(11장); 그리고 정신분석과 역동적 심리치료에서 변화를 일으키는 요인들에 대한 임상적 연구(12장). 이 모든 것들은 네 가지 심리학의 관점으로 볼 때 조명해줄 수 있었다.

이전에 내가 이러한 생각들에 대해 토론하고 제시했을 때, 다음과 같은 질문들이 나왔다: 이것들을 **정신분석**의 네 가지 심리학으로 생각하는 것이 정당한가? 이것은 너무 뒤섞여있어서 더 이상 그런 이름이 어울리지 않는 것은 아닌가? 나는 그렇게 생각하지 않는다. 나는 네 가지 각각에는, 그리고 특히 통합된 네 가지에는 정신분석만이 제공해주는, 인간 기능에 대한 너무나도 복잡하고 다각적인 관점이 요구된다고 믿는다.

Freud(1914a)는 임상 상황에서의 정신분석을 저항과 전이에 대한 분석을 중심으로 하는 치료라고 정의하였다. 그리고 네 가지 심리학의 다양한 현상들에 대한 어떤 것도 그러한 견해의 어떤 변화도 요구받지 않는다. 그러나, Freud는 결코 어떤 단일한 방식으로도 정신분석 이론을 정의하지 않았다. 적어도 그의 욕동심리학과 관련해서는 오히려 그 반대이다. 그는 "마녀, 메타심리학"(1937) 그리고 본능 이론에 대한 그의 개념화가 정신분석적 이론에서 없어도 되는 신화(1915)라고 분명하게 인정했다. 그러한 개념들은 곧 무용지물이 될 수 있다. 오직 **관찰**만이 기반을 제공해준다. 그리고 그러한 임상적 관찰의 발전을 통해서 네 가지 심리학이 생겨났다.

그리고 나는 네 가지가 전통적인 형태에 있어서조차도 정신분석의 핵심과 조화된다고 믿는다. 따라서, 네 가지 심리학은 따로 또 같이 **정신 결정론, 무의식적 정신 기능** 그리고 **일차 과정**(더 좋은 용어가 없긴 하지만)—상징과 은유에, 생각들의 "비합리적인" 연결들에 기초하고, 현실과 사회적 소통의 규칙들을 중시하지 않는 사고의 측면—에 대한 가정들을 공유한다. 정신 현상들의 이러한 세 요소에 내재하는 전제들을 따름으로써만 우리는 환자들의 삶에서 네 가지 심리학 각각의 현상들의 자리에 이를 수 있다. 게다가, 네 가지 심리학은 모두 핵심적인 정신분석적 가정들에 근거해서 작업하는데, 그것들은 개인의 성격이 초기의, 신체에 근거한, 대상관계적 경험들에 의해 조성되고, 모두 서로 연결된(다양하게 기능적이기도 하고 갈등적이기도 한) 방식으로 조직된다고 한다. 이렇게 조직되는 내용에는 욕동 만족에 포함된 대상관계 경험들, 심리적 (자아) 기능의 양식에 대한 학습, 자기 경험의 창조와 성장 그리고 대상표상 세계의 조성이 그렇듯이 욕동과 만족에 대한, 기관과 기능에 대한, 신체에 근거한 경험들이 있다(Sandler and Rosenblatt, 1962). 그래서 나는 그것들이 정말로 정신분석의 네 가지 심리학이라고 생각하고, 그러하기에 그것들은 차분한 경청, 저항과 전이의 작업, 그리고 중립성, 절제 그리고 상대적인 익명성이라는 임상적 세 가지 요소의 전통적인 경계선 안에서 이뤄지는 각 정신분석적 치료에서 그것들의 자리를 발견한다.

　그러나 나는 네 가지 심리학이 단순하게 정신분석의 전통적인 범위에 조화되거나 경계선을 같이 한다고 주장하고 싶지 않다. 오히려, 내가 그것들을 발전시킬 것이기 때문에, 그것들로 인해서 우리는 정신분석을 갈등에 대한 심리학으로뿐만 아니라 반복과 발달에 대한 심리학(어떤 발달 과정에도 내재하는 부수적인 지연들과 이상 현상들이 있는)으로 이해하는 게 필요하다. 세 가지 모두는 임상 현장 어디에나 있다. 내가 믿기로는, 임상 작업에서 네 가지 심리학을 사용하면 어떤 한 두 가지만을 사용할 때 보다 임상적 정신분석의 현상들에 대해 더욱 충분히 접근하게 된다. 그리고 그것들은 최근의 환자들의 문화적 변화들과 변화하는 정신병리에서 제공되는 임상적 자료에 대해 반응을 보인다.

내가 정신분석적 이론의 전통적인 핵심으로 지적했던 것에는 마음 혹은 발달의 특정한 실질적 내용들과 관계가 없는 것은 아무것도 없다. 나는 이러한 내용들이 크게 달라질 수 있고 달라지고 있으며, 여러 심리학이 다루었던 내용들의 배열은 우리가 임상 작업에서 지금까지 중요한 것으로 발견했던 것들을 담아낸다고 주장한다. 그러나 그러한 광범위한 내용들을 다룰 때, 나는 이러한 생각들을 발전시키면서 내가 했었던 두 번째 비판—이것들은 단지 절충주의를 나타낼 뿐이고, "순전한(mere)" 절충주의는 보통 암시적으로 표현된다는—을 접하게 된다.

절충주의는 "순전할" 필요가 없다는 사실과는 별개로, 절충주의는 사실 나의 의도가 아니다. 내가 다른 이론들(예를 들면 Fairbairn, 1941; Kohut, 1977; Hartmann, 1939와 같은)을 한 데 모으려고 하지 않을 것이라는 사실을 상기하라. 오히려, 나는 분석가들이 실제로 다루는 다양한 현상들을 설명해줄 수 있는 하나의 구조를 발전시키고 일관된 시각을 설명하려고 할 것이다. 네 가지 심리학의 영역에서 현상들의 의미를 위한 설득력 있는 사례를 만들기 위해서 시도하고(1-5장), 이것들 모두를 포괄하기 위해서 비교적 단순한 일련의 구성 개념들을 제시할 것이다(6장). 어떤 의미에서, 이러한 구성 조직은 "알맹이가 없는" 이론으로 이해될 수 있다. 이것은 발달의 단위들 그리고 이 단위들이 우리가 개인의 성격이라고 부르는 복잡한 형성의 구성과정에서 서로 관계되고 통합되는 방식들을 다룬다. 그러나 원리적으로 어떤 내용도 성격의 구성요소가 되는 초기 단위를 제공할 수 있다. 그런 의미에서, 이 견해는 알맹이가 없는 것이다. 그러나, 물론, 실제로, 모든 인간의 생물학적 요소, 초기 양육 그리고 일반적인 문화적 공통성들 때문에 어떤 내용들은 우리 각 개인에게 중심적인 것이 된다. 이것들은 우발적이지 않다. 그러나 이것들은 다양하다. 그렇기 때문에 내가 이러한 광범위한 현상들을 다루려고 하는 것이다. 우리가 사람들을 임상적으로 알게 되는 그들의 다면성이 이것을 요구하고, 현존하는 이론들 가운데 많은 것들이 증거가 지지해주는 것보다 훨씬 더 많이 여러 방향으로 치우쳐있다.

만약 누군가가 무인도에 좌초된다면, 아마도 그곳에서는 완성된 집보다는 한 세트의 도구들을 발견하는 것이 더 좋을 것이다. 집은 처음부터 거처를 제공해주지만, 도구들은 잘 지낼 수 있는 능력을 키우기 위해서 무수한 방식—집을 짓는 것을 포함해서—으로 융통성 있게 사용될 수 있다. 나는 내가 정신분석의 네 가지 심리학이라고 불러왔던 것이 우리가 분석적인 경청자의 입장에서 좌초되었을 때 융통성 있게 사용될 수 있는 그러한 도구들이라고 이해한다. 나는 그것들이 처음에는 완성된 집—완전한 이론적 구조—을 제공해주지는 않지만, 우리가 분석을 잘 해내도록 도와주는 데 매우 유용하다는 것을 발견했다. 내가 기술하려는 현상들과 내가 제안하려는 네 가지 심리학의 다양한 조합들은 이러한 의미에서 이해되어야만 한다.

고전적인 Freud의 이론은 특정한 내용들과 개념들—특히 본능적인 욕동들과 삼중구조 모델과 같은 마음의 조직—을 둘러싸고 형성되었다(내가 언급했듯이, 나는 이것들을 그것의 핵심으로 보지 않지만). 그러나 추가적으로 고전적인 Freud의 의도—즉, 인간의 정신적 삶에 대한 심층적인 이해의 추구—가 있다. 나는 그 의도에 충실하기를 소망한다. 나에게, 적절한 질문은 이것이 정신분석인가가 아니라 그것이 임상적으로 유용한가 그리고 그것이 일반적인 정신분석적 사고방식에 통합될 수 있는가이다. 그러한 질문들은 논쟁의 여지가 있을 수 있다. 그러나 이것들은 적절한 질문들이다. 나는 심리적 행위의 다양한 중심들과 형식들이라는 측면에서 인간에 대한 이해가 동일하게 다양한 중심적인 동기들을 발달시키고 복잡하게 개별화된 방식들(나는 그것들을 네 가지 심리학의 개인적 위계들[personal hierachies]*이라고 부를 것이다)로 조직되기 때문에 어느 정도 정확하게 기능을 반영할 뿐만 아니라 실제로 임상적 정신분석의 일상적인 실제 작업의 근본이 된다고 믿는다.

---

*역주: 심리 발달과정에서 개인마다 어떤 요소들이 조직화되고 무엇이 중심적으로 작동하는가에 따라서 다르게 생겨나는 개인의 심리구조로 이해하면 되겠다.

욕동, 자아, 대상 그리고 자기

CHAPTER 02

정신분석의
네 가지 심리학

Pinchas Noy(1977)는 그의 논문 "Metapsychology as Multimodel System"에서 다음과 같이 기술한다:

> 나의 기본 가설은. . . 정신분석의 독특함은 다중모델적 이론 체계, 즉 여러 가지 이론적 모델들로 구성된 체계에 기초하는 그것의 메타심리학에 있다는 것이다. 이런 점에서 정신분석은 각각이 단일하고 균일한 모델에 기초하는, 거의 모든 다른 현대의 심리학 학파들 그리고 행동과학들과는 다르다. 이러한 다양한 모델들이 있기 때문에 우리는 임상적인 원자료를 여러 가지 다른 패턴들로 정리할 수 있고, 특정한 임상적, 실험적, 이론적 필요들에 따라 여러 가지 관점에서 각각의 현상을 검토할 수 있고, 관심의 초점을 하나의 관점에서 다른 관점으로 옮길 수 있다. 모든 정신분석적 사실들, 가설들 그리고 개입들을 도출해낼 수 있는 그 어떤 단일하게 통일된 기본 이론적 모델도 존재하지 않는다는 사실은 과학에서 흔히 생각되듯이 약점이 아니라, 정신분석의 두드러진 특징이자 그것이 생존하고 적응하는 특별한 능력의 원천이다. (p. 1)

그는 계속해서 이것을 파동과 입자로 이해되는 익숙한 빛의 사례와 비교하고, 다섯 가지의 메타심리학적 관점에 대한 David Rapaport와 Merton Gill(1959)의 논문에 근거해서 우리가 "이제 어느 정도 수용되는 일곱 가지 모델: 역동적, 경제적, 지형적, 정신발생적, 구조적, 적응적 그리고 심리사회적 모델들"(1977, p.4)을 갖게 되었다고 주장한다. 논문의 나머지 부분에서, Noy는 모델들이 단지 사고를 위한 도구들이고, 우리는 그것들을 사물화하지 않도록 주의를 기울여야만 하며, 새로운 자료로 인해서 그 모델들이 그것들의 유용점을 넘어서서 확장될 것이고 궁극적으로 새로운 모델들이 개발될 필요가 있을 것이라고 말한다.

나는 여기에서 Noy의 모든 발언이 드러내는 일반적인 정신에 입각해서 네 가지 심리학으로 **작업한다.** 그것들을 함께 다루면, 나는 우리가 "생존하고 적응하는 [정신분석의] 특별한 힘"으로 가는 또 하나의 방법을 얻게 된다고 믿는다. 그러나 나는 적어도 그가 열거한 일곱 가지 모델 가운데 적어도 앞의 여섯 가지는 내가 욕동심리학이라고 부르는 것과 관련하여 발달했다고 말하고 싶다(**나는 그가 특별히 "심리사회적" 모델이라고 하는 것을 확신하지 않는다**). 분명히, 나는 그 모델들의 파이를 다른 방식으로 나눈다.

나는 사람들에게는 충동들이 있고, 그들이 내면화하는 기억들(흔히 왜곡된)에서 파생되는 타인들과의 관계들이 있으며, 방어와 적응의 방식들이 있고, 우리가 대체로 동의하여 "나의 자기(self)"로 생각하는 주관적인 경험들이 있다고 생각한다. 그러나 그러한 현상들의 실재성에도 불구하고, 하나의 모델을 구성하지 않고서는 그것들에 대해 무엇인가를 말하는 것은 사실상 불가능하다. 설명이라는 것—사실은, 설명하려는 것들의 선택 – 에는 이전의 이론적인 선택들과 선입견들이 포함된다(Schafer, 1986). 나는 현상들에 대해서 대체로 경험에 가까운 설명을 하려고 하지만, 전체적인 기획은 분명히 인간 행동에 대한 보다 크거나 작은 모델들에 의해 규정된다. 그래서 나는 네 가지 심리학에 서로 중복되는 부분이 있고 각각에서 하나의 사례가 추가적으로 세분화될 수 있다는 것을 인식하면서 행동이라는 파이를 네 가지 심리학으로 나눈다. 궁극적으로, 특별히 구별할 수 있지만 서로 연결된 네 가지 심리학에 대한 나의 관심은 그것들이 임상 작업에서 제공해주는 도움을 통해서 생겨났다; 그것들 때문에 임상 자료에 대한 이해와 임상 기술의 발달이 확대되었다. 그것들에 대한 나의 관심은 무엇이 분석 작업을 촉진하고 환자의 변화를 일으키는지 질문하는 가운데 실용적으로 생겨났다.

나는 정신분석이 지금까지 이러한 여러 관점들 가운데 어떤 것을 무시해왔다고 주장하려는 것이 아니다. 개인의 기능에 대한 욕동과 자아의 관점들은 좀 더 공식적으로는 Freud의 이론의 일부인 반면에, 정신분석 임상 실제에서는 분명히 여러 관점들이 모두 다뤄진다. 초기 대상관계들과 그것들의 반복은 어떤 분석에서도 작업 재료의 중요한 부분들이고, 지속되는 주관적인 상태는 언제나 회기 중 작업을 위한 시금석이다. 네 가지 모두는 이제 정신분석 문헌에서 잘 확립되어 있다. 나는 네 가지 심리학 각각이 우리의 임상 작업에 대해 다른 질문들을 제기한다고 믿기 때문에(3장), 각각에서 독특한 동기적 특성들이 발달하기 때문에(5장), 그리고 각각이 전반적인 성격의 조직에서 다양하게 중심적인 역할을 할 수 있기 때문에(6장) 그것들을 네 가지 심리학으로 설명한다. 내가 보여주고 싶은 것처럼, 우리가 각각의 심리학에 관심을 갖는 것이 유용하다.

정신분석 문헌에서의 발달

최근의 관점에서 볼 때, 정신분석에서 임상적, 발달적 이론들의 성장은 최근 나타나고 있는 자기(대상과 대조 구별하여)에 대한 관심과 함께 세 가지 흐름—욕동심리학, 자아심리학 그리고 대상관계이론—으로 나타났다. 이러한 개념들의 발달은 상당 부분이 관찰의 새로운 방식들이나 영역들에 기초한다. 여기에는 자유연상과 카우치의 사용, 아동 분석 그리고 유아와 아동 관찰로의 전환, 그리고 나중에 치료하는 환자들의 "범위의 확장"(Stone, 1954)이 포함된다. 이러한 발달과 함께 표준적인 임상적 정신분석 상황에서 새로운 관찰은 새로운 개념화로 이어졌다. 그러나 추가적으로, 아마도 자신들의 개인적인 삶의 역사 때문에 인간 기능의 다양한 측면에 특별히 익숙했던 개별적인 기여자들의 역할을 무시할 수 없다.

첫 번째 흐름인 욕동심리학은 Freud가 유혹설(1897)을 포기하고 유아성욕에 대해 그의 입장을 명확하게 표명하면서 시작되었고, 이어서 욕동들, 이것들의 다양한 변형들과 정신병리에서의 역할에 대한 저술들이 급증하였다. 정신분석 초기의 위대한 개념화들이 본능적인 욕동들과 관계가 있다는 사실은 확실히 우연이 아니다. Freud는 본능과 억압장벽, 집중(cathexes)과 반집중(countercathexes)에 대한 그의 생각들이 쉽게 조화를 이루었던, 뉴톤의 물리주의적 과학의 시대(Holt, 1972), 세력과 대항 세력의 세계에서 과학적으로 성장하였다. 더구나, Freud는 19세기 중후반의 억압적이고 성에 대해 반발하는 문화 속에 있던 중부 유럽 중류 계급의 세계에서 태어났다. 그와(그의 자기분석에서 드러난 대로) 그의 환자들, 즉 자유연상 과정이 처음으로 시도되었을 때 중심적인 위치를 차지했던 사람들의 성격을 조직하는 주제들은 성욕에 대한 것들(특히)과 보다 폭넓게는 욕동에 대한 것, 사회적이고 내면화된 금기에 대한 것 그리고 갈등, 방어, 불안, 죄책감, 방어 실패, 증상 형성에 대한 것들이었다. 그러나 추가적으로, Freud는 상당히 신뢰할 수 있는(갈등이 있다 할지라도) 관계가 이뤄졌던 다소 온전한 가정에서 태어났다. 그래서 우리가 오늘날 자아 기능의 결함 혹은 대상접촉과 핵심적인 동일시의 초기 실패라는 측면에서 개념화할 수 있는 내면의 형성과 삶의 경험들은 그의 개인적인 경험과 정신병리의 중심적인 부분이 아니었다. 게다가, 어려우면서도 가능성이 있는 정신분석적 치료에 환자가 얼마나 적합한지를 점진적으로 명료화하게 되면서, 자아 기능에 결함이 있는 사람들(예를 들면, 정신분석 과정에 의해 촉발되는 불안들을 다루는 데 필요한 심리내적인 방어들과 관찰자 능력을 요구할 수 없는 사람들과 자유연상을 하다가 사고 조직이 과도하게 느슨해질 수 있는 사람들) 혹은 잘못된 초기 대상 경험(예를 들면, 전이 신경증이 발달할 수 없는 것 또는 환자가 카우치에서의 분석적 자세와 행동이 가져다주는 고립감과 절제를 견디지 못하는 것)이 있는 사람들을 배제하게 되었다. 이러한 배제로 인해 이러한 형태의 병리들과 그것들이 발달과 임상 이론에 요구하는 것들에 대해 접근이 충분히 이뤄지지 않았다.

개념의 발달사에서, 초점들이 이렇게 제한된 것은 정신분석의 이론적 발달을 위해서 다행스러운 일이었다. 어떤 과학도 그리고 어떤 과학자도 어떤 영역의 전체 문제를 한꺼번에 연구할 수 없다. 초점을 좁힘으로써만(그리고 대개, 연구되고 있는 좁혀진 영역을 위한 개념적인 조직자들을 가짐으로써) 과학은 진보한다. 그리고 욕동심리학에서

Freud가 초기에 발견한 것들은 처음 30~40년 동안 이론과 치료 방법으로서 정신분석의 성장을 촉진하기에 충분할 만큼 자극적이었던 것으로 밝혀졌다. 본능들과 그것들의 변형들에 대한 개념화들(1915); 대개 욕동들을 확장하고 방어하는 삶이라는 관점에서 성격에 대한 가장 초기의 개념화들(Freud, 1908; Abraham, 1921, 1924); 욕동의 변형들이라는 관점에서(1915) 그리고 궁극적으로 욕동과의 갈등이라는 관점에서 초기 방어에 대한 견해; 저항에 의해 저항이 되고 있는 것, 전이에서 반복되고 있는 것, 그리고 분석 작업 자체에 동력을 공급하는 고착되고 억눌린 세력들에 대한 이해; 심리성적 단계들과 그러한 단계들을 통한 진전의 자연스러운 결과인, 대상에 대한 연결의 형태들을 중심으로 형성된 발달이론―이 모든 것들은 가장 초기 Freud의 욕동 중심 심리학의 영향력이 크다는 본질을 증명한다. 이 영역에서 형성된 이론은 수년 동안 1세대 분석가들의 창조적인 에너지를 흡수할 수 있을 만큼 충분히 잠재력이 있었다.

그러나 임상적 관찰들 그리고 이론적 명료성에 대한 요구들 때문에 이 지점에서 멈추는 것이 허용되지 않았다. 돌이켜 보면, 초기의 욕동 심리학조차도 나중에 자아라고 불리게 되는 것과 그것의 특별한 기능에 대한 개념 없이는 설명되지 않았다. 분명히 Freud는 처음부터 방어(억압) 개념이 필요했다. 그리고 꿈에 대한 그의 이론(1900)에서는 사고 과정의 본질 그리고 만족으로 가는 우회로, 꿈의 지각적 강렬함에 대한 저항, 수면 중의 운동성 억제와 같은 방어의 역할들을 다루지 않을 수 없었다. 이것들은 나중에 자아 장치들(ego apparatuses)이라는 개념으로 정신분석 이론에서 중심적인 역할을 차지하는 인간 기능의 모든 측면인데, 이것들은 자아발달의 선천적이고 잠재적인 기초가 되고(Freud, 1937; Hartmann, 1939), 욕동들로부터 자율성을 보증해주고(Rapaport, 1957), 그러한 욕동들과 발달적으로 그리고 기능적으로 광범위하게 관계를 맺는다.

이것들은 부분적으로 자아심리학의 초기 씨앗들이 되었다. 이후의 발달들 때문에 그 이론은 같은 방향으로 계속 나아가게 되었다. 많은 임상적 관찰들이 기여했다: (1) 적응은 관찰할 수 있는 삶의 사실이고, 역경을 다루고 갈등으로부터 무엇인가 창조적이고 건설적인 것을 만들어낼 수 있는 개인들의 능력을 이러한 개인들과 가까이서 작업하고 있는 분석가들은 간과할 수 없었다; (2) 종합과 통합은 인간 기능의 타고난 특성인 것 같기 때문에 훈습의 역할(Freud, 1914b)에도 불구하고 정신분석적 치료는 분석에 의해 좌우되었다(Freud, 1919); (3) 욕동들과 그것들의 변형으로부터 형성되는 성격(Freud, 1908; Abraham, 1921, 1924)은 욕동의 변화에서 뿐만 아니라 개인적인 조직과 발달에서 주로 (외부에 대해서) 적응하고 (내부에 대해서) 조절하는 성취인 것으로 드러났다; 그리고 (4) 불안이 억압에 뒤이어 일어난다(그래서 리비도가 불안으로 변화한다)기보다는 방어보다 먼저 일어나는(따라서 신호가 되는) 것으로 보인다는 관찰(Freud, 1926)은 갈등의 상황에서 욕동들에 대해서 불안신호를 통해 쾌락-고통의 원리를 활용할 수 있는, 훨씬 더 강력한 자아의 개념으로 이어졌다.

아동기는 특별히 새로운 숙달 방식들이 급속하게 발달하고, 갈등을 창조적으로 해소하고(행복한 상황에서), 적응, 갈등 해소 그리고 자존감을 촉진하는 기술들과 관심들을 개발하는 시기이기 때문에 초기 아동 분석가들과 아동 관찰자들, 특히 Anna Freud(1926, 1936)의 연구는 자아심리학의 발전에 기여하였다. 어떤 아동 관찰자 혹은 치료사도

관리하고, 대처하고, 그럭저럭 헤쳐나가는 자기 자신의 어떤 면, 즉 자아에 영향을 받지 않을 수 없다. 그리고 욕동 이론, 무의식 그리고 나중에는(Freud, 1923) 원본능 자체에 대한 이론 때문에 자아 이론이 필요하게 되었다. 만약 원본능이 배우지 못한다면, 만약 무의식이 시간을 초월한다면, 인간의 적응과 숙달이 어떻게 그것들로부터만 생겨날 수 있을까? 카우치를 벗어난 삶 속에서 인간 발달에 대해 분명히 관찰할 수 있는 것들을 설명하기 위해서 타고난 학습-적응 구조 (즉, 자아 기관) 혹은 욕동 에너지들이 그것들의 기능에 있어서 변형될(즉, 중화될 [Hartmann, 1955; Kris, 1955]) 수 있는 과정에 대한 어떤 개념이 필요하였다.

그래서 Freud는 마음의 삼원 체계의 한 부분으로서 자아에 대한 공식적인 이론을 개발했고(1923), "강력한" 자아 개념(그것이 가고 싶은 방향으로 "말"-현실, 욕동, 양심-을 타는 것일 뿐만 아니라 그것을 조종할 수 있는 것인)으로 이어지는 재개념화에서 그것을 확장했으며 (1926), 이 영역에서 중요한 체계적인 기여들을 했던 다른 사람들(A. Freud, 1936; Hartmann, 1939)의 추종을 받았다. 그 결과로 분석을 수행하는 환자의 자아 기능에 필요한 조건의 특성들에 대한 개념(충분히 설명되지는 않았지만)뿐만 아니라 자아, 자아의 발달 그리고 자아의 기능에 대한 이론, 그리고 자율성, 적응, 갈등으로부터 자유로운 영역의 개념이 나오게 되었다. 그래서 두 번째 흐름인 자아심리학은 그 정점에 이르렀다.

어떤 의미에서, 이러한 처음 두 가지 흐름에 대한 개념적인 작업은 유기체의 생물학을 심리학적 이론으로 인식하려는 시도를 보여준다. 개인은 다양한 생물학적 기질들을 가지고 시작하는 것으로 이해된다.

우리는 개인의 발달하는 심리에 중심적으로 적합한 것들을 취해서, 그것들을 욕동들(충동으로 표현되고 소망과 환상으로 이어지는)과 자아(방어, 적응 그리고 현실 검증을 위한 능력들이 생겨나는 장치들)로 개념적으로 분리한다. 그러나 다른 사람들과의 관계에서 생겨나지만 개인의 심리발달에 중요한 것들도 존재한다. 사실, 한편으로는 정신분석적 욕동 이론에서, 혹은 다른 한편으로는 대상관계이론에서 다뤄지는 인간 발달에 대한 대조적인 견해들은 익숙한 본성-양육 논쟁의 정신분석적 표현이다. 은연중에 그것들은 개별적인 발달이 얼마나(그리고 어떤 방식으로) 타고나고 생물학에 기초하는 욕동들(그리고 우리가 자아 장치들이라고 부르는 타고난 조절자들)에 의해 결정되고, 얼마나 다른 사람들과의 경험된 관계들에 의해 결정되는 것으로 이해될 수 있는지에 대해 질문을 던진다. 이 세 번째 흐름, 즉 대상관계에 대한 연구가 우리를 여전히 매우 많이 재촉하고 있기 때문에 올바로 보기가 더욱 어렵다. 그러나 우리의 이론들이 발전하는 과정에서 자기에 대한 관심은 분명히 대상에 대한 관심과 함께 나아갔다. 이제 이러한 전체 영역을 다루어 보자.

인간 발달과 병인론에 대한 고전 정신분석 이론들에서 욕동 개념들이 중심이 됨에도 불구하고, 어떤 임상적 정신분석도 그것의 주요 부분은 중요한 타자들과 환자의 최근 그리고 기억된 관계들과 관련이 있다. 많은 자유연상의 시간이 그러한 관계들에 할애가 된다. 말하자면, 우리는 해석을 통해서 환자들에게 그들의 삶에서 지속되는 충동들의 힘에 대해서 가르쳐준다. 그 충동들은 억제, 증상 그리고 불안의 기초가 되고, 끊임없이 반복되는 부적응 행동을 만들어내고, 꿈과 환상, 성격적 특성들, 관심과 직업에서 표현된다. 그리고 우리는 환자들에게 지속되는 충동들과 특별한 소망들의 행동을 통해서 그들 스스로 자신들을 고통스럽게 하고 괴롭게 하는 바로 그 관계들을 어떻게 형성하는지 보여주려고 한다. 그러나 그럼에도 불구하고 환자들은 우리에게 다른 사람들의 중요성을 가르쳐준다. 비록 우리는 우리가 듣는 것의 진실성을 결코 확신할 수 없지만, 다른 관계들에 의해 제공되는 **현실에서** 새로운 가능성들에 대한 어떤 감을 얻는다. 그리고 우리는 환자들이 관계에 몰두하는 것에 대해 분명하게 듣는다.

임상적 관찰의 결과로 이론이 발달한다. 심리내적인(대인관계적이라기 보다는) 대상관계이론 쪽으로의 그리고 그것의 욕동심리학과의 본질적인 통일성을 향한 공식적인 추이─모두 그것이 정신분석의 주류와 연결되어 있음을 보증해주는 조건들─는 Melanie Klein과 Fairbairn의 저술들에 함축되어 있었다. Klein(1921-1945)은 좋은 **대상**과 나쁜 **대상들**의 함입과 축출이라는 관점에서 초기 **욕동**의 과정들(리비도적인 것과 파괴적인 것)에 대해 말함으로써 욕동과 대상의 연결을 굳건히 하였다(혹은 실제로 어떤 등가성을 만들어냈다). 그리고 Fairbairn(1941)도 **대상관계이론**이라는 용어를 만들고 리비도적 욕동들의 대상-추구적인(쾌락-추구적이라기 보다는) 본질을 강조하면서 욕동과 대상을 개념적으로 확고하게 연결시켰다. Freud(1915)도 욕동과 연결시킨다는 측면에서 대상─그것을 통해서 만족이 주어지는─에 대해 말했지만 강조점과 대상 개념에 있어서 Fairbairn의 전환이 중요하였다. 초점은 만족에 비해 대상이 이차적이라는 것에서 벗어나서 대상 추구 자체가 우선된다는 것으로 옮겨진다. 이와 더불어 대상의 개념이 변화되었는데, 그 이유는 젖꼭지, 엄지손가락 혹은 곰 인형(즉, 욕동을 만족시키는 데 도움이 되는 어떤 것)이 단순히 대상으로뿐만 아니라, 온전하게 존재하는 주 양육자로 지각되기 때문이다.

　그러나 새로운 관찰 방식－이 경우 직접적인 유아와 아동 관찰－이 중요해지면서 대상관계이론이 가장 큰 힘을 얻게 되었다. 그래서 Winnicott의 전반적인 연구(1958b, 1965)는 Klein과 Fairbairn의 연구와 이후의 공헌들을 연결시켜 주었다. 그것은 어머니들과 유아들에 대한 근접 관찰과 그들의 경험을 상상하는 그의 독특한 시도에 기초하고, 대부분 대상관계적인 개념들(대인관계적인 것과 심리내적인 것을 연결시키는)로 개념화되기 때문에, Winnicott의 연구는 Klein의 재구성적인 개념들을 가능한 한(여전히 상상되거나 추론된다고 할지라도) 엄마-유아의 실제 경험들에 근거해서 현실적인 것으로 되돌리려는 시도로 이해될 수 있다. 이런 관점에서, Klein의 오류는 추론되거나 상상된 가장 초기 몇 달 동안의 이미지들에 의존한 것에 있지 않고 그렇게 하면서 그 시기를 위해서 오이디푸스와 초자아 개념을 포기하기보다는 그것들을 끌어들였다는 데 있다. Winnicott은 엄마-유아의 이자 관계에서 관찰할 수 있고 추론할 수 있는 것들에 더욱 가까운 용어들로 파괴적이고 함입적인 과정에 대해 말하면서 Klein이 하지 못했던 것을 시도하였다.

　일단 아동 관찰에 의존하게 되면서, 대상관계에 초점을 두는 것은 불가피해졌다. 특히 신경증 환자와의 정신분석 상황을 통해서 보면 환자의 삶은 많은 부분 스스로 초래했음이 드러난다. 지붕 위에서 거꾸로 떨어져도 다치지 않는 원형적인 상황을 제외하고, "우연들"과 분명히 지속되고 있는 내적 경험들과 대상관계들을 포함하는 환자의 "운명"에는 자신이 심리내적으로 촉발하는 것에 대한 끊임없는 경험들, 혹은 반복들이 포함되는 것 같다. 다른 사람들이 환자에게 어떻게 하는가보다는 소망, 환상 그리고 성격에 초점을 두는 것이 가장 효과적인 정신분석 작업으로 이어진다. 우리는 소망과 환상의 강력한 영향을 본다. 우리는 다른 사람들의 역할에 대해서 들을 뿐이다. 그러나 아동(특히 유아) 관찰에서는 정확히 그 반대가 주어진다. 그녀가(그리고 다른 사람들이) 제공하는 주 양육자, 기회들, 박탈들 그리고 모델들의 강력한 영향력은 정신분석적 관찰자가 가장 쉽게 보는 것이다. 반대로, 어린 아이의 내적 삶은 본질적으로 우리가 추론을 통해서만 접근할 수 있다. 따라서 분석가들 사이에서 주목받고 있는 아동관찰 전통은 발달에서 대상이 우선적으로 중요하다는 점에 대한 이론적인 개념화들을 지지한다. 임상가로서 충동들과 소망들을 둘러싼 삶의 자료를 조직하고 있었던 분석가들은 이제 아동 연구자들로서 유아-양육자의 상호작용을 둘러싼 그러한 자료를 조직하고 있고, 이것을 통해서 결국 이론이 확장된다. 비교행동학적 연구에 영향을 받은 John Bowlby(1969, 1973, 1980)의 연구도 이러한 폭넓은 전통에 속하고 애착과 분리와 같이 대상과 관련된 개념들에 대해 강조한 것에서 정점에 이르렀다.

정신분석의 주류로부터 다양하게 거리를 두고 있는, 임상 작업의 두 영역도 개인의 발달에 있어서 타자의 역할을 강조하는 개념화로 이어졌다. 각각에서, 정신병리의 발달을 일차적으로 욕동-방어의 관점에서 이해하는 것이 어려웠기 때문에 생겨난 새로운 임상 관찰들을 통해서 대상과 관련된 이러한 개념화가 이루어졌다. 첫째, 조현병 환자들과 많이 만났던 임상가들(Sullivan, 1953; Fromm-Reichmann, 1950)은 정신분석에서 대상관계이론이라고 불리게 되었던 것과 결코 동등하지 않지만, 그럼에도 불구하고 **타자**의 중요성을 제시하는 대인관계적 이론들을 개발하였다. 대인관계적 관점이 적어도 부분적으로는 조현병 환자들을 치료하는 과정에서 생겨났다는 사실은 이러한 개인들에게 여하튼 가장 초기 대상관계들에 문제가 있었다는 이제는 널리 주장되고 있는 견해를 반영한다. 전이가 형성되지 않는 "자기애적 신경증"에 대한 Freud의 고려에는 그러한 환자들과 타자들의 관계에서 근본적으로 무엇인가가 잘못되었다는 그의 관찰이 반영되었다. 데이터베이스(여기에서는 조현병 대 신경증)가 다양하기 때문에, 설명적 개념화들도 다양할 것이다(정확하게 아동 관찰과 정신분석적 치료가 다른 자료를, 그래서 다소 다양한 개념화들을 산출하기 때문에). 보다 최근에 그리고 거의 틀림없이 주류에 좀 더 가까운, 두 번째 임상적 발달은 Heinz Kohut(1971, 1977)의 연구이다. 여기에서는 다시 고전적인 신경증 환자와는 다소 다른 임상 집단과의 만남을 통해서 "자기"에 집중된 개념화들 그리고 확인해주고/반영해주고/보상해주는 **타자**의 영향들을 매우 중요하게 고려하는 발달이론으로 이어졌다.

Freud(1915)에게, 대상의 자리는 만족을 추구함에 있어서의 종점으로서 정의되었다. **대상(사람**이라기보다는)이라는 용어는 만족이 주어질 수 있는 "것"이 사람일 수도 있지만, 한 사람의 일부분(엄지손가락, 젖가슴)이나 무생물(담요, 병 혹은 주물성애에서의 의류 물품)일 수 있다는 사실을 분명하게 반영한다. 전반적으로 보아, 대상관계이론은 그렇지 않다. 대상관계이론에서 대상은 욕동과 방어과정들에 의한 왜곡에 기초하는 다양한 정도의 사실성을 가진 사람이나 그 사람의 표상이다. 그래서 대상관계이론은 다양하게 경험되고 이상적인 형태의, 자기와 타자의 내적인 정신적 표상들(Sandler and Rosenblatt, 1962)을 가리키는 것이 되었다. 이것들은 정서들(Kernberg, 1976), 기억들 그리고 행동적인 기대들과 함께 묶여있고, 현재의 기능에 중대한 영향을 미친다. 최근 대상관계이론을 규정하는 것은 단순히 원래 Fairbairn (1941)이 제안했던 대로 대상관계가 우선되는 점이 아니라 ─욕동 만족과 대상관계는 급속하게 서로 얽히게 되었기 때문에─ 욕동, 방어 그리고 갈등을 중심으로 정신적 삶이 조직되는 것에 더해서 자기와 대상 표상들 그리고 그것들의 관계들과 반복들을 중심으로 조직되는 정신적 삶에 대한 관점이다.

역사적으로, 정신분석 문헌에서, 자기에 대한 관심은 자기와 타자 사이의 관계에 대한 관심의 파생물이었다. 우선 Spitz(1957)는 "나 아닌 것"으로부터 "나," 즉 타자로부터 자기의 인지적인 구별에 초점을 두었다. 장기간에 걸친 일련의 연구들에서, Mahler(1966; Mahler et al., 1975)는 이러한 인지적인 구별과 특히 그것의 정서적인 결과에 대한 이해를 추가하였다. 엄마와 함께 있는 유아들에 대한 관찰에 몰두했던 Winnicott도 역시 자기가 생겨나는 것에 대한 생각들─예를 들면, 자기의 핵을 형성하는, 유아의 "존재의 연속성"(Winnicott, 1956)과 유아의 자발적인 몸짓들이 환경과 충분히 만나서 내적인 충동이 외부 세계와의 관계에서 표현될 수 있게 되는 진정성의 시작("참" 자기)(Winnicott, 1960a)─을 발전시키게 되었다. 그리고, 보다 최근에, Kohut(1971, 1977)은 자기에 대한 그의 초점이 (예를 들어, 반영해주고/거나 이상화되는) 자기-대상으로서 타자의 역할에 깊게 자리 잡고 있다는 견해에서 그것을 발전시켰다. 이러한 이론가들은 모두 자기에 대한 이론적인 관심을 타자와의 관계들에 대한 관심과 밀접하게 연결시킨다. 요컨대 그들은 자기의 분화, 정서적 색조들, 통합성 그리고 진정성과 관련된 일련의 개념들을 만들어냈다.

따라서, 문헌에서의 발전들을 통해서 욕동, 자아, 대상관계 그리고 자기의 현상들을 다루는 개념들이 생겨났다. 그러나 이것은 때로는 인신공격적인 논쟁과 이론적인 논쟁 사이의 경계선이 흐릿해지는, 경쟁적인 개념적 논쟁들이 없었다면 일어나지 않았을 것이다. 자아심리학의 태동은 때때로 어떤 이들에 의해 성적, 공격적 욕동들에 대한 "수용성"으로 옮겨가는 것과, 그것들에 대한 강력하지만 위협적인 개념화들로부터 벗어나는 것으로 이해되었다. 그리고 대상관계이론들도 말보다 수레를(욕동보다 대상관계들을) 우선시하는 것으로 혹은 때때로 가장 초기의 대상관계들을 강조하는 것으로 인해서 오이디푸스 콤플렉스의 중심성을 왜곡하거나(너무 빨리 제시함으로써) 무시하는 것(초기 사건들에 초점을 맞춤으로써)으로 다양하게 이해되었다. 욕동이론은 결국 시대에 뒤처진 기계론적이고/에너지와 관련된 생각들에 대한 개념적인 집착을 나타내는 것으로 이해되었다. 그리고 가장 최근에, 자기에 대한 Kohut(1977)의 독특한 심리학은 욕동과 갈등을 부정하고 지나치게 환경적인 것을 강조한다는 이유로 공격(때때로 대상관계이론에 대해서도 퍼부어지는 비판)을 받았지만, 그것은 욕동심리학을 욕동의 갈등들이 단지 "분열의 산물들," 즉, 자기의 일차적인 장애들의 증상들로 간주되는, 자기에 대한 "상위" 이론보다 부수적인 것으로 간주되었다.

이러한 이론적인 차이들은 일반적으로 임상적인 정신병리와 그것이 형성되는(그리고 치료를 통해 변화되는) 형태들에 대한 다양한 이론가의 대조적인 견해들―선호성들과 통찰들― 그리고 임상 상황에 들여오는 발달과 병인학에 대한, 때로는 명백하고 때로는 암묵적인 전제들에 반영되었다. 그러나 의심의 여지없이 많은 이론가들과 임상가들이 이론에 있어서 이러한 확장들을 모두 발달 과정의 변화들과 임상

작업의 필요한 요건들을 포함하는 풍성한 새로운 가능성들을 만들어
내는 것으로 경험하는 것 같다.

네 가지 정신분석적 심리학

각각의 심리학은 인간의 기능을 다소 다른 관점에서 이해하기 때문
에 그 기능의 다소 다른 측면들을 강조한다.

욕동

욕동심리학의 관점에서 볼 때, 개인은 지속되는 충동들의 변화들 그
리고 그것들과의 싸움들이라는 측면에서 이해된다. 충동들은 처음에
는 초기의 신체와 가족 경험이라는 도가니에서 만들어지지만, 개인이
오이디푸스기, 아동기, 청소년기 그리고 성인기를 발달적으로 거쳐 가
면서 수정된다. 그리고 욕동심리학의 관점에서 보면, 개인은 그러한
내적 충동들과 조우했던 자신의 역사이고 또한 그 역사를 담고 있는 존
재이다. 이러한 충동들은 (1) 궁극적으로 생물학적인 것에 기초하지만
심리적인 표상과 형태를 획득하는 것으로; (2) 미리 프로그램화된 후
성적인(epigenetic) 순서에 따라서 드러나지만, 인간 존재라는 복잡한
유기체에서 이런 프로그램의 심각한 파열들과 수정들에 영향을 받을
수 있는 것으로; (3) 지연, 전치, 승화 그리고 다른 방어적이고 표현적
인 변화들을 통해서 거의 끊임없이 다양하게 변화하는 것으로 이해된
다. 그 때문에 현재 활성화된 형태들과 그것들의 원래 형태들로 간주
되는 것들은 서로 분명한 일대일 대응관계를 이루지 못한다. Freud가
최종적인 이중 본능 이론에서 다루었던 기본적인 욕동들이 성(性)과

공격성이라는 사실은 물론 잘 알려져 있지만, **어떤** 의미에서 욕동심리학의 핵심적인 자리에서는 이차적이다. 즉, 어떤 지속되는 충동들은 수정과 변형을 거치면서 평생 영향을 미치며 현재의 행동을 이해하기 위해서 적절하게 이해되어야만 한다.

어떤 사건에서나, 생물학적인 기반을 가진 그러한 충동들은 결국 행동으로 구체화될 수 있기도 하고 없기도 하지만, 의식적 혹은 무의식적 환상들에서 분명하게 구체화되는 심리적 소망들의 형태를 취한다. 이러한 소망들의 많은 부분이 수용할 수 없고 위험한 것으로 경험되기 때문에, 정신적 삶은 갈등과 그것의 해소를 중심으로 조직되는 것으로 이해되고, 불안, 죄책감, 수치심, 억제, 증상 형성 그리고 병리적인 성격적 특성들로 드러난다. 이 그림에서는 죄책감이 특별한 위치를 차지한다. 왜냐하면 욕동심리학의 관점에서 보면 양심은 부분적으로 자기 자신에게 향하고, 부정적으로 말하는 부모와의 동일시에 기초하며, 죄책감의 인지/정서를 통해서 충동의 조절을 촉진하는, 공격적 욕동의 변형으로 이해되기 때문이다. 정신분석은 본능적인 욕동의 메타심리학적 이론을 만들어냈지만, 내가 여기에서 다루려고 하는 인간 기능의 경험적인 수준에서, 초점은 소망과 충동, 그것들에 대한 방어 그리고 갈등에 있다(Holt, 1976; G. S. Klein, 1976).

자아

이미 설명했듯이, 역사적으로, 자아 기능의 심리학은 욕동-갈등 심리학으로부터 중요한 추진력을 가져왔고 욕동에 대한 (자아) 방어라는 개념을 통해서 그것과의 연결을 긴밀하게 유지하고 있다. 그러나 이후에, Hartmann(1939)의 연구는 평균적으로 기대되는 환경에 대한 적응을 중요하게 강조하였다. 나는 이제 자아심리학의 관점에서 적응, 현실 검증, 방어와 내적 충동의 세계를 다룰 목적으로 임상 상황과 삶에서 방어의 사용, 정서들 그리고 환상들의 내면 세계와 현실의 요구들이라는 외부 세계를 다루기 위해서 그것들을 충분히 활용할 수 있는 능력이라는 측면에서 개인을 이해해야 한다고 제안한다. 그래서 비록 분석가로서 학습에 대한 우리의 관심은 개인이 자신의 중요한 심리내적 주제들을 수정하고 조절함에 있어서 자아의 역할이라는 관점에서 가장 중심이 되는 것일 수 있겠지만, 여기에서는 방어뿐만 아니라 학습의 전체 영역이 포함된다.

발달이라는 관점에서 볼 때, 적응, 현실 검증 그리고 방어의 능력들은 시간의 흐름에 따라서 서서히 획득되고 확장되는 것으로 이해된다. 자아 기능에 대한 이러한 발달적 개념 때문에 자아 결함의 개념도 중요하게 강조된다. 즉, 성인들(과 나이가 있는 아동들)은 유아들에게는 없는 적응, 현실 검증 그리고 방어의 능력들이 있기 때문에, 우리는 이것들이 중간에 발달했다고 가정해야만 한다. 발달하는 모든 것은 빈약하게 혹은 비정상적인 방식으로 발달할 수 있고, 적응 능력들의 영역에서 발생하는 이러한 발달적 실패는 자아 결함들로 이해될 수 있다. 나는 정서적으로 참지 못하고 과도한 것, 충동들에 대한 지연과 통제가 잘되지 않는 것, 대상 항상성 획득의 실패 등과 같은 것들을 염두에 두고 있다. 그러한 결함들은 갈등과 관련이 없는 것이 아니다; 갈등은 그것들이 발달적으로 잘못되는 데 원인이 되었을 수 있고, 그것들은 어떤 경우에도 개인의 환상과 자기 경험과 융합될 것이고 갈등의 요소들이 되고 다중 기능을 하게 될 것이다(Waelder, 1936). 그러나 나는 (작업하는 임상적 관점에서는) 그것들이 결함들—적응상의 무능력 혹은

결함이 있는 능력들(10장을 보라)-로서 유용하게 이해될 수 있다고
믿는다.

대상관계

대상관계 심리학의 관점에서 볼 때, 개인은 기억(의식적인 혹은 무
의식적인)으로 내면화된, 개인이 한 가지나 그 이상의 혹은 모든 역할
들을 실연하는, 초기 아동기 때부터 생겨난 내적 드라마의 측면에서
이해된다. 이러한 아동기 경험에 어느 정도 기반을 두고 있는 내적 이
미지들도 새로운 경험에 영향을 주며, 전적으로 그것들의 현재 형태로
경험되기보다는 예전의 드라마들과 동화된다. 이러한 내적 드라마들
은 아동기의 일차적 대상들과의 경험들로부터 형성되는 것으로 이해
되지만, 그러한 관계들의 현실적인 표상들로서 이해되지는 않는다. 아
동에 의해 **경험된 것으로서의** 대상관계는 기억에 저장되고 반복되는
것이고, 이러한 경험은 그 경험의 순간에 아동에게서 활성화되는 정서
들과 소망들의 한 기능이다. 따라서, 실례적으로 그리고 가설적으로,
조용히 생각에 잠기고 소극적인 엄마가 배고픈 아이에게는 박탈하는
사람으로 경험되겠지만, 혼자 만족스럽게 놀고 있는 아이에게는 어쩌
면 편안하게 맞춰준 사람으로 경험될 것이다. 대상관계 심리학의 임상
적 적합성에 중요한 것은 이러한 과거의 가족 드라마들을 반복하는 경
향, 즉 애착하거나 숙달하려는 노력에 의해 이뤄지는 반복이다. 대상
관계 심리학의 관점에서 볼 때, 병리의 한 측면은 현재의 현실 지각들
과 현재 행동의 현실성들이 현재의 현실성에 의해서라기보다는 과거
에 내면화된 표상들에 의해서 결정되는 정도에 따라서 이해된다. 그
정도가 심하면 심할수록, 병리가 심해지고, 덜할수록 덜해진다. 이러

한 관점에서 생겨나는, 병리에 대한 두 번째 관점은 명백히 내면화되어 연출되는 특별한 내적 드라마들과 비슷하다.

비록 그러한 용어들로 개념화하지는 않았지만 Freud에게도 대상관계이론이 있었다. 그가 대상에 대해 부여했던 공식적인 지위는 욕동에 기초한 것이었다. 즉, 대상은 그 사람, 한 사람의 부분, 자기의 부분 혹은 욕동의 만족을 주는 사물이었다. 그러나 그의 중요한 기여들 가운데 적어도 세 가지 측면에서, 나중에 대상관계 개념들에 중심이 되는 것에 크게 영향을 미쳤다. 첫째, 나는 **동일시**에 대한 그의 견해들에 대해, 특히 중요한 모든 대상관계들은 상실되었을 때 동일시에 의해 대체되고, 그래서 자아에 흔적을 남긴다(Freud, 1917)는 그의 개념화에 대해 언급하고 있다. 동일시를 통해서 우리는 과거의 중요한 사람들에 맺어왔던 내면의 관계를 유지한다. 이것은 욕구에(즉, 욕동들에) 그리고/혹은 같은 종들 사이에서 일어나는 학습을 가능하게 하는 타고난 원래부터의 자율적인 학습 도구들에 연결된 구강 함입적인 경향들의 산물로 이해될 수 있다. 그러나 어쨌든, 동일시의 개념과 그것이 언급하는 현상들은 누구에게나 나타나는 것이기 때문에 인간 발달의 과정에서 대상이 크게 중요해졌다. 둘째, Freud에게 있어서 발달의 중추적인 지렛대인 **오이디푸스 콤플렉스** 자체—전오이디푸스기적인 현상들이 새로운 조직을 만들어내고 그 사람의 과정이 미래를 향해 정해지는 단계—는 아동의 성적(그리고 여기에서는 소유적, 경쟁적 그리고 공격적) 소망들이 발달하는 무대로서 혹은 가족 구조에 그 뿌리를 두고 있는, 강력하게 형성된 삼각관계적인 대상관계로서 기술될 수 있다. 그것은 양자택일이 아니라 둘 다이다. 어떤 경우든, 그것은 결국 그 이상의 동일시, 여기에서는 특별히 우리가 양심의 형성이라고 언급하는 것, 즉 초자아가 된다. 그리고 그것이 가지는 대상관계적 의미들과 관련해서 내가 여기에서 언급하려는 Freud의 개념들 가운데 세 번째 것은 전이이다. 분석가와의 관계에서, 분석가의 인격에 개인적인 역사를 드러내는 전이—임상 작업에서 너무나도 중요한—는 방출하려는 욕동들의 계속적인 압력의 결과로서 혹은 과거의 대상관계들을 반복하려는 보편적인 경향의 결과로서 기술될 수 있는데, 이것은 단지 그것들의 쾌감에서뿐만 아니라 조절하고 숙달하려는 노력에서도 "쾌락 원리를 넘어서는" 그것들의 외상적인 특성에 기초한다. Freud의 이러한 개념들과 다른 개념들은 욕동심리학적 용어들과/이나 대상관계이론적인 용어들로 이해될 수 있다는 사실은 단순히 인간 삶의 중층결정과 다중 기능의 사실을 반영한다. 즉, 그것은 인간이 그만큼 복잡하다는 것을 말해준다.

자기

이제 마지막으로 그리고 가장 큰 설레임을 안고 자기 경험의 심리학으로 넘어가 보자. 나는 여기에서 Kohut(1977)의 공식적인 자기심리학을 말하고 있는 것이 아니다. Kohut의 자기심리학은 적어도 세 가지 요소로 이뤄진 하나의 견해이다: 이것은 그 사람의 주관적인 상태에 대한 심리학이다; 이것은 대개 부모의 영향들을 중심으로 형성된 발달 심리학이다; 그리고 이것은 많은 시간에 걸쳐서 지지적이고-경험적인 특성을 가진 치료에서 특별히 기술적으로 개입하도록 하는 심리학이다. 나는 Kohut과 이 영역에서 저술한 다른 사람들이 제공했던 것을 배제하지는 않지만, 그럼에도 불구하고 그것은 내가 언급하려고 하는 이러한 요점들 가운데 첫 번째 것—그 사람의 주관적인 상태에 대한 심리학─일 뿐이다. 나는 **자기 경험**(자기라기보다는)의 심리학이라고 언급함으로써 이것을 강조하고 싶다; 나는 개념화와 관련된 어떤 문제들을 피하고 자기에 대한 사물화(reification)의 위험을 피하기 위해서 부가적으로 이러한 어법을 의도적으로 사용한다. 물론 주관적인 자기 경험들은 내가 이해하는 대로 분석할 수 있고─보다 초기의 경험, 갈등, 환상으로 환원할 수 있다는 의미에서─ 타협 형성이라고 생산적으로 이해될 수 있다. 그럼에도 불구하고, 나는 이러한 주관적 상태들이 그것들 자체의 심리적 세력, 동기적인 힘을 가지기 때문에(5장을 보라) 인과적 역할을 떠맡는다고 믿는다. 그렇다면 그것들은 환원될 수 있든 없든 발달적으로 도달된 그것들 자체의 조직 수준에서 임상적으로 다뤄져야만 한다. Sheldon Bach(1987)는 그 주제의 한 측면을 훌륭하게 표현했다:

> 자아는 정신분석가의 과학적인 환상이다. . . . 그것은 그 사람 혹은 우리의 관찰이나 연구의 대상에 대한 공정하고, 객관적이고, 구조적으로 거리를 두고, 감정에 좌우되지 않는 견해, 말하자면, 달에서 보는 듯한 견해를 제공한다. 이와는 대조적으로 자기는 일반적인 용어에서 경험적인 구성개념이다. 그것은 현상학적 관점에서 주체의 경험에 대해 이뤄진 관찰을 통합한다. . . . 자기는 그 자신의 경험의 지각자인 그 사람에 대해 치우치고, 주관적이고, 감정에 호소하는 견해를 제공한다. 자기는 심리내적인 이론보다는 현상학적 이론의 한 축이며, 다른 한 축은 대상이다.

내가 이제 다루겠지만, 자기 경험의 심리학은 여러 언어로 표현될 수 있다. 그것은 많고 다양한 현상들을 강조하는, 많은 다른 견해를 가진 임상가-이론가들에 의해 우리의 관심이 요구되는 현상들에 의지한다. 그러나 그 현상들을 함께 엮어주는 것은 그것 자체가 개인의 기능에서 원동력을 갖게 되는 지속적인 자기 상태와 그것들의 관계이다. 사실 자기 경험에 대한 여러 가지 다른 종류의 심리학들이 있고, 내가 여러 언어로 표현할 수 있는 것의 각각의 측면들은 사실 분리할 수 있는 심리학이라는 사실은 잘 논의될 수 있다. 그러나 나는 그 견해에 대해 너무 강력하게 반대하고 싶지는 않다. 사실, 심리학들의 다중성에 대한 유사한 논의가 욕동, 자아 그리고 대상관계에 대해서도 이뤄질 수 있다. 분명히 성적, 공격적 욕동들은 유사한 발달 과정들을 거치는 것으로 이해되지 않는다; 자아 결함의 심리학은 자아 방어의 심리학과 분리될 수 있다; 그리고 문헌에는 내가 어떤 주요 방식으로도 다루지 않을, 구별할 수 있는 많은 대상관계적 견해들(Klein, 1921-1945; Fairbairn, 1941; Kernberg, 1976을 포함하여)이 존재한다. 분명히 나는 네 가지 심리학들이 다소 임의적으로 분류한 것임을 인정한다.

이러한 고려들을 배경으로 하면, 자기 경험의 심리학의 관점에서 볼 때 개인은 특별히 경계선, 진정성, 주체성 그리고 정서적인 색조와 관련하여 지속되는 주관적인 상태의 측면에서 이해된다. 이것들을 열거하면서, 나는 임상 작업에서 가장 인상적이었던 그러한 특성들을 최근의 문헌에서 끌어내고 있다. 따라서 다른 사람으로부터의 자기 분화 수준이 중심적인 위치를 차지하고, 여기에서 내가 언급하는 것은 분리에 대한, 경계선들에 대한 감각(Mahler et al., 1975; Pine, 1979b) 혹은 반대로 상실 혹은 경계선 부재에 대한 감각이다. **진정성**(authenticity)은 Winnicott(1960b)이 참 자기와 거짓 자기를 구별하면서 담아내려고 했던 현상들을 말하는 것이다. **주체성**(agency)은 한 사람이 내면의 세력들이나 기억들(G. S. Klein, 1976; Schafer, 1983을 보라) 혹은 살아야 할 권리(Modell, 1984)에 의해 "살아가게 되는" 것이 아니라 적극적인 행위 주체로서 자신의 삶을 살아갈 수 있는 능력에 대한 감각을 말하는 것이다. 그리고 자기 경험의 정서적인 색조는 통합이나 파편화, 연속성이나 불연속성 혹은 자존감의 수준에 대한 Kohut의 연구(1977)를 표현한 것이다. 다양한 수준에서, 대부분의 이러한 영역들은 "이원-단일체(dual-unity)"로부터의 분화(Mahler, 1972)를 통해서이든, 아이의 "자발적인 몸짓"에 대해 참된 모습이 유지되도록 하는 부모의 반응(Winnicott, 1960a)을 통해서이든, 자기를 위해서 기능하는 현재의 자기대상(Kohut, 1977)을 통해서이든 혹은 아동을 위해 부모가 제공하는 실제적인(반영해주고 이상화하게 하는) 기능들을 통해서이든, 타자에 대한 자기의 관계와 관련이 있다. 이 모든 것들은 Daniel Stern(1985)이 "타자와 함께 있는 자기"라고 표현했던, 자기 발달의 초기 단계들과 연결 고리가 있다. 그것들은 본질적으로 "나-아닌 것"과 관련된 "나"의 그리고 나중에는 대상과 관련된 자기의 발달에 대한 Spitz(1957)의 보다 이전의 기술을 상기시킨다. 상당한 정도로 자기 경험의 심리학의 영역은 특히 대상과 관련된 자기-정의에 대한 주관적인 경험이다.

기술된 네 가지 심리학은 분명히 중복된다. 따라서, 자기심리학자들이 반영에 대한 욕구를 흥분된 과대성이나 본질적으로 자기조절을 위한 노력들로서 기술할 때, 그들은 여전히 불완전하게 혹은 성공적이지 않게 자기에 의해 수행되고, 때때로 문제가 있는 역사적인 혹은 현재의 자기대상 사용을 반영하는 기능들이라는 측면에서 생각하고 있다; 분명히 이러한 자기조절의 문제들은 심리내적인 방어의 발달에 대한 개념들을 통해서 자아심리학에서도 다뤄진다. 그리고 대상의 역할은 내가 사용하는 자기와 대상관계 심리학에서 두드러지게 나타난다. 그러나 전자에서, 그것의 역할은 대상으로부터의 불완전하거나, 비정상적이거나, 아니면 문제가 있는 분화와 관련이 있는 반면, 후자에서 그것은 내면화된 대상관계들(Kernberg, 1976), 즉 내면화되고 개인이 한 가지 혹은 그 이상 혹은 모든 역할들을 실연하는, 아동기에 형성된 내면의 드라마와 관련이 있다(Sandler and Rosenblatt, 1962); 물론, 욕동심리학도 대상—만족 추구의 종점으로서—의 개념을 다룬다. 또 다른 관점에서, 바라던 역할 관계(Sandler and Sandler, 1978)라는 개념은 특별히 설득력 있는 방식으로 욕동심리학과 대상관계 심리학을 함께 연결시킨다. 그리고 초자아의 개념은 적어도 욕동심리학의 개념들(오이디푸스 콤플렉스와 공격성의 특별한 역할)과 대상관계 심리학의 개념들(내면화, 동일시)을 통해서 다뤄져야만 한다. 뒤에 나오는 장들에서 다루겠지만, 아무튼 이것들은 중복되며, 나는 여러 심리학들을 개념적으로 구분하는 것이 유용하다고 믿는다.

네 가지 심리학 중 어느 것에 우선순위를 둘 것인지는 논쟁의 여지가 있다. 초기 대상관계의 특질은 특정한 기능을 가진 여러 가지 욕동으로 이어지는가? 혹은 근본적인 욕동에서의 변화들은 대상관계들이 시작되는 데 영향을 미치는가? 욕동과 상관없이 조용한 순간들에 자기 경험이 생성되는가, 아니면 자아 기능들이 형성되는가? 혹은 욕동이 지배하는 순간들의 부산물들인가? 아니면 둘 다인가? 그러한 주제들이 토론될 수 있겠지만, 나는 오히려 두 가지 다른 입장에서 작업하려고 한다. 첫째, 어떻게 시작되든 욕동, 자아, 대상관계 그리고 자기 경험의 현상들은 심리내적인 삶의 분리할 수 있는(통합되긴 하지만)

조직들이 되고 우리는 그런 방식으로 그것들을 이해하는 것이 유익하다. 둘째, 각각은 어떤 사건에서도 삶의 매우 초기에 나타나고 그것 자체의 발달선이 있다(4장을 보라).

나의 요점들을 발전시키면서 다양한 이론가들을 언급했지만, 나는 내가 특별히 현존하는 어떤 이론 체계도 채택하고 있지 않다고 말했다. 그것은 이러한 여러 가지 심리학에 그리고 그것들이 다루고 있고 내가 다루게 될 다양한 현상들에 뿌리를 두고있는 관점이자 입장이다. 따라서, 예를 들면, 나는 욕동들이 대상을 추구하는 것이지 단지 쾌감을 추구하는 것이 아니라는 Fairbairn(1941)의 주장을 높이 평가하고 **대상 관계이론**이라는 그의 용어를 사용하지만, 여기에서는 다른 어떤 방식으로도 그의 전반적인 이론 체계를 사용하지 않을 것이다. 그리고 나는 Kohut(1971, 1977)이 우리의 주의를 환기시켰던 임상적 현상들을 이해하는 법을 배웠지만, 내가 자기 경험의 관점에 대해 기술할 때 언급하는 체계는 그의 자기심리학이 아니다. 그리고 유사하게, 내가 나중에 인간 행동의 중심 동기들에 대해 발전시키려는 견해는 Freud(1905, 1920a)의 욕동심리학에서 갈라져 나온 것이다; 그리고 자아심리학의 관점에 대한 나의 견해는 발달적 관점에서 자아 결함에 대한 나의 관심에 영향을 많이 받았지만, 그것은 Freud(1923), A. Freud(1936), Hartmann(1939)에 의해 발전된 자아심리학과 같은 것은 아니다. 나는 이러한 이론적 개념들의 어떤 것도 특별히 거부하지 않지만, 내가 스스로 설정한 과제에서 그것들을 다뤄야 할 필요가 있는 것도 아니다.

그 과제는 (1) 욕동, 자아, 대상관계 그리고 자기 경험의 개인적 심리학들과 관련하여 동기와 심리적 조직의 발달에 대해, (2) 이러한 네 가지 심리학으로 작업하는 것의 임상적인 유용성을 기술하는 것이다. 이론적 심리학들과는 대조되는 이러한 개인적 심리학들은 사뭇 다른 형태를 띠고, 다양한 특성—이제는 충동의 경험, 성취, 대처 혹은 숙달, 대상관계, 자기 경험의 측면에서—을 가진 정서로 가득 찬 활성화된 기억 조직들로 저장된, 다르게 중요한 경험의 순간들에 형성된다. 좋든 나쁘든, 성공적으로든 불완전하게든, 인간의 사고와 느낌에 내재하는 특성들을 고려해볼 때 이것들은 불가피하게 아동기의 피할 수 없는 경험들로부터 생겨나고, 모든 개인의 일부분이다. 6장에서 논의하겠지만, 발달 과정에서 이러한 다양한 경험들은 다양한 맥락에서 다양한 결과들을 낳으면서 되풀이해서 반복되고, 점차 서로 연결되고, 마침내 모든 정신적 행위는 이러한 주관적 경험들과 잠재적으로 관련이 되고 그것들과 관련하여 다중적인 기능들을 갖게 된다. 따라서 이러한 여러 가지 심리학과 우리의 모든 이론들에 의해 다뤄진 **현상들**은 개인들의 삶에서 정서적으로 중심적인 중요성을 갖게 되기 때문에, 어떤 특정한 **이론적** 개념화와 상관없이 임상적으로 다뤄져야만 한다.

　네 가지 심리학이 정말 **분리된** 심리학으로서 혹은 현상들에 대한 다양한 **관점들**로서 가장 잘 이해되는가라는 질문이 흔히 제기된다. 이것에 대한 충분한 논의가 이후에(5장과 6장을 보라) 있을 것이지만, 나는 개인의 발달에 있어서 그것들을 두 가지 방식으로 생각할 만한 기초가 있음을 믿고 있다. 초기 유아의 삶에는 이런저런 심리학이 경험을 지배하는 순간들이 있고(Pine, 1985), 나중에 어떤 개인들은 일차적으로 이런저런 방식으로 조직된 성격들을 획득한다; 이러한 의미에서 네 가지는 분리된 심리학이다. 그러나 인간의 정신적 기능의 보다 덜 극단적인 많은 경우들에서는, 네 가지가 뒤섞여있고 경험에 대한 대안적인 관점들로서 가장 잘 이해된다는 점도 분명하다. 관점들로서, 그것들은 각각 어떤 심리적 경험에 대한 기술에 영향을 미칠 수 있다. Rapaport 와 Gill(1959)은 어떤 심리적 사건들에 대한 완전한 설명에는 그것을 다섯 가지 메타심리학적 관점들(경제적, 역동적, 구조적, 적응적, 유전적)에서 기술하는 것이 요구된다고 제안하지만, 나는 여기에서 어떤 행동도 네 가지 기능적인 관점에서 욕동 만족, 자아 기능, 대상관계 그리고 자기 경험과 관련하여 기술될 수 있다고 주장한다. 그러나 경험에 대한 관점들로서 네 가지 각각은 원리적으로 언제나 어떤 정신적 사건에 대한 분석에 영향을 미칠 수 있지만, 정말 분리된 심리학으로서 이런저런 심리학이 보다 자주 중심적인 것이 될 수 있다. 그것을 이러한 관점으로 이해한 나의 임상적 경험에서, 욕동 그리고 그것의 변화로 인한 갈등에 대한, 방어에 대한 그리고 과거의 내면화된 대상관계의 반복에 대한 주제들은 가장 흔히 생겨나고 그것들은 해석될 때 가장 흔히 명료화되는 것 같다. 그럼에도 불구하고, 자기의 경계선 형성에서의 실패 혹은 자아 결함에 관련된 주제들은 덜 흔하게 나타나지만, 그것들이 중심적인 것이 되는 개인들에게서 드물지 않게 보이는 것들을 인식하고 다룸에 있어서 절대적으로 결정적인 것 같다.

CHAPTER **03**

임상 작업에서의
네 가지 심리학

이미 제안했듯이, 나는 많은 혹은 대부분의 분
석가들이 실제로 일상적인 임상 작업에서 개념적인 모델들 사이의 경
계선을 넘어서는 것에 특별히 유의하지 않고 다중적인 관점들에 의존
한다고 믿는다. 환자들에게 더 협소한 이론적 틀을 강요하지 않기 위
해서 임상 작업에서는 그렇게 확대될 필요가 있다. 본 장에서, 나는 분
석적으로 다루어지는 환자의 범위가 확대되었기 때문에 첫째, "고르게
주의를 기울이기"(Freud, 1912)의 주제를 토론함으로써, 둘째, 개입
방법, 표현하기, 개입 정도 그리고 시기 선택과 같은 특별한 요구사항
들(Stone, 1954)에 대해 토론함으로써 임상 작업에서 이러한 변형들
(variations)을 명확하게 하려고 한다.

고르게 주의를 기울이기

Freud가 강제 연상기법과 최면을 포기하고 열린 경청, 즉 환자의 연

상 내용에 대해 고르게 주의를 기울이는 경청으로 대체하게 되면서, 전통적인 정신분석 기법이 생겨났다. 만일 임상 자료가 어떤 독특한 형태가 되더라도 그것을 허용하면서, 특정 치료 시간에 일어날 일에 대해 어떤 특별한 기대들도 하지 않는 고르게 주의를 기울이기로 경청한다면, 우리는 인간의 마음의 기능에서 겉으로 보이는 끊임없는 가변성 때문에 지속적으로 —기꺼이 그리고 많이— 놀라게 된다. 그러나 열린 마음이 반드시 필요하다고 강조하는, 계속적으로 새로워지는 이런 교훈들에도 불구하고, 강력한 반대 압력이 우리 안에서 반대 방향으로 작용한다. 사물들을 이해하고, 무질서로부터 질서를 만들어내고, 매듭을 짓고 확실하게 하고 싶은 것은 마음의 자연스러운 경향이다. 환자 곁에 앉아서, 흔히 혼란스럽게 하는 연상의 흐름에 귀를 기울이면서, 치료하는 임상가의 마음은 자연스럽게 정리해 주는 원리들, 내용을 엮어주는 "단서들," "의미들"을 "찾으려고" 할 것이다.

사실 우리는 임상 작업에서 마음의 이러한 경향에 의존한다. 고르게 주의를 기울이기와 관련하여 경청하는 임상가들을 위한 Freud의 지침은 우리가 그것의 대응하는 부분을 인식할 때 이해할 수 있다: 인간의 마음의 상황을 이해하고, 의미를 찾고, 질서 있게 하려는 경향들. 물론, Freud의 생각은 미리 형성된 개념들에 의해 의미가 주입되기보다는 드러나도록 허용하는 것이었다. 임상가의 마음은 결코 빈 공간이 아니다. 그곳은 개인의 역사, 자기 자신의 분석, 이전의 모든 환자들에게서 배운 것의 일반적인 배경, 특정 환자와의 임상적 역사 그리고 일반적인 이론으로 가득 차 있다. 고르게 주의를 기울이기의 의도는 빈 마음이 아니라 치우치지 않는 마음—특정 시간에 특정 환자에게서 나온 특정 내용이 그것이 독특하게 제공해주는 것에 충실한 방식으로 조직화되는 것에 대해 수용적인 마음—을 만들어내는 것이다.

전적으로 치우치지 않는 것은 불가능하며, 고르게 주의를 기울이기에 방해가 되는 첫 번째 원인은 Freud의 기념비적인 이론적 성취 그 자체이다. 그 이유는 욕동들과 갈등을 중심으로 조직화된 인간 기능에 대한 견해를 가지고 정신분석 이론을 만드는 자체가 분석 시간의 내용들의 가능한 의미들에 대해 기본적인 기대들과 가정들을 만들어내기 때문이다. 따라서 우리는 특정 시간에 특정 내용들에 대하여 고르게 주의를 기울이기—즉, 치우치지 않는 경청—를 흉내낼 수 있지만, 대개 우리는 우리가 경청하고 있는 것들 속에 어떤 잠재적인 의미들이 있는지를 좌우하는 일반적인 이론적 개념들을 마음에 갖고 있다. 특정 시간에 대한 치우치지 않는 경청은 일반적으로 성격 발달, 성격 조직 그리고 이것들이 치료상황에서 펼쳐지는 것에 대한 개념들을 고려하는 좀 더 넓은 이론에 헌신하는 맥락에서 일어난다. 이럴 때 정말로 공정하거나 치우치지 않는 경청이 가능하다.

이 주제를 다른 방식으로 강조하기 위해서, 나는 어떤 역설을 과장하여 말하려고 한다. 과학자로서 정신분석적 임상가들은 현상들에 충실하고, 자료에 근거해서 판단하고, 관찰된 것을 보고하려는 자기-기대를 갖고 일한다. 따라서 분석가들은 개방적인 태도를 취하게 된다. 그러나 전문가로서, 정신분석적 임상가들은 정통하고, 그들이 정신적 고통을 완화하는 데 적용할 수 있는 지식체계의 전문가이고자 하는 자기-기대를 갖고 작업한다. 환자들은 과학자가 아니라 전문가인 우리에게 오고, 비용을 지불한다. 이것은 종결의 방향으로 나아가게 한다.

지금까지 그리고 논쟁이 없었던 것은 아니지만, 정신분석은 열려있는 마음과 종결하려는 마음 사이의 긴장에서 내가 이미 약술했던 네 가지 심리학―삶의 자료를 정리하는 방식들―을 태동시켰다. 이것들은 경청하는 과정에서 발달해왔다. 어떤 분석가는 임상 현상들의 이런저런 측면에 선택적으로 맞추었다. 고르게 주의를 기울이기는 우리가 특정 시간의 단서들이 들여다보이는 것을 허용하면서 이 모든 것을 옆으로 제쳐놓는 것을 의미하지만, 이론적 헌신들, 즉 발달과 병리에 대해 당연하게 여기는 견해들은 우리가 수용하는 잠재적인 의미들의 범위를 크게 좌우할 수 있다. 자료를 갈등, 자기애적 전이, 오이디푸스기적 병리 혹은 전오이디푸스기 병리의 선을 따라 조직하려는 경향들은 이론적인 헌신에서 나오는 것이지 열린 경청에서만 나오는 것이 아니다. 다양한 이론들로 인해서 우리는 다양한 질문들을 염두에 두고 임상 시간에 접근하게 된다. 그리고 이것들은 우리가 무엇을 이해하게 되고, 해석들을 어떻게 표현하는지에 그리고 궁극적으로, 전체적인 수행과 어쩌면 분석의 결과 모두에 영향을 미칠 수 있다.

이 이론에서 파생되는 이러한 질문들은 많이 있다. 그리고 나는 그 질문들을 염두에 둘 때, 그것들은 연상 내용과 그것에 수반되는 정서에 대해 생각하는 **잠재적인 방식**으로서 제한적이지 않고 생산적이라고 믿는다. 분석적 경청의 과제는 인간 기능에 대한 앎과 특정 환자의 특정 시간이 어떻게 가장 잘 이해될 것인지에 대한 열린 모름(open-ended ignorance) 사이에서 보류하는 것이다.

Freud에게서 시작된 이후 분석가들이 도구로 사용해왔던 욕동심리학은 언제나 우리에게 질문하도록 환기시켜 준다(조용하게, 우리 자신에 대해서조차도 비언어적인 방식으로, 그러나 언제나 뒤에서는 우리의 경청을 이끌어주는 방식으로): 어떤 소망이 표현되고 있는가? 그 소망과 무의식의 관계는 어떤 것인가? 환상은 어떤 것인가? 그리고 그것은 어떻게 소망과 방어와 현실 사이의 타협을 반영하는가? 그 소망은 어떻게 방어되고 있는가? 그리고 그 방어는 얼마나 효과적이고/적응적인가? 드러난 특정 불안은 비효과적으로 방어되고 있는 이런저런 소망으로 추적될 수 있는가? 그리고 드러난 특정 죄책감은 이런저런 소망과 관련된 양심의 작동이라는 측면에서 이해될 수 있는가? 그리고 증상들과 억제들도 유사하다: 어떻게 그것들이 소망과 방어와 양심과 환자의 역사적 현실들 사이의 타협 형성을 반영하는가? 그리고 성격도 유사하다: 어떻게 특정한 충동들이 변형되고 방어 유형들과 맞물려서 특유하고 대개 자아동조적인 기능 양식에 기여하는가? 그리고 관련된 질문들은 우리의 역사적/재구성적/형성적인 견해에 영향을 미친다. 초기에 특정 욕동들의 어떤 과소 혹은 과대 만족이 일어나서 초기 고착들과 퇴행의 경향성들을 낳았는가? 그리고 이런저런 영역에서 유전적으로 보다 큰 욕동 강도에 대한 어떤 증거가 있는가? 혹은 특정 욕동들에 대한 증가된 활동을 유발하는 초기 외상의 어떤 증거가 있는가? 이러한 유전적 혹은 외상적 요인들 각각은 변화에 대한 저항을 설명하는 데 도움이 될 수 있다.

상당히 익숙한 해석들은 욕동심리학에서 제기한 그러한 질문들에서 나온다. 따라서 "우리는 환자분이 자신의 삶과 자신의 분석을 엉망으로 만들 때, 환자분은 자신의 어머니와 저에게 우리가 환자분을 깔끔하고 깨끗하게 할 수 없다고 그리고 환자분은 그 혼란에 대해 창피해하지만, 그것을 바꾸기에는 그것으로부터 너무 많은 즐거움을 얻고 있다고 말하고 있는 것으로 이해할 수 있겠네요." 혹은 "환자분이 저에게 이렇게 개인적인 것들에 대해 말할 때 환자분은 다시 한번 자신을 자신의 아버지에게 비밀스럽게 드러내고 있는 것 같은 느낌이 들고,

너무 흥분이 되어서 더 이상 말할 수가 없네요." 혹은 "환자분의 소망과는 반대로 제가 환자분에게 자위행위 하는 것을 멈추게 하려고 애쓰고 있어서 환자분이 스스로 멈추기를 원하지만 그렇게 할 수 없다고 느끼는 경험을 할 필요가 없다고 믿는 것이 얼마나 편할까요." 혹은 "저에 대한 환자분의 분노는 자신에게 안전하게 느껴지는 것 같습니다; 우리가 싸우고 있는 것으로 보이는 한, 우리 가운데 그 누구도 환자분이 싸울 뿐만 아니라 처음부터 이곳에 있다는 것이 얼마나 감동적인지 모를 겁니다."

욕동심리학에서 나오는 질문들은 또한 Freud가 정신분석을 규정하는 특성들인 전이와 저항에도 강력하게 적용된다. 전이는 결국 만족을 위한 욕동들의 압력이라는 측면에서 이해되고, 이제 욕동 자체가 분석가의 인격에 영향을 미치고 있기 때문이다. 그리고 저항은 갈등적인 욕동의 파생물들이 의식으로 들어오는 것에 대한 자동적이고, 무의식적으로 작동하는 반대 압력이라는 측면에서 이해된다. 그래서 어떤 욕동인가? 그리고 그것은 어떻게 방어되는가? 라는 질문들이 여기에서 적용된다.

질문들의 배열은 길고, 정신분석 작업의 기간은 그 질문들의 성과를 입증해주었다. 고전적 정신분석 이론에서, 성적 충동(Freud에 의해 확장되었듯이 보다 넓은 의미에서)은 인간의 욕동들에 관한 개념화에서 두 번째로 중요한 공격성과 더불어 첫 번째 중요한 것으로 남아있다. 그리고 질문들, 열거되고 추가될 수 있는 관련된 다른 것들은 때때로 (그리고 어떤 환자에게서) 우리가 작업하고 있는 환자에 대해 알 필요가 있는 모든 것으로 안내하는 입구를 제공해주는 것 같다.

그러나 이것이 정말로 그럴까? 그러한 질문들이 우리를 인간의 기능에 대해 지금 알고 있고 알 필요가 있는 모든 것으로 안내한다는 것이 사실일까? 물론 아니다. 나는 어떤 임상적 정신분석이 욕동들의 개념들과 욕동의 작용들을 중심으로 충분히 구성된다는 것에 대해 의구심을 갖고 있다. 욕동 이론가들 가운데(역사적으로 그리고 어느 정도는 여전히) 출판된 사례들을 이런 용어들로 개념화하려는 경향이 있고, 이것은 아마도 분석 작업의 많은 부분을 정확하게 보여준다. 하지만, 그러한 개념화들은 부분적으로는 사용할 수 있는 개념적 도구들과, 부분적으로는 분석가들에게 있는 사회적 관습과 사회적 동조에 대한 압력을 반영한다. 분명히 다른 이론적 토대에서 비롯된 다른 질문들이 개념화될 수 있다.

자아심리학에서 비롯된 어떤 것들, 특히 방어와 관련된 것들은, 같은 동전의 다른 면이기 때문에, 욕동심리학에서 비롯된 것들과는 구분이 어려워 보인다. 그래서 우리는 다음과 같은 질문을 할 수 있다: 욕동들에 대해 어떤 방어들이 작동하고 있는가? 그리고 그 방어들이 얼마나 효과적인가(경직되었는가, 유연한가, 확실히 유용한가 혹은 그렇지 않은가)? 그러나 여기에서도 질문들은 욕동심리학을 넘어서 확장된다: 감정들은 어떻게 방어되고 있는가(A. Freud, 1936)? 그리고 관계 욕구 자체는 어떻게 방어되고 있는가(Modell, 1984)? 내가 일반적으로 제시했던 욕동과 관련된 해석의 예들에는 방어되고 있는 충동뿐만 아니라 방어에 대한 언급이 포함되어 있다. 예를 들어, 방어 영역에 대한 보다 포괄적인 다른 해석들은 다음과 같은 형태를 띨 수 있다: "제가 환자분에게 중요한 사람이 되지 못한다면, 환자분은 자신을 불쾌하게 할 수 있는 어떤 것도 저에게 말할 이유가 없다고 계속 느끼겠죠." 혹은 "환자분의 만성적 각성과 신중함은 어떤 감정이든지 초기에 느끼는 것을 막는 데 도움이 되네요; 환자분은 분명히 화가 나거나 슬프거나, 화나지 않을 겁니다. 그것은 너무 심각할 정도로 예측할 수 없을 겁니다." 혹은 "환자분이 제가 말하기 전에 제가 말하려는 것을 알고 있다고 확신한다면, 환자분은 애초에 저에게 귀를 기울일 아무런 이유가 없다고 느낄 수 있고, 제 말들을 무시할 수 있습니다."

그러나 우리의 자아와, 특히 그것의 발달에 대한 심리학에 의해 촉발된 질문들은 방어에 대한 질문들을 넘어서는데 여기에는 다음과 같은 질문들이 포함된다: 어떤 적응의 도구들이 발달에 실패했거나 비정상적으로 발달했는가? 예를 들면, 긴장 유지? 지연 능력? 대상 항상성? 타자에 대한 관심? 충동의 사회화? 목록은 계속될 수 있다. 여기에는 다음과 같은 해석이 포함된다: "환자분은 아이였을 때 마음에 담아둘 좋은 부모의 그림이 있었다고 결코 느끼지 않기 때문에, 제가 떠나가는 것이 환자분에게는 특별히 힘들 것 같네요; 환자분은 그것을 상상할 수조차 없겠네요." 혹은 "말하자면, 환자분은 또다시 그 불안이 자신을 압도하는 것을 멈출 수 없다고 너무나도 확신하기 때문에, 그것이 시작되기도 전에 불안해하고 배운 것을 자신이 어느 정도 통제를 유지하는 데 도움이 되도록 할 수 없네요." 혹은 "환자분이 느끼는 수치감은 많은 부분이 자신이 결함이 있다—자신이 자신의 충동들을 전혀 통제할 수 없다—는 믿음에서 생겨난 것 같네요."

최근의 분석적 저술들에서 그러한 주제들은 보다 큰 질문에 포함되었다: 우리는 어느 정도까지 정신 기능에 대해 결함(혹은 결핍) 혹은 갈등이라는 측면에서 생각하는가? 이 질문은 자기 경험에서의 결함을 초래하는 초기 자기대상 관계들에서의 결핍들에 대한 Kohut(1977)의 개념화에 의해 촉발되었지만 발달적 관점의 결과이기도 하다. 그 질문은 너무 양자택일적이고 분석 가능한(가까스로 분석 가능한) 환자들과의 경험에 너무 매여 있다. 확실히 유아가 적응을 위해 충분히 적절한 성인의 도구들을 갖고 태어나지 않는다는 사실을 인정할 때, 우리는 또한 그것들이 갈등의 결과와 관련이 되고 결과적으로 방해를 받든지 그렇지 않든지 간에 그것들이 발달되어야만 하고, 따라서 불충분하게 혹은 잘 발달될 수 있음을 인정하게 된다. 그리고 일반 심리학으로서의 정신분석은 분석 가능한 범위를 넘어서는 병리를 인정해야만 하고, 거기에서 자아 기능의 결함에 대한 개념들은 필수적이고 피할 수 없다. 그러나 나는 그러한 질문들이 다양한 수준에서 대부분의 분석들과 관련이 있다고 믿는다(그리고 10장을 보라).

대상관계 심리학은 임상 자료에 대해 물어보는 여전히 다른 질문들, 개인력과 병력에 대한 여전히 다른 관점들을 제시한다. 대상관계이론은 하나의 단일한 이론이 아니며, 내가 임상 작업을 할 때 염두에 두면서, 가장 유용한 것으로 발견한 이 이론들과 관련된 질문에는 다음과 같은 것들이 포함된다: 과거의 어떤 대상관계가 반복되고 있는가? 그리고 주체(환자)는 대상관계에서의 어떤 역할들을 실연하고 있는가? 자기 자신의 것인가 혹은 다른 사람의 것인가? 아니면 둘 다인가? 환자는 과거의 그 사람처럼 행동하고 있는가? 그는 부모의 눈에 들고 싶었는가? 그들은 그에게 그러기를 바랐는가? 그들은? 그는 그들이 그러기를 바랐는가? 그리고 어떤 초기의 수동적인 경험들이 적극적으로 반복되고 있는가? 그러한 질문들은 중요한 초기의 모든 관계들이 쾌락 경험들을 반복하기 위한 혹은 외상적인 경험들을 숙달하기 위한 노력으로 나중에 행동으로 반복된다는 생각에 기초한다. 그리고 "쾌락 경험들"이 당연히 "객관적인" 측면에서 "즐거울" 필요는 없다(즉, 당신 혹은 나는 그것들을 즐거운 것으로 생각하지 않을 수 있다); 그러나 그 경험들은 아동기 부모와의 관계를 담고 있는 것들이고, 아무리 좋거나 나쁠 수 있었다 하더라도 그리고 어떤 고통이 포함될 수 있었다 하더라도, 그것들은 환자가 부모와만 가졌던 경험들이고, 애착과 친밀함 그리고 안전함의 형태들을 반영한다. 따라서 질문들은 다음과 같은 것들을 물어보는 것으로 재구성될 수 있다: 이러한 행동들은 부모와의 보다 초기의 경험들을 반복하고, 그래서 그러한 관계들을 유지하는 데 도움이 되는가? 혹은 그 행동들은 타자들과의 관계에서 적극적으로 반복함으로써 외상적인 과거의 관계들을 숙달하려는 노력들인가? 그리고 그 다음에는 역사적인 기초를 가진 질문들이 있다: 이러한 관계들은 어느 정도까지 기억으로 전달되거나, 동일시에서 실연되거나 혹은 행동으로 반복되는가—그것들은 아동기에 일어났던 것을 어느 정도까지 실제적으로 표현한 것인가? 아마도 그것들은 결코 충분히 실제적이지는 않을 것이고, 어떤 사건에서도 우리는 결코 알지는 못하겠지만(Spence, 1982), (그리고 여기에서 욕동심리학과 자아심리학이 대상관계 심리학과 뒤섞여있다) 그것들은 아마도 경험된 대상관계, 관계적인 사건의 순간에 주체(환자)의 욕동 상태 혹은 자아 상태에 의해 결정되는 경험을 반영할 것이다. 그래서 다시 한번 말하자면, 기억으로 저장되는 것은 그 경험이지, 그 자체로 객관적인 사건이라고 할 수 있는 것이 아니다. 이런 의미에서 객관적인 사건은 없으며, 단지 주관적인 경험이 있을 뿐이다. 그럼에도 불구하고, 나는 개인의 역사, 그것의 실재성과 주관성을 분류하는 것이 분석에서 환자에게 특별히 유용할 수 있다고 믿는다.

내면화된 대상관계들과 관련된 해석들은 확실히 흔히 생각해 볼 수

욕동, 자아, 대상 그리고 자기

있는 것이다. "그래요, 부모님이 환자분에게 엄격하셨던 것 같네요, 그러나 그분들은 환자분에게 유일한 부모님이셔서 환자분은 저와 다른 사람들에 대한 지속되는 엄격함을 통해서 그분들과의 관계를 유지하고 있네요." 혹은 "저를 포함한 모든 사람이 환자분 마음의 눈에는 아버지로 비치고, 환자분은 그분의 작고 순진무구한 유혹하는 여자로서 어떻게 처신할지 그냥 알고 있네요." 혹은 "환자분이 느끼는 버림받음의 고통이 너무나 크기 때문에, 자신은 계속적으로 그 고통을 다른 사람들에게 가함으로써 그것에서 벗어나려고 하고 있네요." 혹은 "환자분은 어머니가 그토록 분명하게 아버지가 관심을 보인 유일한 사람인 것에 대해 너무 화가 나서, 환자분은 어머니가 앙갚음하려고 했던 것과 환자분에게 화가 난 것으로 기억할 수밖에 없었겠네요." 이러한 진술들의 어떤 부분에는 소망들에 대한 암시적인 언급이 포함되어 있지만, 그것들은 일차적으로 어떤 방식으로 개인의 발달과정에서 비롯되어 내면에 저장된 내적인 드라마들을 지속하고, 반복하고, 숙달하려는 역동들이라는 측면에서 표현된다.

마지막으로 자기 경험에 대한 심리학에 의해 촉발된 임상 상황에 대한 질문들이다. 이미 언급했듯이, 나는 여기에서 Kohut(1977)과 다른 사람들이 자기심리학이라는 이름으로 제시된 구체적인 표현을 찬성하거나 거부하기보다는, 다양한 공헌자들에 의해 다양하게 제시된 인간 상황의 다양한 특성들을 언급하고 있다. 내가 유용한 것으로 알게 된 질문들(다시 염두에 두고 있는 질문들—즉, 임상 자료를 개념화하거나 실제 환자를 다루는 잠재적인 방식들) 가운데는 경계선, 통합 그리고 자존감과 관계된 것들이 있다: 분화된 자기 경계선들에 대한 감각이 얼마나 안정적으로 나타나는가? 혹은 융합의 환상들, 융합의 실연들 혹은 임상 상황의 한 요소인 경계선 상실에 대한 공포가 얼마나 큰가? 그 경계선 상실의 일부인 현실감 상실 혹은 주체감 상실이 얼마나 많은가? 그리고 자기 경험의 불연속성이 얼마나 많이 나타나는가? 분석가가 각 회기에 동일한 환자와 함께 있다고 느끼는가 아니면 주관적인 불연속감이 있는가? 그리고 환자는 스스로를 얼마나 삶의 행동의 중심으로 경험하는가? 그 삶의 "이유"로서? 그리고 더 나아가서, 지속적인 자기 가치감, 자존감은 무엇인가? 그리고 그러한 주관적인 자기 상태에서 불균형을 개선하려는 어떤 병리적인 노력들이 나타나는가: 과대함? 부인? 능동성으로의 비약? 다른 사람들에 대한 경멸?

여기서 해석들은 여러 가지 형태를 취할 수 있다: "내가 우리라는 말을 사용했을 때 이 단어가 어머니에게서 느꼈던 것처럼 내가 환자분을 침범하고 있는 것으로 느끼게 해서 놀라셨던 것 같습니다." 혹은 "학교에서 성공적으로 생활하면 환자분이 다른 사람들과는 분리된 사람처럼 느끼게 되었고, 그래서 환자분은 다시금 실패를 통해서 부모님과 나를 다시 끌어들이셨군요". 혹은 "나와 다른 사람에게 화내는 것이 환자분에게는 위로가 되었군요; 그것은 환자분이 채워진 것처럼, 환자분이 누구인지 알고 있는 것처럼 느끼도록 해주었네요. 그래서 나는 환자분을 파악할 수 없었군요." 혹은 "부모님에게 반응을 받지 못했던 경험 때문에 자신과 접촉하지 못했다고 느끼게 되었고, 그래서 환자분이 들어오는데 내가 충분히 환영해주지 않을 때 환자분은 자신과 내가 어제 함께 작업했던 동일한 두 사람이라는 사실을 믿을 수가 없네요." 혹은 "환자분은 자신이 얼마나 가치 없는지를 드러내는 그런 방식으로 행동함으로써 부모님이 그들 자신과 환자분에 대해 어떻게 생각하셨는지를 나에게 보여주고 있네요." 혹은 "환자분은 자신의 삶을 살고 있다고 전혀 느껴보지 못했군요. 오히려 아버지를 위해서 살고 있네요. 그리고 변화하는 것에 대한 생각이 생겨날 때, 그것은 나를 위해서 다른 삶을 사는 것을 의미하는 것으로만 보이네요."

네 가지 심리학은 각각 인간과 우리의 본질적인 과제들에 대한 다소 다른 개념들을 가지고 있다. 욕동심리학은 욕동들의 억제, 사회화 그리고 만족을 강조한다. 자아심리학은 내부 세계에 대한 방어, 외부 세계에 대한 적응 그리고 양자[내부와 외부세계]에 대한 현실 검증의 발달을 강조한다. 대상관계이론은 우리의 중요한 관계들의 역사적 기록을 내면화하는 것(동일시와 내면화된 대상관계를 통해서)—우리의 인간성에 필수적이고 사회적 삶의 토대인—과, 그러한 관계들의 절대적인 속박으로부터 우리 자신을 자유롭게 하는 과제를 강조해서 새로운 경험들이 한계가 있지만 새로운 것으로 환영받고 현재 방식대로 그것들에 대한 반응이 이루어 져야 한다는 것을 강조한다. 자기에 대한 심리학들은 분화되고 전체적인 자기감을 형성하고(다른 사람들과 대조 구별하여 그리고 관련하여), 자기를 주도성의 중심이자 자신의 내적 삶의 주인으로 세우고, 주관적인 가치에 대한 지속적인 감각을 발달시키는 다양한 과제들을 강조한다. 주의를 통해서 이러한 다양한 방식으로 회기 내용을 조직화하는 것이 가능할 때 고르게 주의를 기울이기는 가장 공정하게 이뤄질 것이다.

기법의 변형에 대한 질문

임상 기법의 변형들은 때때로 대부분의 분석에서 확실하게 나타난다. (분석이 가능한) 매개변수들을 소개하는 논문에서 Eissler(1953)는 어쨌든 임상적인 삶의 비공식적인 사실이었던 것을 공식적으로 인정한다. 즉, 많은 분석에서 어떤 시점에 기법의 수정이 요구된다는 것이다. 말하자면, 이런 수정은 매개변수의 개념으로 설명될 수 있다. 수련 분석가들을 지도하는 우리는 모두 훈련생이 "표준적인" 기법을 너무 과도하게 신중히 고수해서 그것을 수포로 돌아가게 하는 경우들을 지적할 수 있다.

사실, 분석들에서 기법의 변형들은 (**우발적인 순간**에) 너무나도 어김없이 나타나기 때문에, 보다 획일화된 어떤 방법보다는 주제와 변형들이라는 측면에서 기법에 대해 생각하는 것이 더욱 적절할 수 있다. 임상 경험에 의하면 저항과 전이에 특별히 조율된 해석적인 방법의 개입들과 더불어, 고르게 주의를 기울이기와 중립성, 상대적 익명성, 욕동 목적들을 만족시켜주지 않는 것(절제)의 세 가지 맥락에서 조용히 경청하는 것은 분석 작업을 하는 가장 신중하면서도 생산적인 방법이다. 이것이 주제(theme)이다. 나는 어떤 일반적인 의미에서 변형들을 정리하려고 하지 않을 것이다. 한 사람의 변형은 흔히 다른 사람에게는 표준적인 작업 방식이다―예를 들면, 어떤 중요한 행사가 있을 때 때로는 그것을 축하해주는 것, 환자가 요청할 때 정보(예를 들면, 가족 구성원이나 친구를 위한 추천인 혹은 상담자 이름)를 제공하는 것, 우리 자신의 작업이 다소 세련되지 못했음을 인정하는 것. 이것들 가운데 그 어느 것도 양자택일적으로 선택해야 할 필요가 없다. 어떤 행동을 하지만 그것이 분석과 관계가 없을 수도 있는 것이다.

그러나 나의 요점은 네 가지 심리학 각각에 의해 다양하게 다뤄진 실질적인 내용과 심리내적인 과정들에 대한 작업은 기법의 변형이 아니라, 우리가 하는 대부분의 작업에 흔히 있다는 것이다. 내가 이전에 이러한 생각들을 토론했을 때, "선생님은 네 가지 다른 방식으로 작업할 수 없습니다"라는 도전에 직면했었기 때문에 나는 이 전체적인 주제를 제기한다. 내가 생각하기에 대개 그런 도전은 (우리의 현재 분위기에서) 자기에 대한 어떤 언급이 우리가 Kohut의 자기심리학에서 발달된 방식으로 작업하고 있다(Goldberg, 1978을 보라)는 것을 의미하고, 따라서 두드러지게 다른 작업 방식들—어쩌면 단지 두 가지 방식, 어쩌면 네 가지—을 옹호해야만 한다는 생각에서 비롯된다. 전혀 그렇지 않다; 나는 지금까지 제시했던 자료에서 어떤 것도 기법에서의 자동적인 변형들을 요구하지 않는다고 믿는다. 달라지는 것은 해석에 의해 다뤄지는 실질적인 내용 그리고 어느 정도는 어쩌면 해석에서 기술되는 심리내적 과정들이나 "기제들"이지, 내가 기술했듯이 기법의 주요 주제가 아니다.

나는 마치 특정한 회기에 네 가지 심리학 가운데 적용할 것을 어떻게 결정하는지에 따라서 기법에서의 임의적인 변형이 나타났던 것처럼, 그것에 대해 질문을 받곤 했다. 그러나 나의 대답은 분명하다: 나는 어떤 것도 "적용"하지 않는다. **나는 내가 어떤 것을 이해해서 특정 회기에서 말하는 것이 괜찮겠다고 느낄 때까지 고르게 주의를 기울이며 경청한다.** 중요한 것은 내가 이해한 것이 여러 심리학 가운데 어떤 심리학에 의해 강조된 실질적인 내용과 기제들이라는 측면에서 이루어진 것일 수 있다는 점이다. 그러나 여전히 열쇠는 경청과 이해이다. 이러한 대답은 오이디푸스기적 혹은 전오이디푸스기적 자료를 다룰 것인지? 전이의 모성적 측면을 다룰 것인지 아니면 부성적 측면을 다룰 것인지? 혹은 전이에서 해석할 것인지 아니면 그것을 제외하고 해석할 것인지? 를 어떻게 결정하느냐에 대한 대답과 다르지 않다. 우리는 아마도 한 두 개의 개략적인 임상적 지침을 약술할 수 있지만, 일반

적으로 우리는 경청하고, 이 회기에서 "긴급한 지점"(Strachey, 1934)
이 어디인지를 이해하고, 그 이해에 기초해서 반응하려고 애쓴다. 네
가지 심리학의 자료에 대해서도 마찬가지이다.

다른 한편, 만약 우리가 각각의 심리학으로부터 나온 몇 개의 질문
들과 주제들을 염두에 둔다면, 나는 분석가들이 보다 다양한 방식으로
임상 자료에 대해 생각하게 될 것이라고 믿고 있다. 이러한 의미에서,
분석가들은 여러 심리학 이론들에서 나온 개념들을 통해서 단지 자료
를 "따라가는" 것이 아니라 그 자료를 "이끌어" 갈 수 있다. 즉, 그 개념
들은 우리에게 임상 자료에 대해 다르게 생각하는 방법들을 제공해줄
수 있다. 따라서 우리는 욕동적 관점에서 특정 형태의 만족에 집착하는
것을 그 환자에게 만족을 주지 않을 뿐만 아니라 그것에서 벗어나는 것
도 허용하지 않는 상충되는 소망이라는 차원에서 해석할 수도 있지만,
동시에 또한 다른 관점과 또 다른 경우에 (또는 다른 환자들에게서) 그
집착을 환자가 항상 염두에 두지 않으면 자신의 충동을 통제할 수 없다
는 두려움에서 비롯된 집착의 한 형태(방어)로 이해할 수도 있다. 또는
부모의 사고 방식과의 동일시 혹은 상실한 대상을 가까이 두려는 동일
시(대상관계적) 혹은 공허한 내적 경험에 대한 인식을 피하기 위해서
쾌락 추구에 집착하는 것(자기 경험적)으로 이해할 수도 있다.

이 모든 것 때문에 나는 환자와 함께 구성한 정신분석적 내러티브들
은 잠재적으로 광범위하겠지만(Schafer, 1983), 그것들이 개념적으로
제한이 없는 것은 아니라고 재진술하게 되었다. 내가 믿기에, 여기에
소개된 여러 심리학들의 개념들과 언어들은 물론 각각 무한한 개별적
인 변형들이 있겠지만 이러한 내러티브들의 범위를 포함하는 것 같다.
모든 개인들은 다양한 형태의 경험을 하기 때문에, 어떤 한 가지의 시

각보다는 여러 심리학들의 다양한 시각이 그것들을 다루는 데 더욱 적합할 것이다.

그러나 내가 다루고 싶은 그리고 내가 생각하기에 정신분석적 작업에서 중요한 자리를 차지하는 중요한 기법적인 변형이 있다. 그것은 특정 환자를 인식하고 순간적이거나 보다 광범위한 연약함을 고려하여 사용하는 개입 방법, 시기 선택, 표현하기와 관련이 있다. 일반적으로, 이러한 수정들은 분석 상황에서 "안아주기"(Winnicott, 1963b)의 측면들을 확대하고 있는 것과 관련이 있다. Modell(1984)은 Winnicott의 개념을 이용해서 분석 상황의 안아주기 측면들을 기법에서의 어떤 변형들과는 별개로 자주 수행되는 것으로 설명하였다. 그는 이것으로 분석가의 신뢰성, 보복하지 않기, 환자의 필요를 위해 존재하기 그리고 환자의 정신적 삶에 대해 환자가 하는 것보다 더 잘 파악하기(p. 91)와 같은 것들을 언급한다. Loewald(1960)는 안아주기 그 자체를 언급하지 않지만, 분석적으로 초래된 작은-분열들(mini-disintegrations)이 생겨난 다음에 재통합(reintegration)을 가능하게 하는 전이 상황의 암시적인 엄마-아이 측면들에 대한 그의 인식에서 유사한 주장을 한다.

그러나 다른 사람들은 특별한 필요가 있는 상황에서 이러한 안아주기의 측면들을 확대하기 위해서 기법적인 수정들을 제안하였다. 그래서 Mark Grunes(1984)는 어려운 환자들에 대한 "개입 정도"의 문제들, 즉 환자가 어떤 특정 시간에 받아들일 수 있는 정도에 대한 인식과 조정과 관련된 그러한 문제들을 설명했다. Winnicott(1963b)은 욕동의 목적들에 대한 절제와 자아 욕구들에 대한 가능한 만족을 구별하면서 분석 기법의 안아주기 측면을 더욱 자세히 말한다. Arnold Modell(1984)도 소위 고전적인 사례에서 안아주기 기능의 배경적인 중요도와 발달 정지를 포함하는 사례들에서 그것의 더욱 큰 중심적인 역할을 대비시킨다. 그리고 나(Pine, 1984)는 보다 일관되게 연약하고 일반적으로 분석할 수 없는 환자들과의 작업에서, 해석을 표현하고 시간을 조절하는 것에서의 보다 분명한 다른 변화들뿐만 아니라 이러한 안아주기에 대한 고려들을 토론하였다; 이러한 변화들은 모두 분석가의 언어화 방식에 대한 문제들이고, 여기에 보다 적극적인 지지의 방안들이 포함되어 있는 것은 아니다(Werman, 1984). 그러나 대부분의 경우 그것들을 통해서 욕동의 목적들에 대한 만족이 아니라 대상 혹은 자아의 욕구들이 채워진다. 그러나 사실 불안에 사로잡힌 환자가 카우치에서 처음 작업을 시작하는 초기에 혹은 환자의 과거의 삶과 현재의 기능에 대한 특별히 어려운 자료가 중심이 되는 이후의 단계에, 일시적으로 그러한 변형들은 어떤 분석에서도 필요할 수 있다. 그러나, 이러한 변형들—분석 상황의 안아주기 혹은 안전함의 특성들*을 명시적으로 확장하는 것—의 목적은 평소대로 수행되는 일반적인 분석 작업이 가능하도록 하는 것이다. 즉, 그런 기법적인 변형은 어떤 환자들이 때때로 특별히 힘든 지점들을 뛰어넘는 것을 도와줌으로써 해석, 중립성, 절제 그리고 익명성을 중심으로 하는 상대적으로 표준적인 분석을 가능하게 해준다.

이러한 전체적인 질문은 때때로 "적절한 정신분석"이 시작되기 전에 환자에게 "심리치료"의 기간이 주어졌다고 주장하는 말들에서 내가 느끼기에는 일반적으로 설득력이 없게 언급이 되고 있다. 그러나 내가 보기에는 그것이 설득력 있는 임상적 의미라기보다는 언어적 유

---

* 나는 **지지적**(supportive)이라는 말을 사용하지 않으려고 한다. 왜냐하면 그 말이 내가 지금 언급하고 있지 않은 전혀 다른 치료적 접근을 생각나게 하기 때문이다(Werman, 1984).

희인데, 그것은 정신분석이라는 "순금"(Freud, 1919)에서 심리치료라는 "구리"를 분리하기 위해서 의도된 것이다. 나는 본질적으로 정신분석인 것의 과정에서 임시적이고 순간적인 기법의 변형들에 대한 그림이 동일한 치료의 심리치료 단계와 정신분석 단계를 겉보기에 어느 정도 명확하게 분리하는 것보다 그 과정을 더 잘 설명해준다고 믿는다.(이것이 분석적 심리치료를 받고 있는 어떤 환자들이 이후에 정신분석을 시작하지 못한다고 주장하려는 것은 아니지만, 그것은 심리적 필요에 따르는 기법의 변형들에 대한 주제와는 전혀 다른 것이다.)

나는 이전의 논문(Pine, 1984)에서는 개괄적으로 그리고 이후(1988)에는 더욱 구체적으로 자아 기능의 결함이나 부모의 돌봄 결핍과 관련된 병리에 대해 적용되는, "취약한" 환자들과 관련된 기법의 변형들을 토론하였다. 하지만 사실 나는 필요할 때 그러한 수정들이 네 가지 심리학의 어떤 한 가지 혹은 두 가지의 주제와만 연결된다고 믿지 않는다. 특정 환자들의 임상적이고 역사적인 상황들 때문에 쉽게 기법적인 수정(매개변수), 더 적절하게 말하자면, 내가 토론해왔던 어떤 혹은 모든 심리내적 주제들과 관련하여 분석 상황에서의 안아주기 특성들에 대해 특별히 주의를 기울이는 것이 필요할 수 있다. 그리고 이런 수정은 분석의 지속(혹은 분석의 시작)을 가능하게 한다. 원시적인 욕동의 주제들 혹은 특별히 고통스럽거나, 압도적이거나 혹은 굴욕적인 대상관계의 주제들－자아 결함과 자기 결핍의 주제들만큼이나－에는 때때로 안아주기의 범주에 폭넓게 포함되는 개입 방법, 시기 선택 그리고 개입 정도의 특별한 수정들이 필요하다. 내 경험으로 볼 때, 이것에 대해 인식하게 되면 분석적으로 다뤄질 수 있는 환자들의 범위와 수가 증가된다.

CHAPTER **04**

발달 과정에서의
네 가지 심리학

앞 장에서 나는 네 가지 심리학의 측면에서 생각하는 것이 유용하다는 점을 입증하려고 했다. 비슷한 방식으로 이 장에서 나는 유사하게 생각하는 것이 발달적으로도 적절하다는 사실을 보여주려고 한다. 나는 특히 중요한 발달들이 아주 초기부터 각각의 심리학과 관련하여 일어난다고 믿지만, 중요한 발달들은 생애주기를 통해서도 각각의 심리학에서 일어난다고 주장할 것이다.

Mitchell(1984)은 대상관계가 인간의 발달과 기능의 기본적인 조직자로서 전생애에 걸쳐 관련됨을 논증하면서 그가 이해하듯이 대상관계이론이 고전적인 욕동/갈등 이론에 대체로 수용되는 두드러지게 다른 방식을 보여주기 위해서 "발달적 편향(developmental tilt)"이라는 은유를 사용한다. 그는 다음과 같이 말한다:

적응이 이뤄지면서 대상관계의 개념들이 형성되었던 방식에서 광범위한 영향을 미치는 가장 중요한 장치들 가운데 하나는 "발달적 편향"이었다ㅡ예를 들어, 욕동들 사이의 갈등이라는 측면에서 마음을 이해했다는 점에서 Freud는 옳았다; 대상관계도 중요하지만, 더욱 초기일수록 그러하다. 많은 적응의 전략가들에게 고전적인 메타심리학인 구조적 모델이라는 기둥은 정상적인 그리고 병리적인 인간 경험에 대한 설명을 위한 적절한 틀을 제공해 주는 것으로 이해되고, 그러한 설명은 다양한 욕동의 파생물들 사이의 그리고 욕동의 파생물들과 자아, 초자아의 방어 기능들 사이의 갈등을 묘사한다. 이러한 전략을 따르는 이론가가 다양한 관계 욕구들과 과정들을 당연히 일차적인 것으로, 더 이상 단순화할 수 없는 것으로, 욕동들에 대해 단순히 만족시켜주는 것들도 아니고 방어하는 것들도 아닌 것으로 소개하고 싶을 때, 그것들은 흔히 원본능, 자아 그리고 초자아의 삼중 구조들이 분리되고 명확하게 표현되기 전에 작동하는 것으로 소개된다. 선형적인 연속성과 관련이 있는 이론들은 필연적으로 신경증에 대한 고전적인 이론을 오이디푸스기의 성적, 공격적 갈등들을 중심으로 하는 것으로 제시한다. 그런 이론들은 대상관계적인 개념화들이 엄마와 유아의 가장 초기 관계에서의 정신 구조의 분화 이전 발달 시기와 관련된다고 주장함으로써 그것들을 기존 이론 속에 배치한다. 전통적인 모델은 들어 올려지고, 새로운 관계적 개념들이 그 밑으로 들어온다. 건축의 은유로 하자면, 그것은 마치 새롭고, 복잡하고, 널찍한 토대의 층이 더 오래된 건물 밑에 배치된 것과 같다; 윗부분의 이야기들은 그대로 남아있지만, 무게의 중심은 아래로 옮겨졌다. 원래의 구조는 변하지 않지만 사용되지 않는다; 활동 무대는 보다 낮은 층으로 옮겨졌다. (pp. 476-477)

Mitchell은 계속해서 이러한 관점에서 다양한 이론가들에 대해 토론하고 다음과 같이 요약한다:

이러한 각각의 이론가들—Klein, Balint, Winnicott, Mahler 그리고 Kohut—은 다양한 형식으로 고전적인 욕동 이론에 대한 충성을 유지한다. 어떤 사람(Mahler)은 본질적으로 보다 초기의 모델을 유지한다; 다른 사람(Klein)은 그 의미들을 바꾸기는 하지만 그것의 언어를 보존한다; 다른 사람(Winnicott)은 그의 개념화에서 원래의 모델이 더 이상 의미 있게 중요하지 않지만 충성을 선언한다. 충성 수준의 이러한 다양성에도 불구하고, 각 저자는 자신의 기여를 위한 여지를 만들기 위해서 적응을 필요로 하고, 따라서 이러한 혁신의 많은 부분은 발달적 편향을 통하여 정신분석적 이론에 도입되었다; 결국 그들이 묘사하는 역동적인 주제들은 유아적이고, 전오이디푸스기적이고, 미성숙한 것으로 특징지어지는 경향이 있고, 그것들이 이후의 삶에서 지속되는 것은 흔히 생애주기를 통해서 확장되는 인간관계 욕구들의 표현이라기보다는 유아증(infantilism)의 잔재로 이해된다. (p. 478)

이 문헌에서 "발달적 편향"이라는 Mitchell의 묘사는 자기의 그리고 자아발달의 주제들이 흔히 이해되는 방식에까지 충분히 유사한 형태로 확장될 수 있었다; 그리고 나는 그것들 각각이 전생애주기에 걸쳐 관련됨을 주장할 것이다. 어떤 임상 사례들에서 초기의 자아 조직, 자기 분화 그리고/혹은 중요한 대상들에 대한 핵심 애착에서의 실패들이 성격 조직과 그 후의 정신병리의 형태들에서 확실히 우선적으로 중요하다고 주장될 수 있겠지만, 그 반대는 아니다. 즉, 적절한 자아/자기/대상 발달이 초기에 충분히 일어난다 하더라도, 그것들이 발달 과정의, 성격 조직의 혹은 정신병리의 형태들의 이후의 측면들에 더 이상 중요하지 않다는 것은 아니다.

우리가 소위 순수하게 고전적인 욕동 이론가가 다양하게 말한 것을 언급할 때는 언제나 희화화의 위험이 있다. 그러나, 사실 나는 내가 여기에서 기술하려고 하는 현상의 대부분은 그들이 옹호하는 이론이 무엇이든지 모든 역동 중심 발달 이론가들에게 잘 알려져 있고 모든 분석적 임상가들의 지속적인 작업과 관련이 있다고 믿는다. 그러나, 나는 그동안 취해왔던 입장과 일관되게, 그러한 현상을 네 가지 심리학의 관점에서 비환원주의적으로 이해하는 것이 명확하고 폭넓은 것이라고 믿는다.

　네 가지 심리학 가운데 단지 하나의 측면에서의 발달에 대한 견해로부터 나올 수 있는 개념적인 편향의 한 가지 예로 시작해보려고 한다. 잠재기의 개념은 정신분석적 발달 이론에서 굳건한 위치를 차지하고 있다. 잠재기는 개인이 학교에 다니고, 아동기(엄마와 함께 집에 있는 미취학 아동과는 대조적으로)의 일차적인 애착 대상들에 대한 강렬한 신체적, 관계적 연결로부터 떨어지고, 사춘기에 의해 촉발되는 생물학적으로 유발된 폭풍에 속박을 당하지 않는 아동기의 시기를 일컫는다. 잠재기의 개념은 새로운 주요 욕동의 목표들(구강성, 항문성, 오이디푸스기적 소망들 그리고 청소년기의 성과 같은)이 이 시기 동안 생겨나지 않는다는 것, 유아성욕 시기의 충동들과 비교해서 상당한 억압과 목표 억제가 발생한다는 것, 남아있지만 약화된 성적 관심들이 가정 밖에서 선생님들과 또래들에게로 대체될 수 있다는 것, 일어나는 주요 새로운 학습은 가장 초기에 그랬던 것(수유, 배변, 자기 돌봄) 혹은 청소년기에 그럴 것(**성적인** 신체에 대한 "학습들"과 관련된)에 비해 신체와의 관련성이 더 적다는 것을 의미한다.

　그러나 잠재기는 일차적으로 욕동심리학에서 그 의미를 가지는 개념이다. 6세 혹은 7세에서 11세 혹은 12세에 이르는 시기에 자아, 자기 혹은 대상관계 영역에서의 발달과 관련해서 "잠재적인" 것은 아무것도 없다. 이 시기가 심리내적인 방어의 공고화와 관련해서, 학교 학습 그리고 가정을 넘어서서 또래 집단으로 확장되는 관계에서 나타나는 현실의 숙달과 적응의 확장과 관련해서 자아발달의 중요한 시기라는 사실은 잘 알려져 있다. 유사하게, 물론 전조들이 있긴 하지만, 다른 사람들과 비교한 개인의 가치라는 의미에서 자존감에서의 매우 중요한 발달들은 이 시기 또래들과의 경험들 그리고 학교 학습에서의 성공이나 실패와 관련된 경험들을 중심으로 일어난다. 이러한 아동기로부터 유래하고, 자존감에 영향을 미치는 영광들과 굴욕들은 정신분석 상황에서 드러나는 환자들의 기억들과 정서 생활에서 많이 나타난다. 그러한 기억들을 통해서 이미 기억으로 전달된 보다 이전의 기억들로부터 그것들의 어떤 의미를 추론해낼 수 있다는 사실이 결코 새로운 과제들, 기회들 그리고 실패들이 생겨날 수 있는 가능성을 없앨 수 없다. 그리고, 마지막으로 대상관계의 측면은 잠재기의 시기에 해당되는 것이 아니다. 오히려, 후기의 삶에서 반복적으로 재연되는, 내면화된 대상관계의 많은 부분은 이러한 중기 아동기에서 —한 사람이 부모가(혹은 형제들이) 대하는 대로 자기 자신을 경험하는 방식에서 그리고 부모를 그들이 서로를 대하는 대로 경험하는 방식에서— 유래하는 것 같다. 따라서 욕동심리학 안에 있는 개념인 잠재기는 자아, 자기 그리고 대상관계의 발달과 관련된 잠재기의 시기로 오해되어서는 안 된다. 이러한 예에서처럼, 우리는 네 가지 심리학 각각의 측면에서 현상들을 관찰함으로써 임상적으로 관련 있는 발달적 사건들에 대한 가장 완전한 그림을 얻게 될 것이다.

욕동, 자아, 대상 그리고 자기

몇몇 서론적인 개념들

예전에(Pine, 1981, 1985), 나는 심리내적인 삶이 다른 순간들에 다르게 조직된다는 생각을 제시했다. 그리고 나는 이 생각을 네 가지 심리학에 의해 다뤄지는 폭넓은 현상들을 포함하는 하나의 방식으로 활용했다. 따라서, 유아기에는 허기의 압력 혹은 바로 뒤 배고플 때 젖가슴 혹은 젖병을 달라는 울음(이전의 만족 기억에 근거하는)이 심리적 경험의 중심적인 초점이 되는 시기가 있다. 그러나, 그러한 순간이 매우 중요할 수 있지만, 그렇다고 사뭇 다르게 초점이 되는 다른 순간들이 동일하게 매우 중요하다는 것이 배제되지는 않는다. 따라서, 그 동일한 유아가 또 다른 시기에 익숙한 침구에 다가가고, 손으로 잡는 것을 숙달하는 데서 오는 기쁨으로 까르륵 소리를 내면서 눈과 손의 협응 훈련에 몰두할 것이다. 이러한 순간들의 처음 순간이 욕동심리학에 중심이 되듯이, 그다음 시기는 자아심리학의 측면—적응이나 숙달을 위해서 자아의 심리적 장치들을 훈련하는 것—에 중심이 된다. 그리고 또 다른 순간들이 있다: 이 시기에 우리는 엄마에 의해 침구에 누여진 유아 그리고 떨어져 있는 엄마, 편하게 잠든 혹은 불편하게 짜증 내거나 세차게 우는 유아 그리고 목소리나 신체적 접촉 혹은 다양한 정서적 반응들을 사용하면서 돌아오거나 돌아오지 않는 엄마를 상상한다. 아마도 이 모든 것은 다양한 대상 관련 이미지, 관계 속에 있는 자기와 타자의 이미지들, 분리, 연결, 통제 혹은 자율성에 직면할 때 이후의 관계들과 기대들에 영향을 미치는 이미지들—내면화된 대상관계들에 대한 심리학(Kernberg, 1976)의 구성 요소들—로 유아에게 저장될 것이다. 그리고 마지막 예로서 유아가 수유 후에 곤히 잠들거나 자지 않고 손과 눈으로 엄마의 얼굴을 탐색하면서 엄마의 젖가슴에 파묻히는 시기를 생각해보라. 이것들은 유아의 융합 혹은 초기 분화의 경험(Mahler et al., 1975; pine, 1986b)에 각각 중심이 되는 것으로서, 내가 자기 경험의 심리학으로 언급하고 있는 것의 측면들로서 이해되었던 순간들이다.

요점은 경험들이 발달과정에서 미치는 영향과 관련해서 우리가 아동의 삶에서의 가정된(혹은 목격된) 경험들 가운데서 선택할 필요가 없다는 것이다. 혹은, 최소한, 우리는 시간적인 근거로 그러한 선택을 할 필요는 없다. 다른 순간들에, 그것 모두를 위한 시간이 있다; 어떤 하나의 순간도 유아가 "실제로" 어떤가에 대해 말해주지 않는다. 물론, 우리는 그것들의 정서적이고 발달적인 중요성이라는 측면에서 그러한 순간들 가운데 선택을 할 수 있고, 이러한 순간들에 혹은 마찬가지로 다른 그러한 순간들에 부여된 중심성에 기초하는, 성격과 발달에 대한 다양한 이론을 구성할 수 있다. 그러나 나는 다르게 조직된 이러한 각각의 순간들 그리고 무수한 다른 순간들이 정서적으로 발달적으로 형성을 위해 중요하다고 그리고 우리의 이론들이 그것들 모두를 잘 아우를 것이라고 주장한다.

순간들이라는 말은 문자적인 순간이나 특정한 시간적 기간을 언급하는 것이 아니다. 순간(moment)은 어느 정도까지 시간이 흐르면서 확장되거나 짧을 수 있고, 가끔 일어나거나 주기적으로 일어날 수 있다. 나는 아무리 길더라도 경험이 일차적으로 "그러한" 방식보다는 "이러한" 방식으로 그리고 후에는 "이러한" 방식보다는 "그러한" 방식으로 조직되는 시간을 언급하는 것이다. 그러나 이렇게 정의된 순간들에서, 우리는 욕동, 자아, 대상관계 그리고 자기의 여러 심리학에 의해 다뤄지는 많고도 다양한 현상들의 발달적인 중요성을 위한 근거를 발견할 수 있다.

게다가, 나는 마치 다양한 순간이 다양한 심리학의 전유물인 것처럼 그러한 순간들의 배타성을 주장하고 있는 것이 아니다. 때때로 그러한 순간들을 본래 다양한 방식으로 조직되는 것으로 생각하는 것이 유용하겠지만, 그것들 가운데 어떤 한 가지와 관계가 있는 각각의 심리학의 관점을 가져와서 각각의 심리학에 의해 다뤄지는 주제들에 관련성이 있는지 이해하는 것도 가능하다. 따라서, 허기진 유아가 젖가슴이나 젖병을 달라고 우는 경우, 욕동심리학에 의해 다뤄진 현상들을 설명하기 위해서 위의 내용을 고려한다면, 우리는 대상 이미지들이 그 경험을 통해서 기억에 저장되고 있다는 것, 반복되는 만족 경험 혹은 냉담한(말하자면, 우울한) 양육자(엄마) 경험은 유아의 자기 상태와 정서적 분위기에 영향을 미치게 될 것이라는 사실을 인정할 수 있다; 그리고 또 다른 관점에서 허기에 직면했을 때 유아의 지연 능력 혹은 말하자면 엄마가 구별할 수 있게 요청할 수 있는 능력은 방어하고 적응하는 자아의 능력들이 발달했다는 표시이다. 그래서, 사용된 다른 모든 사례들에 대해서도 역시 그러하다. 그 사례들이 내가 본보기로 사용했던 심리학의 주제들만을 형성하는 것은 아니다. 장난감을 쥐고 있는 유아는 실질적인 빨기를 위해서 그것을 자신의 입에 넣거나(**욕동**) 엄마와 연결된 과도기적인 **대상관계**로서 그것을 가까이에 둘 수 있다; 그리고, 잡을 경우 눈-손 협응과 같은 것들을 숙달하는 것(**자아**)도 **자존감**의 기반이다(White, 1963; Broucek, 1979; Pine, 1982). 정신생활이 확장되고, 온갖 종류의 소망과 환상과 인지적 정교화들이 더욱 온전한 역할을 하게 되면서, 어떤 행동적 사건에도 어떤 특정 개인의 심리적인 의미가 부여될 것이다. 그것은 네 가지 심리학 각각에 의해 다뤄지는 의미들이다.

나는 네 가지 심리학의 측면에서 발달 과정에 대해 더욱 상세하게 설명하기 전에 또 하나의 다른 전조가 되는 개념을 소개하려고 한다. 그것은 환경으로부터 제공되는 것들의 역할과 관련이 있다.

성숙한 성인은 거의 스스로 발생시키는 체계(self-causing system)이다. 즉, 우리는 분명히 우리의 환경에서 제공되는 것들에 의해 영향을 받지만, 우리가 그 환경으로부터 알아내는 것, 그 속에서 우리의 "마음을 끌고" 그래서 우리에게 선택되는 것(Pine, 1982) 그리고 우리가 전적으로 우리 자신 스스로 선택하고 조성하는 환경은 우리 자신에 의해, 우리의 중심적인 동기들과 기제들에 의해 매우 많은 영향을 받는다. 이것은 완전히 그런 것은 아니고 ―삶의 기회들과 사건들이 우리 모두에게 영향을 미치기 때문에― 보다 이른 시기에 그리고 보다 초기의 아동기에는 아마도 덜 그럴 것이다. 아동과 그 이전의 유아는 환경으로부터 제공되는 것들―부정적이든 긍정적이든, 부재하든 존재하든―의 영향을 훨씬 더 많이 받는다.

그러나 유아나 아동은 순수하게 반응하는 체계가 아니고, 경험에 대해 수동적이지도 않다. 내적인 인과관계를 ―생물학적인 기반을 갖고 후성적으로 프로그램화된 욕동들의 형태로― 유아의 심리 체계에 들여온 것은 Freud의 위대한 성취이다. 물론 이것보다 더한 것이 있다. Hartmann(1939)은 타고난 자아 장치들을 추가적으로 인정했고 유아 연구자들(예를 들면, Escalona, 1963; Sander, 1977)은 엄마-유아 이자 관계에서 유아의 적극적인 역할을 보여주었다. 그러나 이것을 여기에서 자세히 설명하는 것은 적절하지 않다.

욕동, 자아, 대상 그리고 자기

오히려, 나는 Freud의 욕동 이론을 Kohut(1977)의 자기심리학과 비교하기를 원한다. 여기에서는 외적인 인과관계가 훨씬 큰 역할을 한다. Kohut이 반영해주거나 이상화 대상이 되어주는 분석가와의 관계에서 수정되는, 발달에 있어서 좋은 부모/나쁜 부모에 대한 그림으로 쉽게 이어지는 견해를 지지하는 것은 고전적인 욕동 이론으로부터 급진적으로 분리하게 된 요점들 가운데 하나라는 사실은 잘 알려져 있다. 그러나 유아들을 관찰하는 다른 이론가들도 불가피하게 아동 발달에 있어서 부모의 역할을 인정했다. Winnicott은 "환경적 제공"과 "촉진적 환경"(1965)을 인정하고, Mahler와 동료들(1975)은 분리-개별화에서 정점에 이르는 엄마-유아 상호작용에서 서로 주고받는 것을 확실하게 보았다. Kohut은 적어도 전통주의자들에게는 그의 견해의 상대적인 배타성 때문에 그리고 그가 때때로 그것을 중심으로 그의 치료기법을 많이 개발한 것처럼 보이기 때문에 더 많이 비난을 받는다. 그러나, 여기에서 나의 요점은 우리가 결코 Kohut의 자기심리학의 "자기"와만 관련해서가 아니라 각각의 심리학에 의해 다뤄지는 현상들의 발달과 관련하여 환경으로부터 제공되는 것들의 역할을 무시할 수 없다는 점이다.

Hartmann(1939)은 "평균적으로 기대되는 환경"이라는 개념을 소개하면서 실제로 환경은 발달을 위해서 필수적으로 중요하지만, 지금은 이론적인 편의를 위해서 우리는 그것에 초점을 맞추기보다는 그것이 "평균적"이라고, 즉, 발달이 진행되기에 적합하다고 생각할 것이라고 말했다. 그리고 이것은 욕동심리학에 적응의 자리를 마련하려고 했던 Hartmann의 목적을 위해서 충분했다. 그러나, 임상가, 발달이론가, 부모, 이전에 아동이었던 사람으로서 우리는 발달에서 중요한 것은 정확하게 개별적인 환경이지 평균적으로 기대할 수 있는 것은 아니라는 사실을 잘 안다. 그리고 그 안에는 결코 자기 경험에 대한 심리학에 의해서만이 아니라 각각의 심리학에 의해 다뤄진 현상들에 관한 촉진, 일탈 혹은 방해의 이야기가 있다.

따라서, 우리는 유혹, 지나친 방임 혹은 욕동의 목표들의 충분하지 않은 만족 때문에 욕동들의 최적의 발달 과정―한편으로는 그것들의 억제, 사회화 그리고 지연; 다른 한편으로는 그것들의 통합, 표현 그리고 승화―에 많은 문제가 초래될 수 있다는 사실을 잘 안다. 자아 영역에서의 발달들은 불가피하게 동일시를 통해서 방어, 적응 그리고 현실 검증의 모델이 되는 부모 자신의 기능에 의해서 뿐만 아니라 그 사람에게 부과되는 요구들―한 극단에는 적응하는 것 그리고 다른 한 극단에는 학습과 적응에 대한 촉진과 자극을 넘어서는 스트레스와 함께―에 의해 크게 영향을 받는다. 그리고 내가 사용하는 대상관계 심리학, 즉 아동에 의해 경험되는 그러한 관계들의 내면화와 반복은 의미상 중요 대상들의 실제 행동들과 경험하는 주체의 정서와 욕동 상태의 복합체이다. 그리고 적절하게 칭찬해주고, 개별화를 허용하고, 동일시를 위한 모델이 되어주는 것은 자존감, 경계선 분화 그리고 자기 경험의 영역에서의 발달들에 전적으로 중요한 영향을 미칠 것이다. 따라서 환경에서 제공되는 것들은 네 가지 심리학 각각의 영역에서 중요한 영향을 미친다.

이러한 예비적인 언급들을 염두에 두고 발달적인 배열 자체로 넘어가 보자.

네 가지 심리학에서의 초기 발달들

중요한 발달들이 네 가지 심리학 각각에 의해 다뤄지는 현상들과 관련하여 전생애를 거치면서 계속적으로 일어난다고 주장하고, 발달적 편향에 대해 반대 의견을 말하는 것(Mitchell, 1984와 함께)은 초기의 발달들과 후기의 발달들이 개인의 삶의 무게에 있어서 같다고 말하는 것이 **아니다**. 뒤의 내용에서, 나는 발달적 편향(정신 기능에 있어서 욕동 이외의 주제들은 초기에 중요하지만 그 다음에는 중요한 독립 요인들로서는 빠지게 된다는)에 대해 반대 의견을 제시하고 싶은 것이지, 전생애적인 관점에 너무 치우쳐서 초기 과정의 특별한 형성적 역할을 인정하지 않거나, 네 가지 심리학 각각의 영역에서 그 역할을 인정하지 않는 것이 아니다. 마지막 요점과 관련하여, 다양한 견해에서 초기 발달에서의 실패들이 다양한 현상들과 관련하여 특별히 강조되었다: 예를 들면, 목표들과 이상들을 가진 통합된 자기 혹은 온전한 자아. 그러나 나는 핵심적인 초기의 구조화 혹은 내면화 혹은 심리내적인 분화—다른 영역에서의—의 주제들은 네 가지 심리학 각각의 영역에서 필수적이라고 믿는다.

이러한 초기의 발달들에 대해서, 우리는 심리내적 세계의 **조성**이라는 측면에서 생각할 수 있다. 이것은 유아가 "마음속에" 아무것도 가지지 않고 태어난다는 것이 아니다; Freud의 "욕동들," Hartmann의 "자아 장치," 그리고 유아의 적응과 관계 능력들에 대한 최근 유아 연구자들의 설명들은 모두 생물학적 재능에 대해 말한다. 그러나 이러한 타고난 기질에도 불구하고, 아동기에 이미 분명하게 나타나고 성인들의 정신분석에서 완전한 모습이 드러나는 심리내적인 세계의 조성을 위해서 초기의 발달적 작업이 상당 부분 이뤄져야만 한다. 이것은 환상들, 소망들, 우선 만족들, 금지들의 세계, 개인적으로 선호되는 대처방식, 내면화된 대상관계들 그리고 다소 익숙한 지속적인 자기감의 세계이다. 환경으로부터 제공된 것들이 하는 역할은 이러한 초기 발달들과 관련하여 가장 중요할 수 있다. 왜냐하면, 분화된 심리내적 세계가 형성되고 나면, 내가 훨씬 더 앞에서 언급했듯이, 개인은 스스로 발생시키고 유지하는 체계가 되기 때문이다. 즉, 그들 스스로 환경에 개입하고, 그 환경으로부터 구별되게 선택하고 끌어내고, 자동적으로 그리고 거의 무의식적으로 그 환경을 통해서 방향을 결정하는 내적으로 결정된 과정들과 더불어 동기들, 인지적 내용들 그리고 기능적인 과정들이 삶의 과정의 상대적인 연속성에 기여하는 일관된 방식으로 내면화되는 존재가 생겨나는 것이다.

욕동심리학 영역에서 이러한 결정적인 초기의 발달들은 다양한 방식으로 언급이 되었다. 예를 들면, Freud(1900)는 현재의 긴장 상태와 그 상태 이전의 만족에 대한 기억의 이미지가 연결되어 "소망"이 발달하는 것에 대해 설명했다. 보다 폭넓게 말하자면 여기에는 신체적인 충동들이 인지적인 표상을 획득하고 마음의 소망/환상 체계의 일부분이 되는 방식들이 포함된다. Winnicott은 본능적인 욕동들이 "천둥소리"(1960a, p. 141)처럼 유아의 "존재의 연속성"에 외적인 것으로 경험될 수 있음을 지적하면서, 욕동들이 개인에 의해 **저장되고**, "나"의 일부분이 되고, 곧 "나는 나에게 밀려왔던 것이 무엇인지 모르겠어요" 또는 "나는 제정신이 아니었지요"와 같은 형태로 경험될 수 있는 초기의 발달 과제를 암시했다. 그리고 경계성 아동의 심리에 대한 저자들(Rosenfeld and Sprince, 1963)은 욕동들에 대하여 "특정 단계에서의 우세성"(즉, 다양한 충동들이 다양하게 적절한 초기의 발달 시기에 중심이 되는 충동들의 조직화—구강기, 항문기, 오이디푸스기와 같은)을 성취하지 못한 것을 언급하면서 적어도 다른 시기에 욕동들의 위계—내적인 정렬, 특화, 그것들의 "서열"—를 조성하는 과제를 암시한다. 그리고 보다 이전에(Pine, 1970), 나는 초기에 다중 기능의 발달을 통해서 오랫동안 지속되고 변화에 대해 저항한다는 점에서 욕동—방어 관계가 어떻게 구조화되는가를 보여주려고 노력했다; 즉, 이러한 욕동—방어의 관계들이 만족, 대상관계, 적응 그리고 자기감과 관련된 기능들을 하게 되면서, 그것들은 성격 안에 보다 굳건히 뿌리를 내리게 되고 제거하기 어렵게 된다. 이것들 각각은 그리고 그 이상은 내가 욕동심리학의 영역에서 심리내적 세계의 조성이라고 언급하는 것의 일부분이다. 주인의식(ownership), 위계적 조직 그리고 다중적인 기능의 성취뿐만 아니라 선호되는 만족의 방식들 그리고 충동의 어떤 핵심적인 사회화—지연, 목표 억제 그리고 방어의 발달 모두에 의해 현실 원리를 따르는 것—에서 대상들에 대한 욕동과 연관된 소망들의 애착은 우리의 인간됨에 그리고 이후의 최적의 혹은 적절한 기능에 필수적인, 욕동 영역에서의 초기의 핵심적인 성취의 일부분이다.

이러한 초기의 성취에 있어서 분명히 실패가 있을 수 있다. 이러한 경우, 주인의식, 방어 그리고 사회화 과정이 실패하게 되면서 처리되지 못한 충동들이 충동적으로, 폭력적으로 혹은 파괴적으로 작동할 수 있다. 혹은 우리가 실패한 위계적 조직에 직면하게 되면 다형도착적인 기능(polymorphous perverse function)이, 대상들을 향한 욕동에 기반하는 소망들의 애착 실패에 직면하게 되면 혼란 그리고/혹은 애착 상실이, 잘못된 통제 과정들에 직면하게 되면 공황과 감정의 홍수가 나타날 수 있다. 물론, 이러한 것들은 각각 다중적인 경로를 통해서 일어날 수 있다. 발달적 사건과 그 후의 결과 사이에는 그 어떤 일대일 대응도 없고, 어떤 표면적인 행동 징후로부터 자동적으로 발달사를 읽어낼 수 있는 어떤 방법도 없다(A. Freud, 1970). 예를 들어, 혼란과 애착 상실은 방어적인 회피나 발달과정에서의 애착 실패의 결과일 수 있다. 나는 이러한 모든 가능성들이 "우리의 철학에서 예상해야만 하는" 것들이고 다양한 가능성들은 핵심적인 정형화, 구조화와 위계적 조직, 생물학적으로 기반하는 욕동들의 사회화와 통합을 포함하는 초기 발달들 혹은 이러한 것들 가운데 어떤 것의 실패와 관련이 있다고 주장하려고 한다.

이제 우리가 심리내적 세계의 초기 조성 혹은 다르게 말하자면 자아, 대상관계 그리고 자기의 영역에서 초기의 구조적/형성적 발달들에 대해 살펴볼 때, 다뤄진 현상들이 욕동과 관련하여 보다 이전에 토론되었던 것들과 항상 다른 것은 아니라는 ―때로는 다르지만, 항상 그런 것은 아니라는― 점이 분명해질 것이다. 이것들은 인간 기능의 추가적인 현상들의 문제들일뿐만 아니라 어떤 단일한 현상에 대한 변화된 관점의 문제들이다.

이제 대상관계 심리학에 의해 다뤄진 영역에서 초기 발달들에 대해 살펴보자. 여기에서도 다양한 핵심적인 발달 과제들이 있다. 첫 번째는 대상―이 경우 주 양육자―에 대한 기본적인 애착을 형성하는 것이다. 상당히 생물학적으로 기반을 둔 애착(Bowlby, 1969)에 근거하지만, 그럼에도 불구하고 일차 애정 대상에 대한 애착의 특이성뿐만 아니라 대상과의 관계 속에서 위로와 만족에 대한 어떤 소망과 기대가 있을 수 있는, 이러한 질의 애착이 발달한다. 분석할 수 있다고 생각되고 그래서 정신분석을 위해서 선택된 환자들에게서, 우리는 이러한 핵심적인 애착을 당연한 것으로 생각할 수 있다. 왜냐하면 그것이 없으면 분석이 가능하지 않다는 결정이 내려질 수도 있기 때문이다. 그러한 핵심 관계는 분석 행위가 이뤄지는 무대이다. 이 무대가 적절하다면, 우리는 그것을 당연하게 여기고 그 행위(자유연상과 전이에서 발견되는 의미들)에 초점을 맞출 수 있다; 그러나 그것이 없다면, 그 행위는 이뤄지지 않을 것이다. 보다 이전의 논문(Pine, 1986a; 그리고 10장을 보라)에서 나는 그러한 기본적 신뢰에서의 실패가 어떻게 공황 불안에서 신호 불안에 이르는 그리고 무차별적으로 욕구를 만족시켜주는 관계들에서 특정한 애착으로의 발달에서의 실패, 더 나아가 특정 단계에서 충동들의 우세성, 공격성의 완화, 방어의 성숙 그리고 긍정적인 자존감의 발달에서의 실패로 이어지는지 보여주려고 했다.

　대상관계의 초기 발달의 또 다른 측면에서, Sandler와 Rosenblatt(1962)은 개인이 어떻게 "표상 세계"를 발달시키는지 보여준다. 표상 세계는 내면화된 대상 표상들의 세계가 기억에 기록되어서, 그때부터 이후의 대상관계를 결정하고, 이러한 초기의 내적 표상들을 형성하는 기대들과 행동들로 이어질 수 있는 매개이다. 말하자면 마음은 경험된 초기 관계들의 잔재들로 채워지고, 이것은 초기에 이루어져야만 하는 심리내적 세계의 조성에 핵심이 되는 부분이다. 인간의 삶에서 그 어떤 것도 절대적으로 정적이지 않으며, 물론 내면화된 대상관계의 표상 세계는 이후에 수정될 수 있다는 것도 사실이다. 그러나 정신적 삶에서의 연속성과 변화를 설명하기 위해서 Piaget(1952)가 우리에게 제공해주었던 용어들로 표현하자면, 상당히 분명한 형태로 표상 세계가 형성되면 ㅡ즉, 대상에 대한 일련의 기대들과 반응 준비들과 자기와 타자가 어떻게 상호적으로 작용할 것인가에 대한 개념이 생기면— 이후의 관계들은 상당 부분 이러한 믿음들과 소망들에 **동화**되고, 부분적으로만 관계 세계에서의 새로운 "실제" 사건들이 이러한 실제들에 반응하여 내적 표상 세계에서의 **조절**(변경)로 이어진다.

대상관계 영역에서 이러한 기본적인 발달들의 실패들은 영향에 있어서 욕동의 영역에서의 그것들과 동등하며 이후의 삶의 과정에 강력하게 그리고 부정적으로 영향을 미칠 것이다. 핵심적인 애착 대상에 대한 신뢰에서의 "실패"는 이러한 특성들이 최소한의 혹은 신뢰할 수 없는 정도만 발달했다는 것을 의미한다. 그러나 동일한 의미에서 표상 세계의 발달의 "실패"는 있을 수 없다; **어느 정도의** 내적인 인지적 표상은 발달할 것이다(자폐적 상태가 예외가 될 수 있겠지만). 여기에서, **실패**는 끊임없이 파괴적이고 만족을 주지 못하는, 경험된 세계의 내적 지도의 발달에 대해서만 언급할 수 있다.

자기 경험 영역에서의 핵심적인 초기 발달들도 다양한 저자들에 의해 다뤄졌다. 그 발달들에서는 "나-너" 경계선의 분화가 시작되는 것이 중심이 된다. 이 영역에서의 개념들 Mahler(Mahler et al., 1975)의 그리고 보다 이전의 Spitz(1957)의 연구와 두드러지게 연관이 된다; Mahler(1968)는 추가적으로 그녀가 "공생적 정신증"이라고 한 것에서의 자기-타자 분화의 총체적인 실패에 대해 기술했다. 유아가 수유 후에 엄마의 가슴 속으로 파고드는, 정서적으로 강력한 정서적 융합의 순간들로부터 그리고 (운동과 정서적 풍부함을 통해서) 자기감을 형성하는 운동성과 정서의 확장을 통해서 자기가 생겨나는 것은 초기 아동기의 중심적인 발달이고, 그것이 이뤄지지 않을 때 매우 주목할 만한 상황이 벌어진다(Mahler, 1968; Pine, 1979b). 이것 이후에, 자기 경험의 또 다른 중심 특징은 Winnicott(1960a)이 참 자기- 거짓 자기 경험에 대해 설명하면서 도달했던 것이다. 그는 세상(주 양육자의 형태로)의 반응과 적절히 만나게 될 때 유아에게 자신의 내적 과정을 그 세상에 대해 그리고 그 세상 속에서 안전하고 적합하게 표현하는 것-"참 자기"의 시작-을 승인해주는 것으로 이어질 수 있는 유아의 "자발적인 몸짓"에 대해 기술한다. 여기에서 제안되고 있는 것은 실제로 보상과 처벌(혹은 보상의 부재)의 단순한 조건화 과정이다. 자발적인 표현이 "보상될"(엄마의 반응과 적절히 만나게 될) 때, 그것(구체적인 행동 혹은 자발적인 표현 그 자체)은 반복되는 경향이 있을 것이다. 그 반대-이러한 초기의 핵심적인 발달에서의 실패와 상응하는-에는 아동의 자발적인 표현에 대한 반응이 반복적으로 충분히 주어지지 않는 것이 포함된다. 그래서 이러한 표현들이 충분히 드러나지 않을 수 있다. Winnicott은 그렇게 되면 그것들이 내적인 표현을 희생하고 세상에 순응하려고 하는 아동의 행동들-"거짓 자기"의 시작-에 의해 대체된다고 주장한다. 이러한 심리내적 체계에서 자신의 충동들에 대한 "주인의식"은 참 자기에 추가적인 풍성함과 힘을 제공하고 "나에게(me)" 그리고 "나의 것(mine)"에 대한 감각을 확장하면서 "참 자기"감을 높여준다. Modell(1984)이 환자가 "자기 자신의 삶을 살아가는 것"과 그것에 따르는 어떤 개인들의 어려움들이라는 측면에서 토론한 현상은 그 뿌리의 일정 부분을 그러한 초기의 참 자기-거짓 자기 발달에서 찾을 수 있다.

그리고 세 번째, 자기 영역에서의 핵심적인 발달은 이러한 안녕감, 즉 자기, "나"에 대한 감각이 더욱 충분히 발달할 때 자존감으로 발달하게 될 것에 대한 감각과 관련이 있는 일련의 경험들이다(이에 대한 보다 충분한 토론을 위해서는 Pine, 1982을 보라). Kohut(1977)은 여기에서 부모가 제공하는 것들—양육자들이 아동의 주도성에 대해 웃어주며 보상하는 반응성—의 역할을 강조한다. 그런 반응의 따뜻함과 환대는 생기 없고 우울한 혹은 비난하고 금지하는 것과는 대조적으로 아이에게 좋음과 자긍심을 채워준다. 그리고 보다 이전의 현상이라는 측면에서 White(1963)와 Broucek(1979)는 효능감, 자신감, 무엇인가 할 수 있는 능력이 얼마나 자긍심, 자존감의 초기 기반이 되는지를 보여준다.

그리고 자아 기능의 심리학에 의해 다뤄진 영역에서 마지막으로 핵심적인 발달의 현상들: 이것의 많은 부분은 이미 욕동, 대상관계 그리고 자기의 관점에서 이뤄진 토론에서 암시되었다. 또 다른 관점에서 볼 때 자아심리학의 핵심적인 발달—지각된 위협에 직면하여 이용될 수 있는 신뢰할 만한 방어의 목록을 수립하는 기본적인 과제—은 욕동들과 관련된 지연과 목표 억제 그리고 다른 방어의 시작을 위한 것이다. 방어와 관련된 핵심적인 발달의 또 다른 측면은 아동이 방어 기능을 넘겨받는 것이다. 그래서 성장하는 아동이 점점 더 자기 자신의 자원들에 의존할 수 있게 되면서 **외부적**이었던 것(즉, 과도한 자극과 고통에 대한 일차적인 보호자로서 양육자)은 **심리내적**인 것이 된다. 그리고 자아 기능에서의 핵심적인 발달들도 자기 경험의 심리학과 연관하여 토론되었던 자기-타자 분화의 발달에서 암시되었다. 왜냐하면 Freud(1911)가 서술했듯이 그러한 자기-타자의 분화는 내부와 외부 사이를 구분하는 현실 검증력의 중심적인 성취들 가운데 하나이다. 그리고 최근의 관점에서 볼 때, "표상 세계"의 인지적인 확장이 포함되는 그러한 발달들 그리고 초기의 효능감과 능력의 기반이 되는 시각—

욕동, 자아, 대상 그리고 자기

운동적 성취들 그리고 자기감을 규정하는 데 도움이 되는 정서와 운동성의 확장에는 모두 자아 기능 영역－적응, 현실 검증 그리고 방어－의 확장이 포함된다. 유아에게는 초기부터 "외부에 있는" 세계에 대해 가장 크게 조율하는 가장 높은 수준의 인지적 기능이 이뤄지는 시기들일 것 같은 "깨어있는 비활동성"(Wolff, 1959)의 짧은 순간들이 있다. 만약 유아와 성장하는 아동이 이후에 불안과 만족되지 않은 욕구 (White, 1963) 혹은 분리로 인한 공황(Mahler, 1968)－깨어있는 비활동성의 고요한 시간들을 망치고 침범하는－에 의해 압도되지 않는다면, 그래서 유아 혹은 아동이 압도되지 않는다면, 깨어있는 비활동성 (그리고 이후의 깨어있는 활동성)의 시기들은 학습, 현실에 대한 평가 그리고 넓게는 자아 기능의 확장을 허용하면서, 깨어있는 낮의 대부분을 채우기 위해서 확장되는 것으로 이해될 수 있다.

나의 중심적인 주장을 반복하자면: 네 가지 심리학 각각에서의 발달들은 전생애에 걸쳐서 계속되지만, 그럼에도 불구하고 각각에서의 초기 발달들에는 특별한 위상이 있다. 그 특별한 위상은 내가 여기에서 설명하려고 했던 것이다. 여기에는 분화된 심리내적인 삶을 전반적으로 구성하는 것 그리고 자기, 세상, 자기와 세상을 중재하는 일련의 수단들 (행동 능력들, 이해들, 기대들)에 대한 개념들을 전반적으로 구성하는 것이 포함된다; 그리고 내면 세계에 대한 이러한 감각과 함께 그것을 "소유"하고, 그것을 표현하고, 그것의 측면들에 대해 방어할 수 있는 능력－혹은 물론, 이러한 것들 가운데 어떤 것에서의 실패들－이 있다.

결론적으로, 나는 발달이 연속적인 것으로 이해되는가 아니면 불연속적인 것으로 이해되는가 라는 질문을 제기하지만, 이것에 대해 양자택일의 방식으로 대답하지 않을 것이다. 나는 내가 설명했던 그러한 초기의 발달들이 이후의 방향들을 정하고, 적응적-표현적 가능성들을 열어주거나 제한하고, 핵심적인 정신병리를 규정하면서 삶의 과정에서 특별한 자리를 갖는다고 믿는다; 후기의 발달이 이것에 기인할 것이라는 의미에서가 아니라 후기의 발달이 동일한 **영향**을 미칠 수 없다는 점에서 발달에는 불연속성이 있다. 그럼에도 불구하고, (말하자면 1세 혹은 2세 혹은 5세 이후 혹은 그 언제이든) 우리가 이러한 "초기" 발달들이 결정적인 목표에 이른다고 말할 수 있는 어떤 단일한 지점도 없고, 이것들이 이후의 발달들에 의해 절대적으로 변화될 수 없는 경우도 없다.

네 가지 심리학에서 후기의 발달들

앞에서 나는 잠재기 개념이 욕동심리학에서만 적합한 것이라고 주장했다; 이 시기 자아, 대상관계 그리고 자기의 발달에서는 잠재기가 없다. 그리고 잠재기는 사실 가장 두드러진 발달들인 욕동-방어 배열에서의 전환 그리고 유아기 성욕의 잔여 주제들이 성격 양식으로 점진적인 통합이 이뤄지는 것과 함께 이 시기 욕동심리학에서의 발달의 형태이다. 여기에서 후기라는 말은 앞에서 토론되었던 초기 형성기 이후의 아동기부터 전생애주기를 의미한다.

이러한 후기 발달들을 촉진하는 데 도움이 되는, 발달과정의 두 가지 일반적인 특징—한 가지는 상대적으로 널리 퍼져있는(적어도 각 문화에) 것이고 다른 한 가지는 개인적이고 특별한 것인—이 있다. 첫 번째는 생물학적 성숙 그리고 시간 순서대로 삶의 경로를 따라 기준 시점에 각 사람의 심리적 과제들을 부여하는 문화적 기대의 어떤 조합과 관련이 있다. 이러한 각각의 심리적 과제들에는 개인의 심리 조직에서의 변화들—네 가지 심리학의 어떤 것 혹은 모든 것에 의해 다뤄진 현상들에 영향을 미칠 수 있는 변화들—이 포함될 수 있다. 이미 1950년에 Erikson은 그의 "인간의 8단계"에서 그러한 발달과 연관된 "과제들"에 대한 견해를 제시했다. 그러한 후기 변화들에 대한 다른 자극은 좀 더 개인적인 것이다; 이것은 개인의 역사가 한 사람 또는 다른 사람의 삶에 우연히 가져오는 그러한 동인들, 유발 요인들, 기회들, 잃어버린 기회들로부터 비롯된다. 나는 네 가지 심리학을 한 번에 한 가지씩 다루는 토론으로 이 부분에 대해 접근하기보다는 발달과정 자체(특히 다양한 분석적 저자들에 의해 다뤄지는)에서 생겨나는 변화에 대한 일반적인 동인들이라는 측면에서 그리고 개인사의 상황이라는 측면에서 그것에 접근할 것이다. 나는 후자로부터 그리고 상대적으로 극단적인 두 가지 예로 시작할 것이다.

우리는 세뇌 혹은 사고 통제가 성격 조직에서의 지대한 변화를 일으키는 데 도움이 될 수 있다는 것을 안다. 이것에 대해서는 욕동심리학의 관점에서 거의 저술되지 않았고, 욕동들과 관련된 방어 조직에 대해서도 마찬가지이지만, 성격의 다른 부분들에 대해서는 많은 것이 얘기될 수 있다. 두드러진 변화는 자기 조직에서, 특히 자신의 삶에 적극적인 주체가 되는 개인적인 주체감의 본질에서 나타난다. 그 주체감의 본질은 급격하게 변하기 때문이다. 자신의 삶에 책임지고 있다는 느낌이 여전히 거기에 있을 수 있다; 그러나 한 사람을 살아가게 하는 내면의 지침들의 내용과 방법은 크게 변화했다. 그리고 자기 조직화의 이러한 측면들에서의 변화는 결국 대상관계 심리학에서—즉, 양심의 이상들이자 모델들로서 내면화된 그러한 대상들에서—의 지대한 변화들을 반영한다. 새로운 신념들의 옹호는 적응의 한 형태로서 이해될 수 있지만, 자아심리학에서의 주된 변화들을 반영하는 것으로 ―그러한 새로운 신념들의 표현들을 둘러싼 인지와 정서의 배열에서처럼― 이해될 수 있다.

혹은, 두 번째 극단적인 사례는 가장 직접적인 피해자들―죽음의 수용소에 있던 이들― 의 홀로코스트 경험이다: 어떤 사람들은 이전의 (내적인) 생활양식의 지속적인 작동을 통해서 자기감이 유지되는 것 (Bettelheim, 1943)이나 그 수용소에서 많은 사람들 가운데 다른 사람들을 위한 인간적인 관심이 계속되는 것에 대해 기술했지만, 우리는 또한 내면화된 대상관계들과 욕동 조직에서의 변화들(공격자와의 동일시와 같은), 자아 조직(부인[denial]과 같은) 그리고 자기 조직(굴욕의 중심성과 같은)을 가능한 결과들 가운데 중요한 것들로 알고 있다.

나는 후기의 삶의 경험들에는 개인 기능의 다양한 측면에서의 큰 변화들을 유발하거나 필요로 할 수 있는 가능성이 있다는 점을 강조하기 위해서 두 개의 짧은 사례들로 시작한다. 그러나 어떤 이는 동일한 것의 예들을 발견하기 위해서 그러한 극단적인 상황들로 갈 필요는 없다. 우리는 누군가에게 오랫동안 함께 했던 동반자의 죽음이 어떻게 개인의 욕동심리학에서 중요한 변화들로―성적 동반자의 상실로 인해서 자위와 환상으로 되돌아가거나 혹은 이전에 기존 동반자와의 상대적으로 안정된("건강하지" 않다 할지라도) 상태에 있었던 오래된 성적 갈등들이 다시 발생함으로써 동반자를 새롭게 찾는 것으로― 이어질 수 있는지 잘 안다. 그리고, 대부분의 사람들에게서 그러한 상실의 영향은 분위기―자기 경험 그리고 정서의 좌소로서의 자아 사이의 접촉점―로 그 자체를 드러낸다. 그러나 자아 기능의 관점에서 더욱 중요한 것은 한 사람이 배우자를 상실했을 때 나타날 수 있는 인지 기능과 적응에서의 그러한 변화들(기억과 현실 속에서 살기) 이다.

혹은 새로운 짝의 탐색, 아이의 출생 혹은 새로운 일의 시작을 고려해보자: 이것들 각각은 개별적인 경우들에서 성격의 다른 측면들이 생겨나는 것을 촉진하고 지지해주거나 거꾸로 오랜 방식들에 도전하고 그것들이 약화될 수 있는 새로운 도전들과 기회들을 제공한다. 다양한 가능성들에서 임의로 사례들을 선정해보면: 짝을 찾으려고 할 때 새로운 관계에서 과거 대상관계의 병리적인 반복이 유발되거나 불안, 새로운 증상 형성 혹은 혼란으로 이어질 수 있는 방식으로 방어 체계에 도전이 일어날 수 있다(친밀감과 성에 대한 요구들 때문에); 혹은 반대로, 그것은 자존감의 고양, 양심의 허용에 따르는 성의 해방 혹은 새로운 기회들과 새로운 모델들을 통해서 보다 높은 수준의 개인적인 적응과 성취에 대한 자극으로 이어질 수 있다. 아이의 탄생으로 인해서도 과거 대상관계들의 파괴적으로 새롭거나 혹은 회복적으로 개선된 재연이 촉진될 수 있다. 혹은 신체적인 돌봄의 친밀감들을 통해서 돌보고 사랑받을 수 있는 존재로서 타자들과 개인적으로 연결되어 있다는 새로운 느낌과 가치감이 촉진될 수 있다. 또한 그리고 다른 한편, 아이는 구강기, 항문기, 오이디푸스기를 거쳐 가면서 양육자들에게 있는 과거의 갈등들을 자극하기 때문에 부모가 된다는 것은 그 단계들과 관련된 주제들의 내적인 해결에 새로운 도전들ー때때로 파괴적인ー이 된다. 그리고 직업에서도 그러한 기회들과 도전들이 없지 않다. 직장에서의 관계들의 상대적인 중립성은 더욱 열정적인 관계들에서는 분명하지 않은, 자아 기능의 발화로 나타날 수 있다. 혹은 직장에서의 경쟁은 실패 혹은 다른 한편으로 적응적인 성격 변화를 야기할 수 있는,

오이디푸스기적, 가피학적 혹은 다른 적대적이거나 파괴적인 환상의 자극으로 나타날 수 있다. 그리고 특정 직업의 그리고 각 개인에 대한 직업 자체의 무의식적인 개인화된 의미들은 말할 것도 없고, 특정 직업은 일 자체의 내용들─외과 의사에 의해(혹은 다른 방식으로 전문 운동 선수들에 의해) 직면되는 신체적 친밀감들, 분석가들과 치료사들에 의해 직면되는 심리적 친밀감들, 법률가들에 의해 직면되는 양심에 대한 도전들, 하루 종일 순찰하면서 한 차에만 함께 있는 두 명의 경찰관에 의해 직면되는 친밀감과 성욕의 도전들─ 때문에 도전을 가져다준다. 이 모든 것은 그 어느 한 사람의 개인적인 욕동, 자아, 대상관계들 혹은 자기에 대한 심리학들에서의 변화들을 촉진할 수 있는 일상생활에서의 그러한 무수한 도전들과 기회들이라는 빙산의 일각일 뿐이다.

그리고 환경적으로 촉발된 그러한 변화들의 마지막 실례는 심리치료 혹은 정신분석 자체이다. 그러한 치료의 근거는 후기의 경험들이 각각의 심리학 영역들에서 기능의 중요한 측면들에서의 변화를 유발할 수 있다는 믿음에 기초한다. 초자아 변화에 대해 James Strachey(1934)에 의해, 자아 기능과 대상관계들에 대해 Leowald(1960)에 의해 논의되었던 것처럼, 치료의 적극적인 작업을 넘어서 치료사/분석가와의 관계 그 자체가 그리고 환자에게 요구되는 행위의 형태들 그 자체가 그 사람의 측면들에 변화를 일으킬 수 있다(그리고 12장을 보라).

어떤 유발 요인들에 대한 설명에 의하면, 너무나도 많은 것이 개인 사를 통해서 각 개인의 어떤 혹은 모든 개인의 심리에서 후기의 변화를 가져왔다. 이제 발달과정 자체의 일부가 되었던 그러한 유발 요인들─오히려, 필요 요인들─을 살펴보자. 네 가지를 너무 크게 분리하는 것의 부자연스러움을 피하기 위해서 나는 각각의 심리학보다는 저자들을 통해서 이것에 접근할 것이다. 후기의 연령대에는 기질과 성격에서 모든 심리학의 주제들이 상호침투하기 때문에 그렇게 분리하는 것이 어떤 경우에도 분명하게 보이지 않을 수 있다. 후기의 발달적인 변화에 대한 그러한 견해의 첫 번째 모델은 초기 심리성적 단계들, 잠재기, 성욕이 두 번째로 발현하고 첫 번째 (유아기) 성욕의 잔재들이 새롭게 되는 청소년기의 목록을 만드는 것으로 시작되는 Freud(1905)의 공헌 자체이다. 욕동 조직화에서의 변화들—지연과 통제에서, 승화와 목표 억제에서, "대상 제거(object removal)"(Katan, 1951)와 새로운 대상 찾기에서—은 이러한 발달 노선의 개념적 특징들이다. 그리고 우리는 그것을 후기 청소년기와 초기 성인기에 짝을 찾게 되면 생겨나는 성적 조직화에서의 그러한 변화들로, 폐경과 양성 모두에게서 나타나는 성적 충동의 감소(그러나 흔히 그것에 정체성과 자존감을 위한 의미들이 크게 부여되는 남성들에게 보다 파괴적인)와 같은 후기의 삶의 변화들로 확장할 수 있다.

내가 소위 잠재기의 여러 심리학에서의 발달들의 범위를 기술했듯이, Peter Blos(1962)는 청소년기에 대해 훨씬 더 광범위하게 기술하였다. 청소년기를 "두 번째 개별화 단계"(1967)라고 했던 그의 묘사는 내가 대상관계와 자기 경험의 심리학에 포함시키는 주제들에 대해 말해주고, 청소년기의 하위단계들에 대한 그의 설명들(1962)은 성적인 표현의 형태들뿐만 아니라 자기애와 대상관계들에서의 변화를 중심으로 조직된다. 가장 특별하게, 후기 청소기의 재조직화에 대한 그의 토론에서는 불가피하게 자아 조직, 목표들과 삶의 과제들에서의 핵심적인 전환들(과거의 트라우마와 내면화된 대상관계들을 숙달하려는 시도를 중심으로 하는), 성적 정체성에 대한 그리고 바람직한 대상 선택에 대한 상대적으로 영속적인 감각 그리고 당연히 성적인 표현에 대한 바람직한 형태들과 견딜만한 한계들이 다뤄진다. 분명히, 청소년기에는 아동기와 그 이전 시기에서처럼 기능에서 계속되는 중요한 변화들이 일어나고, 그것들은 네 가지 심리학의 언어들로 표현될 수 있다.

Nathan Segal(1981)은 "자기애 그리고 모욕에 대한 적응"과 관련이 있는 전생애 변화들에 대해 설명한다. 그 제목에 의해 정해진 초점에도 불구하고, 그는 발달들을 그러한 관점에서 보긴 했지만 그가 포함시킨 발달들은 자기애를 넘어 훨씬 확장된다. 그는 다음과 같이 기술한다:

[이것으로] 이 논문의 바로 마지막 부분에 이르게 되었는데, 여기에서 나는 그 자체로 한 논문의 근거가 될 수 있었던 주제의 측면들에 대해 간략하게만 언급할 수 있다. 즉, 자기에 대한 심리학의 배타적인 표현으로서가 아니라 대상 욕구들의 역할들 가운데 자기 욕구들의 역할을 통합해야 할 필요에 대해 폭넓게 이해한 결과로서 모든 발달 단계들에서의 자기애의 역할에 대한 인식이 증가하고 있다는 것. 아이뿐만 아니라 성인에게도, 삶에는 우리 모두가 삶이 가져다주는 모욕에 대해 적응할 수 있게 하는 특별한 욕구들이 있다. 각 단계에서 우리의 대상들과의 관계들뿐만 아니라 우리의 자존감 조절의 궁극적인 상태를 결정하는 것은 우리가 이러한 모욕들에 어떻게 적응하는가와 우리가 이것들에서 더욱 적응적인 구조와 강점을 끌어낼 수 있는가이다. Mahler(1975)와 Settlage(1977)는 분리-개별화의 "연습기"로 거슬러 올라가는 발달과정에서의 갈등들 그리고 전능 환상이 절정에 이르고 "재접근기 위기(rapproachement crisis)"에서 최고조에 이르게 되는, 새롭고 불안한 현실로 인해서 붕괴될 위험들에 가장 취약할 수 있는 지점에서 아동의 자기애가 직면하게 되는 외상적인 취약성을 멋지게 설명했다. 유사하게, 내가 보기에, 사랑해주고 공감해주는

욕동, 자아, 대상 그리고 자기

아버지에 의해 높이 들어 올려지지만 반대로 이 부모를 들어 올리는 데 성공하지 못하는 아동은 이상화 부모 이미지가 얼마나 공감적인가와 관계없이 자기애적으로 외상이 되는 사건에 대처해야 할 필요에 직면한다. 여기에는 공감 실패로 인한 외상뿐만 아니라 양가감정과 위축과 관련된 심리내적인 갈등이 있다. 선망의 대상이 되는 부모를 차지 하고 싶어하는 아동 혹은 아직 선거권이 없는 시기에 자신의 규칙을 세상에 강요하고 싶은 청소년은 모두 그러한 모욕들에 대해 적응해야 하는 과제에 직면한다. 후기 삶에서 쇠퇴하는 신체적 기능들과 힘 혹은 젊은 경쟁자를 상사로 받아들이는 것의 다양한 측면들에 대처해야할 필요 그리고 결국 신체적 기능들에 대한 통제의 상실에 대처해야 하는 가능성은 거의 우리 모두가 어떤 단계에서 직면하게 될 삶의 모욕들의 조그마한 표본이다. 임상 작업에 종사하는 우리 모두에게는, 우리가 그 충격을 아무리 부드럽게 완화한다 할지라도 혹은 우리가 아무리 우리의 공감적인 자원들을 끌어온다 할지라도 우리의 환자들은 가장 큰 모욕들 가운데 하나를 주기적으로 겪는다는 사실을 상기하는 것이 특별히 적절할 수 있다. 여기에서 나는 전이에서 우리 자신의 성인 부분이 너무나도 굴욕적이고 비하하는 것으로 경험하는, 우리 자신의 유아적인 측면들의 출현을 허용하고, **더 나아가** 그것을 다른 성인과 나눠야만 하지만, 동시에 치료에서 성인이라는 사실의 모욕에 대해 언급하고 있다. 이러한 이유로, 보다나은 다른 이유에서가 아니더라도, 우리는 우리 자신과 대상들에 대한 우리의 관계에서 전생애를 거치면서 나타나는 정상적인 자기애와 그것의 변형들에 대해 가능한 한 많이 이해해야만 한다. (pp. 473-1989)

다른 곳에서(Pine, 1989), 나는 정상 발달에서의 대상 상실의 역할에 대해 유사한 전생애적 관점을 취했다. 여기에서도, 나는 그 주제에 대하여 네 가지 심리학의 관점에서 구체적으로 초점을 맞추지 않았지만, 대상 상실의 형태들이 단계와 관계된 것이고(그래서 고유하고 불가피한) 여러 심리학에 의해 다뤄지는 전체 현상들에서의 변화 요인들로서 작용한다는 것은 분명하다. 내가 그 논문에서 다룬 대상 상실의 형태들에는 다음의 것들이 포함된다: 유아기에는 합일 환상의 상실, 청소년기에는 아동의 부모라는 것의 상실(심리내적인 변화들을 통한), 성인기에는 전능감(모든 삶의 가능성들이 자기 자신에게 열려있다는 느낌)의 상실, 후기에는 최적의 신체 기능이나 외모의 상실(대상으로서 자기의 상실), 자녀의 상실(성장을 통한), 사랑 대상의 상실(죽음을 통한), 대상으로서 타자의 상실. 이것들 가운데 내면화된 대상관계들의 측면들 뿐만 아니라(중심적으로) 자기 경험, 욕동 조직 그리고 자아 기능의 측면들에서의 변화들에 대한 구체적인 동인들이 있다.

그리고 마지막으로 전생애 발달에 대한 분석적 견해들의 측면에서 가장 중요했던 인물인 Erikson(1950)에 대해서 논의해보자. 그는 그가 "자아의 특질들—개인이 그의 자아가 단계별로 유기체의 시간표와 사회제도의 구조를 통합할 만큼 충분히 강함을 나타내는 준거—"(p. 218)이라고 언급하는 것에 대해 8개를 나열했다. 잘 알려진 쌍들의 목록은 다음과 같다: 신뢰감 대 기본적 불신감("구강-감각" 기), 자율성 대 수치심 및 의심("항문-근육" 기), 주도성 대 죄책감("운동—성기" 기), 근면성 대 열등감(잠재기), 정체성 대 역할 혼란(사춘기와 청소년기), 친밀감 대 고립감(청년기), 생산성 대 침체감과 통합성 대 절망감(후기 성인기). Erikson이 그것들을 유기체와 사회의 요구들을 "통합할 수 있는" 능력을 나타내는 "자아의 특질들"로서 제시했지만, 그것들이 반영하고 통합하는 것은 여러 심리학 각각의 현상들을 반영하는 것으로 쉽게 이해될 수 있기 때문에 나는 이것들을 여기에 나열한다. 따라서, 신뢰감 대 불신감의 주제는 적어도 초기의 대상 애착 그리고 신뢰할 수 있는 긴장 완화와 욕동 만족에 대한 기대에 근거해서 형성된다; 정체성 대 역할 혼란의 주제는 사춘기에 작용하는 성 정체성의 해소와 대상관계들 뿐만 아니라 개별화, 자기-조직화 그리고 자존감(최근의 어떤 문헌에서 강조되고 있는)을 중심으로 추가적으로 전개된다; 그리고 생산성 대 침체감은 방어 조직화의 승화와 유연성에서 지속적인 성공을 중심으로 전개되고 자아 조직화와 더욱 넓게는 대상관계들 영역에서의 만족에 근거해서 전개된다. 우리는 짝을 이루는 자아 특질들에 대해서도 유사하게 말할 수 있었다.

발달과정을 개인이 부분적으로는 새로운 방식들로 그리고 부분적으로는 그것들을 오래된 기능 방식들 속으로 흡수하려고 노력함으로써 만나게 되는 일련의 연속적인 도전들("과제들")을 개인에게 제시하는 것으로 이해하는 것은 발달론적으로 가능할 뿐만 아니라 임상적으로도 유용하다. Anna Freud(1936)는 이것을 잠재기에서 청소년기로의 병리적인 진입의 두 가지 대안적인 형태에 대한 그녀의 토론에서 생생하게 설명했다: 한 가지에서는 방어 구조가 허물어지고 다른 한 가지에서 그것은 움직일 수 없는 것으로 남게 되고, 그 사람은 잠재기 같은 조직을 유지하게 되면서 청소년기의 새로운 성욕을 위한 아무런 여지도 만들지 못한다. 발달 "과제들"은 다양한데, 여기에는 초기의 자기-분화, 대상 애착 그리고 방어 발달, 또래 관계로의 이동, 학습 그리고 잠재기와 연관된 전치들과 승화들, 성욕을 성격에 포함시키는 것, 청소년기의 성적, 정서적 삶을 위해 가족이 아닌 대상들에게로 확실하게 옮겨가는 것; 성인기의 성인 애착, 자녀 양육 그리고 직업, 노년기의 상실과 쇠퇴가 포함된다. 각 개인은 부분적으로 이러한 발달과정에서의 도전들에 대해 **동화하려는**—즉, 욕동, 자아, 대상관계 그리고 자기 영역에서의 익숙한 기능 방식을 사용해서 새로운 상황을 과거의 연장으로 만들려고 하는— 노력으로 각각의 도전들에 직면한다. 사실, 과거가 전이에서 재연되는 것으로 이해되듯이, 그것은 새로운 삶의 사건들을 오래되고 익숙한 방식들 속으로 흡수하려는 노력에서 전이들로 재연되기도 한다. 다른 한편, 언제나 어떤 **조절**—새로운 도전들에 대한 적응을 위해서 요구되는 내적 조직의 전환—이 있다. 새로운 도전들은 발달 경로를 따라가는 중요한 단계들에서 개인적인 심리의 조직에서의 변화들을 촉진하고, 발달 경로는 내가 네 가지 영역 각각에서의 전생애 발달로서 언급하는 것의 일부분이다.

요약하자면, 본 장에서 나의 주요 요점은 두 가지이다: 무엇보다 중요한 것은 생애주기에 걸친 발달과정에 대한 네 가지 심리학의 관점이 그럴듯하고 유용하며, 이전 장에서 제시된 동일한 네 가지 심리학의 관점의 임상적인 유용성을 주장하기 위한 기반이라는 점이다; 그리고 두 번째 요점은 네 가지 심리학의 전 생애 발달에 대한 관점에서 네 가지 각각에서의 초기의 발달들은 심리내적인 삶의 형성, 성격의 구조화, 선호성의 형성, 구체적인 반복들, 기제들 그리고 구조적인 제한들 때문에 행동 원인의 주체로서 자신의 삶의 흐름에 들어가는 개인을 만들어내는 데 있어서 특별한 위치를 갖는다는 것이다.

각 심리학에서의 발달들에는 또한 각각의 특징을 나타내는 독특한 동기들의 발달이 포함된다. 나는 다음 장을 위해서 그러한 토론을 남겨두었다.

CHAPTER **05**

동기의 발달

Freud는 자신의 저술 곳곳에서 인간의 심리내적인 삶을 그리고 그것을 통해서 나타난 인간의 행동을 지배하는 핵심 동기들을 규정하는 중심 과제에 초점을 맞췄다. 그는 이원론적으로 사고하는 경향이 있었고, 여러 경우에 성적 욕동들, 자아 본능들, 자기와 종족 보존, 자기애 그리고 생명(에로스)과 죽음(타나토스) 본능—마지막 것에는 "쾌락 원리를 넘어서"(Freud, 1920a)는 반복 강박이 포함되는—에 의지했다. 대부분의 분석가들이 이 시대의 진보를 위해 활용하는, 동기의 이원론의 최종 형태는 성욕과 공격성의 이원론이었는데, 전자는 "본능적 욕동"이고 후자는 다소 덜 명확한 개념적 위상(status)이다.

본장에서 나는 인간의 행동을 지배하는 보다 많은 동기들—네 가지 심리학 각각에 있는 동기들—을 제안한다. 나는 이러한 동기들을 임상적으로 적합하다고 이해하며, 이것들에 대한 나의 관심은 내가 임상 상황에서 보았던 것들로부터 생겨났다. 그러나 나는 개인 발달에서 동기들이 형성되는 과정을 추적하면서 동기들의 생물학적 기원들과 궁극적으로 이것들의 정신분석적, 임상적 적합성을 보여주려고 시도할 것이다. 나의 접근방식은 발달 과정에서 동기들이 어떻게 생겨나는지 질문하기 때문에 처음부터 끝까지 발달론적인 것이 될 것이다. 이러한 질문에 답하면서, 나는 모든 인간의 동기들에는 발달의 역사가 있다고 제안할 것이다. 그것들의 초기 생물학적 토대의 본질이 무엇이든지, 동기의 최종 형태들은 생겨나는 데 시간이 걸리는 복잡한 형성 과정들의 결과이다. 따라서 **시간이 흐르면서** 동기부여의 상태가 어떻게 형성되는지를 질문하는 것이 적합하다. 나의 출발점과 나의 초점은 임상적 상황이고, 거기에서 중요한 것은 생물학적으로 프로그램화되었다기보다는 발달론적으로 변화하는 동기부여의 형태들이다.

특정한 이론적 요점은 매우 다른 동기들이 각 심리학의 영역에서 심리내적인 삶을 지배한다는 성공적인 주장으로부터 나온다. 만약 네 가지 심리학 각각의 현상들이 동기부여적 상태를 형성하는 것으로 본다면, 각각이 심리 내면의 무대에서 좀 더 상대적으로 독립적인 배우로 이해될 수 있기 때문이다. 이것으로 인해서 네 가지 심리학은 단순한 관점들이 되는 지점 혹은 어떤 한 가지로 환원될 수 있는 지점 너머로 밀려나면서 더 분화되는 경향을 보이게 된다.

행동이 개인의 특정 목표들을 중심으로 유지되고 조직되는 것 같을 때, 우리는 그것에 대해 동기부여가 된 것으로 생각한다. 혹은, 거꾸로 "동기는 행동을 일으키고, 유지하고, 이끌어가는 모든 변수들이다" (Madsen, 1959, p. 44). 이런 의미에서 네 가지 심리학 각각의 영역에 고유한 동기들이 있고, 그것들 각각을 고려하지 않고는 정신생활에 대한 포괄적인 설명을 제공할 수 없다. 행동이 어떻게 "일어나고, 유지되고, 이끌려가는가"를 설명하면서, 나는 각각 다양한 하위형태를 가지는, 다양한 형태의 동기—자기 주도적인("적극적인"), 반작용적인, 항상성적인—를 가정할 것이다. 위에서 제안되었듯이, 각 심리학의 영역에서 동기의 본질에 있는 그러한 차이들은 그것들이 사실은 다른 심리학이라는 주장에 동의하는 데 도움이 된다; 사람은 다른 시기에 사뭇 다른 종류의 동기들의 영향력 아래 있을 수 있다.

이러한 방향의 주장에 대한 반응에서, Robert White(1959, 1963)가 "효능성" 동기의 개념을 소개할 때, Rapaport(1960a)는 행동의 동기들과 다른 원인들을 구분하였다. 그는 동기들이 "**욕구에 기초하는** 내면의 힘들(*appetitive* internal forces)"(p. 865)—단호하고, 순환적이고, 선택적이고, 대체할 수 없는—이라고 주장했는데, 그것은 특별히 본능적인 욕동들에 적합한 설명이다. 나는 동기들에 대한 좁은 정의보다는 좀 더 넓은 정의로 작업하려고 한다("욕구에 기초하는 내면의 힘들"보다는 "행동을 일으키고, 유지하고, 이끌어가는 모든 변수들"). 여러 심리학의 영역에 있는 다양한 형태의 동기를 알면 임상 작업에 유익이 될 수 있다.

네 가지 심리학에서의 동기

대상관계이론

나는 대상관계이론에서의 동기라는 주제에 대해 두 가지 방식으로 접근하려고 한다: 첫 번째는 일반적인 배경을 고려하는 것을 통해서이고 두 번째는 임상적인 상황을 통해서이다.

고전적인 정신분석적 욕동 이론에는 대상에 대한 초기 관계와 관련하여 기본적으로 두 가지 관점이 있다. 첫 번째, 대상은 만족이 주어지는 수단으로서, 즉, 욕동의 행위의 종점으로서 이해된다. 그리고 두 번째, 특정 대상, 즉 주 양육자가 욕동 만족과 연결되기 때문에 대상이 중요해지는 것으로 이해된다. 즉, 그것은 일종의 조건화된 자극이다.

이전에 다른 사람들은 대상에 대한 애착의 우선성—즉, 연결되어 있고, 처음부터 있었고, 욕동 만족과 상관이 없는 우선성—을 주장했다. Fairbairn(1941)의 경구에서, 욕동들은 쾌락을 추구하는 것이 아니라 대상을 추구한다. 자신의 요점을 입증하기 위해서 상당한 논거와 증거를 제시했던 Bowlby(1969)에게 있어서 대상 애착은 일차적이지만, "진화적 적응의 환경"(pp. 58-64)—야생에 살면서 동물의 공격의 위험에 가까이 처해있던 초기 인간의 생존이 어둠 속으로 길을 잃을 위험들과 다른 동물들로부터의 공격 위험을 감소시켜주었던 집단에 대한 애착에 의해 보장되었던 시기—의 측면에서 가장 잘 이해될 수 있다. 따라서, 그는 애착에 생존적 가치가 있다고 주장한다: 그 사실을 감안하면 그리고 어둠에 대한 두려움; 분리 불안, 낯가림이 기본적으로 만연되어 있음을 고려하면, 대상 애착을 인간 기능의 일차적이고, 고유한 특성으로 보는 것이 이해가 된다. 그리고 유아 문헌에 대한 Stern(1985)의 최근 비평과 연구는 매우 미묘하고 실질적인 대상 애착이 너무나도 초기에 나타나기 때문에 이것을 어떤 이차적인 방식으로 욕동 만족으로부터 **파생되는** 것으로 설명하려는 어떤 시도도 강제적이고 인위적인 것이 되어버린다는 것을 입증해 준다.

하나의 관점으로 보면, 이러한 모든 주장들은 닭이 먼저냐 달걀이 먼저냐의 문제와 관계가 있다: 욕동 만족이 먼저일까 혹은 대상 애착이 먼저일까? 그리고 이런 형식의 논의는 생산적이지 않다. 어떤 것이 먼저인지를 규명할 수 있다 할지라도, 초기부터 그것들은 각각 이미 존재하고 서로 밀접하게 관련된 복잡한 발달 과정에 있음이 너무나도 분명하기 때문에 양자를 언급하지 않고는 인간 기능에 대한 중요한 그 어떤 것도 설명할 수 없다. 그리고 이전에 개발된 나의 관점을 보면, 초기부터 상대적으로 좀 더 욕동 만족의 측면에서 조직되는 어떤 순간들과 상대적으로 좀 더 대상과의 연결의 측면에서 조직되는 순간들을 이해하고 확인하는 것이 쉽다. 이렇게 조직화된 것은 영구적인 것이 아니고 변하기 때문에, 그것들 각각을 위한 시간과 공간 그리고 그 이상의 것이 있다.

그러나 두 번째 관점에서 보면, 생물학적으로 고유한, 대상에 대한 기본적 애착에 대한 질문(Bowlby, 1969)은 정신분석에서 대상관계이론의 중심적인 현상과 관계가 있고, 유기체의 생물학을 대상관계 심리학에 연결시킨다. 특히, 나는 유아기의 일차 대상들이 아무리 "나쁘게" 경험되어도 그것들에 대해 (일반적으로 나타나는) 지속되는 애착 현상을 염두에 둔다. 그것들에 대한 핵심적인 애착은 일반적으로 소거되거나 사라지지 않고 남아있다—아마도 만약 유아가 생존하려고 했다면 불가피하게 존재해야만 했던 만족(긍정적인 강화)의 순간들 그리고 가장 초기 관계들의 고유한 본질. 이것은 각인 반응(Lorenz, 1965, 1970)과 어느 정도 비슷하지만, 물론 인간 존재만큼이나 복잡한 유기체의 훨씬 더 큰 발달 과정에서의 변화의 영향을 받는다.

우리가 임상 상황에서 보듯이 대상관계들에 관계된 동기의 주제는 초기의 타고남(prewiring) 혹은 조건화에 대한 질문들과는 매우 다른 수준에 있고, **반복하려는 경향성**(Freud, 1920a)의 측면에서 가장 잘 이해된다. Robert Waelder(1936)가 다중 기능에 대한 개념을 제시했을 때, 그는 모든 행동들에는 욕동 만족, 적응, 양심 그리고 반복과 관련된 기능들이 있다고 주장했다. 앞의 세 가지는 분명했고 임상 상황에서 지속적으로 확인이 되고 있다; 그것들은 내가 지금 논의하고 있는 것에는 관련이 없고, 나는 여기에서 그것들을 더 이상 논의하지 않을 것이다. 그러나 반복은 어떠한가? 모든 행동들에 반복과 관련된 기능들이 있다고 하는 것은 그렇게 직접적으로 분명하지는 않다. Freud에게 있어서 반복은 두 가지의 다른 방식으로 이해되었다. 이것들 가운데 한 가지인 생물물리학적인 추론은 무활동(quiescence)—심리적 엔트로피—으로 귀환하려는 에너지의 경향성들과 관계가 있는데, 이것은 그가 죽음 본능을 공식화하는 것으로 이어졌던 견해이다. 그러나 그러한 추론은 욕동 만족, 적응 그리고 양심—각각은 임상 상황에서 쉽게 볼 수 있다—과 관련된 행동의 기능들의 수준과는 철저하게 다른 수준에 있다. Freud가 반복을 다르게 사용한 것은, 자극이 주어졌을 때 숙달하기에는 너무 큰 수준으로 규정되었던 외상이 숙달하려는 (자동적인) 노력들에서 적극적으로 반복된다는 그의 관찰에 기초했다. 쉽게 이용할 수 있는 설명은 내적인 무활동, 즉 숙달이 이뤄질 때까지 수술 혹은 사고에 대한 이야기를 반복해서 하는 어떤 사람에 대한 것이다. 반복에 대한 이러한 견해는 그것이 모든 행동들에 대해 보편적으로가 아니라 외상적인 본질의 행동들에만 적용할 수 있는 것으로 보이지만, 그럼에도 불구하고 대상관계 영역에서의 동기적인 힘뿐만 아니라 편재하는 반복 경향성의 자리를 가리킨다.

나는 보다 이전에 논의되었던, 과거의 내면화된 대상관계들을 적극적으로 반복하려는 보편적인 경향성이 있다는 제안(Pine, 1985)을 생각한다. 나는 대상관계들을 **경험된 것으로**(사실을 말하는 것이 아닌)

그리고 기억 속에—이미지들, 행동들 그리고 기대들에 대한 표상 세계(Sandler and Rosenblatt, 1962)에서— 저장된 것으로 언급하고 있다. 나는 과거 대상관계들을 반복하는 것에는 흔히 자동적이고, 무의식적으로 작동되는 특성이 있다는 사실에 대해 모르는 것이 아니다. 예를 들어, 우리는 환자의 행동을 보고 훨씬 뒤에 그것이 분석에서 반복되는 방식들을 발견한다. 그러나 그것은 과거의 대상관계에 의해서 **동기부여가 되거나**, 그것을 변형시키는 힘이 있거나 혹은 그것들과 연결이 되어 있다는 의미에서 **능동적인** 반복이다(반복에 대한 Loewald [1971b]의 토론을 보라).

반복하려는 그러한 경향성들 이면에 있는 힘들은 무엇인가—즉, 동기적인 힘은 어디에서 나오는가? 쾌락과 외상, 두 가지 익숙한 원천들. 따라서, 과거의 내면화된 대상관계들에 외상적인 측면—대개 별안간 압도하는 외상(Kris의 의미에서 "충격" 외상)이 아닌—이 있지만, 적어도 부분적으로 아동에게 스트레스를 주는 가족 관계를 살아가면서 축적되는, 서서히 생기고, 불쾌하고, 화나게 하는 외상(Kris의 "긴장" 외상)이 있기 때문에 그것들을 반복하려는 경향성이 있다. 이러한 관점에서 보면, 과거의 내면화된(경험된) 대상관계들은 숙달하려는 노력들에서 반복되는 것으로 이해된다. 그것들은 과거의 수동적인 경험을 능동적인 것—다른 사람들에게 하는 것이든 "적극적으로"(무의식적이긴 하지만) 자기 자신에게 하는 것이든—으로 바꾸려는 노력이다. 나는 여기에서 환자들에게 강력한 영향을 미치는 해석들을 발견했다. 그리고 쾌락의 측면? 과거의 내면화된 대상관계들은 또한 쾌락에 대한 노력들—그것들이 아동기의 부모에 대한 애착을 보여주고 반복은 (무의식적으로) 그러한 관계들을 유지해주기 때문에 쾌락이다—에서 반복된다. 실연을 통해서 그것들은 지금 여기에서 실제적인 것이 된다. 그러나, 임상 상황에서 보이는 이러한 "쾌락들"은 흔히 과거 대상들에 대한 긴장-외상적인 애착과 사실상 동일하다. 즉, 그것들은 우리에게 유일했던 부모에 대한 애착의 쾌락들이고, 이런 의미에서 분명히 좋거나 나쁜 경험들을 중심으로 "객관적으로" 형성되었든 그렇지 않든 쾌락적일 수 있다. 그런 특정한 좋음과 나쁨은 제3자가 판단할 수 있는 것이 아니다. 그것은 경험하는 주체의 관계 양식이다. 그리고 여기에서 우리는 긴장 외상을 숙달하려는 노력들에서의 혹은 쾌락을 추구하는 노력들에서의 반복이 자주 서로 융합되는 것을 볼 수 있다. 애착의 쾌락에는 자극하는 수준의 외상들 혹은 더 나쁜 수준의 그리고 수동적인 입장에서 벗어나기 위해서 반복되는 동일한 행동들이 포함될 수 있다. 나의 임상적 경험으로 보면, 이러한 혼합은 일반적으로 정신분석의 중요한 현상들과 관련하여 일반적으로 있는 일이다.

그래서 나는 과거의 대상관계에서의 긴장 외상을 숙달하려는 노력에서 나타나는 반복을 임상적으로 적절한 수준에서 대상관계 심리학의 영역의 일차적이고 가장 독특한 동기적인 힘이라고 제안하고, 그것은 편재하고, 강력하고, 내가 해야 할 일(대상관계 심리학이 상황을 앞서서 주도하고, 행동을 조직하고, 지배하는 특성들을 설명하는 것)을 하기에 개념적으로 충분하다고 주장한다.

분명히 더욱 순수하게 쾌락적일 수 있는 애착 추구의 동기적인 힘을 위한 자리가 있다. 이 동기는 언제나 그런 것은 아니지만, 흔히 대상과 관련된 욕동에서 파생된 소망들의 반영이다. 이 영역은 Joseph과 Anne-Marie Sandler(1978; Sandler, 1976, 1981)에 의해 가장 충분히 탐색되었다. 그들은 다음과 같이 기술했다:

욕동, 자아, 대상 그리고 자기

엄마를 꼭 끌어안고 싶어 하는 아동은 엄마를 꼭 끌어안고 있는 자신에 대한 정신적 표상을 자신의 소망의 일부분으로 가진다. 그러나 그는 또한 그의 소망의 내용에서 특별한 방식으로, 아마도 몸을 구부려 그 아이를 안아줌으로써 아이가 꼭 끌어안고 있는 것에 대해 반응하는 엄마 혹은 그녀의 대체물에 대한 표상을 가진다. 이러한 공식화는 대상을 지향하는 희망 목표를 구성하는 소망이라는 개념과는 상당히 다른 것이다. 만족을 추구하는 목표라는 개념은 **기대되는 상호작용**이라는 개념으로, 즉 그 소망이나 환상에서 주체의 행위만큼이나 소망하는 환상의 일부인, 기대되거나 상상된 대상의 반응으로 보완되어야만 한다.(p. 288)

따라서, 여기에서 논의는 과거의 대상관계들의 반복을 향한 쾌락 중심의 노력들에 대해 제시된다. 그러나 그 논의는 여기서 끝나지 않는다. 그래서, Sandler(1981)는 다음과 기술한다:

욕동 자극들에 의해 형성된 긴장이 소망을 불러일으킬 수 있듯이, 다른 자극들(예를 들면, 외부 자극들)도 그 소망을 불러일으킬 수 있다. 만약, 어떤 이유로, 우리의 배경에 있는 안전감이 감소된다면, 그 안전감을 회복해주는 어떤 것을 하려는 적절한 소망들이 불러일으켜진다. 만약 자존감이 위협을 받는다면, 보상적인 자기애적 소망 환상들이 생겨날 수 있다.... 상실의 고통으로 인해서 상실한 대상을 회복하려는 소망들이 어떤 방식으로 촉발될 것이다. 다양한 형태로 나타나는 불안(수치심과 죄책감을 포함해서)은 소망 행위, 즉 안녕감을 회복하려고 하는 소망의 목표에 대한 가장 유력한 자극들이다.... 나는 다른 사람들과 어떤 유형의 관계를 형성하고 재형성 하려는 소망들은 성적 혹은 공격적 욕동들에 의해서만 촉발되는 것은 아니지만, 일차적으로 안녕감과 안전감

을 회복하거나 유지하려는 시도들을 나타낼 수 있다고 강조하고 싶다. (p. 188)

제시되었듯이, 이러한 주장에서는 초기 대상관계들의 반복이 자아 심리학(불안 가라앉히기), 자기 경험의 심리학(자기애적인 안녕의 상태를 회복하기) 혹은 욕동심리학(리비도적 소망들의 만족)의 영역과 관련된 동기적인 목표들(내가 뒤에서 발전시키게 될 나의 용어들로)에 기여할 수 있는 것으로 이해될 수 있다. 설명을 위해서 나는 심리학들을 따로따로 설명하긴 하겠지만, 그것들은 당연히 인간 기능에서 통합된다(그리고 이에 대해서는 6장을 보라). 그리고 나는 내가 이전에 말했던 것을 다시 반복하려고 한다. 즉, 대상관계 심리학 영역에 고유한 일차적이고 가장 독특한 동기적 힘은 경험된 그러한 대상관계들에서 긴장 외상을 숙달하려는 노력에서 반복하는 것이다.

자기 경험의 심리학

유아와 어린 아동에게는 자기감, 즉 특별한 경계선들, 연속성, 평가 그리고 전반적인 주관적 상태의 익숙한 자기에 대한 느낌이 점진적으로 형성된다. 만약 이러한 일차적인 자기감에서 무엇인가 나쁘게 **느껴지면**, 그 나쁜 느낌에 주의가 돌려지고 그것을 개선하기 위한 어떤 종류의 노력들이 이뤄진다. 이것은 본질적으로 동기를 항상성적인 것으로 보는 관점이고 주관적인 상태에 기초하는 지속적인 미세 조정을 중심으로 형성된다. 이것을 분명히 하고 확장해보자.

우리는 자기 인식－"나"와 그것의 익숙한 상태들에 대한 인식－이 초기부터 일정 속도로 발달한다고 생각한다. 이러한 발달의 시간표는 여러 저자들에 의해 작성되었지만(Spitz, 1957; Mahler, 1972; Pine, 1982; Stern, 1985), 실제 시간표는 나의 주장에 적합하지 않다. 그러나, 중심이 되는 것은 어떤 지점에서 모든 개인에게 익숙하고 지속적인 자기 상태들을 중심으로 형성된 자기 인식이 생겨난다는 것 그리고 그러한 상태들에 대한 어떤 형태의 방해 혹은 위협적인 방해로 인해서 (심리적인) 안정 상태를 유지하려는ㅡ항상성을 유지하려는ㅡ 시도가 촉발된다는 것이다. 특별한 주관적 상태의 형태들과 허용 수준들은 시간을 거치면서 자연스럽게 다양해지겠지만, 그럼에도 불구하고 항상성을 유지하려는 경향성들은 남아있다.

주관적인 심리적 수준에서의 항상성 기제들은 생리적 수준에서처럼 진화론적으로 필연적이다. 주관적으로 불편할 때, 유아의 울음은 양육자에게 무엇인가 균형을 잃었다는 것을 알려주는 고유한 경고 신호이다. 이것은 타고난 적응 기제이다; 그것은 양육자가 항상성을 다시 유지하도록ㅡ가장 전형적으로는 신생아에게 허기를 만족시켜주는 것ㅡ 도움을 주기 위해서 행동하도록 환기해준다. 주관적 상태는 생물학적 허기에서 상당히 다른 형태들의 자기 경험으로 변화되겠지만 그 기제는 이후에도 동일한 것으로 남아있다; 이전에 나는 이러한 것들에 경계선들, 연속성과 전체성, 진정성, 주체성, 자기 평가(자존감)가 포함된다고 제안했다. 그리고 울음은 어머니의 강요 혹은 망상(분화된 경계선들을 부정하는), 그러한 경계선들을 유지하기 위해서 성격 차이들을 강조하기(Pine, 1979b) 혹은 다른 영역에서는 자기 평가에 영향을 주는 과대감이나 자기 비하와 같은 보다 미묘한 내적 기제들로 대체된다. 나의 요점은 초기부터 주관적인 불편함은 일시적인 상태이고, 오래가지 못하고, 위안이 주어지면 항상성을 유지하려는 욕구는 사라진다. 그러나, 이후에, 바람직한 주관적인 자기 상태, 즉 일종의 자기 항상성에 대한 계속되는 인식이 있을 때, 항상성을 유지하려는 욕구― 즉, 그러한 주관적인 상태에서 불균형을 바로 잡으려는 자동적인 노력―는 계속되고, 바람직한 자기 상태를 유지하기 위한 어떤 방법들로 행동하라는 지속적인 압력이 된다(Sandler, 1960).

내가 여기에서 제안하고 있는 것은 John McDevitt(1980, 1983)의 뒤를 이어 내가 공격적 욕동에 대해 아래에서 제안하게 될 것과 유사하다. 나는 불쾌하게 하는 다른 사람이 마음에 남겨질 때 짧은 공격적 반응이 대상항상성의 발달과 더불어 지속성, 계속되는 특성을 획득한다고 주장할 것이다. "나"에 대한 감각 혹은 자기-항상성(대상항상성과 비슷한)을 마음에 둘 때, 자기-상태(공격성과 비슷한)의 조절을 위해서 지속되는 동기의 질(허기에 대한 단순한 반사 반응보다는)이 생겨난다. 그 지점에서, 항상성에서의 불균형으로 인해 유발되는, 지속적으로 작용하는 동기들이 그 자기 상태를 조절하기 위해서 발달하기 시작한다.

내가 정신분석 문헌의 유용한 기여들에 기초해서, 익숙한 자기 상태의 중요한 요인들에 대해 제시할 수 있는 가장 근접한 것에는 어느 정도의 경계선 분화(모든 가능한 중간 지점들과 함께, 빈틈없이 새겨진 것에서 존재하지 않는 것에 이르기까지 다양한)가 그 개인에게 주관적으로 편안할 수 있는지, 자기 자신의 주관적인 느낌과 다른 사람들과의 관계들(실제든 상상된 것이든)에서의 가치(자존감)의 본질과 정도, 진정성과 주체감(자기 자신의 삶을 사는 "참 자기") 그리고 통합되었다는 느낌/파편화되었다는 느낌 혹은 경험된 자기의 연속감/불연속감―통합에 대한 전반적인―이 포함된다. 주관적인 자기의 중심선들을 설명하는 이러한 방식과 관련해서는 그렇게 특별히 의미있는 것이 없다. 이것들은 최근 문헌에서 발췌한 것들을 반영한다. 그러나 이러한 제안의 중심에 있는 것은 아마도 사람마다 다른, 지속적인 주관적 자기감에 대한 어떤 중심적인 요인들이 있다는 것과 이렇게 익숙하고 편안한 상태에서의 변화들이 그 익숙한 상태를 회복하려는 적극적인 시도들로 이어진다는 것이다. 괜찮다면, 이것들을 자기애적인 적응들 혹은 방어들이라고 하자. 그 이름을 뭐라고 할 것인가는 그 현상들보다 중요하지 않다. 그러나 나는 개인에 의해 선호되는 특별히 익숙하고 편안한 주관적인 안정 상태가 임상가의 시각에서 "건강해야 할" 필요는 없다는 점을 덧붙이고 싶다. 어떤 사람에게 희미한 자기-타자 경계선들은 편안하겠지만 분화에 대한 인식은 위협이 된다. 또 다른 사람에게는 비하된 자기상이 그럴 수 있다.

　본장의 전반적인 논의에서 나는 인간의 핵심 동기들이 태어날 때부터 있는 것은 아니고 발달 과정에서 다양한 방식으로 형성된다고 가정해왔다. (물론, 항상성을 유지하려는 경향성들은 모든 살아있는 체계들의 일부분이고 그런 의미에서 보편적이다; 그러나 여기에서 나는 능동적인 동기의 발달을 설명하려고 시도하고 있다.) 중요한 심리적 현상들은 생애주기의 여러 단계에서 나타날 수 있고 행동 결정에서 독립적인 요인들("원인들")로서 지위를 얻을 수 있다. 그래서, 나도 여기에서 제안한다. 어떤 내용에 근거해서 익숙하고 편안한 자기감이 획득될 때마다, "내"가 있고 그것이 특정 형태를 가질 때, 그런 상태에 대한 방해들은 일반적으로 그것을 바로 잡으려는 적극적인 시도들로 이어질 것이다. 이러한 시도들에는 동기를 부여하는 힘들이 있고 그것들은 자기 경험, 즉 주관적인 자기감의 영역과 관련된 중요한 동기들이다. 그리고 이러한 동기들이 생겨나면 정신적 삶의 중요한 추가 요인이 되기 때문에 자기 경험의 심리학에 힘이 된다.

편안한 주관적인 안정 상태를 유지하려는 동기는 모든 사람에게 동일하게 분명하지는 않을 것이다. 부드럽게 작동하는 것들은 거의 드러나지 않는다. 따라서, 효과적으로 작동하는 심리내적인 방어들과 부드럽게 작동하는 현실 검증력은 거의 드러나지 않는다; 예를 들어, "현실을 검증하려는" 아무런 "노력"도 없다; 그것은 단지 일어날 뿐이다. 누군가에게는, 내가 여기에서 요인들을 규정했듯이 지속적인 주관적인 자기 상태가 상대적으로 안정되고 미세 조정 이상의 것을 거의 필요로 하지 않는다. 그러나 다른 사람들로부터의 분화에 대한 기본적인 인식(현실적인 지각에 근거한)이 없는 사람들에게 그리고 다른 사람들을 자기대상들로 편안하게 사용하지 못했지만(Kohut, 1977) 이것이 기능의 스트레스를 주는 측면으로 남아있는 사람들에게 그리고 자존감이 외부로부터 주어지는 것들에 지속적으로 의존하는 사람들에게, 그런 모든 사람들에게 주관적인 자기 상태는 모든 대인관계 상호작용들에서(혼자 있는 상황에서뿐만 아니라) 지속적인 위협에 처하게 될 것이고, 주관적인 자기 상태를 바로 잡으려는 욕구(과대감, 전능감, 부인, 매달리기, 조종을 통해서든 그 무엇을 통해서든)는 지속적이고 중심적인 과제가 될 것이다.

자아심리학

나는 앞에서 자아심리학의 영역을 현실검증, 적응 그리고 방어와 관련된 그러한 행동들이 포함되는 것으로 규정했다. 이것들은 분명히 생물학적 토대로부터 시작된다. 우리는 유아가 긴장 완화뿐만 아니라 자극을 추구하는 경향성에 의해 지배된다는 사실을 인정해야만 한다 (White, 1963; Lichtenberg, 1983을 보라). 실험적 유아 연구의 최근 흐름(Stone, Smith and Murphy, 1973; Osofsky, 1979; Stern, 1985)에 의하면 사실상 출생 후부터 유아의 지각 기관은 기억, 학습 그리고 인지에 중요한 외부 상황과 더욱 넓게 조화를 이룬다는 사실이 분명해진다. 즉, 우리가 현실에 대한 조율과 적응으로 이해하는 것은 유아라는 유기체의 타고난 측면들을 근거로 한다. 방어(긴장 조절로서 넓게 규정되는)도 그러하다. Joseph Lichtenberg(1983)는 이것을 다음과 같이 요약한다: "[신생아에 대한] 연구에서 제안된 것은 자극 장벽과 단순한 [긴장] 완화 기제보다는 신생아가 자극들과 긴장을 최적의 허용 한계 내에서 **조절할** 수 있도록 선천적으로 구비되어 있다는 사실이다"(p. 6). "능력(competence)"(White, 1963), 즉 일들이 일어나게 할 수 있는 능력은 그러한 타고난 경향성들의 자연스러운 결과이고 자존감의 기반이다. 동기 이론의 적절한 요점은 현실 검증과 적응에는 스스로 작동하는 특성이 있다는 것이다. 갈등, 욕동 만족의 추구 그리고 대상과의 연결이 그것들에 크게 영향을 미치겠지만, 그것들은 고유한 토대로부터 시작된다. 다른 말로 하자면, 탐색과 학습을 향한 고유한 경향성은 예를 들어 현실 검증(지각과 기억을 통해서)과 자존감(결과를 산출하고, 일들이 일어나도록 할 수 있는 능력을 통해서)을 위한 **토대**로 이어지고, 이러한 것들이 갈등이나 대상관계 과정들(반영하기와 동일시와 같은)로부터 발달할 때, 거기에는 이미 핵심이 존재한다; 그것들은 무(無)에서 시작되는 것이 아니다. 발달 과정을 통해서, 우리는 새로운 기능들(Ives Hendrick[1942]의 용어로 하자면 "기능-욕망[function-lust]")을 발휘할 수 있는 타고난 경향성의 후기 판본들을 본다: 걸음마 아이들이 지속적으로 운동하고 그때부터 말을 함으로써 사물들의 이름을 부르거나 질문들을 하는 것, 운동, 그리기, 쓰기, 춤추기 혹은 기타 등등에서 기술들을 연습하는 경향성. 우리는 정신분석적 경청이 그러한 기술 연습에 담겨있는, 갈등에 관련된 그리고 욕동에 관련된 요소를 드러낼 것이라는 사실을 잘 알지만, 이것 때문에 우리가 환원주의적인 견해를 가질 필요는 없다. 진화를 통해서 우리에게 주어진 복잡한 신경 기관이 진화했던 환경과 관련하여 적어도 어떤 중요한 방식으로 기능하도록 미리 조정되어있다고 생각할 수 있는 충분한 이유가 있다.

다시 말하자면, 생물학적 토대, 즉 여기에서 자극들에 대한 반응성과 스스로 작동하는 기능 "자아"(즉, 현실검증, 적응 그리고 방어를 향한 경향성들)를 보장하는 고유한 자아 장치(Hartmann, 1939)은 우리가 임상 상황에서 사용하는 동기의 개념과 관계가 있지만 그것과는 사뭇 다르다. 왜냐하면 현실검증, 적응 그리고 방어의 초기 작동에는 바로 그것이 포함된다: **작동**(*work*). 유아는 내부와 외부의 자극들에 반응하기 때문에, 그러한 자극의 세계를 겪고 규칙화하기(예측할 수 있도록 하기) 위해 노력할 때 되풀이되는 관련된 고통이 있다. 일단 어떤 질서, 어떤 예측 가능성, 자극을 예상하고 숙달하는 어떤 방식이 획득되면, 우리는 그러한 것들이 ─**동일성**을 유지하려는 경향성에 기여하면서─ 쉽게 포기되지 않을 것이라는 사실을 기대할 수 있다.

따라서, 나는 자아심리학의 영역에서 발달된, 임상적으로 관련이 있는 동기는 부정적인 감정을 피하려고 하면서 그것 자체의 조직을 유지하려는 자아의 경향성 또는 "자아"를 덜 사물화(reification)해서 말하자면, 정신적인 고통을 피하기 위해서 자기 자신의 익숙하고, 일반적으로 상당히 자동적인 방식들로 계속해서 기능하려는 사람의 경향성이라고 제안할 것이다. 이것은 자기 경험의 심리학에 대해서 앞에서 제시된 항상성 원리-자기의 주관적인 안정 상태를 유지하려는 경향성-와 유사하지만, 지금 우리는 주관적인 현상학적 지시물들이 덜 분명한 영역에 대해 말하고 있다. 대신에, 그 개념은 성격 조직에 대한 추론에 근거한다(Greenwald, 1980를 보라).

정확히 설명하기는 어렵지만, 우리는 그러한 개념(획득된 조직의 유지라는)을 사용하지 않을 수 없었을 것이다; 흔히 그런 것 같다. 저항의 개념에 의하면 임상적 정신분석에서는 변화에 반대하는 강력한 힘들이 인정된다. 성격의 개념에 의해서도 내부와 외부로부터 오는 자극을 받아들여서 일종의 익숙한 동일성으로 만들고, 그것을 "특유의" 방식으로 그것을 다루려는, 우리 모두에게 있는 그 경향성이 인정된다. 낯선 것에 대한 일반적인 두려움도 동일성을 유지하려는 이러한 일반적인 경향성과 관계가 있다.

Waelder(1936)는 다중 기능에 대한 그의 논문에서 이것도 다룬다:

> 자아는 네 가지 방향으로부터, 즉 외부세계로부터, 반복하려는 강박으로부터, 원본능으로부터 그리고 초자아로부터 구체적인 문제들에 의해 요구를 받는 것 같다. 그러나, 자아의 역할은 이러한 수동성에만 제한되지 않는다.... 오히려, 그것은 외부세계뿐만 아니라 다른 주체들을 향하여 그것 자체의 특정한 능동성을 발달시킨다. 이러한 능동성은 그것 자체를 유지하고, 이것을 넘어서서 유기적인 성장에서 외부세계뿐만 아니라 다른 주체들을 자아에 동화하기 위해서 노력하는 것으로 특징지어질 수 있다....
> 따라서 자아의 기능은 외부세계에 의해, 반복하려는 강박에 의해, 원본능에 의해, 초자아에 의해 그것 앞에 제시되는, 문제들에 대해 시도된 해결책들을 찾아내는 데 제한되지 않고, 게다가 **다**

른 주체들을 극복하기 혹은 그것들을 능동적인 동화에 의해 그것의 조직에 연결시키기와 같은 명백한 문제들을 그것 자체에 부여한다. (pp. 47-48)[강조는 추가됨.]

Anna Freud(1936)는 동일한 문제로 씨름했다. 본능("초자아 불안"과 "객관적 불안"을 포함하는)에 대한 방어의 근거를 토론하면서, 그녀는 "본능적 불안(본능의 힘을 두려워하는)"(p. 63)을 추가한다. 그녀는 계속해서 다음과 같이 말한다:

인간의 자아는 본래 결코 본능의 무한한 만족을 위한 약속의 땅이 아니다. 이것은 자아가 그 자체로 원본능에서 거의 분화되지 않은 상황일 때만 본능들에 대해 우호적임을 의미한다. 그것이 일차 과정에서 이차 과정으로, 쾌락 원리에서 현실 원리로 진화했을 때, 그것은 내가 이미 제시했듯이 본능들에 이질적인 영역이 되었다. 그것은 그것들의 요구들에 대해 언제나 불신하지만, 일반적인 상황에서, 거의 알아볼 수 없다. 그것은 원본능의 충동들에 대해 초자아와 외부세계에 의해 그것의 영역에서 벌어지는 훨씬 더 소란스러운 싸움에서 잊혀진다. 그러나, 만약 자아가 그 자체를 이러한 방어적인 고도의 힘들에 의해 버려졌다고 느낀다면 혹은 만약 본능의 충동들의 요구들이 과도해지게 된다면, 본능에 대한 그것의 무언의 적대감은 불안에 이를 만큼 심해진다. "자아가 외부로부터 혹은 리비도적인 위험으로부터 두려워하는 것이 무엇인지는 상술될 수 없다; 우리는 이것이 전복(overthrow) 혹은 소거와 비슷하다는 사실을 알지만, 이것이 분석에 의해 명확하게 되지는 않는다"(Freud, 1923, p. 57). Robert Waelder는 그것을 "자아의 전체 조직이 파괴되거나 매몰될 수 있는 위험"(1936, p. 48)이라고 하였다.

Freud의 "끝낼 수 있는 분석과 끝낼 수 없는 분석"(1937)에 대한 최근의 50주년 기념 토론에서, Cooper(1987b)는 유사한 주장을 한다:

> 많은 현대의 분석가들은 [자아가 회복 그 자체를 새로운 위험으로 취급한다는 Freud의 진술에 대해] 변화의 가능성이 신경증적인 자아에 의해서 위험으로 이해되는데, 그것이 금지된 충동들을 깨우겠다고 위협하기 때문만이 아니라 자아의 기능 혹은 태도의 어떤 변화도 습관적이고 익숙한 것에 의해 제공되는 안전감과 일치감을 위협하기 때문이라고 덧붙인다. Freud 자신이 지적했듯이 (1937, p. 238), "성인의 자아는... 원래 위험의 흡사한 대체물로서 역할을 할 수 있는 현실에서 **그러한 상황들과 관련하여 자신의 습관적인 반응 양식들을 유지하는 것을 정당화할 수 있기 위해서** 그것들을 찾아내야만 한다는 것을 발견한다."[Cooper에 의해 강조됨.] 우리는 이것을 자아가 원래의 위험보다는 그것 자체의 일치성과 일관성에 더 관심이 있다는 사실을 지적하는 것으로 해석할 수 있다.(p. 135)

그것 자체의 조직을 유지하려는 자아의 이러한 경향성은 단지 욕동들에 대한 방어의 표현으로서 이해될 수 있지만, 이러한 주제에 대한 한 사람의 입장은 결국 이론적인 선호성의 문제일 것이다. 분명히 그것은 대상의 상실, 대상의 사랑의 상실, 신체적 손상 혹은 초자아의 비난과 관련된 불안들―전통적인 핵심 불안들―에 의해 이끌리는 것으로 이해될 수 있다. 그러나 인용된 몇몇 저자들은 그것을 넘어서려고 노력하고 있다는 것도 분명하다. 그것들이 어떤 관성(즉, 능동적으로 변화하려고 하지 않으면 동요하지 않는 상태)에 이끌린다는 것은 조직된 상태들의 특징일 수 있다. 나는 일단 각 개인에 의해 특별하고 특징적인 조직의 형태, 즉 자극을 조절하는 방식이 형성되면, 그 조직의 유지(한계들 안에서 서서히 발달하겠지만) 그 자체가 개인의 기능에서 독립적인 세력이 된다고 제안한다. 현실에 대한 개인의 관점 그리고 적응과 방어의 방식은 —때때로 무슨 대가를 치르더라도— 스스로 유지하고, 개인에 의해 유지되는 경향이 있다. 그것은 연약한 개인이 자신의 선호하는 내적 질서에 필사적으로 매달리는 것에서 가장 분명히 나타난다. 형성된 조직 방식을 유지하려는 이러한 경향성은 자아심리학 영역에서 임상적으로 적절한 동기의 수준에 중심이 된다.

욕동심리학

성적 욕동들은 "행동을 일으키고, 유지하고, 이끌어가는" 그러한 변수들(동기들)의 원형으로 이해될 수 있지만, 그럼에도 불구하고 이 영역에서 동기에 대한 그림은 분명하지도 단순하지도 않다. 인간은 성적 만족을 추구함에 있어서 일단 흥분이 일어나면 모든 지각, 사고 그리고 행동을 그런 방향에서 조직하기 때문에 한결같을 수 있다; 그리고 여기에서 동기부여적인 특성인 "몰아가는(driving)" 측면은 현상학적으로 볼 때 상대적으로 분명한 것으로 보인다. 절박함, 단호함(peremptoriness)과 감각적인 쾌락의 능력(Klein, 1976)에 의해 성(sexuality)이 가진 욕동 측면의 생물학적 기질이 형성된다. 그리고 이러한 절박함은 피부 표면뿐만 아니라 구강기, 항문기 그리고 성기기의 성감대에 부착될 수 있다. 그러나 다시 한번 말하자면, 분명히 이러한 생물학적 기질은 임상적으로 적절하고 발달 과정에서 형성된, 성과 관련된 동기라는 그림의 시작일뿐이다.

첫째로, 그러한 감각들이 정신적 표상을 받아들이는 것은 인간 정신의 본질이다. 그 감각들은 지각, 사고 그리고 기억에 기록되고 경험들에 부착된다. 양육자를 통해서 혹은 자기 자신의 신체로부터 유아에 의해 받아들여진 특정 형태의 감각적인 자극은 기억으로 기록되고 우리가 Freud(1900)적인 의미에서 소망들, 즉, 흥분을 이전의 만족 기억에 연결시키는 것이라고 언급했던 것을 형성하기 시작한다. 다양한 경험들이 조금씩 쌓이면서 이러한 것들은 점진적으로 그리고 불가피하게 진실로부터 멀어지게 되고 상상과 소망적 왜곡에 의해 변하기 때문에, 그것들은 기억이라기보다는 환상이라고 기술하는 것이 적절할 수 있다. 즉, 흥분을 소망 혹은 욕망으로 경험될 수 있고 만족을 위한 정신적 조건들을 나타내는 복잡한 일련의 사고들로 포장하는 것이다 (Sandler and Sandler, 1978을 보라). 성적 욕동들에는 신체 감각과 같이 생물학적으로 주어진 것들이 포함되지만 흥분과 만족의 형태를 보여주는 인지들(소망들, 환상들, 목표들)로 체화된 개인사의 기록도 포함된다; 그것들은 단순히 자동적으로 유발되는 충동들이 아니다.

그리고 둘째로, 일차적인 성적 동기로 보이고 그것을 포함하는 것은 다양한 목표들에 기여한다(Klein, 1976, 3장). 일단 우리가 충동이 인지와 연결되는 것을 인정한다면, 이러한 추론은 불가피하다. 따라서 (그리고 여러 심리학의 측면에서 표현되지 않은 Klein의 기본적인 개념들에 따르면) 다양한 종류의 감각적인 경험을 추구하려는 절박함에는 "자아의" 방어적인 목적들(즉, 또 다른 충동을 피하거나 부정적인 정서를 방어하기 위한)을 위해서, 숙달을 위해서 과거 대상관계의 측면을 반복하는 데서 혹은 분열되거나 손상된 자기감을 안정화시키기 위해서 그것이 사용된다는 것이 반영될 수 있다.

물론 성적 욕동이 외부의 자극들에 의해 촉발될 수 있지만, 최소한 중복결정되는 그것의 형태에 있어서, 성적 욕동은 반동적인(reactive) 것과는 상반되게 상대적으로 능동적(자기-주도적)이다(Holt, 1976을 보라). 그것의 순환적이고 단호한 특성은 그것의 신체적인 토대에서 유래한다. 그리고 감각적인 쾌락의 특별히 강렬한 특성 때문에 그것을 반복하려는 소망이 분명해진다(물론, 갈등과 방어가 이것을 현저하게 바꾸긴 하겠지만). 만족 혹은 무활동(quiescence)에 이르는 어떤 다른 경로가 획득될 때까지 행동은 그것과 관련하여 조직되고, 이것은 그것의 "힘" 혹은 동기적인 특성을 나타낸다. 그러나, 순환성, 단호함 그리고 잠재적인 쾌락에 의해 성의 일차적인 동기적 측면이 설명될 수 있지만, 감각적인 쾌락을 추구하는 것은 어디에나 있기 때문에 자아, 대상관계 그리고 자기 경험의 영역에서 그것이 담당하는 기능들에 대해 인정해야 한다. 이것은 임상적 정신분석의 해석 작업에서 상식이다; 감각적인 쾌락은 쾌락 자체에 이르는 것 이외에 많은 기능들을 한다.

공격적 욕동과 관련해서도 유사한 고려사항들—타고난 생물학적 토대, 학습의 역할 그리고 자아 숙달, 대상관계성 그리고 자아 경험의 영역들에 대한 기능들의 확장—이 적절하다. 공격적인 충동은 또한 어떤 목표(표출 혹은 만족 혹은 그것에 대한 방어)가 이뤄질 때까지 행동에 방향을 제시하면서 그것의 조직자로서 역할을 할 수 있다. 공격성의 능동적인(반동적인 것과는 반대되는) 형태들은 그것들이 건설적인 "공격성"(숙달, 탐구)에서 나타난다고 주장되기는 했지만, 분명하지는 않다(Parens, 1979; McDevitt, 1983). 그것의 신체적 원천과 순환적인 특성 역시 설득력 있게 분명하지 않고, 문헌에서 공격적 욕동에 대한 동의는 성적 충동들에 관한 동의만큼 널리 이뤄지지는 않았다고 말하는 것이 공평하다. 그러나 우리가 우리의 동물 조상들을 고려해볼 때, 우리는 공격적인 대처가 먹이를 얻고, 짝을 짓고, 새끼를 보호하는 것뿐만 아니라 영역을 더욱 넓히는 것과 연관이 있다고 본다. 공격성이 다른 활동들과 연관이 있는 것처럼 이러한 경우들에는 공격성의 능동적인 측면이 있다. 그리고 인간들에게 있어서 이것은 구강기적 깨물기, 항문기적 가학증 그리고 남근기적 침범뿐만 아니라 숙달과도 연관이 있었다. 쾌락에도 연결되어 있고, 초기 대상관계들에 내재된, 공격성에 대한 그러한 초기의 경험들은 그러한 연결을 통해서 개인적인 소망과 환상 체계들 속에서 지속되는 자리를 차지하게 된다. 추가적으로, 이것들은 다른 형태의 공격성의 기반이 되는 기틀을 제공한다.

이러한 다른 형태들도 우리에게 동등하게 중요하다. 그것들은 주로 반동적이고 그것들은 초기에는 신체적인 제약에 대한 반응으로, 이후에는 능동적인 행위에 대한 간섭(장난감 빼앗기, 방해하기)에 대한 반응으로 나타난다; 그리고 그것들은 모든 종류의 좌절에 대한 반응(만족의 부인 그리고 자기에 대한 상처 — "자기애적 상처" — 를 포함하는)으로 나타난다. 공격성의 이러한 형태들이 반동적이긴 하지만, 그것들은 깨물기, 배변하기 혹은 다른 신체 기능과 본질적으로 연결되어 있는 능동적인(순환적인) 성적 욕동들이나 공격적 행동들 못지않게 편재한다; 이것은 인간의 삶에서 그러한 방해들, 좌절들 그리고 상처들을 피할 수 있는 그 어떤 방법도 없고, 따라서 그럼에도 불구하고 그렇게 반동적인 공격성이 보편적이기 때문에 그러하다. 내가 지금 소개하고 있는 공격성의 형태들에 있어서 능동적이고, 스스로 창출해내고, 순환적인 측면들은 덜 중심적인 것 같지만, 일상적인 삶의 방해들, 좌절들 그리고 상처들은 그러한 공격성의 형태들의 주요 원천이 되는 것 같다.

그러나 그러한 반동적인 공격성은 어떻게 욕동이 되는가? 그것은 어떻게 지속적인 동기의 위상을 획득하는가? 그것은 어떻게 일시적인 것 이상의 것이 되는가? 여기에서 우리는 인간의 정신 기구의 좋을 수도 나쁠 수도 있는 한 가지를 인정해야만 한다: 일상적인 표현으로 하자면, 앙심을 품을 수 있는 능력.

우회적으로 설명해보자. McDevitt(1980, 1983)은 중요한 일련의 유아 관찰을 보고한다. 그는 초기의 공격적인 분출이 반동적이고 오래가지 못한다는 사실을 발견했다. 방해들이나 좌절의 근원이 사라지면, 공격적인 반응은 사라진다. 그러나 18개월 이후쯤에는 더 이상 그렇지 않다. 시간이 흐르면서 공격적이고 성난 반응은 지속되었다. 그는 이것을 비슷한 시기에 일어나는 대상항상성의 발달과 연결시킨다. 즉, 걸음마 아이는 특정한 좌절이 끝난 후에 좌절을 주는 사람에 대한 생각에 매달리게 될 수 있다. 시간이 흐르면서 이제 상처의 근원에 대한 분화된 지각과 그러한 근원에 대한 기억이 가능할 수 있는, 더욱 발달한 인지체계를 통해서 걸러지기는 하겠지만 공격적인 반응은 계속될 수 있다. 그러나 여기에서 그럴 경우 우리는 공격적인 욕동—반동적으로 시작하지만 시간이 흐르면서 유지되는—에 대한 해석을 얻는다. 그것은 성과 마찬가지로 이제 지속되고, 대체되고, 상징적으로 표현되고, 방어될 수 있다. 그것의 힘은 인간 존재에 내재된 공격적 잠재력(그것의 반동적인 형태들을 포함하는)으로부터 나오지만, 그것의 대상, 직접적인 근원, 표현 방식 그리고 그것의 지속되는 동기적인 특성 그 자체에는 발달적 성취들이 반영된다. 따라서, 지속되는 동기의 상태는 반동적-공격적 잠재력 그리고 이야기와 의도를 마음에 간직할 수 있는 인간의 인지 능력으로부터 영향을 받는다. 여기에서도, 성에 대해 언급이 되었듯이, 공격적인 욕동은 욕동심리학의 일부분일 뿐만 아니라 모든 다른 심리학들에서도 기능들을 수행한다. 예를 들어 구강기적 깨물기는 쾌락 경험들과 타고난 밀접한 관계가 있지만, 반동적인 공격성은 지속적인 격노와 반복을 일으키는 초기 대상관계의 맥락에서의 사건들에 의해서뿐만 아니라 자아의 숙달에 대한 모욕들(행동에 대한 방해들)과 자기 경험에 대한 모욕들(자기애적 상처)에 의해 자극된다.

결론

Loewald(1971a)는 "On Motivation and Instinct Theory"라는 그의 논문에서 "개인적인 동기"의 발달에 대해 탐구했다. 그는 다음과 같이 기술한다:

그럼에도 불구하고 [수년간 정신분석 이론의 발달에서], 개인의 의지에 대한 초기 개념과는 대조적으로, 억압과 방어처럼 동기는 본능적인 것이 되었다. 정신적 삶은 때로는 갈등을 일으키고, 때로는 합류하고, 때로는 융합되고, 때로는 진정되는 본능적인 힘들에 의해 촉진된다. **개인적인** 동기를 위한 아무런 여지도 없는 것 같다. 그러나 나는 개인적인 동기는 정신분석의 근본적인 전제라고 주장했다. 우리는 이제 반대로 정신분석적 심리학이 본능적이고, 무의식적이고, 비인격적인 힘들을 정신적 삶의 동기들로서 가정한다고 이해하는 것 같다. 개인은 어디에 있는가? 개인적인 동기의 근원이자 토대인 자아 혹은 자기는 어디에 있는가?...

우리는 이제 개인적인 동기에 대한 질문에 대한 예비적인 대답을 할 준비가 되었다. 정신의 조직화 과정에서 동기는 점차 인격화된다. 정도의 차이는 있지만 본능적인 동기들이 변환되는 보다 고도의 형태들과 우리가 고도의 정신 구조라고 하는 보다 고도로

조직된 본능 에너지의 형태들이 개인의 발달에서 우위를 차지한다. (pp. 110, 112)

그러나 정신 구조는 어떻게 생겨났는가?

정신 조직들로서 이해되는 자아와 원본능은 출현하고 있는 정신 체계 주변에서 그리고 그 안에서 상반되고, 통합되고, 융합되는 정신 에너지의 흐름들 사이의 복잡한 상호작용 과정들에 의해 곧 신생아가 점점 커지는 자아의 정신적 단위 안에 생겨난다; 그러한 상호작용들을 통해서 정신 구조가 조직된다. **그러한 조직화는 (관찰자들에게) 주변의 혹은 환경의 정신 체계들에서 획득하는 정신적 에너지의 훨씬 큰 복잡성과 조직화라는 사실에 의해 가장 중요하게 함께 결정된다**는 점이 충분히 강조되어야 한다. 그것들과 상호작용에 의해서 복잡함과 통합의 다양한 질서들의 동기적인 힘들 그리고 어떤 종류의 안정적인 동기적 구조가 새롭게 출현하고 있는 정신적 단위인 아동에게서 생겨난다. 그것에 근거하지만, **환경의 정신적 힘들과의 더 많은 상호작용이 있어야만** 새로운 정신 체계의 상호작용들이 다양한 형태의 구조적 조직으로 형성될 수 있고, 그렇게 함으로써 보다 높은 수준의 동기가 생겨난다. (pp. 111-112)[강조는 추가된 것임.]

그러나,

원래의 동기적 힘들인 본능들은 결코 사라지지 않고, 그러한 원시적인 힘들과 보다 밀접하게 상응하는 구조들도 그러하다. 따라서 원본능은 점점 커지는 자아의 지배력에 의해 대체되지 않는다. 반면에 자아는 우리가 원본능이라고 부르는 정신 에너지 조직의 수준에 보다 가까운 상태로 조직화되면서 "퇴행할" 수 있다. 승화와 본능화 그리고 통제된 퇴행의 개념들은 이러한 그림과 일치한다. (pp. 112-113)

그래서, Loewald는 "훨씬 고차원적인" 복잡성과 조직을 나타내는 환경과의 상호작용에서 아동의 발달을 통해서 "고차원적이고" 좀 더 개인화된 동기에 대해서 설명하려고 시도한다. 최종적인 결과는 다음과 같다: 동기의 본능적인 토대가 있지만 "본능적이고, 무의식적이고, 비인격적인 세력들"에 대한 예속도 없다.

Sandler(1981)는 또 다른 방식으로 광범위하게 구별된 개인적인 "소망들"과 "소망하는 역할-관계들"(동기로서 작용하는 모든 것)을 이해하려고 했다. 그는 자신의 관점에서 욕동심리학을 그의 주장에 대한 배경으로 많이 사용하려고 한다. 그래서, 그는 다음과 같이 기술한다:

정신분석 이론과 임상 실제는 성적, 공격적 소망들을 너무 많이 강조했기 때문에 그리고 정신분석은 그러한 소망들의 우세함과 관련하여 그것의 발견들을 방어해야만 했기 때문에, 모든 소망들을 본능적인 것으로 보려고 하는 경향이 있었다. 전쟁 이후 자아심리학에서의 발달로 인해서 정신분석 이론가들은 성적, 공격적 충동들로부터 모든 소망들을 끌어내기 위해서 엄청난 지적 곡예를 겪게 되며, 어떤 무의식적 소망도 본능적인 에너지 또는 그 에너지로부터 탈성화되거나 중화된 형태에 의해 움직여진다는 입장을 유지하려고 했다. (p. 187)

이 장에서 나의 목표는 인용된 두 명의 이론가에 의해 수행된 것과 동일했다: 광범위한 개별적인 동기들에 대해 설명을 제공하고 본능적인 욕동에 대한 고전 정신분석 이론들과 관련하여 자리매김하는 것이다. 나는 궁극적으로 유기체의 생물학에 근거하지만 본능적인 욕동의 원천인 유기체의 생물학의 그 측면에만 근거하지 않는 광범위한 동기들의 발달적 진화를 소개하는 것이다. 그리고, 내가 기술하려고 했던 진화된 동기들은 발달의 보편적인 특성들로서 이해되지만, Loewald 가 사용한 용어에서 이러한 동기들의 "개인적인" 형태들이 개별적인 역사의 산물들로서 구체화된다는 것도 분명히 사실이다: 환경과 개인적인 삶의 우발적인 상황은 상호작용한다.

이 후자의 의미에서, 나는 다시 한번 나의 궁극적인 관심이 욕동, 자아, 대상관계 그리고 자기에 대한 **개인적인** 심리학에 있다고 말하고 싶다. 그것들 각각에 관한 현존하는 공식적인 심리학들이 있다. 그리고 이러한 이론들이 말하는 다양한 현상들이 있다. 그러나 이러한 현상들의 개별화된 동기의 질과 중심성을 포함하여 이것들이 취하는 개인적인 형태는 발달적으로 그리고 임상적으로 우리의 관심의 실제 대상이다.

따라서, 요약하자면, 나는 네 가지 심리학 각각의 영역에 속한 현상들이 발달 과정에서 임상적으로 적절한 동기부여적 상태를 성취하는 방식들을 설명하려고 했다. 각각의 영역에는 출생 때부터 내장되고 타고난 동기적 경향성들이 있지만, 이것들은 발달 과정에서 변화를 겪는다. 그리고 임상적인 상황에서 작동하는 것은 발달적으로 진화된 동기들이다. 대상관계의 영역에서, 우리는 일차적으로 자진해서 타자와 관계하려는 마음으로 시작하고 과거의, 지금 내면화된 대상관계들과 관련된 긴장 외상을 숙달하려는 노력에서 그것들을 반복하려는 경향성들을 발전시킨다. 자기 경험의 영역에서, 우리는 주관적인 불편함(배고플 때 유아의 울음)을 개선하려는 항상성적 경향성들로 시작해서,

자기의 익숙한 주관적 상태(자기-영속성)의 발달을 거쳐서, 그 상태가 외부에서 보기에는 병리적으로 과대하거나 절하되거나 파편화되거나 미분화되었을 수 있다 하더라도 익숙한 그 자기-상태를 유지하려는 경향성을 발전시킨다. 자아 기능의 영역에서, 우리는 자극에 대해 반응하는 타고난 능력들 그리고 초보적인 현실 조율, 긴장 조절, 적응을 향한 경향성들로 시작해서 부정적인 정서를 피하려고 노력하는 가운데 형성된 조직 방식을 유지하려는 (경직성에 있어서 다양하지만 결코 충분히 유연하지 않은) 경향성을 발달시킨다. 그리고 욕동(성적, 공격적)의 영역에서, 우리는 생물학적인 뿌리를 가진 충동들로 시작하는데, 그것들은 (a) 그러한 충동들이 인지적 묘사와 정교화를 성취하면서 특정 대상들, 환상들과 연결되고, (b) 자기 경험, 자아 기능 그리고 대상관계들과 관련된 기능들을 하게 되고, (c) 공격성의 경우, 불편한 타자를 마음에 품을 수 있는 능력(대상 영속성)이 성숙하면서 지속적인 상태를 성취하는 반동적인 형태들을 포함하게 된다.

심리적으로 중심이 되는 다양한 동기들에 대해 인식하게 되면 그것들 가운데 하나 혹은 그 이상의 것들이 심리내적 단계에서 우세해지고 다양한 성격 조직 방식들로 이어질 수 있는 가능성이 생겨난다. 그것들은 심리내적 삶의 다양한 측면들을 좌우하는 상대적으로 독립적인 동기들의 가능성을 나타낸다. 이것에 비추어 보면, 네 가지 심리학의 관점에서 생겨난 견해가 생산적임을 지지하면서 내가 제시했던 주장들과 설명들에 대해 다음의 질문이 생겨난다. 성격은 어떻게 조직되어서 네 가지 심리학 각각 그리고 모두와 관련된 현상들이 각 개인의 통합된(갈등이 있긴 하지만) 성격에 섞이게 되는가? 다음의 내용에서, 나는 발달적인 관점에서 이러한 질문에 접근해볼 것이다.

CHAPTER **06**

성격 조직화의 과정

네 가지 심리학의 현상들은 개인들의 삶 속에서 어떻게 조직될까? 이것이 이 장에서 안내 역할을 하는 질문이다. 나는 발달론적으로(시간이 흐르면서 그 조직이 어떻게 생겨나는지) 그리고 서술적으로(우리가 정신분석에서 그러한 조직들을 드러낼 때 그것들이 어떤 모습일 수 있는지) 이 질문에 대답하려고 할 것이다.

나는 네 가지 심리학의 현상들이 각 개인에게 다르게 개인적인 위계들(personal hierarchies) 속에서 조직된다는 개념을 제시할 것이다. **개인적인**(personal)이라는 말은 그것들이 독특한 개인의 삶의 역사에 그 기원들을 두고 있다는 관점만이 아니라, 건강에 대한 우리의 이론들과 개념들이 그것들과 관련된 최적의 결과에 대한 그 어떤 구체적이고, 확실히 통일된 개념도 제공하지 않는다는 관점을 반영한다. 그리고 **위계**라는 말은 그것들이 **어떤** 방식으로, 흔히, 이러 저러한 현상들이 가장 중심적인 것이 되어서 나머지에 대해 영향을 미치는 방식으로 조직된다는 관점을 반영한다. 그럼에도 불구하고, 임상적인 경험을 통해서 보면 이러한 위계는 조직화의 정도에 있어서 매우 다양하다ー한 가지나 그 이상의 중심적인 현상들로 이뤄지는 촘촘한 배열들로부터 주제들의 중심성이 이동하는 느슨한 배열에 이르기까지ー는 사실이 드러난다.

적절한 방어 그리고 승화와 함께 욕동의 주제들을 중심으로 하고 자기와 대상관계들에 대한 주제들의 그 중요성은 낮게 조직된 것이 자동적으로 적절한 발달 과정의 결과라고 주장하는 것 혹은 건강한 자기감에 비해서 욕동 만족을 "이차적인" 관심으로 보는 것은 지금까지의 이 책의 내용과 일치하지 않을 것이다. 이것들 모두는 어떤 특징을 과장해서 그린 풍자 만화들이다. 네 가지 각각의 영역에서 결정적인 초기의 형성들을 보여주고, 평생 지속적인 발달을 보여주는, 발달에 대한 견해(4장)는 이러 저러한 주제들의 중심성을 적절한 결과로서 지지할 수 있는 어떤 토대도 우리에게 제시하지 못한다.

이러한 이론적 주제들은 정신건강에 대한 우리의 개념들에 영향을 미치고, 그것은 다시 그 어떤 확실한 지침도 아니라는 것으로 드러난다. 심리학들 가운데 단지 하나에 대한 주제들이 성격을 과도하게 혹은 획일적으로 지배하는 것은 심리적 장애의 추정 근거가 되는 증거일 수 있다. 나는 "운명 신경증(fate neurosis)"에서처럼 과거의 대상관계를 강박적으로 반복하는 것, 취약한 자아 방어체계의 온전함을 유지하는 데 몰두하는 것, 자기애적 자기 확대 혹은 몇몇 일차적인 욕동 형태에 대한 충동적이거나 억압적인 관계 같은 것들을 염두에 둔다. 그러나 이것들 역시 어떤 특징을 과장해서 그린 풍자 만화들이다; 그 어떤 환자도 그렇게 단순하게 요약되지 않는다. 그리고 여하튼,

나의 목록에서, 나는 이러 저러한 심리학에서 어떤 특별한 주제가 우세한 것뿐만 아니라 표면상 병리적인 특정 내용들을 묘사해야만 한다. 등식의 다른 측면—심리적 건강 모델로서의 중용—은 무엇인가? 이 그림에서 모든 심리학의 주제들은 동등하게 나타난다: 어떤 하나가 우세하지 않다. 그러나 불운하게도 이 그림은 또한 몇몇 혼란스러운 성격을 —여기서 우리는 다양하게 삐뚤어진 여러 성격을 볼 것이다— 특징지을지도 모른다. 그러나 여기에서는 심리성적 욕동들에 대한 것뿐만 아니라 심리학의 네 가지 영역의 처리되지 않은 주제들에 대한 것이 다양하고 조직되지 않은 형태로 존재한다. 나는 정신건강 문제에 있어 허무주의적인 것을 의도하지 않는다; 단지 나는 개인적인 위계와 심리적인 안녕 사이에서 일대일 관계를 제공하지 않는다는 것을 말하는 것이다. 현상의 범위와 적응의 범위는 둘 다 광범위하다.

서론: 가변성과 안정성

우리 이론들에는 우리가 안정성, 조직, "구조"를 설명하는 데 도움이 되는 개념들이 필요한 것 같다. 왜 그런가? 충동들, 기분들 그리고 환경의 자극들을 바꾸면 가변성이 생겨난다. 서로 다르게 조직되는 경험과 기능의 순간들을 강조함에 있어서, 나는 가변성을 추정하는 것으로부터 시작한다. 네 가지 심리학을 전체적으로 강조하는 것은 심리내적인 삶에서, 발달에서 그리고 심리치료나 정신분석 상황에서 다양성과 가변성에 대한 우리의 인식을 증진시키기 위한 것이다. 그러나, 성인기에 그리고 제법 초기의 유아기에도, 가변성에도 불구하고 많은 부분이 안정적일 수 있고 심지어 예측할 수 있기까지 하다. 이러한 안정성은 어쨌든 발달의 과정에서 생겨났어야만 했다. 구조라는 개념은 시간이 흐르면서 안정성과 연속성을 만들어내는 그러한 현상들을 포함시키기 위해서 정신분석적 이론화에서 가장 흔하게 사용되는 것이다. 천천히 변화하는 과정들로서 구조들(Rapaport, 1960b)은 정의라는 관점에서 어떤 것을 담아낼 수 있지만, 그 개념은 사실 정의하기 어렵다. 나는 **안정성**(stability) 혹은 **조직**(organization)이라는 좀 더 부드러운 용어를 사용하려고 한다.

안정적인 조직으로의 발달은 일생에 거쳐 직선적으로 이뤄지는 것이 아니다. 사실, 발달 그 자체는 심리내적인 삶에서 그리고 그에 따르는 행동에서 다양하게 형성된 질서를 뒤흔드는, 새롭게 성숙을 촉진하는 세력들(그리고 그것들에 맞춘 사회문화적 요구들)과 함께 안정을 깨뜨리는 가장 중요한 요소이다. 청소년기를 생물학적으로 학령기의 적응을 깨뜨리는 시기로 혹은 입학(혹은 결혼이나 직업 세계 혹은 부모됨으로의 진입)을 이전에 정해진 어떤 적응 양식들을 깨드리는, 사회문화적으로 파생된 잠재적인 요인으로 고려해보라. 그럼에도 불구하고, 발달이 진행되면서 점진적으로 좀 더 안정적인 조직으로의 폭넓은 진전이 있다.

점진적인 조직화를 발달과정의 성취로서 기술하려는 많은 접근법들이 문헌에서 명확하게 혹은 은연중에 나타난다. 나는 그것들 가운데 몇 가지를 나 자신의 표현들을 위한 디딤돌로서 간략하게 요약할 것이다. 이러한 발달적 관점들 가운데 그 어떤 것도 다른 어떤 것들과 모순되지 않는다; 그것들은 모두 안정적인 조직화로의 움직임의 어떤 측면들을 나타낸다. 설명을 위해서, 나는 그것들 가운데 몇몇을 "변화시키는 조직화," "누적적인 조직화" 그리고 "치우친 발달의 방향들"이라는 제목으로 나눌 것이다.

변화시키는 조직화

Spitz(1957)에 의해 제시되었던 조직자(organizer)라는 개념은 이러한 조직화의 예이다. 이전의 발달들의 성취된 조직화를 반영하고 미래의 발달 과정을 설정하는 발달 과정에서 어떤 것이 생겨난다. 이것이 생겨난 이후 개인적인 기능은 결코 같은 것이 아니다. Spitz에게 있어서, 세 가지 중요한 초기 조직자는 미소 반응, 낯가림(stranger anxiety), "무"반응이다. 각각은 이전의 성숙과 학습을 반영하며, 일단 나타나면 중요한 방식으로 유아의 후속 기능을 변화시킨다. 따라서, 낯가림은 (a) 엄마와 다른 사람을 지각적으로 구별할 수 있고, (b) 만족과 안전이 특정 엄마와 관계가 있다는 사실을 "이해할" 수 있고, (c) 엄마 부재시의 불편함과 불만족을 예상할 수 있는 유아의 능력이 발달한 다음에 나타난다. 이것들은 8개월경 서로 연관되어서 낯가림과 분리불안을 일으키는 새로운 행동 패턴들을 만들어낸다. 이러한 새로운 행동의 출현과 더불어 그때부터 유아와 엄마의 관계선들을 형성하는 특수한 유아-엄마 애착의 발달에서 주요한 추진력이 생겨난다. 그 효과에 있어서 대상관계와 만족을 추구하는 방식들을 변화시키는 작은 조직화가 일어났다. 유아가 자신의 내적 상태를 안정시키기 위해서 엄마의 존재에 "의존할" 때, 방어 역시 그 의존적인 형태에 있어서 영향을 받는다.

Mahler(1972)에게 있어서는, 재접근 단계의 위기와 그것의 해소를 통해서 그러한 조직자가 구성된다. 재접근 단계의 위기는 엄마가 분리되어있다는 사실에 대해 인정되지만 때때로 거부되는 인식과 함께 융합과 자율을 향한 반대되는 소망들이 공존하는 것을 반영한다. 그것의 해소는 대상관계가 융합을 대체하고, 언어적인 접촉이 근접적인 접촉을 대체하고, 엄마를 내면화하면서 리비도적인 대상항상성을 향해 옮겨가는 것을 특징으로 한다. 다시 말하면, 이러한 새로운 현상의 기능적인 중심성이 나타나면서 그때부터 삶의 과정이 변화된다. 일찍이 (Pine, 1979a), 나는 어떤 정서들－신호불안, 갈망, 죄책감 같은－의 출현을 Spitz의 의미에서 조직자들로서 기술하려고 했다: 이전의 발달적인 성취들(이것들은 정점이다)을 반영하고 그 후에 (방어기능들, 애착들 혹은 내적 통제 각각과 관련된) 삶의 과정을 변화시킨다. 고전적인 분석적 관점에 있는 상당히 좀 더 추상적인 단계에서 보면, 미분화 단계로부터 자아와 원본능의 점진적인 분화(Hartmann, 1939)와, 이후에 갈등을 중심으로 해서 발생하는 정신생활의 조직화는 (나중에 초자아의 발달이 추가된다) 이러한 변화시키는 조직화의 또 다른 형태이다.

누적적인 조직화

표상 세계(Sandler and Rosenblatt, 1962)라는 개념은 누적적인 조직화의 예이다. 경험이 기억 속에 축적되어감에 따라, 그것은 어떤 특정한 경험과 일치하지는 않지만 대상들을 향한 소망들과 기대들에 대한 내적인 형판(template)*, 즉, 실제 관계가 부분적으로 나타나는 자기-타자 관계들의 내적인 세계를 제공해주는 표상들을 획득한다. 심리내적 삶의 구조물들은 정서로(즉, 정서적으로 중요한 상호작용을 중심으로) 함께 묶여있는 자기와 대상의 이미지들이라는 Otto Kernberg

─────────────────

* 역주－정보를 처리하고 해석하고 그것을 어떤 의미있는 것으로 만드는 기준.

의 관점은, 익숙하지 않은 경험들(사춘기의)도 자기 느낌상 익숙한 부분이 될 때까지 오래되고 익숙한 경험들과 함께 "모아내는 것"에 대한 Leo Spiegel의 토론과 유사한 관점이다. 이러한 견해들은 모두 안정적인 어떤 세계관(관계 속에 있는 혹은 홀로 있는 자기와 타자에 대한)을 만들어내는 내적 생활의 이미지들을 점진적(누적적)으로 쌓아가는 것으로 기술한다. 이것 중에 그 어떤 것도 미래의 변화에 대해 유연성이 없다는 것을 의미하지는 않는다: 여전히 그것은 모두 점진적인 발달과정에서의 안정화에 영향을 미친다. 또한 다중적인 동일시들의 누적된 효과들도 마찬가지이다; 그러한 동일시들을 통해서 어느 정도 영속적으로 "내가 누구인가"가 규정되면서 "나(I)"가 구체화된다. 이러한 각각의 현상들은 후속적인 경험들을 그것들에 동화시키는 내적인 삶의 점진적인 조직화의 일부분이고, 그것들이 어떻게 이해될지에 영향을 미친다. 따라서, 내면세계에서의 만족과 불만족은 각각 새로운 경험의 세계가 "이해되는" 방식에 다양한 방식으로 영향을 미칠 것이다.

다중 기능(Waelder, 1936)은 유사하게 이해될 수 있다. 중요한 행동들이 부가적인 의미들을 축적하게(Pine, 1970)—더욱 폭넓은 기능들을 하게— 되면서, 그것들은 변화에 더욱 저항하게 된다. 이러한 개념들은 각각 다양성과 변화를 특징으로 하는 개인의 삶에서 동일성과 질서가 누적적으로 획득되는 방식을 기술하려는 시도를 반영한다.

치우친 발달의 방향들

치우친 발달의 방향들에 대한 이러한 견해들은 모두 Robert Frost의 시 "가지 않은 길"(1971)의 변형들로서 기술될 수 있다. 이 시에서 그는 두 갈래 길에 이르렀고, 한 길을 따라갔고, 사람이 적게 간 길을 따

\ 욕동, 자아, 대상 그리고 자기

라갈수록 다른 길을 가기 위해 다시 돌아올 수 있을 것 같지 않다는 것을 안다고 기술했다. 즉, 그것들은 우리가 따라가는 어떤 인생의 행로도 다른 방향들을 배제함으로써 나중에 우리가 선택하는 것을 제한한다고 말한다. 심리학적 수준에서, 고착에 대한 Freud의 견해는 이것을 잘 나타낸다. 초기에, 말하자면 구강기나 항문기에 너무 많이 고착된 개인은 이후의 단계로 옮겨갈 수 있는 자원이 거의 없고, 고착 지점으로 퇴행하려는 경향이 더 크다. 인생에서의 선택, 여기에서는 고착이라는 사실이 이후의 모든 가능성들을 제한하고 바꾼다. 한 아이가 장난감 블록 탑을 쌓고 있다면, 밑에 각각의 블록을 배열할 때 탑을 무너지지 않게 얼마나 높이 쌓을 수 있는지는 크기와 안정성에 의해 결정될 것이다. 역사는 피할 수 없다. 우리는 전생애에서 Erikson의 다양한 이원성들을 후성적으로 드러나는 유사한 선택들을 나타내는 것으로 이해할 수 있는데, 각각은 이후의 선택들에 영향을 미치고 그것들을 제한한다. 따라서, 가장 초기의 몇 달 동안 기본적 신뢰감을 성취한 아이는 불신으로 가득 찬 아이보다 과제(해결)을 위한 다른 기회들을 가지고 다음 단계(자율성 대 수치심과 의심)의 문제들에 접근한다; 그리고 예를 들면, 훨씬 나중에 성인 초기의 주제들인 친밀감 대 고립감을 다룸에 있어서, 이 동일한 두 아이의 기회는 또다시 다를 것 같다. 이러한 관점에서, 성격의 조직화는 점진적인 치우침의 문제이다. 발달 과정에서 이뤄지는 각각의 선택으로 인해서 이후에 활용할 수 있는 자유의 정도는 제한이 된다. 몇 년 전에 나는 상담에서 한 엄마와 사춘기 직전의 정신증적인 아들을 만났었다. 두 사람은 엄마가 초기 내내 자신의 외로움을 다루는 방식으로 조장해왔던 것으로 보이는 공생적인 매듭으로 함께 묶여있었다. 이제, 아들이 더욱 요구적이고 성적이게 되면서,

엄마는 자신이 벗어날 수 있기를(한편으로는) 원했다. 그녀는 미래의 선택들이 보다 이전의 선택들에 의해 제한되지 않는 것처럼 나에게 이렇게 말했다: "저는 그 아이가 21살이 되고 직장을 얻고 결혼을 해서 저를 홀로 놔둘 때까지 기다릴 수가 없어요."

내가 기술해온 각각의 견해들은 발달 과정의 내재된 측면들이 필연적으로 가변성을 제한하고 안정된 조직의 정도를 촉진하는 방식들을 담아내려고 한다. 나는 이 과정의 또 다른 측면, 즉, 네 가지 심리학의 현상들이 점진적으로 상호연결되면서도 개별적으로 독특하게 조직되는 것을 지향하는 측면을 덧붙이고 싶다. 그러나 먼저 나는 현상들이 발달 과정 동안 다양한 상호연결망 속에서 합쳐지는 경향성이라는 하나의 이론적인 부산물을 다루려고 한다. 이렇게 하기 위해서, 나는 혼합된 이론적 모델들에는 그것들을 이어줄 어떤 개념적인 접착제가 필요하다는 Greenberg와 Mitchell의 명제로 돌아간다. 그들은 특별히 욕동 그리고 관계 모델에 대해 언급하고 있지만, 그들의 명제는 내가 여기서 제안하고 있는 좀 더 혼합된 모델에 적용하려고 의도되었다. 그러나 나는 그것들을 이어주기 위해서 아무런 개념적인 접착제도 필요로 하지 않는다고 주장한다; 오히려, 발달 그 자체가 접착제를 제공한다. 우리가 메타이론의 수준에서 개인을 욕동, 자아, 대상관계와 자기 경험의 관점에서 이해되는 것으로 묶어내려고 할 필요가 있는 것은 아니다. 오히려, 우리에게는 발달 과정에서 상호연관성의 자연스러운 발달을 기술하기 위한 언어를 우리에게 제공해줄 수 있는 보다 경험에 가까운 개념들이 필요하다. 솔직하게 말하자면, 이러한 여러 가지 심리학의 현상들을 연결시키는 것은 개념적인 과제가 아니라 발달 과정에서의 사건이다. 나는 내가 이 사건으로 이해하는 것을 세 단계로 기술하려고

욕동, 자아, 대상 그리고 자기

할 것이다: 경험의 순간들에 대한 확장된 서술, 다중 기능의 발달이라는 측면에서 이러한 순간들을 상호 연관시키는 것에 대한 논의 그리고 개인적인 위계들에서 그것들의 보다 큰 조직화에 대한 설명.

순간들(moments)

Winnicott(1963a)은 유아의 "두 엄마"에 대해 기술했다: 유아의 긴장을 수용해주는 "대상 엄마"와 보호하고, 돌보고, 좀 더 조용하게 만족을 주는 "환경 엄마." 한 엄마는 욕동 대상이고, 다른 엄마는 안전한 배경을 제공해준다. 이것은 다른 시기에 일어나는 다양한 유아-엄마 경험들을 언급하는 Winnicott의 방식인데, 경험을 하는 동안의 유아의 내적 상태에 좌우된다. 그러한 다른 경험들은 결과적으로 그 사람의 다른 측면들을 형성하게 될 것이다.

나는 그러한 차이들을 순간들-다양한 종류의 경험들의 다양한 순간들-이라고 한다. 순간들을 강조하는 것의 가치는 네 가지 심리학 각각에 의해 다뤄지는 다양한 방식으로 경험이 조직되는 유아기의 많은 시간이 있다는 사실을 명확하게 하는 것이다. 어린 유아는 전적으로 구강적인(배고프고 구강-지향적인) 것도 아니고, 전적으로 공생적인(분화된 자기가 없는) 것도 아니고, 전적으로 탐색적이고 지각적으로 수용적인 것도 아니고, 전적으로 대상추구적이지도 않다. 유아는 다양한 시기에 그러한 모든 것들을 경험한다. 이러한 관점은 단순히 상태-예를 들면, 경계하고 수용하는, 필사적으로 울부짖는, 졸리는 혹은 잠자는-의 개념을 명명하는 또 하나의 방법이 아니다. 각각의 심리학과 관련이 있는 현상들은 경계하는 상태나 다른 상태에서 일어날

수 있다. 나는 이러한 몇몇 순간들 그리고 다른 심리학들과 이것들의
관계를 설명하겠다.

배고픈 유아는 울면서 깨어난다. 엄마가 아기에게 젖을 주면 배고
픔은 충족이 된다: 다시 휴지기가 된다. 유아의 삶에서 흔히 반복되는
이러한 순간은 우리에게 욕동심리학의 "개념적인 아기"─이론의 근
거가 되는 아기-를 보여준다. 물론, 욕동심리학에서는 좀 더 많은 것
이 요구되고 나타난다. 욕구가 만족되지 못하는 경우가 있고 모성적인
긴장과 뒤섞여 만족이 주어지는 경우도 있다. 생물학적 욕구가 정신적
표상의 중심이 되는 경우가 있다; 아이가 엄마를 원하고 단순히 음식
을 섭취하는 것을 원하는 것이 아닌 경우도 있다; 그리고 그러한 욕구
상태들을 중심으로 대체되고, 분화되고, 상호 모순되고, 갈등이 되는
소망들과 환상들이 발달하는 경우도 있다. 그리고 보고 보여지는 것
그리고 고통을 일으키고 받아들이는 것뿐만 아니라, 때때로 쾌락의
요소가 되는 입만이 아닌, 항문기적이거나 성기기적인 자극을 포함하
는, 신체를 중심으로 하는 다른 만족들 그리고 이 모든 것들에 대한 정
신적인 표상들과 이것들이 복잡하게 뒤엉켜있다는 점도 인정이 된다.
그리고 공격적인 충동들과 그것들의 표현 그리고 그것들과의 갈등도
나타난다.

그러나 요점은 욕동심리학과 각각의 다른 심리학이 유아의 삶에서
의 이러 저러한 특별한 순간, 즉 특정한 개념적 모델─이론에 의해 요
구된 개념적인 아기-과 일치하는 순간을 강조한다는 것이다. 물론 나
는 문자적인 순간들에 대해 말하고 있는 것이 아니고, 어떤 통일된 성
격을 가진 경험의 상태들─그것들은 시작과 끝이 있고, 시작 전과 끝
난 후가 다르다─에 대해 말하고 있다. 그것들은 짧을 수도 있고 다소

지속될 수도 있다; 그것들은 고요할 수도 있고, 강렬할 수도 있다; 그것들은 서서히 사라지기도 하고 갑자기 끝나기도 한다. 그러나 어떤 시점에 특별한 기억들을 저장하기 시작하는, 아기가 겪고 있는 경험(배고픔, 친절함, 엄마와의 속삭임, 품속에서 잠이 드는 것 등등)이 있다.

각각의 심리학은 그것의 개념적인 아기, 즉 그것의 이론상 요구되는 아기의 삶에서의 순간들을 강조한다. 자아심리학에서는 시각적인 탐지를 초기의 현실 조율이라고, 빨기 위해서 엄지 손가락을 찾는 것을 원시적인 적응이라고, 만족되지 못함과 과도한 자극에 직면하여 잠에 빠져드는 것을 원시적인 방어라고 강조할 수 있다. 대상관계 심리학에서는 엄마-유아의 대면 놀이에서 초기의 모방하는 얼굴 표현들 혹은 엄마의 리듬과 스타일에 대한 유아의 적응—유아가 다른 사람과의 경험된 관계를 받아들이고 어떻게든 내면화하는 초기의 형태들—을 강조할 수 있다. 자기 경험의 심리학에서는, 말하자면, 졸린 유아가 먹고 난 뒤에 어머니의 품에 녹아들 때의 경계 없음(Pine, 1986b)이라는 추론된 경험 또는 다른 한편, 유아의 행동에 대한 엄마의 반응해주고, 미소 짓고, 반영해주는 것에 대해 반응하는 아찔한 쾌락의 순간들(긍정적인 내면의 정서적 색조를 형성하는)이 강조될 수 있다.

그러나 이 모든 것들은 다른 이론들의 개념적인 아기들을 나타낼 뿐만 아니라 실제 아기의 측면들을 나타내기도 한다. 이것들은 모든 유아의 삶에서의 순간들이고, 각각은 개인에 대한 심리학에서 다른 주제들을 형성하는 것이라고 믿는 데는 충분한 이유가 있다. 유아는 경험이라는 측면에서 일시적인 것 말고는 전혀 단일체가 아니다. 각각의 단계에 어떤 유아나 아동도 전적으로 공생적이거나, 항문기적이거나, 오이디푸스기적이지 않은 것처럼 구강기에 "전적으로 구강기적인 것만은" 아니다. 단계들은 유아들이 지속적으로 특정한 방식을 취하는 삶의 시기로 이해되어서는 안 된다. 그렇다면, 우리는 동시에 항문기, 분리-개별화 단계, 성정체성 형성기에 있는 한두 살짜리 아기를 어떻게 이해해야 하는가? 경험의 일시성(즉, 다양한 시기에 다양한 심리학적 형태)을 인정하면서, 나는 단계가 인간 기능의 어떤 특정 영역과 관련하여 결정적인 형성 사건들이 일어나는 삶의 시기로 정의되어야 한다고 제안한다. 그러나 이러한 형성 사건들은 경험의 중요한 순간들(나의 예에서는, 항문기, 분리개별화, 성정체성을 포함하는)이라는 중요한 순간들을 기반으로 할 수 있고, 하나 이상의 경험이 어느 해에 혹은 반년 안에 혹은 심지어 며칠이나 몇 시간 안에도 일어날 수 있다.

요약하면, 유아에게는 여러 다른 종류의 경험의 순간들이 있고, 이것들은 욕동, 자아, 대상관계와 자기 경험의 심리학 가운데 한두 개 혹은 여러 개에 의해 다루어진 개인적인 기능에 대한 다양한 주제들을 형성한다. 모든 삶이 그렇듯이, 발달은 끝없이 연속되는 순간들로 이뤄지고, 적어도 어떤 것에는 우리가 우리의 이러 저러한 다양한 개념들을 표현하려고 시도하는 일차적인 내면의 경험 조직이 있다. 각 개인은 이러한 경험을 통해서 자신의 개인적인 욕동, 자아, 대상관계, 자기의 심리학들을 발달시키기 시작한다. 우리의 이론들은 그러한 여러 영역에서 그 사람에게서 진행되고 있는 것을 정확하게 반영하거나 못할 수 있지만, 그것들 각각에는 특별한 현상들이 있고, 내적 경험은 이러한 현상들에 근거해서 그것들을 중심으로 형성된다. 따라서 특정한 이론적 심리학의 위상이 어떠하든지 간에 그것은 개인적인 심리학이다.

순간들의 통합과 정교화

　나의 주장을 위해서 "욕동의 순간들" 혹은 "자아의 순간들" 등등이 순수한 것으로—즉, 네 가지 심리학 가운데 하나에 의해서만 다뤄지는 현상들을 포함하는 것으로— 이해되어야만 할 필요가 있는 것은 아니다. 그 점은 다른 현상들이 중심이 되는 순간들이 있다는 사실을 설명하기 위해서만 강조되었다. 그러한 순간들은 이러 저러한 이론에 의해 그것의 관점을 위한 증거로서 선택된다. 그러나 사실, 내가 주장하고 싶은 것은 정반대이다. 즉, 어떤 중요한 심리적 현상들도 일어나고 있는 다른 모든 것에 의해 캡슐에 쌓여있는, 즉 영향을 받지 않는 상태로 있지 않다. 증상들이나 성격적인 특성들로 인해서 새로운 의미가 축적되고, 시간이 흐르면서 새로운 환상들이 부여되듯이, 이러한 초기의 형성적인 순간들에 기록된 경험들도 그럴 것이다.

　따라서 배고픈 유아가 잠에서 깨어나서, 울고, 만족할 만큼 젖을 빨고, 엄마 품에서 잠드는 상황은 그 개인의 개인적이고 독특한 욕동심리학의 형성에 중심이 된다. 욕동과 그것의 만족 패턴은 이러한 순간들에 특별하게 연결된 신체적인/감각적인 경험들(만지기, 흔들기, 따뜻함)과 이러한 만족의 속도와 신뢰성 혹은 그것에 대한 개입을 통해서 형성되기 시작한다. 그러나 나중에, 또한 확실히 유아의 첫해에, 유아가 수유 후 더 깨어있거나 수유 전과 수유하는 동안 조용히 기다릴 수 있게 되면서, 수유의 순간은 또한 엄마의 얼굴을 손으로 탐색하고, 서로 반응하며 속삭이고, 미소를 짓는 시간이 된다. 이것들은 아동의 개인적인 자아심리학—여기서는, 동작과 음성 행동, 탐색, 사회적 적응과 방어(지연) 그 자체의 사용과 통제—의 발달에 대해 가지는 모든 함축들이다. 게다가 그리고 아마도 엄마와 유아의 첫 접촉 순간부터 희미한 자기/대상/정서 경험들은 내면화되기 시작하는데, 이것들이 개인의 그리고 내면의 대상관계 심리학의 핵심이다. 혹은 개인적인 자아심리학의 핵심적인 현상인 "싫어"라는 몸짓과 말의 출현(Spitz, 1957)을 고려해보자. 이것은 통제와 숙달을 촉진한다. 그것은 불가피하게 대상에게 영향을 미치고, 그 대상의 변화된 반응들(공감적이든 침범적이든)은 그 시기 유아의 내적 상태와 함께 내면화되고 그 개인의 개인적이고 내적인 대상관계 심리학의 일부인 대상 표상들을 변화시킬 것이다. 그리고 예를 들면, "싫어"라는 말이 욕동 만족의 시기와 대상 선택에 대해 부여하는 통제("싫어, 지금은 아니야"; "싫어, 그것 말고 이거")를 통해서 개인적인 욕동심리학이 재형성된다. 혹은, 초기의 자기와 대상의 순간들의 영역에서, 욕구 긴장의 압박을 넘어서서 엄마-유아가 조용히 놀이하는 시기에 동시적으로 자상하고 사랑스러운 대상 그리고 자기 이미지들과 자아 기술들이 형성된다. 덧붙여 말하자면, 이러한 순간들은 나중에(초기부터 그렇다고 할 수도 있겠지만) 소망, 환상, 갈등—더욱 강렬한 욕동 만족의 세계—과 연결된다.

모든 행동들은 결국 개인을 위한 다중 기능들을 갖게 되고(Waelder, 1936) 그리고 나서 각각의 심리학의 관점에서 이해될 수 있다. 따라서, 쉬운 예를 들어보자면, 전문적인 논문들을 쓰는 일은 나에게 있어서 욕동 만족, 자아 기능, 대상관계 그리고 자기 경험과 중요하게 연결되고, 그러한 각각의 심리학의 관점에서 이해될 수 있다. 그리고 만약 논문들을 쓰는 것이 계속해서 나의 삶의 중요한 측면이 되었기 때문에, 그것이 초기에 그러한 기능들을 갖지 않았다면, 그것은 그러한 기능들을 —그것들이 나의 다른 작업, 나의 관계, 나의 여가와 취미에 그리고 언제든지 기여하는 것처럼— 이러한 활동에 부착된 나의 내면의 삶의 중요한 부분들로서 축적했을 것이다. 그러나 다중적으로 기능하는 것은 단지 분명하게 중요한 삶의 측면들—글을 쓰거나, 환자를 만나거나-보고, 친한 가족들과 관계를 맺는 것처럼— 일뿐만 아니라 덜 분명한 일들—걷기, 커피 마시기, 신문 읽기—이기도 하다. 이러한 것들이 모두 개인에게 유의미할 때, 이것들은 개인적인 욕동, 자아, 대상관계 그리고 자기의 심리학에서 특별한 역사와 자리를 갖게 될 것이고, 동일한 네 가지 심리학의 개념적인 관점에서 이해될 수 있다.

시작하면서 나는 나의 임상 작업에 유용한 정신분석 문헌에서 일반적인 경향을 이루고 있는 다양한 개념적인 관점들을 발견했다고 했다. 그리고 나는 개인들의 삶에서 이러한 다양하고 어쩌면 모순되기까지 한 심리학들을 위한 자리가 있을 수 있는가 라는 질문을 해왔다. 지금까지 나의 대답은 각각의 심리학의 관점에서 다뤄진 현상들을 특별히 형성하는 모든 유아와 아동의 삶에서의 순간들이 있다고 제안하는 것이었다. 내가 각각의 심리학을 공정하게 다룬다면 그것은 각각이 공정하게 다룰만하기 때문이고, 순간들에는 그것들을 위한 때가 있다. 그러나 아동에게서 나타나는 어떤 현상도 그 동일한 아동에게서 나타나는 다른 모든 현상들과 얽혀있다. 다중 기능은 규칙이 되고, 어떤 특별한 심리적 사건도 결국 다양한 방식으로 그 사람의 충동들과 소망들, 대상관계들 그리고 자기 경험과 관련될 것이다.

따라서, 다중 기능의 발달은 결정적이다. 새로운 행동들은 잠재적인 다중 기능들이 이미 자리 잡은 채 완전히 형성된 상태로 발생하지 않는다. 정서적으로 중요한 심리내적/행동적 사건들이 새로운 환상들을 불러일으키듯이 이것들은 시간의 흐름에 따라서 누적되고, 관계 속에 깊이 새겨지고, 자기의 경험에 중심이 된다. 그래서 우리는 이런 식으로 다중 기능의 성장에 대해 인정하게 되면서, 특정한 초기 순간들의 상대적으로 분리된 현상들조차도 우리가 카우치에 있는 환자와 함께 풀어내려고 하는 복잡한 사고와 행동을 일으키면서 어떻게 다른 현상들로 정교화되고 그것들과 통합되는지를 이해할 수 있다.

다른 저자들은 발달적인 연결의 이러한 과정들을 인정해왔다. Phyllis Greenacre(1958)는 말과 생각 그리고 대변 통제(bowel control) 사이의 대응 관계(깨끗하고 더러운 생각들, 병적 다변증[多辯症] 혹은 병적 무변증[無辯症], 생각에 있어서 질서정연함 혹은 혼란스러움)를 주목하면서, 언어 발달은 초기부터 배변 훈련과 같은 시기에 일어나고 있다는 것을 지적한다; 그녀는 그러한 동시 발생적인 발달들이 서로에게 영향을 미친다고 제안한다. 그리하여 배변 훈련과 말하기에 대한 동시 발생적인 생각들을 통합하는 것은 모두 하나의 마음이기 때문에, 전자에 대한 개념들은 후자에 쉽게 영향을 미칠 수 있다. 이것을 통해서, 말하기라는 (자아)의 성취는 욕동심리학에서의 의미들을 발달시킨다. 그리고 지대(zone)와 양식(mode)에 대한 Erik Erikson(1950)의 연구는 같은 주장을 보여준다. 예를 들면, 구강 지대의 수동적인 수용은 지각 수용체의 수동적인 수용과 유사하고, 구강적(욕동) 의미를 발견하고 드러낸다.

그리고 주변에서의 자료들 때문에 경험의 특별한 순간들의 복잡성이 커지게 된다. 얼마 전에(Pine, 1982) 나는 "그것이 내게 끌려요"에서처럼 "끌림(appeal)"의 개념을 논의했다. 이 경험이 나타내는 것은 우리가 우리의 내적 상태에 맞는 것에 기초하여 환경적으로 제공된 것들을 변별적으로 수용한다는 것이다. 이것이 끌림이다. 이런 식으로,

구체적인 내적 경험들은 자석처럼 작용해서, 경험의 특정 순간들의 내적 현상들을 더욱 증가시키고 풍성하게 하는, 확증하고 정교하게 하기 위해서 주변으로부터 제공된 것들을 끌어들이고 통합한다. 여기에서도 새로운 의미들이 더해진다.

그러나 순간적인 경험들이 발달하는 아동의 기능에서 정교화되고 중심적인 역할을 하게 되는 방식들 가운데 가장 중요한 것은 단연코 아동의 순간들이 어머니의 성격 그리고 중심적인 환상들과 만날 때이다. 즉, 구체적인 영역들에서 엄마-아동이 이루는 쌍에 따라서 다양해지는, 아동에게 순간인 것은 그것의 후속적인 정교화를 위한 중요한 결과들과 함께 특정 엄마(혹은 다른 양육자)에게 갈등 혹은 실패의 중심적인 영역인 것과 상호작용한다. 그리하여 구강기적으로 억제되거나 방종적인 엄마는 구강기적 섭취와 관련된 문제들에 대해 더욱 안정된 엄마와는 다르게 반응하면서, 아동의 경험의 그러한 순간들에 다른 형태-엄마와의 유대에 있어서 갈등상태 혹은 그것의 중심성 속에서-를 제공할 것이다. 그리고 다양한 수준의 개별화의 성취 혹은 공생기적 갈망에 대한 갈등을 가진 엄마들은 아이가 엄마의 몸에 "융합"되는 순간들이나 자율성의 순간들에 대해 다르게 반응할 것이고 아마도 운명적으로 아동에게 다른 결과들을 가져올 것이다. 그리고 특정 양육자의 독특한 심리와 만나거나 충돌하는 모든 순간들도 그러하다.

그러나 양육자의 성격과 역사에 있어서 구체적으로 갈등을 일으키거나 소망을 일으키거나 병적으로 회피되는 측면들과 맞물리게 되는, 유아 경험의 그러한 순간들이 중요하다는 것을 이렇게 인정하면서, 나는 순간들의 심리적인 상호 연관성이 증가하는 문제를 넘어서서 다른 것들보다 더 많은 심리적 영향력이 있는 어떤 순간들이 생겨나는 영역으로 옮겨가기 시작한다. 여기에서 우리는 개인적인 위계들이 어떻게 형성되는가에 대해 다루려고 하고, 이제 나는 그것을 시작하려고 한다.

개인적인 위계들

다중 기능이 우리의 모든 중요한 행동들을 특징짓게 되면서, 내가 기술해온 연결들을 통해서 여러 심리학의 현상들의 미시 조직이 나타난다-이것은 하나의 전체로서 개인의 성격을 특징짓는 거시 조직과 비교된다. 우리가 가장 흔하게 이러 저러한 사람에게서 예측할 수 있는 동일성을 인식하는 것은 후자의 수준에서이다. 그렇다면, 인간의 기능과 동기의 다양한 현상들은 더욱 큰 어떤 패턴들 속에서 조직되는가? 그리고 무엇이 그 기능과 동기의 이러 저러한 측면을 위해 더욱 중심적인 역할을 할까? 나는 다중 기능의 발달과 함께 모든 것이 균질화된다고, 모든 행동에서 이것도 조금 저것도 조금 있는(이러한 것들은 욕동, 자아, 대상관계들 그리고 자기의 현상들이 임의로 배열된 것들이다), 우리 모두가 같은 것으로 보게 되는 흐릿한 것이 된다고 제안하려는 것이 아니다. 오히려, 나는 우리 각자가 이러한 현상들의 매우 개별화된 성격 조직들을 발달시킨다는 것을 제안한다-우리는 네 가지 심리학의 현상들과 동기들의 개인적인 위계들을 발달시킨다.

나는 Freud(1905)가 성기기적 우세를 중심으로 해서 결과적으로 전성기기적 충동들이 조직되는 것에 대해 토론했던 것을 참고함으로써 나의 요점을 더욱 분명히 할 수 있다. 즉, 구강기적인, 항문기적인 , 노출증적이고 관음증적인 , 가학증적이고 피학증적인 충동들-개인에 따라서 다양한 정도이지만-은 전희에서, 즉 이성애적인 성교로 가는

\ 욕동, 자아, 대상 그리고 자기

경로에서 그것들의 자리가 있음이 발견된다. 욕동심리학에서는 여기에 중요한 심리적 현상들의 조직화와 위계적인 하위구조를 위한 모델이 있다. 유사한 모델은 네 가지 심리학에 의해 다뤄진 현상들 가운데 발달 과정에서 일어난 것을 잘 포착했다. 한 가지가 중심이 되고 나머지는 그것을 중심으로 조직된다. 그러나 개인의 개인적인 위계조직에서 어느 것이 중심이 되는가는 사람에 따라 다양할 것이다. Freud의 성기기적 우세 모델에서는, 성기기적 성이 항상 우세하지는 않았고, 때때로 구강기적 성-혹은 가피학적 성- 혹은 어떤 것이 우세했던 셈이다. 그러나, 물론, 그것은 사실이고, 어떤 상황에서 우리는 그러한 결과들을 도착으로 생각한다. 네 가지 심리학의 다양한 것들이 다양한 개인들의 위계조직(perversions)에서 상위가 되는 것은 분명히 사실이다. 그러나 여기서는 이것과 관련하여 도착적인 어떤 것도 없다. 그것은 단지 인간의 다양성을 나타낼 뿐이다. 어떤 위계적인 배열에서도 더 혹은 덜 병리적일 수 있지만, 건강 혹은 병리는 이러 저러한 문제들이 중심이 되어서 나타나는 자동적인 결과들이 아니다.

따라서, 나는 네 가지 심리학에서 다루어진 현상들 사이의 상호관계를 고려하는 세 가지 방법을 제안하고 있다. 첫 번째, 상대적으로 순수한 형태로 다양한 심리학의 문제들을 드러내는 순간들이 있다—빨고 있는 허기진 신생아, 깨어있으면서 활동하지 않는 동안 시각적으로 추적하고 있는 유아(Wolff, 1959); 그러한 순간들은 대개 생애 초기로 한정된다. 두 번째, 다중 기능은 초기에 시작해서 성인기에(그리고 이미 아동기에) 어디에서나 발달이 이뤄진다: 욕동, 자아, 대상관계 그리고 자기 현상들은 맞물려서 각각 한 사람의 기능의 모든 중요한 측면들에서 나타나기 때문에, 욕동, 대상관계, 자아 기능 그리고 자기 경험의 관점에서 기술할 수 있다. 그리고 세 번째, 결코 두 번째를 대신하지 않으면서, 여러 심리학의 현상들은 각 사람에게서 다르게 여러 심리학의 현상들 가운데 상위, 하위 관계들을 나타내는 개인적인 위계로 조직된다. 개인적인 위계라는 개념은 심리학들 가운데 어떤 것에도 후성적인 (혹은 이론적인) 우세성이 없다는 것을 강조하기 위해서 의도된 것이다. 한 개인에게 있어서, 욕동의 문제가 두드러지면 다른 것들은 그것과 관련하여 조직된다; 다른 것들에는 자기분화, 자존감, 자아 결핍 혹은 내면화된 과거 대상관계의 반복과 관련된 문제들이 있다. 우리의 진단적인 사고는 그러한 위계적인 배열들을 반영한다; 예를 들면, 신경증 혹은 자기애적 성격장애에 대한 언급은 각각 욕동 혹은 자기의 문제들이 두드러지게 중심적인 것이 된다는 것을 반영한다.

욕동 대 자기의 문제들이 중심이 되는 것은 사실 최근의 정신분석 문헌에서 중심적으로 논쟁이 되는 개념이지만, 과거 대상관계의 반복을 포함하는 주제들도 욕동 혹은 자기의 문제들과 긴밀하게 연결되지 않고 온전히 중심적인 것이 되는 것은 나로서는 상상하기 어렵다. 왜냐하면 그 반복은 그러한 영역들에서의 장애로부터 기인하는 정신적 고통에 의해 작동되기 때문이다. 개인적인 자아심리학의 문제들을 중심으로 조직되는 위계들에 동일하게 잠재적인 지위를 부여하기 위해서는 자아기능 영역에서 발달된 동기―부정적인 감정을 피하기 위해서 자기 자신의 조직을 유지하는 것―에 대해서 뿐만 아니라 추가적으로 (a) 자아의 허약함(내적인 통제감과 조직감에 필사적으로 매달리려고 하는, 만성적으로 허약한 환자―혹은 초기 조현병자)과 (b) 정신적인 고통이나 자기애적 치욕을 개인들에게 일으켰던 개인적인 취약함 (자아 결함들)을 알아차리는 것에 대한 반응으로서 어떤 개인들에게 결정적인 두려움들, 회피들 그리고 굴욕들의 동기부여적인 힘을 인식하는 것이 필요하다. 이러한 단서들과 함께, 원칙적으로 여러 심리학들 가운데 다른 것들이 다양한 **개인들의 개인적인 위계들**, 즉 성격의 심리내적 조직에서 중심이 될 수 있다는 점이 남는다.

우리는 그러한 위계들의 차별적인 형태들에 대해 어떻게 이해할 수 있을까? 8장에서 나는 임상적인 예들로 이 질문에 대해 구체적으로 반응하려고 할 것이다; 그러나, 지금은 몇몇 생각들과 이미지들로 작업해보자. 우리는 일련의 문제들로 우세성의 더욱 큰 엄격성과 수준에 따라서 유연하거나 엄격한 위계적인 우세성에 대해 생각할 수 있는데 그 자체가 병리의 가능한 지표이다. 혹은 우리는 여러 문제들이 밧줄의 가닥처럼(Stone, 1986) 긴밀하게 맞물려있는 것으로 생각할 수 있다. 그것들은 모두 함께 묶여있는 것으로 보이고, 성격 조직의 마지막 밧줄은 하나의 통합된 전체로 보인다. 그러나 우리는 또한 더 느슨하고 더 촘촘한 조직들—가닥들이 더 단단하게 혹은 덜 단단하게 묶여있는 밧줄들—에 대해 생각할 수 있다. 더 느슨한 조직에서, 특별한 행동들의 **다중** 기능들이 항상 그렇게 분명하지 않을 수 있기 때문에, 욕동, 자아 혹은 다른 문제들은 때때로 분리된 것으로 보일 수 있다. 좀 더 촘촘한 조직들에서는 그 반대일 수 있다. 예를 들어, 8장에 나오는 E씨의 경우 분석에서 그의 자존감의 문제들이 나타날 때 그것들은 욕동과 방어의 모든 측면들에 영향을 미친다. 혹은 우리는 변화하는 구조들—마치 실 한 줄이 다른 패턴들로 변화될 수 있지만, 언제나 한 가지에서 다른 것으로 돌이킬 수 있는 실뜨기 놀이에서처럼—에 대해 생각할 수 있다. 그런 점에서 나는 경계선 아동의 "자아 조직의 변화 수준들"(그 자체는 Rudolf Ekstein과 Judith Wallerstein의 연구에서 나온 개념이다)에 대한 이전의 나의 기술(Pine, 1974)에 대해서 생각한다. 이 이미지에서 도출되는 것은 다른 조직(들)이 항상 다시 나타날 준비를 하고 있는 상태에서, 이러 저러한 조직이 다른 시기에 중심적일 수 있다는 것이다(8장의 Mr. G를 보라). 이러한 이미지들 가운데 어떤 것들은 우리가 네 가지 심리학의 현상들의 배열들을 중심으로 형성된 성격 조직의 다양한 영역을 마음에 그리는 데 도움이 된다.

개인이 특정 성격 조직을 선택하는 것은 어떻게 결정될까? 여기에는 그 어떤 일반적인 답도 없다. 개인적인 위계들은 우리가 카우치 위에 있는 환자에 대해 알고 추론하는 지극히 개별화된 방식들로, 개인적인 자원과 개인적인 재능과 개인적인 역사의 우연들로부터 발달한다. 우리는 우리가 회고적으로 그리고 전망적으로 알 수 있었던 것을 Freud가 이해했을 때 그가 취하고 있던 입장(1920b)에 서있는 것이다. 분석에서 회고적으로 돌아보면서, 그는 마치 개인적인 역사가 이러한 특정 개인이 아닌 다른 어떤 최종 결과물을 만들어낼 수 없었던 것처럼 삶의 이야기가 완전히 뒤얽혀 있는 것으로 보인다고 말했다. 우리는 그(혹은 그녀)가 어떻게 그 지점에 이르게 되었는지 이해한다. 그러나 전망적으로 보면, 모든 것들은 너무 열려있다. 그는 우리가 다른 심리학적 특성들의 상대적인 강점들을 모른다고 말했지만, 나는 우리가 미래에 영향을 미칠 일들도 모른다고 덧붙이고 싶다. 이러한 것들에 대해 모른다면, 우리의 예측 능력은 제한된다.

그러나 언급할 만한 몇 가지 일반적인 요점들이 있다. 부모의 상실, 심한 질병이나 다중 수술, 어떤 실제적인 결함과 같은 우발적인 상황들은 이러 저러한 문제가 개인적인 위계에서 중심적인 것이 되는 데 중요한 역할을 할 수 있다. 그러나 여기에서도 우리는 그것이 어떤 문제일지에 대해 확신할 수 없다; 왜냐하면 그러한 중요한 삶의 사실들이 미치는 영향은 그것들이 뿌리내리고 있는 토양(이전의 성격 조직)에 따라서 (욕동, 자아, 대상관계, 자기와 관련하여) 다양할 것이기 때문이다. 아마도, 어떤 문제들이 중심적이게 되는가에 대한 가장 유력한 요인은 ―이것도 제한이 있기는 하지만― 주 양육자들의 성격들이다. 왜냐하면 아이의 순간이 양육자의 성격의 불안들, 매력들 혹은 결핍들 그리고 갈등들과 만날 때 복합적으로 고려하는 것은 어떤 경험들이 중심적이게 되는 그러한 방식으로 그것들을 이해하는 데 적절할 수 있기 때문이다. 그리하여 세대 간의 연속성은 어느 정도 확인된다.

맺는 말

나는 어떤 문제들이 상위적이고 어떤 문제들이 하위적인가를 규정하는 개인적인 위계들의 발달에 근거해서, 네 가지 심리학을 아우르는 성격의 조직화를 이해하기 위한 모델을 제안하려고 했다. 나는 최종적으로 세 가지 간략한 요점을 말하려고 한다.

첫째, 문헌을 읽으면서 우리는 모두 특정 분석가들이 그들의 환자들에게서 정신적 삶에 대한 분석가 자신의 이론들에 맞는 자료를 어떻게 얻게 되는가에 대해 감명을 받았다. 틀림없이 우리는 모두 이것이 특정 자료에 대한 특별한 감수성을 얼마나 많이 나타내는지 그리고 그것이 그 자료가 치우치게 형성된 것을 얼마나 많이 나타내는지를 질문했었다. 내가 여기에 썼던 것에 비추어 보면, 또 다른 관점도 가능하다―즉, 분석가는 환자에게 진실인(왜냐하면 모든 문제들이 우리 모두에게 어느 정도는 다 있기 때문에) 적절한 내용을 알아차리지만 그것이 다른 문제들에 비해 하위적일 수 있음에도 불구하고 "발견된" 내용을 중심으로 분석을 구성하면서 개인적인 위계에서 그것의 위치를 왜곡했을 수 있다는 관점.

둘째, 내가 견지해왔던 다중모델적인 관점은 현상들에 대해 다양한 관점들을 사용하는 것으로 또는 중복됨에도 불구하고 상대적으로 독립적인 네 가지 심리학이라는 개념화를 수반하는 것으로 이해될 수 있다. 나는 그러한 구별 자체가 아마도 발달적인 측면에서 적절히 이해될 수 있고, 네 가지 심리학에 대해 두 가지 방법으로 생각하는 토대가 있다고 제안한다. 위에서 기술한 대로, 우리는 경험이 일차적으로 다양한 심리학의 측면에서 기술할 수 있는(외부에서) 유아의 삶에서의 순간들을 발달의 아주 초기부터 볼 수 있다. 그러나 점차 조직이 좀 더 복잡해지고 행동들에 다중 기능들이 생겨나면서, 여러 심리학에 의해 다뤄진 현상들은 밀접하게 연관되게 되고, 충동, 적응, 대상관계 그리고 자기와 관련된 현상들이 모두 그 사람의 어떤 행동에 반영된다는 것을 인식하게 되면서, 이제는 행동에 대해 다양한 관점에서 더 많이 생각하게 된 거 같다. 그러나, 이러한 발달에도 불구하고 또한 그것을 철회하지 않음에도 불구하고, 발달이 진전되고 새로운 중심 동기들이 각 영역에서 성취되면서, 개별적인 성격들은 이제 더욱 높은 조직적 수준에서(유아의 순간적인 경험에서보다는) 다양한 심리학의 상대적인 우세성을 반영하는 특별한 방식으로 조직된다; 이 시점에서, 다시 한번, 아주 초기에서처럼, 다양한 사람에게서 보이는 상대적으로 독립적인 심리학—다양한 심리학에 의해서 나타나는 실제로 특별하지만 매우 다른 심리내적 우세함—이라는 측면에서 생각하는 것이 유용할 수 있다. Spitz(1957)의 "조직자들" 처럼, 특정 개인들에게서 상대적으로 독립적인 심리학이 나중에 다시 출현하는 것은 발달적인 성취의 반영으로 또한 미래의 발달 과정의 표지로 볼 수 있다.

마지막으로, 나는 어떤 특정 문제들을 개인적인 위계에서 우세한 것으로 규정하는 것이 다른 어떤 것보다 더 혹은 덜 "건강하다"고 제안하려는 것은 아니다. 각 영역에는 상대적으로 더욱 적응적이거나 더욱 병리적인 변형들을 위한 충분한 여지가 있다. 나는 어떤 구체적인 것도 인간의 후성적인 발달의 자연스러운 종착점이 아니라는 점을 강조하기 위해서 그것들을 개인적인 위계들이라고 부른다. 균형에 대한— 즉, 모든 영역에서 문제들의 중요성 그리고 다양한 것이 다른 시기에 더욱 중심적인 것이 되는, 그것들의 중심성에서의 변화들에 대한— 어떤 개념은 정신건강의 비결인 것 같다. 그러나 그러한 동일한 기술(모든 문제들의 중요성과 변화하는 중심성)은 혼란스럽고 무질서한 상태에도 적용될 수 있다. 개인의 역사와 개인의 기능을 평가하고 이해하는 것은 그 무엇으로도 대체되지 않는데, 나는 2부에서 그것으로 넘어갈 것이다.

제 2 부

임상적 접근

임상적 접근

2부 는 전반적으로 나 자신의 임상 실제에서 가져온 사례들에 대한 토론들을 중심으로 구성된다. 사례들은 1부에서 제시된 개념들을 설명하고 그것들의 근원—즉, 그것들의 개념화로 이어지는 임상적 현상들—을 입증하기 위한 것이다. 여기에서 제시된 각각의 사례는 카우치를 사용해서 정신분석을 받은 환자에게서 나온 것이다. 그러나 기술된 현상들은 모두에게 적용될 수 있다. 그것들은 단순히 분석을 잘 받고 있는 환자들에게서 더욱 분명해진다. 뒤의 내용에서, 나는 어떤 새로운 종류의 정신분석적 작업을 제시하려고 하지 않는다. 오히려 그 반대이다. 이렇게 제시된 개념들은 정신분석이 일반적으로 수행될 때 그것과 잘 어울리는 것들이다. 내가 기술하고 얘기하고자 하는 것은 "일반적인" 정신분석 작업이다.

7장은 4명의 다른 환자들과의 회기들에 대한 과정 기록들에 기초한다. 나는 그 작업의 모든 오류들 그리고 불확실성들과 함께 작업에 대한 느낌을 실제로 진행된 대로 제공해서 독자들이 스스로 판단할 수 있도록 하려고 한다. 과정 기록들은 그러한 과제에 가장 적합하다. 과정 기록들에는 다른 유익이 있다. 그것들은 하나의 심리학적 언어로의 개념화에서 또 다른 심리학적 언어로의 개념화로 개념화의 정상적인 흐름을 설명하는 데 적합하다. 설명의 목적을 위해서, 나는 대부분 그러한 변화들이 포함된 회기들을 선정했다. 나는 분석가가 지금 하나의 심리학적 언어로, 또 다른 심리학적 언어로 해석하기 위해서 의식적인 노력을 해야만 한다고 주장하려는 것은 아니다. 이러한 사례들은 모두 내가 이 책을 준비하고 실제로 쓰고 있을 때 진행되고 있었던 임상 실제로부터 나온 것이고, 전형적으로 환자가 떠난 후에야 특별한 한 회기는 내가 설명하려는 그런 종류의 변화의 좋은 사례였다는 생각이 들었다. 회기 중에, 나는 단순히 내가 할 수 있는 정도만 무이론적으로 작업하고 있다. 나는 이러한 종류의 변화들이 매회기에 나타난다고 주장하려고 하는 것은 아니다. 나의 경험으로 보면 그렇지 않다. 많은 회기에는 한 가지 혹은 두 가지의 질문, 어쩌면 과정이 진행되도록 하는 사소한 해석, 어쩌면 어떤 특정 영역에서의 중요한 통찰이 포함된다. 그러나, 심리학들 사이의 전환들이 그리 빈번하지는 않았지만, 그것들이 일어날 때 설명하려는 목적들에 매우 유용하고 이해의 형태들에서의 예리한 차이점들을 강조하기 때문에, 나는 여기에서 그러한 회기들을 선정했다. 중요한 이해의 순간들에, 나는 우리가 이해하고 환자에게 전달하는 것은 네 가지 심리학의 구별되는 노선들에 따라서 다양하다고 주장한다. 따라서 내가 제안해왔던 일반적인 노선들을 따르는 다양식적(multimodal) 관점은 정신분석적 작업이 실제로 지속되는 방식을 파악하는 데 매우 적합하다.

8장은 완결된 분석들의 요약과 개관을 제시한다. 7장에서 독자에게 네 가지 심리학의 언어들이 매일의 분석 작업에서 어떻게 나타나는가에 대한 구체적인 느낌을 제공하듯이, 8장에서는 개인들의 삶에서(그리고 분석에서) 각 심리학의 현상들의 위치를 입증하려고 한다. 또한 각각의 분석에서 모든 현상이 나타난다는 것을 입증하고 다양한 임상적 현상에서의 다양한 개인적인 위계들―조직과 중심성의 수준들―을 설명하려고 한다.

CHAPTER **07**

몇몇 정신분석 회기들

두 번째 분석을 받고 있는 52세 미혼 여성인 A
씨가 이번에는 그녀의 직업에서의 기능에 대한 불만족 때문에 치료를
받으러 왔다. 그녀는 진보적인 작은 출판사의 도서 편집인이었고, 공
식적인 훈련을 받은 것은 아니지만 정신분석과 관련된 책들을 비평하
는 전문서적을 만들기도 했다. 그녀는 정신분석에 대해 꽤 박식했고
그 주제에 대한 대중 잡지 기사들을 써보려고(성공하지는 못했지만)
했었다. 어느 정도 외부의 인정을 받았음에도 불구하고, 인문과학계에
서 꽤 알려진 두 인사의 딸인 그녀는 자신의 사고방식, 개념 파악 그리
고 그녀가 전달하고 싶은 것을 전달하는 능력에 있어서 실제적인 결함
을 내적으로 인식하고 있었다. 그녀는 끝없이 반추되는 생각으로 어찌
할 바를 모르고 자신의 인지의 목적에 대한 느낌을 잃어버리곤 했다.
이런 이유 때문에 그녀가 잡지에 기사를 쓰려고 했던 시도는 성공하지
못했다. 그녀에게, 개인적으로, 이것은 개인적인 결함과 실패에 대한

뿌리 깊은 느낌으로 이어졌다. 그녀가 얘기했듯이, 그녀는 "누가 알든 모르든, 스스로 이것을 해결하기를" 원했다. 그녀의 첫 번째 분석은 수년 전 이성애 관계, 가능한 결혼 계획 그리고 관련된 주제들 때문에 갈등하던 시기에 진행되었다. 그녀는 그 분석이 유익했지만, 거기에서 최근 주제들이 아직 분명하게 중심이 되지 않았고 다뤄지지 않았다고 느꼈다. 보고된 회기들은 그녀의 2년 차 분석에서 있었던 것이지만, 맥락을 설정하기 위해서 우리의 이전 작업에 대해서도 어느 정도 의견을 제공할 것이다.

그녀를 괴롭혔던 사고방식은 3개월 되던 때에 그녀가 보고했던 꿈과 관련해서 처음으로 분석에 등장했다. 꿈에서, 그녀는 "저에게서 끝이 없는 똥의 타래가 나오고 있었어요. 그걸 집어낼 수도, 끝낼 수도 없었기 때문에 저는 혼란에 빠졌습니다."라고 말했다. 그녀의 첫 번째 연상은 분명하고 솔직했다. 그녀는 최근에 마술사가 로프를 삼키는 마술을 공연하는 것을 보았던 걸 기억했다. 그러나, 그 회기에 그녀의 사고 과정과 말하기의 특성에 어떤 일이 일어났고, 그녀는 쉬지도 않고 끊임없는 연상들을 쏟아내기 시작했다. 나는 꿈과 유사한 것, 즉 그녀의 입에서 쏟아져 나오는 끝이 없는 똥의 타래에 대해 지적했고, 이것이 그녀가 일할 때 그녀를 괴롭히는 끝없이 반추되는 생각과 같은 것일까 하고 생각했다. 그녀는 그렇다고 동의했고, 그것이 어떻게 분석에 영향을 미치는지를 보고 놀랐다고 말했고, 그리고 나서 곧 그녀가 나에게 혹은 그녀의 친구들에게 "끊임없이" 의존하는 것에 대해 말하는 것으로 옮겨갔다. 그녀는 사람들이 그녀에게 충분히 도움이 되지 않는 것에 대해 실망하는 경향이 있다고 말했고, 이전에는 결코 말하지 않았던 아동기 관계에 대해 말했는데, 그것도 (그녀에게, 내적으로) 끝이 없는 의존을 보여주는 것이었다. 그녀는 이제 그녀가 나에게 그녀 자신의 "아픈 면"을 보여주고 있는 것과 내가 그녀를 포기하는 것에 대해 두려워했다. 그녀는 자신의 끊임없는 생각과 끊임없는 의존이 자신의 두 가지 주요 문제처럼 느껴진다고 말했다.

회기 후에, 나는 왜 이것이 이 시점에 분석에서 나왔는지를 의아해하면서 그녀가 전날 강력하지만 모호한 열망을 경험하고 있었다는 것을 떠올렸다. 꿈에서 그녀의 하체 부분에서 나오고 있던 "타래"에 비추어, 나는 남성-여성의 신체적인 주제들에 대해 이전에 간접적인 언급이 있었다는 것을 떠올렸다. 나는 페니스로서의 타래에 대해 의문을 가졌지만, 내 생각에 이것은 환자의 최근 상태와 맞지 않았다. 그래서 나는 기다렸다.

물론 더 많은 일들이 있었지만, 나는 이렇듯 특별한 자료의 발달을 보여주기 위해서 몇 달 후의 두 회기로 건너뛰어 두 번째 해의 자료를 준비할 것이다. 여기에서 나의 초점은 분석 작업의 중심 언어에서의 부분적인 변화를 반영하는 것이다.

4개월 후, 끝없는 연상의 홍수로 이어졌던 다른 보고된 꿈들과, 그녀의 초기 아동기에 그녀와 그녀의 어머니가 가졌던 특별한 관계 방식(아이가 말하는 것에 대해 어머니가 "흐뭇함을 느끼고" 아이는 그 흐뭇함에 "잠김"으로써 "하나가 된 것처럼" 느꼈던)에 대한 보고된 기억들에 근거해서, 나는 그녀의 꿈들이 말하고 있는 것이 나에게 관심을 보이고, 내가 흐뭇해하는 것에 잠기려는 그녀의 방식이었다고 제안할 수 있었다. 그녀는 기꺼이 동의했고 다음과 같이 덧붙였다: "그리고 꿈들은 그것을 위해 완벽했어요. 선생님은 분석가이시고, 꿈들을 사랑하시게 될 거예요. 하지만," 그녀는 [내가 연상의 홍수는 꿈 내용에 대한 이해를 애매하게 하려는 것이라고 제안했던 이전의 작업에 대해 언급하면서] "제가 그 꿈을 애매하게 하고 싶은 게 아니고요. 그 꿈을 말하는 것이 저의 완벽함이고, 저의 접촉이지요. 그게 저예요."라고 덧붙였다. 그녀는 계속해서 단지 흔히 그녀가 기한에 맞추어야만 했기 때문에 작업 상황에서는 그녀의 반추가 **문제**라고 말했다. 그러나 그것은 그녀에게 **문제**일 뿐만 아니라 그녀의 **즐거움**, 즉 생각들 속에 "완전히 침잠하고 싶은"("잠기고 싶은") 소망이기도 했다.

　일주일 후 어떤 회기에서, 이러한 생각들에 더 진전이 있었다. 그녀는 자신이 나에게 여러 번 화를 냈던 것을 떠올렸다. 이제 그녀는 자신이 생각하기에 자신의 화가 나에게 있는 "미덕"이었던 것 때문이라는 것을—즉, 내가 그녀에게 그녀가 바라는 대로 나와 융합된다고 느끼게 하지 않았다는 것을— 알게 되었다고 말했다. 나는 용케 나의 독립성을 유지할 수 있었다. 그녀는 자신이 엄마와의 오래된 관계에서 벗어나려고 했었던 청소년기에 그녀 자신에 대해 나쁘다고 느꼈던 것을 떠올렸다. "저는 그렇게 할 필요가 있었고, 어머니는 우리 사이의 일체감이 필요했던 것 같아요." 그녀가 벗어나려고 애쓸 때, 그녀는 마치 자신이 어머니에게 상처를 주고 있는 것처럼 죄책감을 느꼈다. 이번 회기에서 그녀는 또한 그녀가 새 학교에서 들어가던 14살 때까지 부질없고, 비현실적이고, 정당한 자격이 있는 사람이 아닌 것처럼 느꼈던 것을 떠올렸다. 이곳은 그녀가 어머니와 나눴던 그런 종류의 얘기가 아니라 "학생들에게 실질적인 사고와 대화를 고무했기 때문에" 가끔 그녀가 자신에게 매우 중요했던 곳으로 말했던 학교였다.

　첫 번째 해의 분석은 이러한 자료로부터 발전하게 되면서, 자기-타자 경계선들(내가 결코 그런 단어들을 사용하지는 않았지만)을 중심으로 이뤄졌다. "완벽한 교감(perfect communion)"이라는 어구는 우리가 그것, 즉 특히 생각들을 나누는 것을 중심으로 하는 교감—분석 과정에 중심이 되고 불가피한—을 설명하는 방식이 되었다. 회기들에서 모든 좋은 분석 작업은 그 내용을 **들어주고** 이러한 완벽한 교감/놀이로 **경험되고** 처음에 그녀에게 생겨난 사고의 문제와 관련하여 그녀를 만족스럽게 하는 경향이 있었다. 공동으로 사용된 어구인 "완벽한 교감"은 그녀에게 완벽한 교감의 그 느낌을 주었다. "왜 이런 소망들이 바뀌나요?" 그녀는 가끔 나에게 묻고 대답해달라고 도전했다. 그것들은 유쾌했고, 그녀는 나와 함께 그것들을 만족시키는 그녀의 방법을 찾을 수 있었다. 나는 지속적으로 그녀에게 그것들의 부정된 "어두운 이면"을 보여주었다: 그녀가 그녀의 직장 생활에 대한 불만족 그리고 그녀가 때때로 느끼기에 그녀의 "유아적인" 부분에 대한 증오에서 그가 치렀던 대가. 어머니와의 관계가 중심이 되었고, 어머니는 (그녀가 회상하듯이) 환자의 모든 생각과 말에 영향을 미쳤지만, 어머니 자신은 표현을 잘 하지 못하는 것으로 회상되었다. 그 무엇도 말로 옮겨지지 않았다; 모든 것이 모호하게 남겨졌다. 이와는 대조적으로 그녀는 나의 경우 모든 것을 말로 한다고 했다. 이것이 차이를 만들었다; 그것이 그녀가 첫 번째 상담에서 나에 대해 좋아했던 부분이었다. 그녀는 여전히 말로 하는 교감의 즐거움을 느꼈지만, 이것은 어느 정도 차이를 만들어내고 있었다.(내가 말을 사용하는 것은 완벽한 교감에 대한 소망을 만족시키는 동시에 분화를 촉진했다.)

이 작업의 전반적인 상황에서 그리고 이제 2년 차 분석에 들어가면서, 그녀는 불안하고 화가 나기 시작했다. 이것은 "한 가지 주제에 대한 분석"(모두 경계선들에 대한)이었다. "선생님은 여전히 저를 아이

욕동, 자아, 대상 그리고 자기

로 보고 계시네요." 그녀는 "성장하고 싶은데, 선생님은 저를 그렇게 하지 않으셨어요." 이때, 그녀는 또 다른 편집자와 함께 스스로 새로운 저술 기획을 세우려고 하고 있었다. 그녀는 그를 그의 전체 성씨로 불렀지만, 나는 잘못 듣고 그녀가 축약형을 사용했다고 생각했다(마치 그녀는 앤써니라고 했고 나는 토니라고 들은 것처럼). 내가 이후에 말했던 어떤 내용에서 토니라는 이름을 반복했을 때, 그것 때문에 그녀는 화를 냈다. 그러나 그녀는 왜 그런지 몰랐다. 그래서 그녀는 내가 그를 알지만, 그것이 놀라움으로 다가와서는 안 된다고 느낀다고 확신했다. 그에게는 그녀처럼 정신분석과 관련된 책들에 대해 편집과 관련된 어떤 연계성이 있었다. 그녀는 내가 이 분야에서 출판을 했다는 사실을 알았다. 그렇기 때문에 그것은 내가 그를 안다는 것이(실제로, 나는 그렇지 않았다) 그녀에게 놀라운 일이 아닌 것으로 보였다. 그럼에도 불구하고 그것 때문에 그녀는 화가 났다.

그러나 후속적인 회기들에서, 너무나도 지배적이었기 때문에 한 가지 주제에 대한 분석에 대해 그녀의 불만으로 이어졌던 앞의 내용이 변하기 시작했다. 다음 회기에서는 처음으로 그녀의 아버지가 중요한 인물로 나타나기 시작했다. 그는 지성인으로 보였다(그녀는 이번 회기에 분명히 했다). 아버지에 대한 그녀의 경험은 어머니(사실 화가였고 말을 잘 하지 못했던)에 대한 그녀의 경험과는 사뭇 달랐다. 그녀는 청소년기에 아버지와 친해지려고 노력했던 것을 떠올렸지만, 그가 그녀를 외면했다고 느꼈다. 이제 그녀는 아마도 그녀가 어머니에게서 벗어나기 위해서 그에게 가까이 가려고 했을 것이라고 생각했다. 그녀가 새로운 학교에 들어가고 그 학교가 고무했던, 보다 논리 정연한 방식으로 사고하는 법을 사랑했던 것은 바로 그때였다(고 그녀는 떠올렸다).

그녀는 아버지와 대화를 하고 아버지와 함께 시간을 보내기를 원했다. 그러나 그의 독특한 반응은(그녀가 그것을 여기에서 떠올린 대로) 대체로 "너는 아직 어려. 너는 아직 세상을 몰라."라고 말하는 것이었다. 나는 "나처럼 아버지도 A씨를 성장하게 하지 않으셨네요."라고 말했다. 그녀는 그 연관성을 이해했지만, 계속 말을 했다. 그 시점에 그녀는 책에 관심을 돌렸고, 도서관에 묻혀서 지냈다고 회상했다. 그는 이제 이것이 사물들에 대한 말들(어머니가 전혀 사용하지 않았던)을 찾고 "세상에 대해 배우는"(아버지가 그녀는 모른다고 말했던 것) 그녀의 방식이었는지 생각했다.

그녀는 잠시 멈추고, 여기에서 이야기를 그쳤다. 그녀는 이제 내가 일주일 전에 토니라는 이름을 쓴 이후 우리 가운데 뭔가 불편하게 느껴진다고 말했다. 나는 그녀에게 그것에 대해 무엇이 마음에 떠오르는지 질문했다. 곧, 그녀는 대답했다: "저는 선생님이 그것을 사용하셨을 때 이 말을 할 수 없었어요. 하지만 이제 제가 아버지에 대해 말하고 있다는 것이 보이네요. 아버지는 언제나 '연줄'을 사용해서 제가 직장을 얻도록 하셨죠. 아버지는 모든 사람을 아셨어요. 그것 때문에 저는 저 스스로 그것을 할 수 없다고 느끼게 되었지요. 선생님이 성씨를 사용했을 때, 선생님이 제 아버지 같았어요. 선생님은 앤써니를 아시지요. 선생님은 연줄을 통해서 제가 직장을 얻도록 하셨고 저를 아이로 남게 하셨어요."

이 회기 이후에, 처음으로 자료가 성적이고 신체적인 주제들로 보다 풍성하게(대충 말하는 것이 아니라) 확대되기 시작했다. 그녀는 자신의 최근 성생활과 성적 역사의 측면들에 대해 말하기 시작했다. 그녀의 몸은 그녀에게 "모두 중요했다." 그녀는 말랐을 때 그녀의 몸을 사랑했다. 그때 그녀는 어린 소년 혹은 어쩌면 예쁜 여성으로 느껴졌는지 모르겠다; 그녀는 어떤 것인지 몰랐다. 그녀는 자신의 몸에 대한 갈등들을 자세히 설명했다.

그 다음 회기(내가 설명할 마지막 회기)에서 그리고 그녀가 편집과 저술 작업 때문에 분석적 개념들에 익숙했다는 사실을 떠올려보라─그녀는 흥분하기 시작했다: "모든 것이 들어맞아요! 놀라운 일이죠! 이제 모든 것이 분명해요! 제가 페니스가 없는 소년이거나 제 몸이 페니스 같아요. 저는 소녀-페니스죠." 여기에서 그 어떤 것도 내가 그녀에게 한 말은 아니고, 내가 들었을 때 어느 정도 이해가 되었지만, 내가 일차적으로 듣고 있었던 것은 포괄적인 생각이었고, 흥분으로 가득 차 있었고, 그녀의 1년 차 분석의 중심이 되었던 증상이었고, 시작하면서 그녀가 제시하고 있었던 문제였다. 나는 경청했고, 내가 보기에 그녀의 생각들은 이러한 포괄적이고, 흥분된 궤도에서 지속되면서, 더욱 커지고 모든 것을 포함하고, 더욱 모호해지고 혼란스럽게 되었다. 나는 이것을 지적했다. 나는 이렇게 말했다: "A씨는 자신이 '모든 것이 분명해요' 그리고 그것은 '모두 들어맞아요'라고 말씀하실 때 A씨가 말씀하시고 계신 것을 제가 정확하게 아는 것으로 생각하시는 것 같네요. 우리는 다시 완벽한 교감을 하네요. 저는 다시 한 번 A씨의 어머니가 되고요."

그녀는 거기에서 멈추었다. 그리고, 길게 멈춘 후에, 그녀는 더욱 조용하게 얘기했다. "그것은 임신한 것과 비슷해요. 저는 가득 찼고요. 저는 만족해요." 그리고 나서 생각에 잠긴 채, 생각을 말했다: "이것이 아버지와 마음의 아기를 갖는 것과 같을 수 있겠지요? 어머니는 아버지와 아기[그녀의 동생]를 가졌지만, 그녀는 동생을 망쳤어요." 그녀는 멈추었고, 나는 이렇게 말했다: "그래서 생각들은 A씨와 아버지의 아기이지만, A씨는 자신이 어머니보다 더 잘 하게 놔두지 않겠네요. A씨도 그것들을 망쳤네요." 그녀는 얘기를 멈추었고 그리고 나서 그녀 자신에게 하듯이 생각에 잠겨 부드럽게 말했다: "이건 진짜예요, 그렇지 않나요? 저는 이것이 나의 분석에서 일어나고 있다는 것을 믿을 수 없어요[경계선들에 대한 한 가지 주제보다]. 그것은 제가 성장했다고 느끼게 합니다." 나는 그때 그것을 해석하지 않았지만, 나는 "이건 진짜예요"라는 말을 단지 통찰력의 작업만이 아니라 생각들에 대한 다른 관계의 신호라고 보았다. 생각들은 "진짜," 즉, **참된** 것일 수 있고, 단지 **경험들**의 토대만이 아니다; 그것들은 아버지의 **세계**의 일부일 수 있고 어머니와의 경험의 일부만이 아닐 수 있다. 이후의 회기들에서, 이러한 주제들은 계속 발달했지만, 나는 여기에서 멈추려고 한다.

물론 이러한 일련의 회기들이 분석 작업의 중심 주제들에서의 변화를 생생하게 보여주기 때문에 나는 의도적으로 이것들을 선정했다. 회상된 삶의 역사와 전이에서 나타난 1년 차의 주제들인, "완벽한 교감"의 추구에 의해 파악된 주제들은 자기 정의와 대상관계들이 그 자체로 잘 구별되지 않았던 그 지점이라는 측면에서 잘 설명되었다. 그녀의 소통을 받아들이는 어머니(그리고 분석가)의 "영향에 잠기면서," 그 상태를 소망하고 그것 때문에 유아적으로 느끼고, 그것을 찾고 분석가에게 그것에 대한 책임을 투사하고, 그것에서 벗어나려고 하지만 그렇게 할 때 죄책감을 느끼면서 그리고 이 모든 것은 그녀를 분석에 오게 했던 그녀의 생각의 질과 연결되었다. 그녀는 1년 차 치료를 겪어냈다. 그러나, 앤쏘니/토니 사건 때문에 아버지가 분석에 나타났다. 그는 처음에 어머니에게서 벗어나려는 환자의 수단으로서 나타났다(Ralph

욕동, 자아, 대상 그리고 자기

Greenson[1967]과 Robert stoller[1968]가 "어머니로부터의 탈동일시 (disidentification from mother)"라는 용어로 설명했던 것처럼); 그러나 이후에 그는 오이디푸스기적인 아기에 대한 소망 그리고 어머니와의 경쟁에 대한 자기 처벌(그녀의 생각들을 망쳐버리는 것)이라는 측면에서 나타났다. 이것은 한편으로 자기와 모성적인 대상관계들의 주제들과 다른 한편으로 섹슈얼리티와 오이디푸스기적인 대상관계들의 주제들 사이의 예리한 단절을 나타내지 않았다. **생각들**에 있어서, 어머니 그리고 어머니-로서-분석가와의 "완벽한" 관계의 형태는 아버지와의 관계를 추구하는, "생각 아기"의 형태가 되었다. 완벽한 교감과 관련된 개념들은 융합에 대한 계속 남아 있는(갈등을 일으키기는 하지만) 소망들을 반영하면서 어머니와의 관계에서 중요한 역할을 했던 것 같고, 아버지를 포함하는 오이디푸스기적인 환상들이 서서히 생겨나는 것에 대한 방어기제의 역할을 했고, 오이디푸스기적인 관계 자체의 형태에 영향을 미쳤다.

나는 이것을 인간 기능에 있어서 여러 가지 심리학이라는 측면에서 생각의 유용성에 대한 특별히 명쾌한 설명이라고 생각하지만, 이것을 어떤 점에서도 분석 작업만큼 특별하다고 생각하지는 않는다. 나는 그런 일이 언제나 일어나는 어떤 것이라고 믿고, 어떤 작업도 열린 마음으로 조심스럽게 살펴보면 그러한 변화들이 나타날 것이다. 내가 이 책의 첫 부분에서 진술했듯이, 나는 이러한 것들과 같은 현상들을 어떤 하나의 심리학(여기에서는 자기, 대상관계 혹은 욕동)의 용어들로 환원하는 것에는 논쟁들이 있을 수 있다는 점을 인정한다. 그러나 나는 그렇게 하는 것에 아무런 이득이 없음을 보았다. 사실, 개념적으로 보면, 나는 만약 우리가 정신분석이 지금까지 만들어냈던 다중적인 모델들로 작업한다면 우리는 훨씬 더 유연하고 우리의 개념화는 덜 강제적이라고 믿는다(p. 95에서 인용된 Sandler의 말을 기억하라). 이 특별한 환자에 관해서는, 제시된 자료에서 아버지를 둘러싼 오이디푸스기적인 주제들이 나타났을 때 분석의 "진짜" 주제들에 "보다 깊이" 가거나 도달했다고 믿지 않는다. 그 각각의 주제들은 진짜이다. 각각은 깊이가 있다. 각각은 반복해서 분석에 다시 나타났다. 그리고 각각은 4년 후에 종결 단계에서 중심이 되었다. 그리고 물론 그것들은 환자를 위한 "분리된 심리학들"이 아니다. 내가 믿기에 제시된 자료가 보여주듯이 그녀의 삶에서 그것들은 긴밀하게 관련되어 있다.

최근에 이혼한 대학 영문학 강사인 47세의 B씨는 대학 경영진의 상급자를 대할 때 그녀가 자신의 삶에 평생의 배경으로 인식했던, 끊임없이 일어나는 부적절감이 훨씬 더 중심적으로 명확하게 드러났다. 그 사건은 그녀에게 심각한 괴로움이 되었지만, 그녀가 그 일을 더 잘 받아들이는 것을 배우기를 원한다고 느낄 만큼 충분히 익숙해졌다. 그녀는 이전에 심리치료를 받았고, 그것이 매우 유익했다고 생각했기 때문에, 심리치료로 다시 옮겨가는 것이 자연스러워 보였다. 문제가 얼마나 오래되었고 성격적으로 뿌리가 깊은가에 귀를 기울이고, 환자의 자기 표현과 자기 관찰 능력을 주목하다가, 나는 분석을 권유했는데 그녀는 기꺼이 동의했다.

그녀가 치료를 받으러 온 상황의 두 번째 부분은 어머니와의 관계와 관련이 있다. 최근 이혼과 둘째(이자 막내) 아들이 집을 떠나 대학에 들어간 일로 인해서 그녀는 더욱 홀로 남게 되었고 이제 늙어가는 어머니와의 관계로 보다 강렬하게 되돌아가게 되었다. B씨의 아버지는 그녀가 학교에 입학하기 전에 죽었고, 아이였을 때 그녀는 어머니와의 정서적인 온실 분위기에서 양육되었는데, 어머니는 한사코 재혼을 하지 않았다. 아동기의 어머니는 우울했고, 화가 많았고 특히 현저하게 침범적이었던 것으로 기억되었다. 분석 초기, 보고된 회기들이 진행될 즈음에는 이러한 초기 어머니에 대한 혹은 그녀와의 관계가 아이였던 B씨에게 작용하는 방식에 대한 어떤 그림도 아직 분명해지지 않았다. B씨의 후기 시절에ㅡ대학 다닐 때, 결혼생활 중에ㅡ 그녀가 어머니에게서 훨씬 더 거리를 유지하면서 관계는 진정이 되었다. 이혼 후 어머니와의 관계로 다시 돌아가게 되고, 분석을 받으면서, 환자는 그들의 관계의 오래된 주제들에 더 많이 연루되게 되었지만, 그들에게 가까이 다가왔던 진정의 세월에서보다 더 많은 준비가 되었던 것은 아니었다.

계속해서 일련의 세 회기를 보고하기 전에 여담으로 하고 싶은 말이 있다: 자기심리학은 분석에서 "공감 실패"의 중요성에 관심을 가져왔다(Kohut, 1977; Goldberg, 1978). 그것이 문헌에서 지속적으로 다시 나타나는 임상적 개념이 되었기 때문에, 나는 그것이 **분석가들**보다는 **환자들**을 특징짓는 것으로 이해하게 되었다. 나는 분석가나 치료사의 재치 없거나, 둔감하거나, 고압적인 말이 **어떤** 환자에게도 ㅡ충분한 정도의 둔감성을 고려하더라도ㅡ 상처가 될 수 있고, 심각하게 그럴 수 있다는 사실을 부정하려고 하는 것은 아니다. 여기에는 공감 실패를 범하는 것이 포함된다. 그러나 상당히 적절한 분석 작업의 상황에서, 어떤 환자들은 다른 환자들에게서 정서적인 상태에 대한 상대적으로 작은 "실수들"로 경험되는 것에 대해 실패했다는 경험으로 반응한다. 이러한 경험은 매우 강력한 것ㅡ치유하기 위해서 상당한 시간과 민감한 작업을 필요로 하는, 상처에 대한, 심리적 유기 혹은 냉담함에 대한 깊은 느낌—이다. 내가 보았듯이, 치유를 향한 작업은 그 자체가 분석 작업의 중심적인 부분이다. 즉, 그것은 단지 단절을 치유해서 "그 작업"이 지속되도록 할 수 있을 뿐만 아니라, 그 자체가 **자기 자신을 실패한 것으로 경험하는** 경향이 작용하고 궁극적으로 이해되고 극복되는 형식이다.

B씨는 그런 환자였다. 보고된 회기들 당시에, 나는 그녀가 자신을 압박하거나 침범한다고 느끼게 하는 나의 어떤 부분에 특별히 민감하다는 것을 이미 알았다. 나는 이것이 적어도 부분적으로는 어머니와의 관계에서 침범당했던 초기 경험의 측면들을 반영한다고 이해하고 있었다. 나는 이것을 어떻게 이해해야 할지에 대해 전체적으로 분명하게 알지 못했고 지금도 모르겠다. 그것은 어머니와의 관계에서의 결핍의 결과로 이제 자기에 대한 더 많은 상처들에 직면해서 지속적인 연약함의 경험으로 구조화된, 자기애적인 성격 구조로서 자기심리학적 용어들로 이해되어야만 하는가? 아니면 자아와 외상의 용어들로, 특정한 불꽃(침범 경험)이 어머니에 의해 주어졌던 보다 초기의 재앙/외상의 경험에 불을 붙일 때 압도적으로 나타나는 취약성으로 이해되어야만 하는가? 어떤 사건에서, 보고된 회기들은 공감 실패의 특정 사례에서 새로운 대상관계적 측면이 생겨나는 전환점이었다. 다시 한번 말하자면, 나는 이해의 이러한 새로운 측면을 "대신에(instead of)"가 아니라 "게다가(in addition to)"로 본다.

보고된 세 회기의 첫 번째 회기에, 환자는 늦게 왔고, 놀라울 정도로 고요하고 어쩌면 조금은 경쾌한 방식으로 전날 이후 우연히 그녀의 삶에서 모든 것이 잘못되어버린 일련의 일들에 대해 말했다. 그것들 가운데 어떤 것도 비극이 아니었지만, 그것들은 모두 혹은 한 가지라도 우리 가운데 누군가를 많이 사뭇 속상하게 하는 것이었다. 첫 번째, 그녀가 친구들과 극장에 있었던 전날 밤 그녀의 집에 도둑이 들었다. 그녀에게 소중한 것들이 도난당했고, 집은 전부 엉망진창이 되었다. 두 번째, 전날 다음 학기의 몇몇 강의 배정이 그녀에게 전달되었는데, 그것은 매우 만족스럽지 않았다. 그것은 예전의 방식에서 상당히 벗어난 것이었다. 그녀는 확실하지는 않지만 이것이 최근에 있었던 대학 관계자와의 충돌의 결과일 수 있다고 의심하였다. 그리고 세 번째, 학과장과의 모임 때문에 그녀는 이날 회기에 많이 늦었는데, 이것은 그녀가 늘 자기를 비판하는 일이었다. 그녀는 정확하게 시간을 맞추고 싶어 했다.

사건들은 곤혹스러웠지만, 이것은 그녀의 표면적인 정서만으로는 알 수 없었다. 그러나, 그녀가 그것들에 대해 말하는 것을 마쳤을 때, 조용히 울기 시작했고(회기 중에 흔히 나타났던 것과 유사한 종류의) 그녀의 목소리는 갈라지기 시작했다. 이것으로부터 도망치듯이, 그녀는 태도를 바꿨다. "그러나 상황이 그렇게 나쁘지는 않아요"라고 그녀는 얘기했고, 마치 정도에 있어서 균형을 맞추려고 하듯이 몇몇 (아주 사소한) 잘 되었던 일들을 늘어놓기 시작했다. 나는 조용히 생각했다. 침범당하고 상처받는다고 느끼는 그녀의 경향을 잘 알고 있었기 때문에, 나는 그녀가 말을 멈추었을 때 끼어들었고, "나쁜 것"을 "좋은 것"과 조화시키려는 그녀의 시도에 주목했으며, 그녀가 자신의 고통을 겪을 만하지 않다고 느끼는지(이전 회기에 생겨났던 생각) 질문했다. 그러나 그녀는 곧 나의 말을 일축했고, 계속해서 거의 강박적인 방식으로 균형의 "좋은" 부분들을 열거하였다. 또다시 멈추었을 때, 나는 이렇게 말했다(나는 내가 그녀를 이미 자신의 목소리가 울음으로 갈라지고 있는 것에서 나타나고 있었던 고통스러운 감정으로 움직여가고 있다는 것을 잘 인식했지만, 내가 생각하기에 매우 지지적인 어조로): "저는 B씨가 혼란스러운 사건들을 어떻게 피하고 있는지 압니다. 만약 B씨가 스스로 그것의 어떤 부분에 대해 경험하도록 한다면 나락으로 떨어지리라는 어떤 느낌이 있는지요? B씨에게는 너무 벅찬 것처럼 느껴지나요?" 그녀는 조용해졌고, 그리고 나서 더 충분히 울게 되었다. 게다가 그녀는 "나락"이라는 개념을 거부했고 혼란에 빠지게 되는 것은 말이 되지 않는다고 주장했다. 그녀는 그 사건들에 대처해야만 했고, 만약 자기 통제를 유지했다면 그것을 더 잘할 수 있었을 것이다. 그녀는 다시 눈물을 흘렸다. 그 회기가 끝났을 때, 그녀는 떠나면서 얼굴을 돌렸다. 나는 그것이 화가 난 것인지 그녀의 눈물을 감추기 위한 것인지 알지 못했다.

다음날 내게 왔을 때 그녀는 화가 나 있었다. 나는 단지 "빌어먹을 정신건강의학과 의사"였고 그녀가 누구인지 혹은 어디에 있는지 아무 생각이 없었다. 나는 그녀를 침범했고(그녀가 그렇게 말했다) 나는 그녀를 압박했다. 나는 그녀 자신의 방식으로 대처하려고 하는 그녀의 욕구에 대해 아무런 인식이 없었다. 전날 떠날 때, 그녀는 교통 체증을 겪었다. 그리고 그녀는 나를 이리저리 욕하면서 시간을 보냈다. 그녀는 나에게 화가 났다. 그녀는 내가 조용히 있을 때 그것이 싫지만(그녀가 전에도 가끔 했었던 말에서), 내가 전날 했던 것처럼 말을 할 때는 그것이 더 안 좋다고 덧붙였다. 그녀는 내가 침묵하는 것도 말하는 것도 모두 안 좋았다.

이것이 그 회기의 전반적인 분위기였다. 그녀는 때때로 차분했고, 다른 주제로 벗어났고, 그러다 다시 화를 냈다. 나는 개입할 수 있는 유용한 방식을 찾지 못하고 비교적 조용히 있었다. 나는 다소 당혹스러웠다. 나는 여전히 전날 나의 개입이 그녀의 상처를 건드렸다 할지라도 그것이 부드러웠다고 느끼고 있었고, 나는 내가 야기했던 폭풍 때문에 다소 당황스러웠다. 나는 나 자신을 정당화하고, 친절한 방식으로 설명하려는 어떤 내적 경향성을 인식했지만, 당황스러움에 대한 나의 일반적인 느낌에 비추어보면 이것은 부적절해 보였고, 그래서 적당하게 조용히 있으면서(내가 처벌적으로 철수하고 있는 것으로 경험되지 않도록 충분한 말과 함께), 경청하고, 기다리는 것이 더 지혜로운 것으로 보였다.

주말에 쉬고 난 후 다음 회기에 환자가 왔는데, 그녀의 분위기는 확실히 달랐고, 평소의 보다 우호적인 자기로 돌아왔다. 그녀는 이전 주간의 회기들을 즉각적으로 이해했다. "선생님은 아시죠, 선생님이 저의 아픔을 지적하실 때 그것은 저에게 제 엄마와 같다고 말씀하시는 것 같았어요. 그녀는 모든 것에 대해 마음이 산란하곤 했습니다. 저는 선생님이 옳다고 생각해요. 그것은 나락과 같아요. 그러나 저는 그것을 듣는 것이 싫었어요."

"저는 주말에 꿈을 꾸었어요. 실제로 주말에 가족 행사들이 많이 있었고 제가 생각하기에 그것들은 꿈의 두 번째 부분과 관계가 있어요." 그리고 그녀는 나에게 여러 건의 전화 통화들과 주말에 있었던 가족 모임들에 대해 상당히 자세하게 얘기했다. 그녀가 얘기할 때 그 중심은 그녀가 친가 쪽 가족들에 대해 알게 되었던 괴팍함에 관한 것이었다.

그녀는 결론 내렸다: "맙소사, 저는 괴팍함의 유전적 근거가 있을 수 있는지 의문이 생깁니다! 정신이 온전해 보이는 존[친가 쪽의 친한 사촌 형제]은 정말로 괴팍합니다. 제가 선생님께 그 꿈을 말씀드리죠.

저는 제 사무실로 가고 있었습니다. 그곳은 평상시의 제 건물과 같지 않았어요. 거기에는 많은 기계들이 있었어요. 제가 제 사무실에 도착했을 때, 저의 이전 치료새[여성]가 거기 있었습니다—아니면 저의 이전 치료사라고 생각되었어요. 사실은 그 사람은 지난 겨울 멕시코에서 제가 휴가를 함께 보냈던 또 다른 여성이에요. 저는 그녀에게 제가 분석을 받고 있기 때문에 그녀를 더는 볼 수 없다고 말했어요. 그리고 나서 갑자기 장면이 바뀌었어요. 저는 어떤 종류의 신경학적 결함에 대해서 검사를 받고 있었습니다. 그것은 저의 친가 쪽의 괴팍함과 유사한 부분이지요. 저는 검사에서 적절한 대답을 할 수 없었지만, 제가 대답을 몰라서 그들이 어떤 결함도 발견하지 못했다는 사실을 숨기기 위해서 그 꿈에서 화를 냈어요."

그녀는 잠시 멈추었고, 다소 마지못해 계속 이야기했다: "선생님은 제가 그 꿈에 대해 마음에 떠오르는 것을 말하기를 원하시겠죠. 저의 치료사라고 생각되었던 꿈에서 그 여성은 제가 정말로 좋아했던 어떤 사람이지만, —왜 그런지 저는 모르지만— 그녀가 저의 삶에서 떠나간 거 같아요. 제 치료사에게도 같은 일이 일어났죠. 저는 그분을 정말로 좋아했지만, 이제 그분도 저의 삶에 있지 않아요. 이상한 일이지요. 그들은 모두 나의 삶의 일부였는데 이제는 아니에요. 저는 이전 치료사를 만나러 갈까 생각했어요. 단지 친구로서요. 한 번만 보고 싶네요. 오! 그 꿈의 기계들은 모두 빨간색과 초록색이었네요. 크리스마스 같아요. 크리스마스 전에 언젠가 그 치료사를 만나러 가야겠다고 생각했었지요. 최근에 그런 생각이 들었어요."

나는 그 회기에 처음으로 얘기했다: "당신의 삶의 일부분이었고 '당신이 지금 분석을 받고 있기 때문에' 떠나가고 있는 세 번째 여성이 있을까 하는 생각이 드네요. 그분은 B씨의 어머니죠. B씨도 저도 B씨가 '물려받았다'고 하는 외가쪽의 '유전적인' 괴팍함—그녀처럼 마음이 산란해지는 것과 같은—을 보지 못할 거예요. 그리고 제가 그 결함을 보지 못했다고 분명히 하니까, B씨는 저한테도 화가 났던 것이지요. 그 꿈의 신경 검사에서처럼요."

B씨는 즉각 반응했다. "제 엄마는 언제나 화를 냈어요. 선생님은 그녀가 어땠는지 모르실 거예요."(그리고 그녀는 나에게 그녀의 화에 대해서 계속 말을 했다.) 그녀가 얘기를 끝냈을 때, 나는 말했다: "그래서, 목요일에 B씨는 제가 B씨에게 어머니와 같다고 말하는 것으로 느꼈고, 금요일에 B씨는 저에게 어머니가 어땠는지 보여주었지요. 화를 내셨다고, B씨가 저에게 화를 냈던 것처럼요."

그녀는 자신의 어머니에 대해 더 많은 것을 얘기했다. 이번에 그녀가 강조한 것은 자신이 어머니가 무엇에 화가 났는지 결코 말할 수 없었다는 사실이었다. "제가 무엇을 하든 그것은 잘못된 거였어요." 나는 대답했다: "그리고 B씨는 내 안에 그 경험을 만들어내려고 했던 것이죠. 만약 제가 침묵한다면 B씨는 그것을 좋아하지 않을 거예요. 그리고 만약 제가 말한다면 그것을 좋아하지 않지요. 제가 무엇을 하든 잘못된 거죠. 제가 생각하기에는 B씨가 저에게 자신이 어떻게 성장했는지 보여주고 있네요."

이제 B씨는 웃었고, 좋은 분위기에서 계속 얘기했다: "선생님께 화를 내는 것은 재밌었어요. 그 회기가 끝나고 제가 교통 체증에 걸려서 선생님을 욕하고 있을 때, 저는 정말로 즐겼습니다. 저는 제가 무엇을 하고 있는지 알았죠. 저는 정말로 그것을 즐겼어요." 그러고 나서, 더욱 진지하게 얘기했다: "그러나 저는 제 아들들이 자랄 때 그 애들한테는 고함치지 않으려고 항상 애썼습니다. 저는 엄마처럼 되고 싶지 않았거든요." 그리고 나는 그 회기가 끝났을 때 이렇게 말했다: "그럼에도, 저는 B씨에게 마음이 산란하다고, 어머니와 비슷하다고 하겠어요."

여기에서 어떤 일이 일어났는가? 어쩌면 관련된 특정 내용 때문에 혹은 우리가 분석에서 움직여가고 있던 방향 때문에, 나에게 상처받았다는 환자의 느낌, 그녀의 취약감—이전에 수없이 나타났던 것—이 갑자기 변했다. 환자의 연약하고 취약한 자기감—혹은 감당할 수 없는 침범적인 의견들에 의해 쉽게 상처를 받는 자아—을 중심으로 하는 자료의 구조도 갑자기 변했다. 그 자리에 과거의 대상관계들과 동일시하는 실연들이 나타났다. 나는 그녀를 침범하는(나의 첫 번째 개입으로) 그녀의 어머니였다. 그러나 그다음에는 그녀가 그녀의 어머니였다. 이것은 그들 모두가 마음이 산란했기 때문이고, 그녀는 내가 그녀를 그렇게 동일시했다고 느꼈다. 그리고 그다음에는 그녀가 다시 그녀의 어머니였다. 나에게 화를 냈기 때문이다. 그러나 이번에는 그녀가 나를 무엇을 하든 잘못한 아이로서 그녀의 아동기 자리에 두었다.

나는 내면화된 대상관계의 실연에 대한 이러한 해석들이 모두 나에게나 환자에게나 설득력이 있었다고 말하고 싶다. 대응성이 적절해 보였고, 환자는 그것들을 사용해서 생산적으로 작업했다. 그러나 다시, A씨의 자료에 대해 말했을 때, 그녀에게서 일어나고 있었던 것에 대한 다른 견해를 참조하는 것에는 그녀의 취약한 자기에 대한 주제들을 해결하는 것이 포함되지 않았다. 그것들은 분명히 되풀이해서 돌아왔고 오랫동안 가장 중심적인 주제들이었다. 그리고 이러 저러한 주제들은 서로 연결되어 있음이 분명했다. 그리고 나는 그것들이 이제 자기(self)의 언어로, 대상관계의 언어로 그리고 제시된 사례에서(우리가

욕동, 자아, 대상 그리고 자기

이러한 회기들에서 그것에 해석적으로 초점을 두지는 않았지만)는 공격적인 충동의 언어로 가장 잘 다뤄진다고 믿는다. 하나에서 다른 하나로의 흐름은 어떤 회기에서 매우 자연스럽게 나타난다. 그것이 바로 분석이고, 그것은 어떤 하나의 심리학의 측면에서가 아니라 여러 심리학들의 다중적인 언어들로 더 잘 이해된다.

C씨는 40대 초반에 분석을 시작했다. 아이도 없고 결혼도 하지 않은 그는 여러 관계들이 있었는데, 각각 장기간 유지되었고, 그것들 속에 있는 반복적인 패턴에 빠졌다고 느꼈다. 그는 한 여성을 만나서, 끌림을 느꼈고, 그녀에게 성적으로 흥분이 되었고, 다분히 성적인 관계에서 연애를 시작했다. 그러나 몇 개월 후에 그는 애인을 비난하고 트집을 잡다가, 항상 화를 내고 공격적이고 학대적이게 된다는 것을 알았다; 동시에 그는 그렇게 옳은 것도 아니지만 적어도 죄를 짓는 것은 아니라고 느끼고 있었다─오히려 이것은 완벽하게 수용할 만한 행동이라고 느끼고 있었다. 그의 분노가 커지고 있는 동안, 성적 관계도 시들해졌고, 결국 그는 완전히 관심을 잃어버렸다. 그 지점에서 관계가 끝나지는 않았지만, 오랫동안 분노에 차고 성관계도 없는 상태로 질질 끌다가 결국 상대방의 자극 때문에 끝나게 되었다. 그는 이것이 현재의 관계에서 다시 일어나고 있는 것을 보았지만, 이번에는 그것에 대해서 뭔가를 해야만 했다.

기술된 회기 이전에 몇 달 동안, 회기들 밖에서의 그의 분노 그리고 회기 안에서 "무력하게" 침묵하는 경향과 관련하여 많은 이해가 이루어졌다.

전자를 먼저 살펴보자: 환자의 아버지는 모든 가족 구성원─환자,

두 명의 누나 그리고 그의 어머니—에 대한 험악하고 비판적인 주장으로 가정을 지배하였다. 가정은 두려운 곳이었다. 환자가 학교에 가거나 친구들과 있을 때, 그는 적극적이고 사교적일 수 있었다. 그러나 집에 들어오면, 그의 아버지가 직장에서 아직 귀가하지 않았음에도 불구하고, 환자의 행동은 급격하게 변했다. 그는 이미 아버지의 귀가를 예상하면서 어색하고 억제된다고 느꼈고, 스스로 조용히 멀리 떨어져 있으려고 했다. 그는 아버지의 신랄하고 비판적인 공격 때문에 절대적으로 무가치하다고 느끼던 것을 기억했고, 그는 그 느낌을 여전히 갖고 있다. 무수한 회기에서 그리고 무수한 경로를 통해서, 그의 현재의 분노와 공격적인 행동은 과거의 상처를 주는 내면화된 대상관계를 유지하고 반복하는 것과 관련이 있다고 이해되었다. 우리는 그가 화를 낼 때 그가 그의 아버지와 같았음을 알게 되었다. 그것은 미묘한 위로를 주었다. 그는 평생 그의 전체 가족 분위기를 자기편으로 만들 수 있을 것 같았다. "완전히 받아들일 수 있는 행동"으로서의 분노 경험은 그것이 그의 아동기 가족이 작동시켰던, 의문의 여지가 없고 확실히 도전받지 않았던 방식이었다는 것과 연결된다. 이것은 있는 그대로였다. 그리고, 물론, 그것은 그 관계를 수동적인 것에서 능동적인 것으로 바꾸었다. 그는 비난받는 아이가 아니었다. 오히려 그는 비난하는 아버지였다. 게다가 그는 자신의 애인을 과거의 자기, 즉 비난받는 아이로 만들었다. 이것은 훨씬 분명해 보였다. 환자는 그것에 대해 두 개의 반응을 지속적으로 보였다. 지배적인 하나는 어떤 말을 계속적으로 반복하는 것이었다: "그게 아버지와 같다는 것을 알 수 있어요, 하지만 저는 그것을 멈출 수가 없어요." 이 경우 대개 "어젯밤에도 그렇게 했어요"라는 얘기와 함께. 동시에 다른 반응은 분노 행동에 대해 더욱 커지는 자아이질감과 그것을 자제했을 때의 쾌감이었다.

기술된 회기가 있기 전 몇 달 동안의 두 번째 이해들, 즉 전적으로는 아니지만 대개 동일한 대상관계적 맥락에서의 이해들은 회기들에서의 무력한 모호함에 대한 환자의 느낌과 관련이 있다. 그는 분명한 차이를 잘 알았다. 그는 애인에게 소리 높여 항의하고 비판적으로 공격하였다. 그러나 그는 나에게 어떤 얘기도 하기가 어려웠다. 그는 자신이 말하는 것은 무엇이든 가치 있는 것이 아니고, 결국 너무 꿈짝하지 않기 때문에 내가 그에 대해 지치고 분석을 종결할 것이라고 믿었다.(사실, 가끔 오래 멈추기도 했지만, 환자를 조용한 환자로 기술하기는 어려울 것이다. 조용하고 꿈짝하지 않는 것은 내적 경험이기 때문이다.) 환자의 자각에 가장 가까운 생각들과 일치하고, 그가 가장 쉽게 다룰 수 있는 해석들도 그의 대상관계의 반복과 관계가 있었다. 그는 혼란스러웠다. 그는 조용했는데, 만약 그가 말하면 내가(아버지로서) 그를 비난할 것이고, 거꾸로 만약 내가 조용했다면 내가(분석가로서) 그를 비난하고 분석을 끝냈을 것이기 때문이다. 그의 분노와 마찬가지로, 침묵 때문에 그의 아동기 가정의 분위기가 그에게 계속 작동하면서 다시 조성되었다. 그러나 여기에서 그것 때문에 그가 나의 사무실에 들어올 때 그의 행동이 표현적인 것에서 억제적인 것으로 바뀌었던 것처럼 집에 들어갈 때 그가 경험했던 두려움에 찬 그 자신의 퇴행이 다시 일어났다. 확연하게 분명해졌지만 환자를 더 불편하게 했던 것은 성적 표현에서 침묵이 하는 역할에 대한 이해였다. 그는 새로운 여성과 처음 관계를 시작할 때 어떤 침묵의 경향이 그 여성을 그에게 흥미를 갖도록 하는 것 같다는 사실을 알게 되었다. 그녀는 "섹스로 그 침묵을 채웠고," 그는 그 관계가 시작이 좋다고 느끼곤 했다.

성적 표현과 관련된 이 마지막 요점을 제외하고, 분노와 무기력한 침묵 경험은 애인과의 관계 그리고 나와의 관계로 옮겨져 온, 내면화된 과거의 가족 드라마라는 측면에서 주로 이해가 되었다. 기술된 회기에서, 추가적인 이해가 급속하게 생겨났다.

C씨는 회기를 위해서 들어왔고 곧 그가 꿈을 꾸었는데 기억할 수가 없다고 말했다. "그것은 제인[그의 현재 애인]과 싸우는 것에 대한 것이었지만, 모호했어요." 그리고 그는 꿈에 대한 얘기를 그만두고, 곰곰이 또 다른 주제를 찾고 있는 것 같았다. 잠시 멈춘 후에 그는 마음 속을 뒤져 말할 수 있는 또 하나의 주제를 찾는 데 성공한 듯이 하나의 주제를 내어놓았다: "어젯밤 소설을 읽고 있었어요. 어떤 사람들과 그들의 가-피학적 관계에 대한 것이었어요. 섹스가 많이 나왔어요. 저자는 소설 속에서 자신의 환상들을 말해주고 있는 것 같았어요. 사람들이 그들의 환상들을 표현하는 것에 대해서 얼마나 솔직할 수 있는가에 대해 놀랐습니다. 저는 결코 그렇게 할 수 없었지요.... 젊었을 때는 그런 환상들이 있었지만, 이제는 아니에요. [또 한 번 길게 멈추고 나서.] 저는 아무 생각이 없네요. 할 말이 없어요."

가끔 이전 회기들에서 나는 C씨가 사실은 가지고 있는 생각들을 억제하고 있다는 측면에서 아무 생각 없음과 침묵에 대해 언급했었다. 이것은 때때로 기꺼이 마음을 터놓는 것으로 이어졌다. 그러나 마찬가지로 때때로 그것은 핵심을 벗어나는 것 같았고, 나는 환자를 위한 중요한 소통으로서 침묵 자체에 초점을 두게 되었다. 이러한 접근은 환자의 대상관계에서 침묵이 어떤 역할을 하는지에 대한 이해로 이어졌다. 그러나 현재의 회기에서, 싸움에 대한 꿈과 그의 삶의 보다 이른 시기의 가-피학적 환상들에 대해 무심결에 나온 말들을 따라가면서, 나는 다시 침묵의 방어적인 측면을 다루었다. 그래서, "저는 아무 생각이 없네요. 할 말이 없어요."라는 그의 말에 대해 대답하면서, 나는 "꿈과 과거의 환상들이 다뤄지지 않은 거 같네요."라고 말했다.

환자는 불안하게 그리고 의식적으로 웃었고, 계속해서 말했다. "그 꿈에 대해 뭐라고 말해야 할지 모르겠어요. 그것은 또 싸움이었어요. 늘 그래왔던 것처럼요.... 저는 그런(가-피학적) 환상들을 많이 가지곤 했지요. 그것은 두 가지 방식으로 진행되었어요. 저는 여자의 힘 안에 놓이곤 하지요. 묶이기도 하고요 무엇이든지요. 그녀는 저에게 원하는 것을 무엇이든 할 수 있어요. 아니면 제가 그녀를 저의 힘 안에 두지요. 저는 정말로 그녀를 지배하고, 제가 원하는 무엇이든 할 수 있어요. 그 것이 제가 환상들을 가지는 주된 방식입니다. 그건 정말로 흥분되는 일이지요. 어떤 일이 있었는지 저는 모르지만, 이제는 그 환상들이 없어요." 또 한 번 멈추고 난 후 나는 이렇게 말했다: "아마도 이제 그것들은 당신의 싸우고 공격하는 형태로 남아 있겠지만, 성적인 부분에 있어서는 그렇게 분명하지 않은 것 같네요." 그러고 나서 다음의 대화가 이어졌다.

"그렇지만 만약 그것이 그렇다면, 저는 싸움에서 어떤 쾌감을 느끼면 안 되는 건가요?"

"당신은 어떤 것을 알고 있나요?"

잠깐 멈춘 후에: "예, 그래요. 쾌감의 분출을 느끼지만, 저는 그것을 마음에서 제거하려고 하지요; 저는 그것에 대해 그런 식으로 생각하고 싶지 않아요. 그러한 환상들에서 저는 정말로 그녀의 지배를 받곤 합니다; 아니면 그녀가 저의 지배를 받곤 하지요. 저는 그녀를 지배하고 제가 성적으로 원하는 것은 무엇이든 할 수 있습니다.... [그는 명백하

게 불합리한 추론으로 이야기를 계속했다]: 만약 선생님이 그것을 그런 식으로 보길 원한다면요."

"왜 C씨는 그렇게 마지막 구절을 덧붙이죠?"

"선생님이 제가 환상에 대해 말해야만 한다고 하셨기 때문이죠."

"오! 알겠어요. C씨는 여기에서 저의 지배를 받고 있네요."

환자는 곧 계속 이야기했다: "아버지가 저를 비난할 때 저는 아버지의 지배를 받는다고 느꼈어요." 그는 그가 "아버지의 지배를 받고" 있다는 적절한 느낌을 제시하면서 이것에 대해 구체적으로 이야기했다.

다시 이야기가 멈추고 나서 조금 후에 다시 C씨는 그가 무슨 말을 해야 할지 모르겠다고 말했다. 그러나 이번에 그는 자신의 차단된 느낌을 알아차렸다. "저는 우리가 얘기하고 있는 주제를 좋아하지 않아요; 저는 저에게 주어진 이 모든 초점을 견딜 수 없어요. 그리고 저는 침묵을 견딜 수 없네요. 어느 쪽으로든 저는 갇혀 있는 것 같네요. 제가 어디 있는지 모르겠어요.... 제가 평생 그렇게 하고 있는 것 같아요. 여기에서 다시 그러고 있네요. 저는 침묵할 거예요; 저는 선생님의 지배를 받을 겁니다; 선생님은 저를 내치실 거예요."

또 한 번 길게 멈추고 난 후, 나는 이렇게 말했다: "저는 그것이 두 가지 방식으로 작동하고 있는지 의문이 생깁니다. C씨의 말대로, C씨는 저에게 지배당하고 있어요; 만약 C씨가 침묵한다면 저는 C씨를 내칠 수 있어요. 그러나 침묵은 강력합니다. 그것 때문에, 저 역시 C씨에게 지배당하고 있지요. 만약 C씨가 침묵한다면 저는 무엇을 할 수 있을까요?"

다시 환자는 이것을 기꺼이 확인했다: "선생님은 아시죠, 그들은 침묵이 시끄럽다고 했어요. 그것은 강력합니다. 때때로 제가 모임 안에서 침묵할 때 모든 사람이 저에게 집중하기 시작하죠. 그들은 제가 무엇을 생각하고 있는지 모르고, 그들은 알고 싶어하죠. [그리고 다시 무관한 이야기가 이어졌다. 그리고 그것은 이 환자에게 결코 전형적인 진술 방식이 아니었다.] 그것이 선생님이 원했던 것인가요? 제가 선생님의 질문에 답을 했나요?"

나는 다시 말했다: "그래서, 다시 C씨는 저에게 의존합니다; 저에게 모든 힘이 있지요." 환자는 다시 이야기를 시작했고 회기가 끝날 때까지 10분 정도 이야기했다. "맙소사! 저는 제가 그것을 계속해서 반복하고 있는 것을 알겠네요. 선생님에게도 힘이 있고 저에게도 힘이 있네요." 그는 계속해서 두 가지를 기술하였다. 첫째는 그의 아버지가 집 밖에서는 친절하고 유쾌한데, 집에 들어오면 그를 공격했던 방식과 관계가 있다. 그 환자는 그가 회기들에 들어와서 침묵하게 될 때 그의 "급변하는 모습"이 어느 정도 그것과 비슷하다고 느꼈다. 그러고 나서 그는 전날 밤의 전화 통화에 대해 말했다. 거기에서, 그는 그가 훌륭한 조언을 해주고 있다고 느꼈지만, 그가 다른 사람을 지배하고 있다는 느낌 때문에 대화하는 동안 불안했다. "저는 계속 생각했어요: '이게 맞나? 입을 다물어야 하지 않을까?' 저는 제가 언제 한계를 넘어서고 있는지 모르겠어요." 그리고 여기에서 회기는 끝났다.

이번 회기에, 그가 가-피학적 환상들이 드러나는 것에 대해 방어하기 위해 침묵을 사용한다는 것과, 침묵 자체와 그의 싸움의 가-피학적 측면이 치료에 나타나고 계속되면서 침묵과 싸움을 좀 더 초기의 대상관계를 반복하는 것으로 그리고 다양한 현재의 기능들을 수행하는 것으로 보는 견해가 추가되었다(대체된 것이 아니라). 환자는 이러한 새로운 견해를 불편하게 느꼈고 계속해서 그것을 회피하고 확인하였다.

이 시점 이후에 분석에 나타나기 시작한 것은 가피학적인 환상들 자체에 더하여 C씨의 아동기의 활동으로서 공상에 잠기기—침묵 속의 아무 생각 없음으로 나타났던 것—의 중심적인 역할이었다. 그의 침묵에 대한 우리의 견해는 이제 욕동심리학(그의 가피학적 환상들)과 대상관계 심리학(과거의 관계를 반복함에 있어서 그것의 위치)에 영향을 받았다. 그러나 자아심리학(그것의 방어적인 사용) 그리고 자기 경험의 심리학(그것은 그의 낮은 자존감에 깊이 영향을 미치면서 그의 자기감에 핵심이었기 때문에)은 또한 우리가 알게 되었던 그림의 일부였다.

이러한 마지막의 다소 복잡한 예에서, 자료는 다시 네 가지 심리학들을 모두 제안하는 방향으로 흘러간다.

32세의 기혼 여성인 D씨는 4년 전 딸 쌍둥이를 출산한 이후 일을 해왔다. 그녀는 처음에 쌍둥이 중 한 아이의 심각한 질병이 엄청난 내적 고통과 다른 쌍둥이와의 관계에 상당한 어려움(분노와 친밀감의 상실)을 초래했을 때 나를 만나러 왔다. 그녀는 자신이 직면하고 있었던 이중의 문제에 가장 잘 대처할 수 있는 방법을 토론하기 위해서 나에게 자문을 구했다. 그러나, 두 가지 일이 다소 빠르게 일어났다. 첫 번째로, 상황에 의해 압도된다고, 여러 차례의 예상되는 비탄, 불안 그리고 분노가 넘쳐난다고 느끼는 D씨의 경향은 오래 지속된 그녀의 감정 생활의 특징이었던 것이 분명해졌다. 이러 저러한 것들 때문에 압도된다는 혹은 넘쳐난다는 느낌이 쉽게 촉발되었다. 두 번째 일어난 일은 아이의 질병이 급격히 해결되고, 둘째 아이와의 일들이 정상적으로 회복되고, 가족의 생활은 다시 안정된 것이었다. 자문은 끝났다. 그러나 약 6개월 후에 D씨는 나를 찾아와서 감정의 홍수를 중심으로 그녀 자신에 대한 분석을 받겠다고 했다. 치료는 곧바로 시작되었다.

D씨는 프랑스의 한 교외 지역에서 성장했는데, 작은 가족 사업을 경영하는 부부의 두 번째이자 막내딸이었다. 교회 일에 적극적이었던 그녀의 어머니는 그 지역 공동체의 비공식적인 사회사업가였다. 그러나, 집에서 어머니는 수동적이고, 우울하고, 분노가 가득했던 것으로 경험되었고, 실제로 통제력을 상실하고 물리적으로 폭력을 행사하게 된 보고된 사례들이 있다. 아버지는 그의 사업과는 별도로 사이클링 애호가였다. 그는 유명한 프랑스 일주 국제 사이클 대회에 두 번이나 참가했고, 한번은 우승자보다 그리 뒤처지지 않았던 것으로 판명되었다. 그의 딸들은 모두 탁월한 사이클 선수가 되도록 고무되었던 것 같다. 그러나 그들은 대부분 아버지를 만족시키고 그의 인정을 받기 위해서 그들 스스로 아버지와 더 친밀한 관계를 형성하는 방법으로서 그 목표를 추구하게 되었다. 환자는 가끔 사이클에서 충분히 성공적이지 않다고 느꼈지만(자세, 지구력 그리고 속도에 대한 아버지의 기준에 의하면) 언제나 결연하게 그 일에 복귀해서 다시 시도했다. 아버지에게는 그의 두 형제가 살고 있는 미국으로 이민 가려는 꿈(결코 실현되지 않았던)이 있었고 기대를 안고 그의 딸들이 어렸을 때부터 영어를 배우도록 조처하였다. 아이였을 때, D씨는 이것을 매우 힘들어했다. 그녀의 언니는 영어를 잘 했지만, 그녀는 최소한의 성공을 위해서 힘겹게 씨름했다. **학습장애**라는 말은 그 가족에게 유효한 용어가 아니었지만 그럼에도 불구하고 그 아이는 비공식적으로 그렇게 규정되었다. 그래서 그녀의 머리 속에는 성장기 동안 무엇인가 잘못되었다는 느낌이 퍼져있었다. 세월이 흐른 뒤, D씨는 프랑스에서 여행을 하고 있었던 미국인과 만났고 결국 결혼한 후에 미국으로 오게 되었다. 그녀는

억양이 독특했지만 이제 아무런 어려움 없이 영어를 잘한다.

나는 각각 몇 주 안에 이뤄졌고, 모두 분석에서 첫 번째 여름 휴가 이후 오래지 않아 있었던 세 번의 회기(그리고 관련된 자료의 어떤 부분)를 요약할 것이다. 세 번의 회기의 주제들은 서로 관계가 있는 것으로 보였지만, 이 시기 동안에는 다른 관점에서 생겨났다. 여름 휴가를 예상하면서, 환자는 강렬한 유기감과 격노를 드러냈다. 그녀는 그녀 자신이 "압도되는" 것처럼 기술했지만, 그런 느낌들에 굴복하지 않기 위해서 여름 동안 절대적으로 유능하게 지내리라 결심을 했다. 여름 이후 첫 번째 회기에서, D씨는 다시 유기감과 격노에 압도되었다.

상세하게 기술된 첫 번째 회기, 즉 여름 휴가 이후 두 번째 회기에서, 그녀는 자기-통제가 상당히 잘되는 가운데 와서, 그녀가 전날의 회기를 가볍게 처리해버렸던 즉흥적인 말을 하고 싶은 충동을 느꼈다고 말했다. 그녀는 아무런 제안도 할 수 없었지만, 여름의 한 사건이 마음에 걸려 있었기 때문에 나에게 그것에 대해 말하고 싶다고 했다.

그녀는 "선생님이 여기 계시네요"라고 하면서 시작했다. 여름 휴가 동안에, 환자가 분석을 받고 있다는 것을 아는 한 친구가 그녀에게 지금 만나고 있는 사람을 어떻게 알게 되었는지 물었다. 그 친구 역시 치료를 시작하고 싶어 했고 9월에 긴급하게 누군가를 찾고 있었다. 그 친구는 친한 친구였고, 환자는 도움이 되고 싶었다; 그녀는 나에게 소개받을 사람의 이름을 요청할까도 생각했지만, 여름 휴가 동안 나에게 전화하고 싶지는 않았다. 그래서 그녀는 나에게 편지를 써야겠다고 결정했지만, 그 편지는 "수취인 미상"으로 반송되었다. 전날 내 사무실을 떠나면서 그녀는 우연히 내 빌딩의 주소를 보게 되었는데 그제야 그녀는 그 사건을 회상하고 그녀가 주소의 번지수의 일부를 바꿔 썼다는 것을 알게 되었다. "이게 무슨 일이야?" 그녀는 크게 놀랐다. 이번 회기 전날 밤 그녀는 자신의 친구에게 그가 치료사를 찾고 있었는데 상황이 어떤지 확인하려고 전화를 했고, 그 친구는 더 이상 관심이 없다는 것을 알게 되었다; 이것 때문에 나의 환자는 격노하게 되었다.

그러나 환자가 말하는 가운데 중심이 되었던 것은 그녀가 너무나도 많이 돌봄을 받고 싶었고 꿈속에서 그녀는 다른 사람들을 돌보고 있었다는 것이었다. 그녀는 슬퍼졌다. "제가 하는 일이 늘 그렇죠." 그리고 그녀는 말하기를 **내가 그녀를** 돌보지 않았던 것처럼(휴가를 떠남으로써), 그 친구도 그녀가 그를 돌보게 하지 않았다(소개를 거부함으로써)고 했다. "저는 접촉하기 위해서[편지를 통해서, 그러나 유능하게—계획적이고 그녀의 감정을 조절하면서—] 선생님께 연락하고 싶었어요. 그래서 저는 중요한 사람이... 선생님께 중요한 사람이 되고 싶었지요." 그녀는 자신이 나에게 중요한 사람이 되어서 내가 그녀를 떠나지 않는 것에 대해 계속 얘기했다. 그녀는 그녀가 나를 보고 싶어한만큼 내가 그녀를 보고 싶어 하기를 원했다. 대상 연결에 대한 소망이 이러한 생각들에 중심이 되는 것 같았다.

이 시점에, 회기를 시작하고 20분 정도 되었을 때, 나는 처음으로 말을 했다: "D씨는 '나는 중요한 사람이 되고 싶어요.'라고 말씀하셨네요. 그렇지만 D씨는 '선생님께요'라는 말을 덧붙이셨습니다." (나는 덧붙여진 "선생님께"라는 말이 일종의 은폐로 들렸고, 그것은 나를 당황스럽게 했다.)

환자는 곧 이것을 알아차렸다. "그가 저의 소개를 받아들이지 않았을 때, 저는 **작아지는** 느낌이 들었습니다. 저는 그 느낌이 싫어요. 선생님도 아시겠지만, 여름 동안 중요한 사람이 되는 것과 관련된 어떤 일이 일어났지요. 저희 부모님이 프랑스에서 방문하러 오셨고 우리는 모두 가족사진을 찍으러 나갔어요. 저는 좀 중앙에 서서 공간을 많이 차지하고 싶었지만, 저는 이것 때문에 심란하다고 느꼈어요. 그것 때문에 어렸을 때 찍은 옛날 가족사진이 떠올랐지요. 저는 나중에 그것을 찾아내서 보았습니다. 그날 밤 저는 꿈을 꿨어요. 가족사진이 있었어요. 저는 그 사진의 중앙에서 매우 크고 우쭐해있었어요. 잠에서 깨어났을 때 그 전날의 사진에 대해 정말로 심란하다고 느끼기 시작했습니다. 저는 제가 모든 공간을 독차지하고 있는 것은 아닌지 염려가 되었지요. 저는 사진이 현상되어서 제가 어떤 공간을 독차지하고 있지 않은 것을 보고서야 비로소 안도감을 느꼈어요. 저는 중앙에 있지 않았어요."

그녀는 갑자기 말했다: "제가 하던 말의 요점을 잊어버렸네요. 제가 무슨 얘기를 하고 있었던 거죠? . . . 오! 작아지는 것에 대한 어떤 것이 었어요." 나는 "저는 중요한 사람이 되고 싶어요"라는 말과 그것에 따르는 연상들을 가지고, 우리가 대상 상실에 대한 그녀의 느낌에서 그녀의 자기애적 상처들로 옮겨갔다고 생각하고 있었다. 나는 앞의 작업에서 "학습장애"가 그녀에게 자기애적 상처였다는 것을 알고 있었는데, 그것이 이번 회기에 주소를 잘못 쓰는 것과 자신이 말하고 있었던 것을 일시적으로 잊어버리는 것으로 나타났음을 알았다. 나는 대상 상실—나의 휴가(학습장애와 같은 의미에서 그녀를 "작아지게 했던 것")—에 대해 의심했다. 즉, 내가 휴가를 떠난 것은 애정 대상의 상실이자 자존감에 대한 타격이었다. 그러나 환자가 스스로 작업을 잘하고 있는 것 같았기 때문에 그리고 내가 이 영역에서의 그녀의 수치를 알고 있었던 것과 여름 휴가의 상처들이 여전히 아물지 않았다는 사실로 인해 나에게는 그것이 너무 빠르게, 재치 없게 압박하고 있는 것일 수 있기 때문에, 나는 이 시점에서 아무 말도 하지 않기로 했다.

그러나 환자는 계속 같은 생각으로 대상과 관련된 주제들에 대해 "작아지는" 자기-느낌을 연결하려고 했다. 나의 어떤 개입도 없이, 그녀가 작아진다고 느낀다는 것에 대해 말하고 있었다는 사실을 떠올린 후에 바로 그녀는 다음과 같이 말했다: "만약 제가 작아진다고 느낀다면, 저는 선생님의 비난에 대해 더 염려가 됩니다. 만약 제가 중심에 없다면, 만약 선생님이 저를 비난한다면 제가 선생님을 어떻게 받아들일 수 있을까요? 저희 아버지는 마치 그것이 사랑인 것처럼 저를 비난하곤 했지요. 아버지는 이렇게 말씀하시곤 했어요[그녀가 그의 사이클링 기준을 만족시키지 못할 때 그가 그녀를 비난하면서]: '내가 이렇게 말하는 것은 너를 사랑하기 때문이란다.'" 그녀는 마치 그녀 자신이나 그녀의 아버지에게 하듯이 소곤소곤하는 말로 덧붙였다: "사랑한다면, 그런 말을 나한테 하면 안 되는 거잖아." 그리고 나서 그녀는 잠시 멈추었다가, 다시 회복되었고, 내가 회기를 마치려 할 때 장난스럽게 이렇게 말했다: "여름 동안 머리를 좀 더 짧게 자르고 싶었어요. 그것은 저를 '작아지게' 하겠지만, 저는 그렇게 하면 제가 더 귀엽고 사랑스러울 거라고 생각했어요."

많은 것이 연상되었지만, 확실히 여기에서 모든 것이 분명해지지는 않았다. 이전 작업에 비추어 볼 때 그것의 어떤 부분은 나에게 보다 확실했다. 어떤 부분은 나중에 계속해서 확실해졌다. 그러나 이 훌륭한 분석 과정은 환자의 심리내적 삶의 다양하고 서로 교차하는 영역으로 흘러 들어간다: 자아 기능의 측면에서 분명히 유능한 관찰자의 능력과 유머의 사용 그리고 학습 문제들과 관련된 결함의 경험뿐만 아니라 정서조절에 있어서 자아 결함에 대한 질문; 경험된 결함들과 관련되었지만, 또한 대상에 의해 버려진 것에 대한 반응인, 자기 가치와 자존감의 주제들, 보상적인 과대함(중요한 사람이 되는 것, 중심에 있는 것) 그리고 그것에 대한 분명한 갈등; 대상 상실과 관련하여 공격적인 충동들과 의존적인 욕구들을 담아두거나 표현하려는 노력; 그리고 (좀 더 추측에 근거한 것이고, 이번 특정 회기의 맥락에서 직접적으로 나타나지는 않는) 동일시와 반복을 통해서, 정서조절에 대한 초기 학습의 결함의 근원들 가운데 하나뿐만 아니라 환자의 "압도하는" 격노에 대한 모델을 제공해주는 것 같은, 어머니의 격노와 관련된 전체 대상관계의 역사. 욕동, 자아, 대상관계 그리고 자기의 분리할 수 있지만 교차하는 영역에 있는 이 모든 주제들은 내가 요약하려고 하는 두 번의 추가 회기에서 지속적으로 나타난다.

보고된 세 번의 회기들 뒤에 이번의 다음 회기가 이어진다. 사이에 있는 회기들에서 환자는 자신의 유기감과 격노에 대해 계속 얘기했다. 그것들이 그녀를 가득 채우고 있었다. 그녀의 격노는 끝이 없고, 결코 멈추지 않을 것처럼 느껴졌다. 그녀의 욕구들은 "밑 빠진 독에 물 붓기"처럼 느껴졌다. 그녀의 격노는 "치명적"이기도 했다. 즉, 그것은 그녀가 가지지 못한 것에 대해 화가 났던 바로 그 관계를 파괴했다. 그러나 이 회기 내내 그녀의 관찰자 능력은 언제나 존재하고 있고, 치료적 동맹은 확고했다. 환자는 나에게 이런 경험들을 단순히 재현하는 것이 아니라 그것들에 대해 분명하게 말하면서, 무기력한 곤경이라고 느끼는 것에서 벗어나기 위해서 나와 함께 그것들을 계속 작업하고 싶어 했다. 게다가 이러한 회기들에서 그녀의 어머니와의 관계의 추가적인 측면들이 나타나면서, 일어나고 있었던 것의 많은 부분을 명료하게 해주었지만 그녀의 내면에서 나오는 압도되고 있다는 느낌을 감소시키지는 못했다.

지금 보고되는 회기의 바로 앞 회기를 끝내면서 나는 이런 생각을 하게 되었다: 그녀가 옳은가? 그녀의 격노는 어떤 의미에서 "끝이 없는" 것일까? 그녀의 욕구는 "밑 빠진" 것일까? 그리고 그런 생각은 무엇을 의미하는가? 그녀에게 그러한 결과를 낳았던 양육에서의 초기 오류가 있었을까? 질문들이 내 마음에 떠올랐다. 그때 두 번째 생각도 나에게 남겨졌다. 그녀는 다음과 같은 생각으로 끝맺었다: "저는 제가 선생님의 삶에서 가장 중요한 사람이라고 알기 전까지는 절대 만족하지 못할 것입니다." 그러나 그녀는 이것이 절망적이고 어쩔 수 없는 것이라는 화난 느낌으로 이렇게 말했다. 그것은 내 마음에 그녀의 아버지와의 관계에 대한 회상을 촉발했다. 그녀는 아버지에게 그런 소망－그에게 가장 중요한 사람이 되는 것－이 있었고 그의 눈에 들기 위해서 열심히 노력했다.

내가 이제 기술하려는 회기는 다음과 같은 그녀의 말로 시작되었다: "경솔하겠지만 이것을 말씀드리고 싶네요. 선생님께 저의 좋은 면을 보여드리고 싶어요." 그녀는 들어오고 드러누워서 그녀의 "나쁜 면"을 드러내는 것을 싫어했다. 그러나, 이렇게 말했을 때, 격노/유기의 분위기와 내용이 그녀를 다시 채우기 시작했다. 그녀는 언제나 이것이 그녀를 채우고 그녀의 관계를 파괴한다고 말하고 있었다. 10분 후에, 틀림없이 이전 회기 이후 나의 생각－그 갈망과 격노는 "밑 빠진" 것일까?－에 영향을 받았기 때문에 나는 다음과 같이 질문했다: "다른 관계에서는 달랐을까요?"

거의 멈추지 않고 그녀는 아니라고 했고, 그리고 나서 그녀는 내가 방금 그녀를 시험한다고 느꼈고 그녀가 시험에 실패했다고 덧붙였다. 그러나 그다음에 그녀는 이렇게 말했다: "그래요, 사실 달랐죠." 그녀의 언니였던 슈와는 그랬다. 그녀는 슈에게 말하고, 비밀을 털어놓고, 그녀로부터 지침을 얻고, 대체로 그녀에게 의지하였다. "슈는 강철처럼 강인했어요. 그녀의 성격을 말하는 거예요. 그녀는 무엇이든 시도하려고 했고, 그것을 하려고 했죠. 언니는 아버지가 원했던 아들이었죠." 그녀는 언니의 사이클 재능에 대해 계속 설명했다. 나는 강력한 사이클 선수가 되어, 멀리 가고, 적절한 자세를 갖기 위한 환자의 끝없는 노력에 대해, 그렇지만 얼마나 그녀가 아버지에게 결코 충분히 좋은 딸이 되지 못했는지에 대해 전에도 들었고, 지금 다시 듣는다. 그러나 이제 나는 언제나 그녀의 언니가 전문가였고 지역의 사이클 대회에서 입상하였다는 사실을 처음으로 알게 되었다. 슈는 어머니와 함께 아버지의 삶에서 "가장 중요한 사람"이었다. 그러나 환자는 계속적으로 사이클을 다시 시도하고 더 잘해보려고 애씀으로써 그의 인정을 받기 위해서 계속 노력했다. 그리고 그녀는 자신이 기술한 대로 어떻게 그녀가 다른 방식으로 아버지의 사랑을 얻기 위해서 노력했는지 덧붙였다.

회기의 2/3 정도 되는 이 시점에, 나는 두 번째 의견을 제시했다. 그녀는 자주 그리고 최근에 다시 그녀 자신을 다른 환자들과 비교하면서 그녀가 너무 갈망하고 격노하기 때문에 내가 환자로서 그녀를 좋아할 수 없을 거라고 말했다. 그래서 이 시점에 나는 이렇게 말했다: "매일 카우치에 오르는 것이 다시 자전거를 타는 것처럼 들리네요. D씨는 저를 기쁘게 하기 위해서 계속 노력하겠지만, D씨는 제가 다른 환자들을 더 좋아한다고 생각하고 있네요. 그들은 분석도 자전거 타기도 D씨 보다 잘하지요." 그녀는 갑자기 조용히 생각에 잠기더니 "예, 그건 마치 자전거에 오르는 것과 같은 것으로 느껴지네요."라고 반응했다. 그러고 나서, 생각에 잠겨 잠깐 멈추고 난 후 이렇게 말했다: "다른 사람의 기준에 의하면 저는 괜찮은 사이클 주자였지요. 하지만 아버지의 기준에 의하면 저는 아니에요. 아버지의 기준은 너무 높았어요." 나는 덧붙였다: "저의 기준이 높다고 생각하는 것과 같네요. 그래서 모든 다른 환자들이 D씨보다 낫다는 거지요. D씨는 저에게 자신의 좋은 면을 보여줄 수 없어요; 경솔하게 말하는 게 아니에요. 저는 관계에 '치명적인' 면을 볼 수 있어요." 환자는 생각에 잠긴 듯이 깊은 침묵으로 반응했다.

잠시 후에 그 침묵을 깨고 내가 말했다: "D씨의 격노 그리고 그것에 대한 무력감 그리고 D씨의 갈망은 D씨에게 흔히 일어나는 것들인 것 같습니다. 그건 마치 D씨를 사로잡고 D씨를 채우고 압도하는 거 같아요. 어머니가 정서적으로 유기했고, 자신의 욕구들과 격노가 압도했던, 갈망하는 아이 같아요. 그러나 이제 D씨의 절망적인 격노는 또한 D씨가 하는 어떤 것이기도 하네요. D씨는 계속해서 카우치에 다시 올라오고, 자전거를 다시 타고, 그것이 절망적으로 느껴지기 때문에 격노하면서 그것을 하지요. D씨는 자신이 원하는 것을 얻지 못할 것이라고 느끼지만, 계속해서 고집스럽게 노력하고 있네요. 이번에는 D씨가 잘할 때까지, D씨가 나의 삶에서 가장 중요한 사람이 될 때까지요." 그녀는 미소가 담긴 목소리로 매우 빨리 반응했다: "맞아요! 그러니까 이제 저는 무엇을 해야 하나요?" 잠시 멈춘 후에, 나는 "당분간은, 그것에 대해 생각해보시죠."라고 말했다.

돌이켜보면 이번 회기가 전환점이었다. 이번 회기에 처음으로 압도된다는 느낌들이 부분적으로 격노하는 어머니와의 초기 동일시에 근거하는 욕동과 방어의 균형에서의 결함으로서만이 아니라 과거 관계를 반복하려는 지속적인 시도로서 다루어져서, 반복해서 그것들의 불가피한 실패가 드러나고 그것들이 더 잘 드러나게 되었다. (나중에, 그것들이 더 잘 드러나게 한 것이 하나의 가능성으로 이해되게 되었을 때, 그것은 다시 불안과 "압도하는" 흥분을 일으켰다.) 제시된 것은 자아 수동성(격노가 "일어난다")과 자아 능동성(그것은 그녀가 **행한** 어떤 것이다)의 대조—욕동 통제와 자아 방어의 중심 주제—였다. 이러한 다양한 주제들은 마지막으로 요약할, 몇 주 후의 회기에서 특히 분명하게 다시 드러났다.

그 전날, 회기가 끝날 무렵 나는 결함이 있다는 느낌의 경험과 관련된 주제를 다루면서 적절하게 집중해서 요약하고 새로운 개념화를 제시했다. 나는 이렇게 말했다: "저는 D씨가 어렸을 때 학습의 어려움에 대하여, 격노에 압도되는 경향에 대하여 그리고 부모님들이 아들을 원했을 때 딸로 태어났기 때문에[이것은 자주 나타났다] 결함이 있다고 느낀다는 것을 압니다. 그리고 그 이상으로, 저는 D씨가 또한 자신에게 결함이 있다고 믿는다는 것을 압니다."

그녀는 불쑥 말을 하면서 나에게 도전했다. "저는 결함이 있어요. 그리고 우리는 그것에 대해 무엇을 할 수 있을까요?"

나는 계속해서 말했다: "그러나 D씨가 인식하지 못하는 것은 자신이 결함이 있다는 느낌을 자기감의 중심에 얼마나 많이 두고 있고 그것을 중심으로 자신의 삶을 살아가는가입니다."

다시 그녀는 이전에 요약된 회기 이후에 했던 것처럼, "그래서 제가 무엇을 해야만 하나요?"라고 반응했다.

이날 그녀는 들어와서 이렇게 말했다: "저는 선생님이 어제 회기 끝 무렵에 많은 것을 말씀하신 것으로 알지만, 제가 기억하는 것은 선생님께서 제 마음에 무슨 문제가 있다고 말씀하셨다는 것입니다."[그렇게 내가 말했던 것을 설명하였지만 그것을 듣거나 이해하거나 활용하는 것으로 보이지는 않았다].

"제가 그렇게 말했습니까?"

"아마도 그것은 제 마음에 문제가 있다는 것이었습니다. 저는 선생님께서 말씀하신 것에서 비판적인 어떤 것을 발견할 수 있었습니다." 그녀는 잠시 이것에 대해 그녀 자신을 몹시 꾸짖었고, 그러고 나서 물었다: "선생님이 어제 뭐라고 말씀하셨죠?"

나는 "그걸 되풀이하고 싶지는 않네요, 계속 말씀하시죠."라고 대답했다.

그녀는 곧 계속 말을 이어갔다: "저는 제 삶에서 균형을 유지하고 있다고 느껴요. 그분들[그녀의 부모]은 언제나 제가 지적인 다른 것을 성취할 수 없다고 말씀하셨지요. 그러나 이제 저는 그것을 성취하고 있고 '보세요, 제가 그것을 하고 있잖아요!'라고 말하고 싶어요. 그리고 그 노력을 계속하고 싶어요."

"그게 거의 제가 어제 얘기했던 것이네요."(나는 그것을 간략하게 반복하면서 그녀가 결함이 있다는 느낌을 중심적으로 유지하는 방식—여기에서는 "노력이 계속되도록 함"으로써—에 초점을 맞추었다.

그녀는 이제 눈물을 머금고 반응하다가 결함이 있다는 느낌으로 다시 빠져들었다: "저는 제가 무엇을 배우든지 마음에 들어와서 깊은 구멍으로 빠져들어간다고 느껴요. 거기에는 바닥이 없어요. 제가 배우는 것은 안으로 빠져 들어가서 그곳에서 사라져 버리는 것 같아요."

나는 질문했다: "그것이 D씨의 언어장애가 된 건가요?"

그녀는 대답했다: "아니에요. 저는 기억하는 데 아무런 문제가 없어요. 처음에 사물을 파악하는 것은 말할 것도 없고요."

나는 말했다: "D씨가 제게 말하는 것을 들어보면, D씨는 어렸을 때 모종의 학습장애가 있었던 것 같습니다. 그러나 D씨가 말한 것은 오히려 D씨의 몸에 대한 환상일 것 같네요. D씨는 밑 빠진 독이네요. 너무나도 갈망하기 때문에 그것은 끝이 없고, D씨는 딸이기 때문에 바닥이 없네요[두 가지 모두 전에 드러났지만, 학습장애와는 연결이 되지 않았다]. D씨는 마치 '저는 엄마가 저를 충분히 사랑해주지 않았고 제가 아들이 아니기 때문에 배울 수 없습니다'라고 말하는 것 같네요. 그리고 그 '장애'는 증거처럼 보이네요."

환자의 어조가 바뀌었다. 그녀 안의 관찰자가 부각되었다. 그녀는 더욱 강해졌고, 분명해졌다. 그녀는 나에게 그녀가 더듬거리며 말하고 자신의 공책들을 잘못 두는 것으로 시작해서 강의실에서 무엇인가 어질러놓는 방식에 대해 구체적으로 얘기했다. 그녀는 자신이 우둔하다는 것을 증명하려고 애쓰고 있었다는 것을 깨달았지만, 다음과 같이 덧붙였다: "그것은 학습장애가 아닌 거 같아요. 그것은 저에게 여름 동안 선생님께 보낼 편지를 위해서 잘못된 주소를 베꼈던 것을 떠오르게 했습니다. 그것은 오히려 불안일 것 같아요.... 저는 그 여성에게 화가 났어요[환자가 자신의 공책들을 잘못 두었던 지금 보고된 삽화에서 그녀의 수업 강사; 그러나 그녀는 또한 그녀의 어머니에게 화가 났었고 아마도 여름 휴가 기간에는 나에게도 화가 났던 것 같다]. 제가 화가 났는데 어떻게 제대로 생각할 수 있을까요?" 그녀는 멈추었다. 나는 조용히 있었다. 그러고 나서 그녀는 생각에 잠긴 듯 계속 말을 이어갔다:

욕동, 자아, 대상 그리고 자기

"제가 학습의 문제를 겪을 때 저는 가족 안에서 주목을 받았어요. 그것이 저의 역할이었죠. 그것이 제가 특별했던, 가장 중요한 사람이 되는 유일한 방식이었죠."

나는 불쑥 말을 했다; "어쩌면 저에게도 그랬겠네요. 불쌍하고, 절망적이고, 결함이 있다고 느끼는 환자네요. D씨는 저의 특별한 사람이에요."

그녀는 울다가 웃다가 하면서 계속해서 얘기를 이어갔다: "그러나 제가 똑똑한 사람이 되려고 하면 경쟁해야만 해요[여기에서 그녀는 꽤 유명한 여성 학자들을 거명했다]... 그리고 선생님과도 경쟁해야만 하고요... 저는 전혀 주목받지 못했어요."

나는 "그래서 D씨는 실패하는 데는 성공했지만, 성공하는 데는 실패했네요"라고 대답했다.

그녀는 잠잠해졌다. 시간이 거의 되었고, 그녀는 그것을 알아차렸다. 그녀는 이렇게 말했다: "시간이 다 되었나요? 가고 싶네요." 나는 그녀의 내면에서 어떤 일이 일어나고 있었는지 물었다. 그녀는 이렇게 대답했다: "저는 어머니에 대해 말하는 것이 두려워요. 저는 끔찍한 열망을 느끼게 될까봐 두려워요." (이때 1년이 넘는 분석에서 처음으로 어머니와 관련해서 격노와 유기보다는 열망의 개념이 드러났다) 그 회기가 끝났다.

기술된 회기들은 2년 차 분석 초기에 이루어졌다. 그것들은 분명히 작업의 시작이지 끝이 아니었다. 더 많은 일들이 나중에 진전되었고, 많은 변화들이 환자에게서 일어났다. 그러나 이러한 회기들 때문에 나는 분석 작업에서 어김없이 드러나는 정신 기능의 다중 모델을 설명하고 토론할 수 있었다. 나는 두 가지 중심 주제와 관련해서 그것들을 강

조하려고 한다: 압도하는 격노 경험과 학습장애.

격노는 격노가 조절이 안 되는 어머니와의 동일시에 근거한 결함이 있는 (자아) 조절이라는 측면에서 생산적으로 이해된다. 그러나 추가적으로 그것은 보복을 향해 동시에 숙달(치유)을 향해 노력하면서 부모(분석가)에 대한 격노에 찬 관계를 지속하는 양식으로 이해된다. 여기에서 내면화된 과거 대상관계의 반복이 중심이 된다. 그녀는 그러한 관계들이 이번에는 다르게 드러나도록 하려고 했었고 또한 부모(분석가)가 그녀에게 나빴고 그녀가 격노할 만했다는 것을 증명하려고 했었다. 좀 더 나중에, 제시된 자료에서는 아니지만, 격노가 성적인 사고들과 충동들에 대한 방어로서 역할을 했고, 하나의 충동이 다른 충동을 방어하고—즉, 대체하고— 있었다는 사실이 드러났다. 작업 과정에서 점차적으로 이러한 것들이 각각 분명해지면서, 그것들은 그녀의 심리내적 삶에서의 격노의 위치에 대한 보다 초기의 견해들을 대체하지 못했다. 우리는 격노를 어떤 의미에서 결함을 야기하는 초기의 동일시들과 관련된 것이지 "사실상" 대상관계의 반복 또는 성에 대한 방어로 보지 않게 되었다. 다른 것들이 그랬듯이 전자(결함을 야기하는 초기의 동일시들과 관련된 것)는 되풀이해서 중심적인 것으로 다시 나타났다. 그리고 격노의 자기애적 측면들, 굴욕적인 결함에 대한 느낌과 중심에 있고 특별해지고 싶은 그녀의 과대한 소망이 상처를 입는 것에 대한 반응으로 그것이 나타난 것도 그것의 기원들의 중요한 부분이었다. 나는 이 모든 것이 우리가 분석 작업에서 종종 보는 중층결정(overdetermination)과 다중 기능(multiple function)의 일부분이라고 믿는다. 그러나 내가 생각하기에 우리는 다중 모델들을 통해서 그것들을 보다 분명하게 이해할 수 있다. 즉, 그것들을 개념화하고, 그것들을 직시하고, 그것들의 어떤 것도 특정 시간에 특정 인물에게 중심적인 것으로 편하게 볼 수 있다.

혹은 학습장애 그리고 그것을 넘어 정서조절과 관련된 더 큰 의미의 결함을 고려해보자. 자기가 결함이 있다는 경험은 그 근거가 되는 역사적 사실들이 무엇이든 이 환자에게 너무나도 중요했다. 이 경험은 그녀의 자기감에 중심적인 것이었고 두 방향으로 발달되었던 것 같다. 하나는 은밀한 결함 자체에 대한 느낌, 궁극적으로 그녀를 규정하고 다른 사람들에 의해 발견될 어떤 것에 대한 내적 느낌이다. 다른 측면은 보상적인 측면이다. 그녀의 전체적인 성격 구조와 삶에서의 유능함(그리고 그것의 실재)에 대한 강조처럼 그녀 자신의 유머(그리고 그것을 자주 사용하는 것)의 커다란 즐거움이 지적인 결함에 대한 그녀의 느낌과 대조적으로 강조되었다. 가장 중요한 사람이 되고 싶은 야심적인 소망에는 보상적인 측면이 있다. 장애를 욕동심리학과 연결시키는 것도 놀랄 만하다: 제시된 자료에서, 그것은 거세의 상징적인 등가물("밑 빠진" 딸)이자 학습에 대한 그녀의 시도들에 대해 격노가 침범한 결과(즉, 하나의 증상)인 것 같다. 그리고 다시 그것은 기억되고 추구되는 대상관계의 중심이 된다: "중요하지 않은" 사람이 된다는 의미에서(학습에서의, 사이클링에서의 실패) 그리고 "특별한" 사람이 된다는 의미에서(돌봄을 받는, "결함이 있다고 느껴지는" 아이).

우리는 이러한 회기들에 대해 더 많은 것을 이야기할 수 있다. 갈등과 중층결정은 모든 중요한 심리 현상에 있는 것이기 때문에 어디에든 있다. 그러나, 나는 이러한 복잡성을 하나의 이론적 틀에 맞추려고 노력하는 것은 아무런 소득이 없다고 다시 주장한다. 물론 우리는 임상 회기에서의 자료의 흐름이 조금 더 기본적인 이론을 공식화하려는 우리의 욕구를 불필요하게 하지 않는다고 주장할 수 있다. 따라서 우리는 내가 강조해왔던 현상이 궁극적으로 이러 저러한 견해로 환원될 수 있다고 주장할 수 있다. 그러나 우리는 그러한 입장을 취할 필요가 없고, 이 책의 1부는 대안적인 견해—기본적인 이론의 수준에서의 다중성에 대한 견해—를 제시하려는 시도였다. 다양한 동기들이 우리 각자에게 작용한다; 다양한 현상들이 임상적 만남에서 나타난다; 그리고 그것들은 다른 개인들에게서 다양하게 중심적인 것이 된다. 내가 그것을 볼 때, 현재로서는 마음의 기능에 대한 다중적인 모델로 작업하는 것이 손실보다는 이득이 있다.

본 장에서 네 가지 사례는 각각 자료에 대한 새로운 견해들—개념적인 이해의 언어가 욕동, 자아, 대상관계, 자기에서 다른 하나 또는 그 이상의 다른 것들로 전환되는 것으로 이해될 수 있는 견해들—이 생겨나는 회기 또는 일련의 회기들을 중심으로 구성되었다. 내 경험에 의하면, 이러한 전환들은 하나의 방향으로만 이뤄지지 않는다. 영역들의 어떤 하나도 다른 것보다 더 기본적인 것은 아니다. 그리고 전환이 이뤄진다고 해서, 초기의 작업이 분석에서 없어지는 것은 아니다. 그것은 "틀린" 것이 아니고 점진적으로 "정확하게" 이해되는 것이다. 오히려, 그것은 순환적이고 서로 맞물리는 방식으로 각각이 되풀이해서 나타난다.

이것들이 전형적인 회기들은 아니다. 나는 이러한 전환이 매회기에 나타난다고 주장하려는 것이 아니다. 그러나, 내 경험에 비추어보면, 이것들은 분석에서 전형적으로 나타나는 것들이다. 즉, 이것들은 때때로 매회기에 나타난다. 궁극적으로 그것들은 우리가 하나의 관점에서는 중층결정으로 다른 하나의 관점에서는 다중기능으로 익숙하게 기술하는 것을 반영한다. 분석 안에 안전과 같은 다른 대상관계적 소망들뿐만 아니라 리비도적인 목표들을 가져올 수 있는 기대되는 역할 관계들에 대한 토론에서 Sandler(1981)는 같은 방식으로 분명하게 생각하고 있다. 그리고 Jacobson(1983)도 특정 회기들의 자료에서 욕동과 "표상 세계"를 설명하면서 유사하게 작업한다.

나 자신의 임상 작업의 경험에서 볼 때, 이러한 작업 방식에서는 대체로 임상 작업에 대한 다른 개념적인 언어들을 억지로 적용할 필요가 없다. 만약 내가 그렇게 한 후에 그것을 조금이라도 변화로 느낀다면, 나는 그 변화에 충격을 받는다. 그것은 변화로 느껴지지 않는다. 나는 넓은 범위의 현상들에 주의하고 때때로 무엇인가 이해한다는 경험을 하면서 환자와 분석을 하고 있다고 느낀다. 이것은 다양한 방식으로 환자에게 전달되는 경험이다. 사후 검토를 통해서 다양한 방식은 내가 정신분석의 네 가지 심리학에 대해 언급해왔던 것을 전체적으로 확장하는 것으로 드러난다.

CHAPTER **08**

정신분석들의 요약

내가 지난 장에서 의도한 바는 회기에서 얘기되는 내용이 욕동, 자아, 대상관계 그리고 자기 경험의 선상에서 다양하게 개념화될 수 있기 때문에 회기의 흐름에 대한 감을 잡으려는 것이었다. 대조적으로 이번 장에서는 완료된 분석들의 개요를 제시하고자 한다. 여기서 나의 목표는 피분석자들과의 작업에서 등장하는 개념적으로 구분할 수 있는 내용들의 범위와 더불어, 이 내용들을 함께 묶을 수 있는 형태의 조직, 즉 개인적인 위계들(personal hierarchies)에 대한 감을 제공하는 것이다. 나는 위계 유형들의 수가 한정되어 있다고 제안하려는 것도 아니고 어쨌든 "유형들"이 있다고 제안하려는 것도 아니다. 다양한 사람들이 있는 만큼 다양한 유형들이 존재한다. 하지만 개인적인 위계들의 개념은 변형(variation)이라는 관점과 누구에게나 다양한 현상들에 대한 어떠한 내적 조직이 존재한다는 생각을 절묘하게 포착하고 있다.

나는 개인적인 위계 안에 있는 조직의 정밀함(organizational elegance)에 대해서는 자세히 기술하지 않을 것이다. 이 용어는 단지 분석과정에서 등장하는 여러 심리 현상들에서 관찰되는 다른 종류의 많은 조직들과 그 조직의 정도—촘촘하거나 느슨한, 경계가 중복되거나 분명한, 동등하거나 차이가 나는—를 포함하는 포괄적인 개념이다. 그리고 이 장에서 소개되는 일부 환자들(어쩌면 전부)을 위해서 욕동, 대상관계 혹은 자기에 대한 심리학 이론가들이 전적으로(혹은 거의 전적으로) 내세우는 각자의 용어들을 사용하여 자료를 분석할 것이다. 이것이 내가 다양한 접근을 주장하는 이유들 가운데 하나이다.

촘촘하게 구성된 개인적인 위계를 가진 자기의 고통스러운 경험

35세의 E씨는 부유층 사람들을 위해 고급 골동품을 구매 대행하는 프리랜서인데, 아버지의 죽음이 임박해 오면서 아동기의 많은 고통스러운 경험들이 다시 자극되어 치료를 받으러 왔다. 그에게 있어서 분석은 마음이 힘들 때 자연스레 거치는 과정인 것 같았다. 형과 두 명의 여동생은 분석 중이거나 분석을 받은 경험이 있었다. E씨는 미혼이고 자녀가 없지만 10여 년 동안 한 여성과 안정된 관계를 유지하며 살고 있었다.

첫 회기에서 E씨는 자신에 대해 언급하면서 감정과 단절되고 과잉 통제 상태에 있으며, 그로 인해 인생을 최대한으로 즐기지 못하고 있다고 하였다. 그는 자신이 다른 사람을 "기쁘게 해주는 사람"이며 사람들이 원하는 바를 주고 그들에게 맞춰주는 방법을 알고 있다고 말했고, 이런 사실이 치료에 방해가 되지 않기를 바란다고 하였다. 그는 내가 자신의 그런 성격적 특성에 속아서 그가 실제보다 잘 지내고 있다고 생각할까봐 두려워하였다. 그는 다른 사람을 기쁘게 해주는 사람이 되어야 한다는 강박관념에 시달리고 있지만 그 이유를 설명할 수 없었다. 하지만 그는 사람들이 자신을 좋아해 주기를 원하고 있음을 알고 있었다. 또한 사람들이 충분히 반응해 주지 않았을 때 흔히 "끔찍한 느낌"을 경험했던 시기들에 대해서 언급하긴 했지만, 현시점에서 끔찍한 느낌을 상세하게 기술하지 못하였다. 그러나 치료가 시작되면서 그 느낌은 보다 선명해지고 중심적인 것이 되었는데, 그 이유는 분석가로부터 어떤 응답을 들을지 모르는 가운데 종종 분석가의 침묵만을 마주하게 되는 분석적 만남의 상황들이 그의 "끔찍한" 느낌을 자극하여 드러나게 했기 때문이다. 그는 이것을 지독하게 불쌍한 느낌, "내 인생에서 가장 끔찍한 느낌"이라고 말하였다. 이것은 마치 항상 그에게 있었던 느낌, 즉 오직 외부로부터 만족을 얻을 수 있을 것 같은 느낌이었다. 다른 사람들을 기쁘게 해주는 것은 끔찍한 감정의 강도를 줄이거나 일시적으로라도 역전시키면서 그들의 사랑과 인정을 얻어내려는 E씨의 구애 방법이었다. 치료가 시작된 이후, 그는 자신과 다른 사람들과의 내적 거래(inner deals) 방식에 대해 말해주었다: 사람들에게 이러이러한 기간 동안 이러저러한 방식으로 친절하게 대한다면 특정한 상황이 되었을 때 그들도 적절한 방식으로 그에게 감사하다고 할 것이다. 물론 이 방법은 거의 효과가 없었는데, 왜냐하면 상대방은 이런 거래를 해 본적이 없기 때문이다. 이런 일이 일어날 때면 E씨는 화를 내곤 하였다.

분석이 시작되고 얼마 지나지 않아 한 가지가 꽤 분명해졌다. 구체적으로 말하자면, 과잉통제되었고 자신의 감정과 단절되었다고 느낀다는 초기의 불평에도 불구하고 가끔 다른 사람들을 기쁘게 해주고 그들에게 맞춰주려고 애쓰면서 감정을 억누르는 것이 사실이긴 하지만 그는 심리학적 감수성이 뛰어났고 사실은 실제로 자신의 감정들(주로 슬픔과 "끔찍하고," "불쌍한" 상태)과 매우 많이 접촉하고 있었다.

환자의 성장기 동안 그의 아버지는 줄곧 소규모 도매사업을 하고 있었다. 아버지의 죽음이 임박해 오면서 다시 자극된 기억들—결코 사라진 적이 없었으며 지금은 더욱 선명하고 정서적으로 고통스러운 기억들—은 아버지에게 인정받지 못한 것과 관련이 있었다. 환자의 기억에는 두 가지 주제가 있었는데, 각각은 첫 자문 회기에서 언급되었지만 분석의 전 과정에 걸쳐 확대되고 구체화되었다. 이것들은 서로 결합되어서 환자가 어린 시절에 느꼈던 끔찍하고 불쌍한 느낌과 다른 사람을 기쁘게 해주려는 노력을 낳게 되었다. 그 주제들 가운데 하나는 아버지가 그를 마치 존재하지 않는 것처럼 취급했던 경험이었다. 아버지는 일이 끝나고 집에 돌아오면 아는 척하지도 않았고, 아들이 해낸 어떤 것들에 대해서도 자랑스러워하지 않았으며, 아들의 관심거리에 전혀 흥미를 보이지 않았다. 분석을 하는 동안 환자의 마음을 아프게 한 많은 순간들이 언급되었으며, 이것들은 당연히 전이를 통해 순조롭게 재경험되었다. 두 번째 주제는 보다 구체적이며 치료의 중심주제가 된 것으로써 우리가 반복적으로 언급했던 것이었다. 그것에 대해 우리는 "도와주기(helping out)"라는 표현을 사용하기 시작하였다. 아동기 초반부터 십대 중반까지 여러 해 동안 환자는 주말에 아버지의 일을 도와주었다. 친구들이 밖에서 뛰어놀고 있다는 것, 그가 클럽에 참여하고 싶다거나 취미 생활을 하고 싶어 하는 것은 중요하지 않았다. 이렇게 환자는 아버지의 일을 도우면서 주말을 보냈다. 그리고 그는 분석도 이런 식으로 경험하곤 했는데, 그는 나를 도와주고 있었다. 그것은 사실 그를 위한 것이 아니라 나를 위한 것이었다. 더 심각한 것은 환자가 그런 주말에 대해 아버지의 분노를 무서워하면서 보낸 시기로 기억하고 있다는 것이다. 아들의 조그마한 잘못도 아버지의 분노를 돋구었다. 아버지가 뭔가를 원하거나 요구할 때 아들이 재빨리 반응하지 않으면 분노가 뒤따르곤 했다. 한 가지 특별한 고통스러운 기억은 아버지가 일요일마다 사업장을 리모델링하던 시기와 관련된 것이었다. 약 3년 정도 환자는 일요일마다 보조 목수로 아버지를 도와주었다. 아버지의 분노에 대해 동일한 공포를 경험하는 전반적인 상황에서, 이제 아버지가 분노할 때 "위험한" 장비들을 손에 쥐고 있다는 사실이 더욱 두드러졌다. 이 경험으로 인하여 환자의 내면에는 억눌린 분노, 아버지의 분노에 대한 공포 그리고 가장 중심에는 무기력한 수치심이 생겨났다. 무기력한 수치심은 자기 자신과 자신의 소원들이 아버지한테는 아무것도 아니라는 느낌이었다(환자의 아버지는 E씨가 분석을 시작한 지 대략 6개월 후에 돌아가셨다).

환자의 어머니는 남편을 기쁘게 해주려고 애쓰느라 아들의 필요에는 관심을 보이지 못한 마르고 병약한 여성으로 묘사되었다. 분석 초기와 그 이후 오랫동안의 분석에서 어머니는 아버지보다 훨씬 더 그림자 같은 인물이었다. 분석이 진행되면서, 환자가 아버지 시중을 들기 위해 아들을 버리는 어머니와 아버지 부재시 자신의 욕구를 채우기 위해 아들에게 시선을 돌리는 어머니를 얼마나 많이 경험했는지 점점 분

욕동, 자아, 대상 그리고 자기

명해졌다. 어머니는 아들의 성취를 과도하게 그리고 별 생각 없이 칭찬하곤 했지만, 그럼에도 불구하고 환자는 특히 나이가 들어가면서 심지어 그 칭찬에 대해서조차 인정받지 못했다(nonrecognition)는 가라앉는 느낌을 갖게 되었다. 어머니 스스로가 다른 사람들을 기쁘게 해주는 경향이 너무 지나쳐서 순응하려는 성급한 마음으로 인해 모순되는 다른 것들을 말하곤 하였다. 분석 과정에서 가족의 삶 속에서 일어난 사건들에 대한 이야기를 들으면서, 환자는 역기능적인 가족 역동 속에서 자신의 역할을 수행해왔음에도 불구하고 현시점에서 부모의 성격과 행동을 정확하게 말해주는 인물로 보였다.

이 시점에서 나는 환자의 개인사의 다른 일면을 소개하고자 한다. 아동기 내내 환자는 그가 악몽이라고 말하는 것을 경험하였다. 그 악몽은 자신이 계속 왜소해지고 마침내 너무 작아져서 모든 사람들과 사물로부터 분리되어버린 자아상과 자기감에 대한 것이었다. 초등학교 시절에 겁에 질리게 하는 어떤 사건에서 자신이 움츠러드는 동일한 느낌, 즉 "눈 뜬 채로 악몽"을 경험하였는데, 이 경험은 앞서 말한 악몽과 많은 유사점들이 있어 보이는 한 사건을 전후하여 발생하였다. 그는 학교 연극에서 역할 하나를 맡게 되어서 무척이나 자랑스럽게 생각하고 있었다. 다음 날 학교에서 "저는 정말 잘난 체하는 모습을 보였지요." 그러나 그의 으스대는 모습을 본 어떤 선생님이 그를 깎아내리는 말을 하였는데(물론 이것은 환자가 자신의 경험을 받아들이는 방식이다) 이로 인해 수치심과 함께 다시 작아지는 느낌을 경험하였다. 다음 분석에서 이 사건과 악몽은 실제적인 가족 내의 관계사에서 생겨난 작아지고 굴욕당하는 자기감(sense of self)을 반영하며 아버지의 페니스와 비교해서 자신이 너무 작은 페니스를 가졌다는 확신을 표현하는 것으로 이해되었다. 발기소실(detumescence) 시기의 페니스 수축과 관련된 두려움은 아동기에도 존재하였다. 그러나 이 두려움은 나중에 더욱 커졌다.

나는 두 가지 이유에서 이 환자를 예로 들었다. 첫째, 심리학의 몇 가지 현상들이 분석 작업에서 상당히 두드러지게 나타났다. 성적, 공격적 충동, 동일시와/나 새로운 관계에서의 새로운 형태를 통한 과거 대상관계의 반복 그리고 자기를 하찮고 인정받지 못한 존재로서 바라보는 주된 경험은 분석 과정 동안 활발하게 관찰되었고 그에 대한 작업이 진행되었다. 그리고 두 번째, 환자의 개인적인 위계에서 이 현상들은 상당히 촘촘하게 배열되어 있었다. "내 인생에 있어서 가장 끔찍한 느낌"인 자기를 불쌍한 존재로 지각하는 특별한 경험은 항상 중심적인 주제였다. 그래서 이 느낌과 성, 공격, 방어 등과의 관계가 등장하고 분석되면서 이런 측면들은 분석의 중심이 되지 않고 다시 배경으로 이동하는 것 같았으며 자기 경험이 보다 명확한 형태로 중심에 다시 등장하였다.

환자의 심리내적 삶과 외부활동에서의 변화를 측정해 보았을 때, 분석은 꽤 성공적이었다. 주요 치료의 방향은 그가 다른 사람들의 손에 휘둘린 채 자신의 불쌍한 상태를 수동적으로 견뎌왔던 것으로 바라보던 것에서 불쌍한 상태의 반복과 기대, 그것에 대한 정서적 애착 그리고 그것을 방어적 목적으로 사용하기 위해 만들어냈던 것으로 이해하는 과정으로 옮겨갔다. 이런 이해와 더불어, 불쌍한 상태와 관련된 수많은 다른 문제들에 대한 분석적 작업의 결과로 인해서 환자의 "끔찍한" 내적 상태에 실질적인 변화가 있었고 변화된 내적 삶에 대해 훨씬 더 큰 만족감을 느낄 수 있었다. 그리고 환자가 주기적으로 얘기했듯이, "세

욕동, 자아, 대상 그리고 자기

상이 덜 만족스러워도 괜찮다는 느낌을 경험할 수 있게 되었습니다."

이제까지 기술했던 내용의 대부분이 첫 해에 진행되었던 분석 작업에서 드러났다. 분석이 진행된 회기들에서 환자가 토로한 중심적이고 반복된 불만은 내가 그를 인정하지 않고 있다는 것이었다. 그는 내가 개입할 필요가 있으며, 자신은 "할 말이 없고", 그에 대한 나의 생각을 알려주지도 않고 내가 신경을 쓰지 않고 있다고 말하였다. 환자에게 이런 경험들은 강렬하면서도 고통스러웠다. 그렇지만 환자는 적어도 잠시 동안 언제나 어렵사리 이런 고통스러운 경험으로부터 거리를 둘 수 있었다. 환자의 경험은 정반대일지 모르지만 그에게 "말할 것들"이 부족했던 적은 거의 없었다. 내가 침묵할 경우, 그는 나의 침묵이 자신이 하려는 말이 충분히 좋은 것이 아니라는 느낌을 갖게 한다는 것을 알 수 있었다. 그는 또한 이전 치료자들이 자신의 필요를 채우고 친구가 되도록 유도했던 일(물론 그가 그렇게 이해하고 있었다)을 회상하고, 종종 나에게 상기시켜주면서, 그런 일이 다시 일어나지 않기를 바란다고 분명히 밝혔다. 첫 회기에 나에게 경고했던 위험, 즉 그가 나를 "기쁘게 하는 것"이 나를 속여서 그가 잘하고 있다고 생각하도록 만드는 "위험"은 이제 그의 친구가 되어줌으로써 그의 불쌍함을 해소해주려고 애쓰는 "위험"으로 확대되었다. 이런 일은 환자가 원했으면서도 동시에 원치 않았던 것이다.

나는 여러 회기들의 발췌 내용을 통해 분석의 중심 주제가 되었던 것들의 일부가 어떻게 분석이 시작된 첫 해에 등장하게 되었는지에 대한 느낌을 제공할 수 있다. 첫째, 나는 먼저 (치료가 시작된 3개월 이내의) 두 회기를 살펴봄으로써 성, 분노 그리고 환자의 고통스러운 자기감 사이의 상호작용의 일부를 기술하고자 한다. 내가 세리타라고 부르는 E씨의 동거녀는 직장 일로 종종 출장을 갔다. E씨는 그녀가 다른 일을 함으로써 출장을 피할 수 있었다고 생각하며 분개하였다. 물론 그는 동거녀의 출장을 자신을 인정해주지 않는 것과 욕구를 만족시켜주지 못하는 것으로 경험하였다. 한번은 그녀가 출장에서 돌아왔을 때 그는 그녀에게 새로운 실내가운을 선물해 주었다. 그의 속마음에는 선물로 그녀를 기쁘게 해 주었으니 이제 그녀가 가운을 입고 자신을 즐겁게 해 줄 거라는 기대가 있었다. 하지만 그녀는 출장으로 피곤했을 뿐만 아니라 일이 제대로 성사되지 않아 기분이 썩 좋지 않았기 때문에 침대에 쓰러져 잠을 자고 싶었다. 이로 인해 E씨는 화가 나서, 이 여자는 "별 볼 일 없는 인간이야"라고 말했는데, 이것은 그 순간에 그녀에게 화가 나있음을 보여주는 그의 감정표현 방식이었다. 하지만 나에게는 그가 하는 말들이 전혀 반대로 들렸다. E씨는 동거녀가 자신이 원하는 대로 움직이는 성적 대상이 되어주기를 바랐지만, 그녀가 자신만의 의지를 갖고 행동하는 별 볼 일 있는 존재라는 사실이 그를 짜증나게 하였다. 나는 그가 아버지에게 별 볼 일 없는 자식이라는 인식, 즉 아버지의 뜻에 굴복하는 대상이었던 상황을 뒤집으려고 안간힘을 쓰고 있다고 제안하였다(이 시점에서 나는 E씨가 동거녀가 없었기 때문에 스스로 기운을 북돋우고 중요하지 않고 별 볼 일 없다는 느낌을 반전시키기 위해서 성(sexuality)을 분노의 한 형태로 사용하고 있다고 생각하였다). 그는 즉각 청소년기에 경험했던 강렬한 성관계를 회상하였다. 그 관계에서 상대 여성은 완전히 수동적이어서 그는 그녀에게 무엇이든지 할 수 있었다. 하지만 이것은 실제로는 그의 마음을 굉장히 불편하게 만들었다. 세리타는 정반대의 여자였다. E씨가 그녀를 만났을 때 그녀의 독립적인 성격에 끌렸지만, 동시에 가끔 그녀의 그런 성격을

욕동, 자아, 대상 그리고 자기

싫어하기도 하였다.

몇 회기가 지난 후 성, 공격성 그리고 자기감의 문제가 뒤섞여 있는 비슷한 현상이 나타났다. 이 회기에서 나는 성과 공격성의 문제를 일차적인 것으로, 불쌍한 자기를 방어적 엄호물로 간주하였다. 나의 치료적 개입에 대한 환자의 연상으로 인해 내 관점이 바뀌었다(이 개념화는 회상적인 특성이 있는데, 그 당시 나는 단지 분석가로서의 일을 하고 있다고 느꼈다). 환자는 자신이 "항상 가득 차올라 있는" 불쌍함을 느끼고 있으며 세리타에게 화가 나 있다고 말하면서 회기를 시작하였다. 그들은 어떤 계획을 세우고 있었는데 E씨는 자신의 말이 수용되지 않고 있다는 느낌을 받았다. 그녀는 마치 그가 중요하지 않은 사람인 것처럼 그에게 반응을 하지 않았다. 그는 널리 퍼져 있는 이런 감정들에 대하여 무언가를 말하였고 이로 인해 지난 밤 꿈에 대한 기억이 자극되었다. 꿈 속에서 그는 치과에서 진료를 받기 위해 등받이 의자에 앉아있었다. 어떤 일이 일어났으며 나중에는 빗속에 앉아있게 되었다. 여기서 그는 유치원 시절부터 알고 지내던 여자 친구와 함께 있었으며 그녀의 젖가슴을 쓰다듬고 있었다. 그의 연상은 성과 관련된 기억과 화를 나게 한 사건에까지 광범위하게 번져나갔다. 두 종류의 강렬한 감정이 기억 속에서 선명하게 표현되었다. 나는 다음과 같이 말해주었다: "E씨는 '불쌍한 자기'가 여기까지 올라와 있다고 말하면서 회기를 시작하셨지요. 오늘은 E씨의 그런 말이 그 이야기의 내용이 아닌 표지 이야기인 것처럼 보입니다. 얼마나 많은 성과 분노가 표지 뒤에 숨어있는지 놀랍습니다." 환자의 첫 연상이 확증을 해주는 것 같았다. 그는 일곱 살 때까지 부모님의 침대에서 잠을 잤다는 사실을 회상하였고 처음으로 그것을 나에게 말해주었다(돌이켜 보건대 그는 내 해석에 적합한 연상을 함으로써 분석가인 나를 기쁘게 해주고 있었다고 말할 수 있겠다―아래에 소개될 다음 회기를 참조하라). 그런 다음 그는 불쌍한 감정으로 돌아갔는데, 그 감정에 대해 이야기할 때 그것은 그의 "오랜 친구"와도 같았다. 즉 비록 고통스럽긴 하지만 익숙한 감정이었다. 어쨌든 "그건 위안처럼 느껴졌습니다." (그는 이미 지난 회기들에서 얼마나 많이 슬픈 경험들 속으로 자신을 빠트렸는지 나에게 말해주었다. 한참 후에 그는 어떻게 그 슬픔이 자신의 불쌍함을 인식하고 마치 다른 사람들이 돌봐주었으면 하는 소원대로 스스로를 돌보는 것에 대한 감각을 얻게 되었는지에 대해 말할 수 있었다)

　치료적 개입에 따른 환자의 세 번째 연상은 어머니가 학교에 있는 자신을 데리러 오는 것을 잊어버려서 (꿈 속에서처럼) 빗속에서 울고 있었던 기억이다. 환자는 자신을 잊혀질 정도로 하찮은 존재로 느끼게 만든 어머니에 대한 분노를 정당화하면서 얻은 위로감을 회상하였다. 이 시점에서 나는 아무 말도 하지 않았지만 지난 두 번의 연상에서 나타난 위로감과 비에 대한 두 번째 언급은 이 연상들이 진실되고 적합하다는 느낌을 주었다. 물론 연상들이 그의 불쌍한 자기에 대해 위안을 주는 표지 이야기로 다시 돌아가는 것으로도 보일 수 있다. 그래서 나는 표지 이야기의 일부가 그 연상 속에 들어있음에 대해서는 의심의 여지가 없다고 생각한다. 분석 전반에 대한 나의 인상, 즉 그 당시 나의 사고방식에 들어맞지 않았기 때문에 억지로 나에게 밀어 넣게 된 것은 (내 해석과는 반대로) 표지 이야기가 참으로 이야기의 본 내용이며 중심적인 정서적 주제와 그의 삶을 갈등적으로 조직하는 힘(conflictual organizer)으로 작동하고 있었다는 것이다(나는 자기 병리와 관련된 구체적 사례를 제시하려고 하는 것은 아니다. 여기서 주장하는 바는

\ 욕동, 자아, 대상 그리고 자기

실제로 조직의 다면성이 정말 보편적이라는 것이다. 앞으로 소개될 여타의 사례들은 다른 중심들과 다른 정도들을 보여줄 것이다).

지난 회기가 끝나고 두 달 뒤 진행된 회기에서 주제들이 서로 얽혀 있음이 관찰되었다. 그 전날 E씨는 성(性)과 관련된 많은 이야기를 하였다. 그는 치료를 시작하면서 섹스에 대한 이야기들이 정말 나를 기쁘게 해 줄 수 있을지 확신이 서지 않는다고 말했는데, 이것이 회기의 주제가 되었다. 그의 섹스에 대한 이야기가 나를 기쁘게 해 줄 수 있겠지만, 섹스는 그를 즐겁게 해주고 인정받고 있다는 느낌을 주는 하나의 방법이었다. 그는 10대 시절 여자 친구가 그에게 성적으로 무언가를 해주지 못했을 때, "그녀는 나한테 관심 없어"라는 불쌍하고 "인정받지 못한다"는 감정이 시작되었음을 기억하였다. 그는 "제 생일을 축하해주기 위해서 맨 젖가슴을 보여준" 다른 여자 친구를 생각해 냈다. 이 경험은 그에게 인정받았다는 느낌을 갖게 해주었고, 그 순간 그는 중요한 사람이 되었다(빗속에서 홀로 남겨진 후 옛 여자 친구의 젖가슴을 쓰다듬던 이전에 꾸었던 꿈을 회상한다). 환자는 이전 치료자가 그에게 섹스는 확인(affirmation)의 의미가 있는 것 같다고 말한 것을 기억하고 있었다. (대략 3년 후 환자는 마치 내내 알고 있었던 무엇인가의 위치를 마침내 명확하게 알게 된 것처럼, 청소년기와 그 이후에 섹스에 능숙하게 되었음을 통찰력 있게 말하였다. 섹스가 자신이 갈구했던 인정을 받을 수 있는 확실한 방법임을 알게 되었다. 그는 불쌍한 것이 아니라 주목받고 있다고 느꼈다. 이 시점에서 나는 유아가 대상을 추구하지만 초기에는 단지 구강 영역을 통해 접촉과 연결을 추구한다는 Fairbairn[1941]의 지적이 떠올랐다. 여기서 E씨는 확인을 받을 필요가 있다고 느꼈던 방식대로 다른 사람과의 연결을 위해 성기 부분,

즉 성을 사용할 수 있었음을 말해주고 있다.

분석이 시작된 첫해에 있었던 또 다른 회기는 분노와 자기감이 뒤엉켜있음을 보여주었다. 어느 날 E씨가 치료를 위해 들어왔을 때 그는 막 "끔찍한(awful)" 느낌을 가지게 되었는데, 점점 그 느낌 속으로 빠져들었다. 그는 할 말이 전혀 없다고 느껴서 절대 아무 말도 하지 않겠다고 하였다. 하지만 회기가 진행되면서 서서히 그를 화나게 만든 사건에 대한 실마리들이 등장하기 시작하였다. 그러나 그는 자신의 분노를 명확하게 인식하지 못하였다. 나와의 의사소통은 간접적이었으며 접점을 찾지 못했다. 잠시 후 나는 그에게 무엇에 대해 말하는지 모르겠다고 말했지만, 그의 마음을 확실히 불편하게 만든 친척과의 일을 되풀이해서 암시하는 이야기를 듣고 있다는 생각을 하게 되었다. 그는 그 일을 쉽게 알아차렸다. 원래는 그가 초대받았던 특정 가족 모임이 취소되어서 엄청나게 화가 나 있었다. 하지만 그 날 회기가 끝나갈 무렵, 드러나는 분노를 알아차리게 되었다. 이때 환자는 소리를 지르고 주먹을 꽉 쥐고 카우치 옆의 벽면을 치고 싶었다. 그 친척이 여전히 그를 좋아해 주었으면 하는 바람이 있긴 하지만 그것을 전혀 표현할 수 없어서, "화를 어떻게 해야 할지 모르겠어요. 좌절 그 자체로 느껴집니다."라고 말했다.

다음 날 치료를 받으러 왔을 때 E씨의 태도와 자기감은 변해 있었다. 그의 목소리에는 불쌍한 괴로움이 전혀 없었으며 훨씬 더 생생한 목소리로 말하였다. 자신의 분노를 충분히 인식하였으며 그 친척에게 자신의 느낌을 있는 그대로 말했다. 이전 회기 이후에 발생한 두 개의 무관한 사건에서(그가 좀 더 생생하고 덜 불쌍한 상태일 때 두 사건이 일어났다는 것 외에는 서로 무관하였다), 환자는 여자 친구와 동료에

욕동, 자아, 대상 그리고 자기

게 느꼈던 부당함에 대해 매번 그들에게 화를 표현할 수 있게 되었다. 그리고 나에게 화를 내지 않으면서 평소와는 다르게 말할 때 단호함이 있었다. 그는 단순히 "자신의 화에 적응하여 그것을 제쳐두고 싶지 않았다." 물론 그는 자신이 그렇게 할 수 있음을 알고 있었지만 행동으로 옮기지 않았다. 그러나 회기가 진행되면서 자신의 화를 밀쳐내려고 애썼지만, "끔찍한" 상태가 다시금 중심으로 떠올랐다. 나는 환자에게 두 감정 사이를 오가고 있음을 알려주었는데, 이에 반응하여 그는 친척들, 세리타 그리고 나와의 사이에서 발생한 여러 상황에서 화를 표현했을 때 가치감을 느끼고, 순응했을 때 "끔찍함"이 동반되었던 과거의 사건들을 회상할 수 있었다.

물론 분노가 강한 내적 감정을 만들어낸다는 것은 놀라운 일이 아니다. 우리가 분노를 받아들이고 표현함에 있어서 적극적인 태도를 보이고(Raparport[1953]가 언급했듯이), 수동적 피해자가 아니라면 그것은 자기를 정의하는 정서(a self-defining affect)가 될 수 있다. 그러나 우리는 후에 E씨가 (마음 속에서 정당화될 수 있는) 분노를 표현했을 때 자신에 대해 얼마나 좋게 느낄 수 있는지를 볼 수 있었다. 뿐만 아니라 (화를 내면 미움을 받을 수 있다는 두려움과 그로 인해 불쌍한 상태로 이어지는 순환적 특징을 가진) 분노에 대항하여 자신에게 친숙한 불쌍한 상태를 **방어**로 활용하는 것과, 불쌍한 상태에 붙들려 있고 자신의 분노로 인해 위협을 느꼈던 과거의 애착대상들(어머니와 특히 아버지)에게 매달리기 위해서 불쌍한 상태로 **도망치려는 전략**을 보게 되었다.

이 마지막 시점에서 나는 E씨의 불쌍하고 끔찍한 상태가 과거의 애착대상들과 연결된 것들의 일부를 소개하면서, 첫해부터 관찰한 몇 개의 예시를 통해 특정 자기 상태와 동일시 그리고 내면화된 대상관계 간의 긴밀한 연결을 살펴보고자 한다.

막 언급되었던 시기쯤 한 회기에서, E씨는 세리타와의 통화에서 자신이 실제로 느끼고 있던 화를 표현하기보다 그녀를 기쁘게 해주던 사건에 대해 언급하였다. 그리고 회기에서 나와 관련해서는 "기쁘게 해주려는 행동"을 반복하였다. 내가 이것을 지적하였는데 이로 인해 환자는 아버지를 기쁘게 해주려는 목적으로 가게 일을 거들어주었던 기억들을 떠올렸다. 오랫동안 옛 기억을 회상한 다음, 잠시 멈추더니 처음으로 큰소리로 자신에게 질문을 던졌다: "이 모든 일이 일어나고 있을 때 어머니는 어디 있었나요?" 그리고 이어서 이 질문에 대한 답을 하였다. "내가 아버지를 기쁘게 하지 못한다면, 아버지가 어머니에게 화를 낼 것 같은 느낌을 항상 갖고 있었습니다. 어떤 면에서 어머니는 가게 일을 도와줌으로써 아버지를 기쁘게 해 주려고 저를 보냈었죠. 저는 어머니와 제가 한 팀이라고 느꼈다고 생각해요. 어머니는 그런 식으로 아버지를 '다루었지요.' 아니 우리가 한 일이지요." "기쁘게 해주는 일"은 이 특별한 가족 드라마에서 그가 맡은 역할이었다.

몇 회기 후에 우리는 이것에 대해 또 다른 관점을 가지게 되었다. 그는 자신에게 주목하지 않는다는 이유로 세리타와 나에게 화가 나 있었다. 이것은 아버지가 일을 마치고 집에 돌아왔을 때 어머니의 관심이 그에게서 아버지에게로 옮겨갔던 것과 같다는 말을 하였다. 그는 당시에는 화가 났다는 것을 기억하지 못했지만, 어머니의 관심을 잃어버렸다는 것을 끔찍하게 느꼈다. 하지만 그는 "그래서 어쨌다는 거지요?"라고 말하면서 나한테 도전적인 태도를 보였다. "저는 이 사실을 알고 있고, 여전히 그 끔찍한 느낌들을 가지고 있습니다."

나는 E씨에게 나와 싸우려는 마음이 있는 것처럼 들린다고 말했다.

그는 다음과 같이 대답하였다: "어젯밤 집에 돌아왔을 때 저는 세리타와 싸울 태세를 하고 있었습니다. 그녀가 자신의 일로 바빠서 나를 위해 시간을 낼 수 없다고 예상했었기 때문에, 들어왔을 때 이미 화가 나 있었습니다." 이에 대해 나는 "E씨는 관심을 받고 싶은 '불쌍한 어린 아이' 일 뿐만 아니라 관심을 기대하고 요구하는 E씨의 아버지인 것처럼 들리네요."라고 말해주었다. 이 해석 덕분에 그런 면에서 환자가 정말 자신의 아버지와 똑같음을 확인해주는 많은 연상들이 쏟아졌다.

이런 예시를 통해서 나는 환자의 경험 중심에 있는 끔찍하고 불쌍한 자기 상태가 성, 공격, 방어 그리고 내면화의 역동들과 내부적으로 연결되어 있음을 보여주고자 노력하였다. 이것은 분석 첫해와 그 이후에도 줄곧 E씨가 계속해서 반복했던 중심 주제였다. 생산적인 분석 작업이 그것을 중심으로 이뤄졌지만, 관련된 욕동, 방어 그리고 대상관계의 주제들을 다룰 때마다 그것은 항상 중심 무대에 다시 모습을 드러냈다.

첫해 분석에서 얻은 내용을 가지고 더 분명하게 설명하고자 한다. 나는 환자가 아동기 내내 아버지가 가한 심리적 학대의 경험으로 인해 불쌍하고 인정받지 못했다는 자기 경험을 했다는 인상을 빠르게 받았다. 그러나 마찬가지로 환자가 현재 이 경험을 적극적으로 재생산하고 있고 나는 경험은 많은 의미를 지니고 있으며 그를 위해 많은 기능을 담당하고 있음을 믿게 되었다. 나는 이런 과정에서 환자가 담당하는 적극적인 역할을 보여주려 애썼는데, 그것이 분석 작업의 주요 치료적 주안점들 가운데 하나였기 때문이다. 분석이 시작된 이후 두 번째 달에 있었던 한 회기에서 환자는 세리타가 정서적으로 충분히 그를 위해 있어 주지 않는 것과 관련해서 그녀와의 문제들에 대해 이야기할 때, 나는 특정한 경우에 그 문제가 어떻게 그의 내면에 있는 어떤 것, 즉 그 상황에 가져온 거래와 기대로부터 흘러나왔는지를 보여줄 수 있었다. 환자는 문제가 불거질 때면 언제나 이런 종류의 생각에 관심을 보였지만, 대개는 다른 사람들이 그에게 범했던(실질적으로는 그를 위한 것이 아니었던) 경험 속으로 다시 빠져들었다. 첫 자문 회기에서 그가 나를 기쁘게 하는 측면에 속지 말고 이전 치료사처럼 친구가 되지 말라고 경고했던 그의 부분이 분명하게 드러났다. 치료가 시작된 다음 몇 개월 후, 정확히는 내가 너무 친절하고 안심시켜주려는 것을 그가 감지한 후의 다음 회기에서 그는 꿈 하나에 대해 얘기해주었다. 꿈 속에서 그는 룸메이트와 차를 타고 있었다. 그 주행의 느낌은 "울퉁불퉁한 땅에서 떨어져 있어서 부드러웠다." 그의 연상은 이전 회기로 돌아갔다. 내가 바로 룸메이트였고 나는 지난 회기에 그를 실망시켰다. 그는 현실감 없는 분석, 즉 "단지 표면적인 것에 불과한" 안심시켜주기(reassurance)를 바라지 않았다. 더 깊이 자신 안으로 들어가고 싶었다. 분석 작업에서 유사한 상황들에 대한 연상들이 뒤따랐으며, 만약 내가 그의 문제를 제대로 다루지 않고 지나간다면 늘 해오던 것처럼 분석가인 나에게 계속 화를 내겠다는 인상을 받고 그 회기를 종료하였다. 그는 더 이상 얕은 분석을 원치 않았다. 자기의 상태에 대한 내적 책임감과 내면으로부터의 변화를 위해 분석가의 도움을 받으려는 소원이 여기에서 분명히 드러났고, 시간이 지남에 따라 긍정적인 방향으로 발전해 나갔다.

첫해가 끝날 무렵에 진행된 한 회기에서 환자는 **내적** 활동과 소원들의 역할이 놓여 있는 위치를 다시 명확하게 표현하였다. 이번에는 대규모 사교모임에서 느낀 인정받지 못하고 불쌍하고 끔찍한 감정에 대해 이야기하였다. 나는 그가 말한 세부내용을 바탕으로, "아무도 나한테 관심이 없어. 난 사람들을 기쁘게 해줘야 돼"와 같은 태도가 어떻게 자신의 현재 경험에 대한 **반응적인 것**이 아니라 그 경험에 **부과된 것**인지를 보여줄 수 있었다. 그는 이점을 쉽게 이해하였으며, "부과된 (imposed)"이란 단어의 의미를 덧붙이면서 상세한 설명을 해주었다. 그는 이런 태도를 사람들과의 관계에 가져올 뿐만 아니라 자신의 아버지에게 관심을 보여줄 것을 요구하지 못했었지만, 마치 아버지가 그랬던 것처럼 다른 사람들에게 관심을 가져달라고 요청하였다. 그는 큰소리로 질문하였다: "왜 계속 이런 짓을 하고 있을까요?" 그리고 이 질문에 대해 대답하였다: "이번에는 그것에서 벗어나 다른 모습을 보여줄 수 있을지 알고 싶습니다. 만약 할 수 없다면 적어도 저를 대하는 사람들의 태도에 대한 저의 믿음은 인정받을 수 있을 겁니다." 여기서 불쌍한 자기 상태와 관련된 내면화된 대상관계가 보인다. 동시에 이것은 연속선상에서 자신의 삶에 대한 책임감이 증가하고 있음을 보여준다. 이제 삶 전체에 걸쳐 중심적으로 자리 잡고 있던 심리적 불편함과 관련하여 주체감(sense of agency)이 생기기 시작하였다.

이제 나는 어떻게 다양한 주제들이 계속해서 등장하게 되었는지에 대해 기술하면서 분석의 후반기를 요약하고자 한다. 분석은 다양한 측면을 가지고 있었다. 자기 경험의 끔찍한/불쌍한 상태는 환자와 분석가가 정기적으로 반복했던 일종의 기준점이었는데, 나는 그것을 하나의 관점으로만 보지 않았다. 이 환자에 대한 분석은 욕동, 방어 그리고 대상관계의 많은 것들이 특정한 자기 경험의 상태를 둘러싸고 있다는 면에서 상당히 긴밀하게 연결되어 있는 위계조직의 한 예시이다. 하지만 모든 것이 자기 경험으로 환원된다는 암시를 주는 것은 내 목적에 필요하지 않을 뿐만 아니라 도움이 되지 않는다. 환원주의는 내 목표가 아니다. 내가 목표로 하는 것은 다양한 심리학의 관점들이 가진 다양한 측면들과 적용가능성을 보여주는 것이다.

계속된 회기들에서 우리는 (기분과 관련해 끔찍하고 불쌍한 것으로 경험되는) 환자가 느끼는 왜소함에 내포된 명확히 성적인 측면을 더 깊게 이해할 수 있었다. 그가 소년이었을 때 한번은 엄청나게 크게 보이는 아버지의 페니스를 보았던 사건을 회상했는데 이 경험을 통해 자신의 페니스는 너무 작다는 느낌을 계속해서 가지게 되었다. "나의 고통을 줄이기 위해서" 발을 잘라버린 꿈은 그가 인정받지 못했다고 느꼈을 때 억눌렀던 분노와 관련된 연상들로 이어졌다. 그는 화를 참고 있는 것을 "자신의 일부를 잘라내는 것"으로 이해하였다. 그러나 회기의 방향에 변화가 있었다. 추후의 연상들은 페니스가 잘리는 것에 대한 것이었지만 이것은 결국 처음에는 자신의 페니스와 아버지의 페니스의 크기를 비교했던 기억과, 다음으로 이전에는 전혀 회상해본 적이 없었던 기억을 떠오르게 하였다. 청년기에 그는 집에서 여자 친구와 성관계를 하고 있었는데 우연히 아버지가 지나가다가 그 장면을 보았다. 그날도 다음날에도 그 후에도 아버지는 그것에 대해 한마디도 하지 않았다. 여기에서 환자는 인정받지 못해 잘려져 나간 느낌을 받았는데 이번에는 자신의 **존재**(어릴 때는 그랬지만)가 아닌 자신의 성(sexuality), 남자다움을 인정받지 못했다. 그는 아버지가 성관계를 하고 있는 자신을 보았노라고 인정을 해 주었더라면 아들을 남자로 느끼게 해 주었을 거라고 말했다.

이 회기가 끝난 뒤, 환자는 성관계를 하는 도중에 자신의 여성 파트너와 성관계를 하고 있는 또 다른 남성을 보는 환상을 규칙적으로 경험하고 있다는 얘기를 털어놓는 회기가 이어졌다. 이 성적 환상에서 그는 주인공이 아니었으며 존재감 없는 부적절한 존재였다. 물론 이 환상은 자신의 아버지가 그를 보았을 때의 상황을 뒤집어 놓았다. (놀랍게도 한참 후 환자가 종결에 대한 얘기를 꺼내면서, 그는 성관계를 하는 동안 "진정한 존재"이고, 그곳에 있으며 진정한 존재의 일부라는 느낌을 갖게 되어, 더 이상 다른 남자를 보지 않고서도 자신이 성적 능력을 가진 사람으로 존재한다는 것이 자신 안에 일어난 변화들 가운데 하나라고 말했다). 아버지가 보았다는 기억에 대한 회상과 다른 남자를 보고 있다는 환상에 대한 고백에 뒤이어, 환자는 자신의 성생활의 측면들을 잘 다룰 수 있었다. 뒤따르는 회기들에서는 더 힘이 있고 덜 끔찍하고 덜 불쌍한 감정을 느끼기 시작했다. 이로 인해 환자는 결국 분석가인 나와 분리되는 느낌을 갖게 되었다. 하지만 그는 다가오는 공휴일 때문에 여러 회기를 빠져야 한다는 것에 대해 갑작스럽게 걱정을 하였다. 어떻게 그의 강함에 대한 느낌이 이런 상실의 감정을 초래하게 되었는지 내가 지적해 주자, 그는 다음과 같이 말했다: "아무도 나를 위해 기분 좋게 해주지 않는데 나 혼자 좋은 기분을 느끼는 것은 얼마나 '끔찍한' 일인지요."

바로 위에서 언급한 회기들이 종료되고 몇 달 후, 새로운 회기들이 진행되면서 그의 성과 왜소함에 대한 추가의 정보를 얻게 되었다. 회기는 허름하고 썩어 가는 집의 "웅장한" 부분과 관련해서 꿈 속에 담겨 있는 암시들로 시작되었다. 내가 이 웅장함에 대해 물어보았을 때, 그는 자신이 가장 크고 최고라는 의미에서 "위대하다"고 느꼈던 시절을 회상하였다. 하지만 이것 뒤에는 너무 "시건방지다가" "콧대가 꺾여질" 것이라는 느낌이 항상 뒤따랐다. 이 느낌은 어린 시절에 대한 기억에서도 찾아볼 수 있었다. 이런 느낌을 피하려고 다른 사람들에게 "바통을 넘기고" 그들에게 일등 자리를 내주곤 했는데, "뼛속 깊이까지 자신에 대한 확신이 없었기" 때문이었다. 나는 그의 페니스가 잘려나갈 수 있다는 남근기적 암시를 지적했는데, E씨는 자신의 페니스가 너무 작다는 느낌을 지속적으로 갖고 있었기 때문에 그것을 기꺼이 들었다. 하지만 이 분석 작업 뒤에 이어진 회기들에서 그는 실질적으로 자신에 대해 좋게 느끼고 있어서 불쌍하거나 끔찍하거나 왜소한 느낌을 갖지 않게 되었다. 환자는 마치 롤러코스터를 타고 있는 것처럼 자신에 대한 좋은 느낌이 올 때마다 자신과의 접촉점을 잃어버리고 자신의 시건방짐을 두려워했으며 내가 그를 작게 만들 수 있다는 생각에 불쌍한 감정을 느끼기 시작하였다. 그는 어렸을 때 친구 어머니의 몸매가 아름답다고 생각했던 일을 회상하였는데, 이 기억은 어머니가 친구의 어머니를 비난했던 기억과 함께 떠올랐다. 그는 어머니가 얘기했던 것과는 정반대(친구 어머니의 아름다운 몸매)로 생각했기 때문에, 어머니의 비난하는 말로 인해서 스스로에 대해 왜소하며 수치스러운 느낌을 가지게 되었다. 이것에 뒤따른 회기에서는 다른 생각들이 동시다발적으로 튀어나왔다. 그는 살아오면서 줄곧 자신의 어머니처럼 야위어가는 경향이 있다고 말했다. 어머니는 아들을 마르고 성적 매력이 없게 하려고 애를 썼을지도 모른다고 의심스러워했다. 환자는 마른 모습 때문에 스스로에 대해 부적절하고 성적 매력이 없으며 왜소한 느낌을 갖게 되었음을 알고 있었다. 이 회기에서 (어머니의 야윈 모습처럼 자신도 그렇게 만들어 어머니를 즐겁게 해드렸던 것같이) 우리는 분석가인 나를 즐겁게 해주는 것이 어떻게 환자의 성적 자기(sexual self)를 억눌러 불쌍하고 끔찍한 자기 경험 속으로 다시금 몰아넣는지를 볼 수 있었다. 이 분석 작업뿐만 아니라 이와 비슷한 많은 것들을 통해서, 우리는 너무나 위험스럽게 성적이고 "위대하게" 되는 자신의 갈등 경험을 해소하기 위해 편안하고 친숙하게 그 상태에 적응함으로써 심리내면에 자리 잡고 있는 불쌍하다는 끔찍한 느낌 자체를 방어적으로 사용할 수 있었음을 알 수 있었다. 그리고 이즈음에 환자의 과거사와 관련하여 언급되었던 분석 작업이 마무리되었다. 이 분석을 통해 몸의 크기가 줄어드는 어린 시절의 악몽은 자신이 소멸되고 아버지의 눈에 아무 것도 아닌 것처럼 느껴지는 핵심 감정에서의 보다 익숙한 원인 이외에도, 그의 작고 수축되는 페니스를 둘러싼 성적 불안에 기원을 두고 있었다는 통찰을 하게 된 것 같았다. 얼마 후 다른 회기에서 환자는 자신이 세리타와 성관계를 하고 있는 방에 어떤 남자가 들어와 "섹스 시간이다!'라고 외쳤는데, 이에 세리타가 그 침입자와 성관계를 할 준비를 하는 꿈 이야기를 하였다. 그의 연상은 막혀버렸고 방향을 잃었는데, 그 꿈이 그를 매우 혼란스럽게 하였다. 갑자기 그는 분석가인 내가 침입자이며 자신이 그 여성이라는 생각을 하였다. 이런 생각은 청소년 시절 부모님의 침실에서 흘러나온 선정적인 신음 소리를 들으면서 여성처럼 삽입되는 것이 어떤 것인지 "딱 한번만" 알기를 소망했던 기억을 떠오르게 하였다. 환자는 아버지가 어머니와 함께 있어 주었던 것처럼 아들인 자신과 함께 있어 주기를 바라는 막연한 소원이 있었음을 기억하고 있었다. 나는 이렇게 해석하였다. "E씨는 아버지한테, '나 좀 봐주세요, 나한테 주목해 주세요' 그리고 '엄마한테 하는 것처럼 내가 기분이 좋아지도록 그것을 해 주세요' 라고 말하고 싶었던 거지요." 이 해석은 양성애에 대한 일련의 생각들과 환상들(행동이 아닌)을 열어주었다.

한편으로는 성적 시기심과 불안의 중복되는 주제들 가운데 많은 것들이, 다른 한편으로는 왜소하고 불쌍하다는 느낌이 분석 후반의 한 회기에서 함께 등장하였다. 환자의 한 친구가 건설과 관련된 일을 하고 있었는데 주말에 환자는 그를 도와주었다. 이 일은 그의 아버지가 소매업 가게를 재건축하고 있었을 때 수없이 많은 주말에 아버지를 도와주었던 것과 연결되었다. 환자는 불쌍한/끔찍한 감정, 즉 존재가치가 없음을 느끼기 시작하였다. 그는 또한 최근에 경험한 거만한 느낌과의 연결고리를 어렵지 않게 찾을 수 있었지만, 잠시 뒤로 물러서야만 했다. 그러나 회기가 진행되고 친구를 도와준 것과 아버지를 도와준 것이 연결된다는 것이 명확해지면서 그는 두 사람 모두에게 화가 났다. "둘 다 자기들이 나보다 제기랄(fucking) **연장**을 더 잘 다룰 줄 아는 것처럼 행동하더라고요." 이에 대해 나는 "아버지와 친구가 모두 **섹스하는** 도구(fucking tools)를 어떻게 사용해야 하는지 더 잘 알고 있는 것처럼 행동했군요"라고 응대해 주었다. 환자는 아버지의 우월한 성기구(sexual equipment)[1]와 성적 능력에 대한 그의 환상과 연결되어 있음을 보는 데 아무런 문제가 없었다. 전체 회기는 처음에는 어린 시절 아버지와의 관계에서 무기력하고 "인정받지 못했던" 측면을 풍성하면서도 설득력있게 불러일으키다가 남근기적이고 오이디푸스기적인 성을 중심으로 하는 그의 갈등들—작고 거대한 느낌, 시기심과 경쟁—을 마찬가지로 풍성하면서도 설득력 있게 불러일으키는 것으로 바뀌었다.

내가 충분히 살펴보지는 않겠지만, 분노와 끔찍한/불쌍한 느낌의 주제들도 비슷한 방식으로 뒤섞여 있음이 광범위하게 관찰되었다. 사실 불쌍한 느낌의 "끔찍한" 부분은 정확하게는 환자가 바라던 인정과 돌봄과 상충하기 때문에 자신이 표현할 수 없었던 분노와 뒤섞인 혼합

---

[1] 역자 주: 아버지의 성기를 가리키는 표현.

물의 결과로 이해될 수 있었다. 그가 취했던 수동적인 피해자 태도는 그의 분노를 정당화하는 것으로 이해되었지만, 아버지의 분노를 피하는 것으로도 이해되었다. "내가 아버지한테 대들었다면 날 죽였을 겁니다." 환자가 다른 사람들을 "기쁘게 해주려는 것"은 자신의 분노에 대한 위장— 다른 사람의 눈에는 가식이자 그 자신에게는 방어—으로 보였다. 하지만 환자는 적절하고 분명하게 화를 표현할 수 있게 되면서, 그것 자체가 분석가인 나를 즐겁게 하는 것임을 느끼게 되었다. 그가 화를 자신의 것으로 느끼고 받아들이기까지는 꽤 오랜 시간이 걸렸다. 다시 이런 내용의 많은 것들이 환자의 꿈에 선명하게 나타났다.

E씨는 마음을 불편하게 했던 긴 꿈에 대해서 이야기하였다. 꿈의 중심 내용은 한 손의 손바닥 안에 아주 작은 아기를 안고 있다가 떨어뜨렸는데 도무지 찾을 수가 없었고, 아기를 잃어버린 것에 대해 예상되는 비난을 벗어날 수 있는 유일한 방법으로 자살하는 것을 생각했다는 것이었다. 나는 환자의 많은 연상들을 살펴보지는 않겠지만, 다만 내가 보기에는 그것들이 다음의 해석을 설득력 있게 명료화해준다는 점은 언급하고자 한다. 그 해석은 다른 사람들이 정서적으로 그를 "떨어뜨릴" 때 그는 화가 났지만, 그의 유일한 반응은 "자살," 즉, 작고 불쌍한 자기 이외의 다른 자기에 대한 감각을 잃어버리는 것이다. 전날 밤으로부터 그러한 사건을 상기하는 그의 반응은 확증적인 것으로 보였다. 그러나 다음 날 그는 분석가의 해석이 "제 속에서 진실로 느껴지지 않았습니다"라고 말하면서 상담실에 들어왔다(나는 상당히 놀랐다. 나한테는 그것이 설득력이 있는 해석인 것 같았고 그가 내 해석에 잘 반응했다고 생각했기 때문이다).

그런 다음 E씨는 적극적으로(내가 놓친 것을 모두 보여주기라도 하는 것처럼 반응했기에, 나는 공격적으로 라는 단어를 쓰고 싶다.) 그 꿈에 대해 일련의 생각들을 늘어놓기 시작하였다. 그것들은 전날 그와 내가 나누었던 것들과 본질에 있어서 동일하였다. 하지만 그의 생각들에는 추가적인 내용이 포함되어 있었으며 그것들은 자기 자신의 것으로 경험되었다. 그는 아주 작은 아기가 어린 시절 악몽에 등장했던 자기 자신이라고 말했다. 그는 "아무도 나한테 신경 쓰지 않고" "인생을 살만한 가치가 없는 것처럼" 느끼게 하고 "나는 곧 죽을 거야"라는 생각이 들게 하는 새로운 사건들(꿈 속의 이미지들과 연결된)을 나열하였다. 그런 연상들이 쇄도한 후, 나는 그가 얼마나 분명하게 그 자신의 꿈을 사로잡고 있는지와, 오늘은 자신을 잃어버리지 않았음을 알려주었다. 그는 왜 종종 분노를 잃어버리고 자기 자신을 잃어버리는지 모르겠지만 오늘은 그렇게 느끼지 않았다고 대답하였다. 그가 회기 중에 자기주장을 실연(enactment)한 다음, 나는 본질적으로 전날과 동일한 해석을 반복하였다. 그 해석은 환자가 정서적으로 "떨어뜨려졌을" 때 그는 "자살한다," 즉 그의 자기감을 상실한다는 것이다. 이에 대해 그는 "오, 정말 이제 그게 진실로 다가오는 것 같네요!"라고 반응하였다. 분석가인 나를 도와주면서 더 수동적으로 느꼈던 전날과는 대조적으로, 이제 환자는 회기 중에 자기주장을 하는 실연을 통해서 자신의 내적 현실의 일부를 분석가를 즐겁게 해주고 순응하는 것이 아니라 **진실된 것**으로 경험할 수 있게 되었다. 이런 종류의 실연은 이전에도(그리고 이후에도) 있었고, 분석 작업의 주제이기도 하였다.

분석에서 다른 작업은 환자의 불쌍한 자기의 "거짓 자기"(Winnicott, 1960a)측면이라는 개념에 의해서 절묘하게 파악되는 것 같다. 환자의 거짓 자기는 다른 사람들에게 순응하는 것에 대한 위장으로서 그리고 성과 분노에 대한 방어로서 사용되었다. 그러나 아이러니하게도 그것은 동시에 가장 참자기처럼 느껴졌다. 그가 오래전 일시적으로 사람들의 반응을 받았다고 느꼈기 때문에 "예전엔 달랐었는데"라는 생각을 항상 갖고 있었지만, 이제는 그런 불쌍한 자기의 모습이 "진짜"인 것처럼 느껴져서 그것에 매달리게 되었다. 이로 인해 불쌍한 자기는 다시 과거의 대상관계를 유지하는 역할을 하게 되었고, 첫해의 분석에서 기술한 바와 같이 복잡한 동일시 형태로 자리 잡게 되었다.

실질적으로 치료를 종결하기 약 14개월 전 즈음에 환자는 처음으로 종결에 대한 생각을 언급했는데, 이때 그에게 왜소하고 무기력한 자기가 없었던 것은 아니었다. 생산적인 분석 작업이 이루어졌던 일련의 회기들이 진행된 이후에 그는 회기 안과 밖 모두에서 자기 자신에 대해 매우 좋은 느낌을 갖게 되었다. 이런 느낌 때문에, "저는 여기서 종결해도 되겠다고 생각합니다." 그러면서도 금방 덧붙여 말하기를, "제가 그런 결정을 할 수 있는지 의심스럽긴 합니다. 만약 그렇게 할 수 있다면 선생님은 어떨 것 같습니까?" 그는 계속해서 분석이 "더 이상 필요 없습니다"라는 생각과 종결을 결정하는 행위 모두가 자신의 능력 밖에 있음을 분명히 하였다(후에 이런 주장의 "거만한" 면이 다시 나타났다). 계획적으로 한 것이 아니라 지나가는 말로 몇 번 더 분석 종결에 대해 언급한 후에 있었던 다른 회기에서 종결에 대한 주제가 다른 방식으로 재등장하였다. 환자는 다시 "아무도 저에게 관심을 보이지 않습니다," "아무도 저에게 신경 쓰지 않습니다."라고 말했다. 그러다가 화를 내면서 이렇게 말한다. "단지 제가 분석을 그만두겠다는 말을 하기 때문에 이렇게 저를 보내버릴 작정이신가요?" "선생님은 저한테 관심이 없으시죠?" "저에게 신경을 쓰지 않으시죠?" 종결은 어린 시절에 겪었던 아버지와의 관계가 다시 반복되는 것으로 경험되었다. 이후에 그는 자신의 삶에서의 "은밀한(secret)" 성취와 성공에 대해 얘기하였다. 은밀하다는 표현을 쓴 이유는 성취와 성공이 종결의 정당한 이유인 것처럼 보일 때조차도 그것들이 거만해 보일 것 같은 불편함을 내포하고 있기 때문이다. 이제 그는 정말 여러 면에서 변했으며 회기 중 자신에 대한 분석 작업을 훨씬 더 일관되게 해낼 수 있었다.

E씨에 대한 분석을 요약한 의도는 분석과정이나 치료 결과에 대한 전반적인 개요를 제공하는 것이 아니고, 여러 심리학의 현상들이 서로 뒤섞여 있음을 설명하고자 함이다. 따라서 나는 두 개의 꿈이 보고된 한 회기의 내용을 소개하면서 마무리 짓고자 한다. 이 회기는 환자와 내가 종결 시점에 대해 합의를 한 직후에 진행되었다.

그는 다음과 같은 말로 회기를 시작하였다: "어젯밤에 저는 꿈 하나, 아니 어쩌면 두 개의 꿈을 꾸었을 겁니다. 첫 번째 꿈에서 저는 장기간 여행 중이었는데 이내 집에 돌아갈 예정이었습니다. 그리고 그걸 기대하고 있었습니다. 그러다가 여행을 하는 도중에 어떤 남자를 만났는데 진심으로 그를 사랑하게 되었습니다. 하지만 이제 작별인사를 할 시간이 다가왔습니다. 어떤 트럭을 타고 혼자서 여행의 막바지를 마무리하고 있었죠. 제가 트럭에서 내려 작별의 의미로 그를 안아주었더니 자기를 사랑해줘서 고맙다고 말하더군요. 하지만 그는 제가 안아주는 것을 불편해했습니다. 아주 잠깐만 안아주는 것을 허용하더니 금방 뒤로 물러섰습니다."

"두 번째 꿈에서 제가 침대에 있었는데 침대 가장자리에 부부가 걸터앉아 있는 것을 보았습니다. 제가 정말 그 부부를 보았는지 확실치 않습니다. 그 사람들에 대한 어떤 이미지도 남아있지 않습니다. 그런

데 그 부부와 저 사이에 남자 한 명이 있었는데, 그 사람이 몸을 구부려 제 성기를 애무하기 시작했습니다. 그런데 저는 전혀 흥분되지 않았습니다. 그 남자는 잠깐만 그렇게 하더니만 멈추더군요."

"추측해 보니, 제가 작별인사를 건네고 있었던 남자는 바로 선생님인 것 같습니다. 오, 도대체 나는 어느 시점에서 그런 말을 하는 것을 멈출 수 있을까요! 사실인지도 모르면서 그냥 말해버렸네요. 제 생각에는 그 남자는 저였을 겁니다. 두 사람 모두 저입니다. 제가 마음 속에 떠오르는 생각을 볼 수 있는지 지켜보겠습니다."

"그 사람이 안아주는 것을 불편하게 느낀 것은 결국 마지막 회기 후에 제가 어떻게 작별인사를 할지에 대해 생각하고 있었던 것을 상기해 주었습니다. 제가 그냥 '안녕히 계세요' 라고 말해야 할지 아니면 안아주거나 악수라도 해야 하나? 제가 전에도 이것에 대해 얘기한 적이 있었습니다. 모르겠어요. 근데 이런 말을 하고 있으니까 갑자기 슬픔이 밀려오는 느낌입니다. 아시다시피, 마치 파도처럼 밀려왔습니다. 그렇게 슬픔이 다가와 저를 덮친 다음 지나가 버렸네요. 그것도 잠시만. 마치 슬픔에 휩싸이는 걸 불편해하는 것처럼 말이죠."

이 지점에서 나는 다음과 같이 말해주었다: "아마도 당신은 결국 꿈 속에 등장한 두 인물 모두일 것입니다. 그 친구는 잠깐 안아주는 것을 허용했지만 그것을 불편해했지요. 마치 당신이 슬픔을 불편해하기 전에 잠깐 그것에 휩싸일 수 있는 것처럼 말이죠."

> E 씨: 그 말씀이 맞는 것 같습니다. 그런데 슬픔은 저한테는 항상 "매우 중요한 것이었지요.... 두 번째 꿈에 대해선 무엇을 말해야 할지 모르겠네요."

분석가: "더 나가기 전에, 두 번째 꿈 속에 등장한 트럭에 대해서 생각
　　　　나는 게 있습니까?"

E 씨: "아무것도요, 제 생각에는 그렇습니다. 선생님도 알다시피 그
　　　　건 사실이 아니죠. 제가 종종 그것을 하긴 합니다. 연상을 하
　　　　지만 '그게 중요한 게 아니라' 고 느낍니다. 항상 제가 중요하
　　　　지 않은 것처럼 말이죠. 그러나 제가 기억했던 것은...." (그는
　　　　계속해서 자신의 흥미를 추구한다는 관점에서 다소 충동적이
　　　　지만 건설적으로 그런 트럭을 몰 때 있었던 10년 전의 사건에
　　　　대한 얘기를 하였다. 그리고 그의 아버지가 직업상 한때 트럭
　　　　회사와 연관이 있었음을 회상하고 그것에 대해 상세히 설명해
　　　　주었다. 그런 다음 두 번째 꿈으로 돌아왔다).

"제가 있었던 그 침대에는 (손으로 긴 의자에 있는 내 베개를
만져보면서) 이런 베개가 하나 있었습니다. 제 성기를 애무
했던 그 남자는 콧수염이 있었습니다.... 제가 그 사람에게 콧
수염이 있다고 말했을 때 어떤 생각이 떠올랐는지 아세요?
제가 네 살 정도였을 때 콧수염을 기른 아버지의 오래된 사진
이 하나 있었습니다. 그 후로 아버지는 한 번도 콧수염을 기
르지 않았습니다. 어머니는 제가 어렸을 때의 얘기를 늘 해주
십니다. 아버지는 콧수염이 없으셨는데 저는 그 사진을 보고
울면서 말했다고 합니다. '난 콧수염이 있는 아빠를 원한단
말이야.'"

"그 부부에 대해선 뭘 말해야 할지 모르겠네요. 떠오르는 게
아무것도 없습니다. 성기를 애무받을 때 전혀 흥분이 되지 않
았습니다. 그렇게 하는 남자는 대략 서른다섯 살 정도 되어
보였습니다. 머리카락은 얇고 키가 크고 말랐습니다. 사실 그
남자는 저와 비슷해 보입니다. 참 이상하지요."

분석가: "분명히 대칭이 있네요. 그렇지 않나요? 첫 번째 꿈에서 당신
　　　　은 꿈 속의 두 인물 모두임이 밝혀졌습니다—작별인사를 하

던 인물과 휩싸이는 것을 불편해하는 또 다른 인물. 여기서 다시 당신이 성기를 애무하고 있는 남자이면서 동시에 애무의 대상이라는 생각을 하고 계시는데, 어쨌든 그 둘은 서로 엮여있네요."

E 씨: "선생님께서 그 말씀을 하셨을 때 제가 뭘 기억해 냈는지 아세요? 마치 모든 게 완벽하게 들어맞는 것 같아요. 주말에 어떤 심리학자가 잡지에 기고한 글을 읽고 있었는데 거기서 심리치료는 치료가 환자와 치료자의 완전한 결합(perfect melding)이라는 내용을 읽었습니다. 그 내용이 정말 제 마음에 다가왔습니다. 제가 그걸 여기서 경험하고 있다고 느낍니다. 정말 딱 들어맞는 것처럼 말이죠."

이 회기가 끝나갈 무렵, 나는 이런 말을 해주었다: "당신의 삶에는 중요한 인물이 세 명 있네요―E씨의 아버지, 저, E씨. 그리고 우리 모두가 당신 꿈에 계속 등장하고 있고요. 저는 당신이 꿈에서 저를 향한 사랑의 감정과 저를 안아주고 싶은 마음 그리고 제가 당신을 완벽하게 돌봐준다는 느낌을 표현하고 있다는 생각이 드는군요. 그렇지만 그 꿈들은 당신의 아버지와 경험하기를 바랐던 소원, 즉 아버지와 트럭 운송업을 함께 하고 어쨌든 흥분되지 않게 성기를 애무해줌으로써 당신을 보살펴주는 콧수염을 기른 아버지가 있었으면 하는 소원을 표현한 것이기도 하지요. 또한 그 꿈들은 당신이 자신의 성기를 직접 애무하고 슬픔의 물결을 느끼면서 자신을 돌봐야만 한다는 느낌을 표현하고 있기도 합니다."

E씨는 애석한 모습으로 웃음을 지으며 다음과 같이 말했다: "저도 그렇게 추측하긴 합니다. 그런 것 같긴 하거든요. [그런 다음 더 힘을 주면서] 선생님도 아시다시피, 그게 잡지에 기고했던 심리학자가 쓴 글

의 내용이잖아요. 그 내용은 완전한 결합이 어떻게 환자로 하여금 자신을 이해하고 원하는 대로 그것을 사용하거나 사용하지 않도록 하는지에 대한 것이었습니다. 치료자가 아니고 내담자를 위해 그리고 어떤 이론도 아니고 내담자 자신을 위해서 말이죠. 이제까지 여기서 일어난 일이 그랬습니다. 그것은 제가 여기서 저 자신을 위해서 작업하고 있다는 말이지요."

그는 침묵에 들어갔으며 몇 분 후에 회기를 마무리 지었다. 종결이 다가오면서 나는 환자가 보여준 스스로 작업할 수 있는 능력에 놀랐다. 그렇지만 내가 제시했던 목적의 관점에서 보면, 성과 자존감의 문제가 함께 뒤섞여 있는 것도 놀랍기는 마찬가지였다. 그것은 성적인 언어 (그의 성기를 애무하는 것)로 표현된, 관심을 받고 싶은 소망 그리고 이와 유사하게 자기를 돌볼 수 있는 능력이다.

요약하자면, 나는 E씨의 분석에 대한 작지만 대표적인 실례를 제공하고자 하였다. 그것은 자기의 다면적이지만 불쌍하고 끔찍한 경험이었다. 이러한 자기 경험은 분석 초반부터 빠르게 명백해졌으며 치료 전반에 걸쳐 중심적 위치를 차지한, 환자에게는 정서적으로 고통스러운 경험이었다. 이 고통스러운 경험은 어린 시절에 발생한 외적 경험인 아버지와의 반복된 관계에서 비롯된 것 같았지만, 확실히 수없이 많은 방식으로 내면에서 반복되었다. 또한 그 경험은 성적, 공격적 충동에 대한 갈등과, 나중에 환자의 삶 속에서 활발하게 재생산되는 내면화된 대상관계와 관련된 다양한 의미들과 기능들을 만들어냈다. 나는 환자에 대한 분석이 이런 경로를 따라 진행될 것이라는 기대를 특별히 하지 않았다. 혹시 있었다면, 다른 심리내적 변형이 일어나면서 어린 시절에 있었던 아버지와의 경험의 중요성이 감소할 것이라는 기대였다. 하지만 분석은 그렇게 진행되지 않았다. 나는 우리가 분석이 어떤지를 속속들이 보여주는 심리내적 경로를 따라가면서 분석의 특징을 알게 되었지만, 환자의 이야기를 따라가면서 우리가 일차적으로 아버지(어머니는 이차적)와 연관된 고통스러운 자기 경험으로 자꾸만 돌아가고 있음을 발견하였다. 분석 작업은 욕동과 방어, 자기 경험과 그로 인한 적응 그리고 초기 대상관계와 끝도 없이 반복되는 동일시에 대한 언어들로 계속되었다. 내 생각에는, 이 경험이 다양한 형태를 띠고 다른 강조점을 갖겠지만, 모든 분석의 소재이다.

적당히 느슨한 위계에서
오이디푸스 콤플렉스의 중심적 역할

F씨는 직장에서 겪고 있는 문제들 때문에 분석을 받고자 했을 때 42세였다. 그는 노동쟁의 전문 변호사로서 두 종류의 문제로 어려움을 겪고 있었다. 첫째, 그는 부적절하고 과도해 보이는 방식으로 동료들과 경쟁하고 있는 자신의 모습을 보고 힘들어했다. 더 힘든 두 번째 문제는 직장에서 일을 망쳐버렸을 때, 생각보다 자신의 일 수행능력이 훨씬 더 낮다는 느낌을 갖게 되는 것이었다. 이 문제는 그에게 매우 익숙한 것이었다. 그는 때때로 여러 영역에서 다른 사람들에게 인정받는 탁월한 능력을 보였지만, 더 자주 보통 수준에서 일을 수행하였고, 성공을 했다가도 극적으로 실패하기도 하였다.

F씨는 다양한 분야에 관심이 있었다. 그는 여가 시간에 요리하는 것을 좋아했으며, 요리법에 대한 강의도 수강하였다. 그는 열정적인 조

류 관찰자였고, 남성 합창단에서 활동하면서 가끔 바리톤 파트를 솔로로 부르기도 했다. 그가 생각하고 있었듯이, "비정하고 경쟁적인" 변호사 이미지를 잘 인식하고 있었고 그런 변호사의 이미지와 자신의 관심들이 대조적이라는 것에 쾌감을 느꼈다. 사실 그는 노동 중재를 화해의 활동으로 생각하며 그 일을 하는 데 자부심이 있었다. 하지만 이일은 그의 경쟁적인 성향 때문에 정신적 고통을 심화시켰다. 이런 고통은 그의 삶 속에서 자주 표면화되었지만 그는 그것을 억제하느라 애썼다. F씨는 여성들과 많은 관계를 맺었지만 결코 결혼하지는 않았다.

그는 세 자녀 중 장남이면서 유일한 아들이었다. 그의 아버지도 변호사가 되려는 꿈이 있었지만 젊은 나이에 결혼하여 가족을 부양해야 했기에 그 꿈을 포기하였다. 실망한 아버지는 공부하는 것을 완전히 접고 사업에 뛰어들어 꽤 성공하였다. 하지만 삶 속에서 이런 변화를 겪으면서 성격이 바뀌어 다른 사람들과 어울리지 않는 침울하고 냉담한 사람이 되었다. 아들은 아버지를 최고라고 생각하고 아버지에 대한 사랑을 적극적으로 유지하고 싶었지만(조만간 그 이유가 명백하게 밝혀질 것이다), 아버지에게 정서적으로 접근할 수 없음에 대한 환자의 깊고 지속적인 느낌이 분석의 중심으로 떠올랐다. 우연일지 모르겠지만, 환자의 아버지도 노래하는 것을 좋아했다. 하지만 비공식적으로 샤워하면서 흥얼거리는 수준에 머물렀다. 아버지는 변호사가 되려는 꿈을 접었을 때 노래하는 것도 포기하였다. 환자가 회상한 어머니는 정서적으로 불안정한 사람이었는데, 더 심각한 것은 F씨가 어렸을 때 예측할 수 없고 이해가 되지 않을 정도로 무섭게 화를 낸 것이다. 부모님은 자주 싸웠지만, 그럼에도 불구하고 안정적인 결혼생활을 유지하였다.

F씨가 열여덟 살이 채 안 되었을 때 아버지가 돌아가셨다. 아버지의 죽음은 예상된 것이었지만, F씨에게 급작스러운 충격으로 다가왔다. 그때의 상황은 다음과 같다: F씨는 고등학교에서 공부를 매우 잘했고 (성공했다가도 실패하는 그의 경향은 아직 시작되지 않았다), 열여섯 번째 생일이 막 지난 후 집에서 떨어진 대학교에 입학하였다. 그 후 얼마 지나지 않아서 아버지는 폐암 진단을 받았다. 환자를 포함한 가족들은 아버지의 죽음이 임박했음을 알고 있었다. 진단이 있고 난 다음 환자는 아버지와 훨씬 더 애틋한 관계를 갖게 되었다. 이런 관계는 아버지의 고립감과 거리감을 깊게 느꼈던 세월 뒤에 경험한 것이어서 엄청나게 중요한 것이었다. 환자는 아버지와 흐뭇한 통화를 자주 하였으며 방학에는 많은 시간을 함께 보냈다. 암이 말기에 접어들게 되면서 아버지의 죽음은 예상보다 더 빨리 다가왔다. 2학년 기말고사를 치르기 바로 전이었다. 환자의 어머니는 예상된 죽음이었다고 합리화하면서 아들의 시험을 방해하고 싶지 않아서 아버지의 사망 소식을 알리지 않았다. 그렇기 때문에 일주일 후 집에 돌아왔을 때에야 비로소 아버지의 죽음을 알게 되었다. 그는 "마치 총을 맞은 것"처럼 아버지의 사망 소식에 충격을 받았다고 회상하였다. 나중에 분석을 받으면서 그는 아버지의 죽음에 대한 초기의 강한 반응을 보인 후 그것을 억압하고 부인하기 시작했음을 알게 되었다. 그 후 1년이 지난 다음 대학에서 "관계의 문제들"을 겪게 되면서 치료를 받기 시작하였다. 내가 처음 F씨를 만났을 때 아버지에 대한 애정 어린 생각을 붙잡으려는 노력은 동시에 아버지가 일생 동안 보였던 정서적 거리를 인식하는 데 방해물이 되고 있었다.

　이어진 분석에서 드러난 것처럼, 아버지의 죽음은 환자를 정서적으로 더 혼란스럽게 만든 청소년기 후기의 발달적인 사건들과 상호작용을 하였다. 처음으로 10대에 접어들었을 때, 환자는 두 여동생이 그와 형성했던 우상화하는 관계를 누리기 시작하였다. 그리고 그는 아버지가 자신에게 했던 것보다 오빠인 자신이 동생들에게 더 좋은 아버지였다 라는 생각을 하고 있음을 인식하게 되었다. 그러다가 아버지가 돌아가신 후, 특히 명절이나 공휴일에 어머니가 여러 면에서 거의 다 성장한 아들에게 의지할 때면 자신을 "그 집안의 남자"처럼 느끼고 있었음을 알아차리게 되었다. 이런 맥락에서, 아버지의 죽음은 분석 초반에 접근할 수 있었던 강력한 상실감과, 나중에 더욱 서서히 접근할 수 있었던 죄책감과 경쟁심을 불러일으켰다.

환자는 어린 시절의 자기를 병약하고, 열등하고, 두려움이 많았던 것으로 회상하였다. 그는 통증과 고통으로 힘들어하였고 몸에 대해 걱정하였다. 자신의 신체에 결함이 있다는 강한 느낌을 느끼고 있었는데, 이것은 그가 (사소한) 특정 신체 변형에 붙잡혀 있다는 느낌이었다. 이 느낌은 "그 집안의 남자"라는 느낌과는 근본적으로 대조를 이루었으며, 대조를 이루는 두 상태는 분석에서 무수히 많은 방식으로 중심적인 주제가 되었다.

욕동, 자아, 내면화된 대상관계 그리고 자기 경험과 관련된 주제들이 F씨의 분석에서 다양한 형태로 등장하였다. 폭넓게 보았을 때, 관련 주제들을 조직하는 중심주제가 있다면, 그것은 오이디푸스 콤플렉스 집합체(constellation)였다. 그것은 다양한 성적, 공격적, 경쟁적 요소들이 있는, 아버지와 어머니 모두에게 관련된 소원들과 관계들로 이루어진 복합체를 포함하고 있었으며, F씨 인생의 여러 단계에서 겪었던 심리적 문제들과 연결되어 있었다. 하지만 이 "중심 주제"가 앞에서

욕동, 자아, 대상 그리고 자기

보았던 E씨의 불쌍하고 끔찍한 상태에 대한 주제만큼 중심이 되지는 않았다. E씨의 경우 다른 영역들로 진입하려는 분석적 시도는 어김없이 그 중심적 상태로 돌아가는 듯했다. F씨의 경우, 누구라도 그러하듯이 모든 것이 서로 연결되어 있었지만, 돌이켜 보면 종종 중심 주제를 반드시 건드리지 않으면서도 여러 심리학의 더 많은 개념적 영역을 다루었던 것 같다. 이것에 대해 기술한다면, F씨의 경우에는 개인적인 위계의 조직은 덜 촘촘하였다.

여기서 내가 목표로 하는 것은 각 심리학 영역에서 이루어진 분석작업의 일부를 보여주는 것이다. 이것은 물론 계속되는 분석과정에서 나온 개념적인 추론이다. 나는 먼저 내면화된 과거 대상관계들의 반복, 자아 기능의 어떤 측면들, 오이디푸스기적 집합체의 성적 갈등들과 관련된 어떤 현상들을 기술할 것이고, 마지막으로 F씨의 특별한 자기 경험을 살펴보면서, 네 가지 심리학 각각에 서로 엮여있는 주제들을 따라갈 것이다.

아버지의 죽음은 —처음에는 상실에 대한 초기의 고통스러운 반응의 기억들이라는 측면에서, 동시에 차단되었던 애도를 풀어낸다는 측면에서— 분석에서 빠르게 중심주제가 되었다. 아버지의 폐암 진단 이후, 그들의 새롭고 더 따뜻한 관계는 F씨에게 엄청나게 중요한 것이 되었다. 휴일이 되면 아버지는 도시에 있는 명소를 찾아다니면서 아들과 시간을 보내곤 하였다. 환자는 아버지와의 대화를 회상하였는데, 그들이 나눈 대화에는 인생과 성장에 대한 다양한 조언이 담겨 있었다. 아버지의 죽음에 대한 환자의 반응들 가운데 하나는 분석 초기에 말했던 고통스러운 상실감이었다. 아버지가 돌아가신 후 환자는 혼자서 도시를 배회하다가 두 차례 길을 잃어버린 적이 있었는데, 이것은 실연을 통해서 자신의 내면 상태를 보여주는 것이다. 우리는 나중에 "잃어버린" 느낌에 대해 많은 것을 이해하게 되었다. 이 느낌은 어린 시절의 외롭고, 병약하고, 두려움이 많던 자기 경험을 떠오르게 하였으며, 이로 인해 환자는 그런 상태로 다시 돌아갈 수 있는 위험한 상태에 있다는 느낌을 갖게 되었다. 하지만 그 느낌은 자녀에게 관심이 많은 안내자로서의 아버지에 대한 소중한 이미지를 유지하는 데 그리고 보다 초기에 아버지에게 정서적으로 접근할 수 없었던 것에 대한 화를 가라앉히는 데 도움이 되었다. 더군다나 잃어버린 느낌 때문에 환자는 아버지에게 함께 있어 주기를 소망하게 되었고, 이것은 아버지가 돌아가신 후 "그 집안의 남자"로서의 오이디푸스기적 성취에 대한 불안에 직면하게 되면서 더욱 위험한 것이 되었다. 그러나 이 모든 것들은 이후에 분석과정에서 서서히 나타났다. 분석에서 잃어버린 느낌은 상실한 관계를 반복하려는 형태로 처음 등장하였지만 전이 과정에서 저항의 역할을 하였다. 환자는 어떻게 진행해야 할지에 대한 확신이 없어 머뭇거리면서 연상을 하며 항상 분석가의 신호를 기다리고 있었다. 잠시 후 환자가 자신의 이런 행동에 대해 인식하고 있음이 명확해졌을 때, 나는 "F씨가 자신의 생각을 따라간다면 다시 길을 잃을 수 있겠네요"라고 말해주었다. 환자는 이 말에 깊이 감동을 받았고 (외상적으로 상실했지만 심리내적으로 필요한) 대상관계를 다시 만들어내기 위해서 어떻게 행동하고 있는지를 쉽게 보게 되었다.

이 일이 있고 나서 얼마 지나지 않아 동일한 현상이 확장된 형태로 명확하게 표현되었다. 우리는 분석가인 나의 "성실한 아들"로서의 환자 자신의 경험에 대해 얘기하고 있었다. 지금은 드러났지만, 그는 속으로 치료에서 성실한 아들처럼 열심히 노력한다면 분석가인 내가 그를 구해줄 것이라는 생각을 하고 있었다. 나는 잃어버린 느낌에서 그를 보호하고자 노력하였다. 그는 "발견되기"(즉, 이해받기) 위해서 문제들을 가져왔음을 알아차리기 시작하였다. 분석가의 말이나 그가 무엇을 배웠느냐는 그리 중요하지 않았다. 그는 단지 발견되었다는 느낌을 갖고 떠나고 싶었을 뿐이었다. 사실, 그는 때로는 자신의 인생 경험을 실제보다 더 혼란스럽게 만들어왔음을 인식하게 되었고, 따라서 발견되고 이해받는 것은 그에게는 훨씬 만족스러운 경험이 되었다. 치료에 대한 환자의 전반적인 의도는 인생을 잘 꾸려나가기보다는 잃어버렸던 관계를 반복하고, 치료에서 행동화하는 것이었다. 이런 내용이 말로 표현되자마자 환자는 이전에 받았던 치료가 온전히 그런 방식으로 경험되었다는 사실을 깨달았다. 매회기마다 그는 혼란스러운 상태로 들어왔지만 이제 안전지대로 들어오도록 "안내받게" 되었다.

하지만 치료에서 반복을 통해서 재형성된 것이 아버지와의 더 만족스러운 관계만은 아니었다. 이후의 분석 작업에서 중요한 위치를 차지하게 된 예를 하나 들어보고자 한다. F씨는 분석이 시작된 이후 2년 동안 한 여성(내가 마리아라고 부를)과 오래 되었지만 문제가 있는 관계를 유지하고 있었다. 성적인 친밀감에 대한 환자의 불안과 억제는 오이디푸스기적 애착과 환상으로 들어가는 주요 통로들 가운데 하나였다. 이 관계의 많은 부분이 (분석 작업의 관점에서 보면) 환자의 불안과 철수에서 비롯된 것으로 보였기 때문에, 마리아의 만성적 불신과 정서적 거리가 명백해지는 데 오랜 시간이 걸렸다. 성관계의 오이디푸스기적 중요성에 비추어 볼 때 마리아의 거리두기는 친밀감에 대한 F씨의 불안 조성에 일조하였다. 하지만 관계에서 그녀로 인해 발생한 문제들이 명확하게 뚜렷해졌을 때, 그는 여전히 자신을 분리하는 데 큰 어려움을 겪었다. 두 사람의 관계가 실질적으로 끝난 후에도 환자는 지속적으로 관계를 회복하려고 애쓰면서 이별과 재결합을 반복하였다. 분석이 있고 난 뒤 한참 후에야, 우리가 이 변덕스러운 여성에 대한 집착을 통해서 어떻게 환자가 어린 시절에 정서적으로 함께 해주지 못한 아버지와의 관계에 매달리게 되었는지를 알게 되었을 때, 그는 마리아와의 관계를 단호하게 끊을 수 있었다. 이 주제는 아버지에 대한 상실감과 애도에 대한 두려움이 다시 등장했던 한 회기에서 나타났다. 그는 마리아와 헤어지고 난 다음 어떤 여성도 원치 않았고, 이것은 아버지의 죽음 이후 다시는 어떤 사람도 필요하지 않다는 느낌과 평행을 이루고 있음을 상기시켜주었다고 말했다. 이를 통해 우리 모두는 어떻게 마리아가 그를 아버지와 연결시켰는지 빠르게 알 수 있었다. 마리아가 **부재**한다는 것은 사실 아버지가 **존재**한다는 것이었다. 내가 이것을 말로 표현하자마자 환자는 과거의 경험이 본질적으로 동일하다는 것을 생생하게 느꼈다. 이 통찰이 있고 난 다음 반복에 대한 강력한 동기가 수정될 수 있었다.

만족을 주면서도 고통스러운 보다 초기의 관계를 반복하는 것은 계속해서 분석 작업의 중심주제가 되었다. 앞의 사례들처럼 이런 반복된 관계들은 시간이 지나면서 성적, 공격적 소망들 그리고 그것들에 대한 방어와 관련된 기능들에 도움이 되었다. 그러나 그 관계들은 그 자체로 동력을 갖고 있었고(우리 모두에게 그렇다고 나는 주장한다), 이것들과 관련된 분석 작업은 분석과정의 중요한 부분이었다.

본질적으로 기능을 아주 잘하고 있는 이 환자의 핵심자아의 모든 기능은 손상되지 않았다. 자아 기능의 측면들은 (바람직한 보고와 자기관찰 능력은 차치하더라도) 방어 분석과 관련하여 분석에서 중요한 자리를 차지하였다. 이 방어는 내가 제시할 모든 내용에서 얽혀있다. 하지만 나는 다른 자료에 대한 우리의 접근을 자유롭게 한다는 점에서 뿐만 아니라 방어 자체가 포함하고 있는 것과 분석 작업에서 그것의 전반적인 중요성이라는 측면에서 방어 분석 자체가 매우 생산적이었던 지점들 가운데 두 가지를 언급하고자 한다.

내가 기술하려는 첫 번째 사례는 구체적인 내용이 아닌 자아 기능의 한 영역—여기서는 정서 경험—을 차단하고 있음을 보여주기 때문에 흥미롭다. 이것에 대한 이해는 세 단계로 이루어졌으며 점차 환자에게 정서가 드러나는 것을 허용할 수 있도록 해주었다. 그는 많은 것들과 관련하여 깊고 열정적인 감정을 느꼈다. 감정의 힘 자체는 환자가 감정을 차단하려는 바탕으로 작동하였는데, 이를 통해 그는 초반에는 자신을 철저히 합리적인 사람으로 보이려고 노력하였다. 여기에서 "합리적"이라 함은 통제력이 있고, 별다른 욕구는 없으며, 정서적으로 유순하다는 말이다. 이해는 다음과 같이 드러났다. 초기의 한 회기에서, F 씨는 그날 "무슨 일이 일어날까 봐" 두려움을 느끼고 있다는 말로 회기를 시작하였다. 그의 연상은 그를 휩쓸어서 통제불능이 되게 하는 (여기서는 강하게 느껴지지 않는) 다양한 감정들에 대한 것이었다. 그는 계속해서 그 감정들이 웬일인지 자신의 밖에 있는 어떤 것 혹은 자신이 편안하게 느끼는, 자기 밖에 존재하는 어떤 것처럼 느껴진다고 말했다. 그 감정들은 마치 **외부에서** 강한 충격을 주듯이 환자에게 다가왔다. 그런 다음 그의 생각은 아버지, 아버지의 사망 소식 그리고 이 소식이 그에게 영향을 미친 "외부에서 온" 충격으로 옮겨갔다. 우리는 내적 정서들과 외적 사실들이 어떻게 연결되는지 명확하게 볼 수 있었다: 그것은 두 개의 고통스럽고, "외부에 존재하고," 위험하고, 통제가 안 되는 것들을 가리킨다. 얼마 지나지 않아 환자는 이 내용으로 다시 돌아와 새로운 내용을 추가하였다. 그는 감정에 대한 두려움에 대해 말하였다. "저는 감정들이 너무 버겁다고 생각하고 있습니다. 그것들이 저를 황폐화시키고 결국 살 수 없을 것 같아요." 환자가 이 말 뒤에 얘기했던 몇 가지 내용 때문에 나는 궁금해서 다음과 같이 언급하였다. "그 감정들이 F씨를 해롭게 할 것 같은 느낌이 드시는 것처럼 들리네요." 이 말은 곧 그가 아버지에게 화가 났던 암 진단 이전 시기와, 자신의 화가 결국 아버지를 죽였다는 생각이 처음 생겨났던 것에 대한 기억을 촉발하였다. 이것은 무의식적으로 지속된 환자의 환상이었다. 이 회기에 그 환상이 나타나기 시작한 것은 분석에서 주된 내용이 되었던 것의 시작일 뿐이었다. 이 환상과 환상의 영향은 환자의 심리내적 삶의 많은 영역에 퍼져있었다. 하지만 여기서는 환상과 관련된 모든 것을 다루지는 않을 것이다. 대신 모든 감정에 대한 방어를 다룬 작업으로 돌아가고자 한다. 회기가 시작되었을 때 환자는 다음과 같이 말했다: "감정들은 저를 피폐하게 만들 겁니다. 저는 살아남지를 못할 겁니다." 환자의 이 말은 "아버지는 내 감정 때문에 살아남지 못할 거예요."라는 다른 환상을 반영하는 것이다.

　몇 회기 후에 감정에 대한 방어의 세 번째 측면이 전면적으로 등장하였다. 환자는 종종 감정이 "밀려오는" 것에 대한 두려움을 언급하였다. 이번 회기에서 그는 직장 동료와 관련된 상대적으로 작은 짜증과 죄책감에 대해 말하였다. 그런데 그는 이 감정들이 자신의 통제를 벗어나지 않을까 두려워하면서 그 감정들로 인해 괴로워하였다. 내가 그에게 감정을 통제할 수 없었던 때가 있었는지 물어보았을 때, "아니요. 생각나는 게 없네요."라고 대답하였다. 그런데 곧 분석에서 처음으로 청소년기 초반까지 잠결에 오줌을 싼 적이 있음을 기억해 냈다. 그는 "그것을 통제할 수 없었고" 그 일때문에 그는 무척 당혹스러웠다. 내가 "그래서 또 다른 감정의 홍수에 빠져들어 가게 되었군요."라고 반영해주었더니, 그는 "맞아요. 홍수가 침대를 젖게 할 것 같은 느낌이 드는데요."라고 반응하였다.

돌이켜 보건대, 나는 이러한 분석 작업의 작지만 의미 있는 부분들을 자아 기능의 이 특정한 측면에 대한 핵심적인 작업이라고 생각한다. 여기서 자아 기능의 특정 부분은 전체적인 다른 자아 기능인 정동들과 정동들의 신호값(signal value)*을 분리하는 방어를 말한다. 정서(emotions)는 외부 뉴스만큼이나 위험스러우며 통제를 벗어난 것이었다. 그리고 그것들은 해를 끼쳐 아무도 살아남지 못할 것이었다. 감정의 "밀려옴"이 경험의 중요한 부분이었기 때문에, 환자는 특히 정서를 통제하지 못할 것이라는 점을 "알고 있다." 뒤에 다른 것들이 나타났다. 그것들은 "통제 불능" 순간들에 대한 기억, "통제 불능"인 엄마와의 동일시와 관련된 두려움이었다. 그러나 방금 요약한 작업들은 환자가 정서들을 경험하고 그것들을 분석할 수 있도록 환자를 자유롭게 해주는 전환점이었다. 분석 작업에서 상대적으로 작은 이러한 개입이 효과적일 수 있었다는 사실은 분석 전반에 걸쳐 F씨의 적극적인 정서적 반응성(emotional responsivity)을 보여주었다. 여기서 반응성은 "합리적인" 사람으로 보이려는 노력에서 억누르려고 애썼던 반응성이었다.

자아 분석의 또 다른 특정 부분은 분석 작업에서 나타난 초기의 한

---

* 역자 주: 사람들이 상호작용을 할 때 다양한 정서가 교환되는데, 이 정서를 통해 특정한 의미를 전달하게 된다. 이와 같이 대인관계 속에서 의미를 전달하는 정서의 역할 혹은 기능을 [사회적] '신호값'이라고 한다.

전환점이었다. 아버지가 돌아가셨을 무렵 환자의 일상생활(여기에서는 보고하지 않은)에서 여러 사건들이 추가적으로 발생하여, 이 시기에 환자의 압도적인 외상의 강도가 높아졌다. 그는 반복해서 사건들을 언급하였다. 그는 이것을 "나의 이야기"라고 지칭하였다. 나는 경청하고 그 사건들로 인해 높아진 외상의 강도를 인정하고 존중해주었으며, 분석가인 내가 환자의 이야기에 귀를 기울이고 있음을 느끼게 해주었다. 내가 가끔 이것과 관련해 도움을 주었는데, 아마도 외상 경험에 대해 해석을 하거나 그 사건들로 인해 생긴 외상의 강도를 인정해주는 것이었다. 어느 날 환자가 치료실로 들어오면서 "오늘은 별다른 얘기가 없네요. 그 대신에 무엇이 나오게 될까 봐 겁나네요"라고 말하면서 방향 선회가 일어났다. 이제 방어 역할을 하는 외상 이야기가 소개되었다. 시간이 지나면서 우리는 어떻게 환자가 성적이고 공격적인 생각들에 대한 자동적이고 갈등을 일으키는 연상을 차단하고자 외상 이야기를 사용했는지를 알게 되었다. 또한 우리는 외상 이야기가 어린 시절 병약했던 자신의 경험과 연결되어 있는 자기 정의(self-definition)의 중심부임을 알게 되었다. 또한 외상 이야기를 통해 환자는 경쟁에서 이겨야만 하는 성공적인 "그 집안의 남자"로서의 좀 더 위험스러운 자기 경험으로부터 자신을 방어하고자 하였다. 마지막으로 우리는 외상 이야기를 아버지에 대한 애착의 또 다른 형태로 이해하였다. 만약 환자가 외상과 그로 인해 멈춰버린 애도를 극복해 나간다면, 그는 돌아가셔서 회피했던 아버지를 떠나보낼 수 있을 것이다. 외상 혹은 "이야기(story)"는 환자의 전인생의 역사를 담고 있었다. 그 이야기 속에는 극복할 수 없었던 압도적인 사건, 욕동에 대한 방어, 자기 정의의 형태 그리고 과거 애착의 유지 등이 담겨 있었다. 그 외상은 하나의 외상이었지만, 그것은 또한 다른 기능들을 축적하게 되었다. 이 기능들에 대한 분석은 외상을 극복할 수 있는 환자의 능력을 증진하는 데 도움이 되었으며, 이것은 현재의 기능들이라는 측면에서도 확인되었다.

나는 분석 작업의 또 다른 작은 예시를 보여주려고 하는데, 이번에는 오이디푸스기적 집합체(constellation)와 관련된 성과 경쟁에 대한 분석이다. 이 환자에게 있어서 오이디푸스기적 주제들은 역동적으로는 분명히 가장 중심적인 것들이었다. 자기 경험의 주제들이 E씨의 다른 모든 주제에 영향을 미쳤던 방식으로, 오이디푸스기적 주제들이 다른 모든 주제에 영향을 미치지 못했지만, 이것들은 자기 경험이 E씨에게 중심적 주제들이었던 것처럼 중요성이라는 측면에서 개인적 위계에서 우세하였다.

초반에 환자는 자신의 어머니를 아들의 마음 속에 두려움과 경계심을 일으켰던, 말도 안 되게 화를 내고 변덕스러운 여인으로 묘사하였다. 분석이 시작된 지 6개월 정도 된 시점에 그런 표현은 상대적으로 일차원적인 형태로 고정되어 있었다. 변화를 보이는 최초의 신호는, 아버지의 죽음을 자유롭게 애도하며 눈물을 보였던 많은 회기들이 지나간 다음 어느 날 F씨가 "저의 애도가 끝나가고 있어요"라는 느낌을 알아차리게 되면서 나타났다. 그런 다음 곧바로 이제 어머니와 관련된 작업을 시작할 수 있다는 자아-이질적인(침습적이고 이해되지 않은) 생각이 뒤따랐다. 그는 이 생각으로 인해 불안해졌다. 하지만 3개월이 지나도록 어머니에 대한 연상들과 기억들을 통해서는 (그녀의 두려운 변덕스러운 측면을 제외하고는) 많은 내용이 나오지 않았다. 그 당시 환자는 자신의 성 경험, 특히 만족스러운 성 경험에 더 많은 관심을 두고 있었는데, 어느 날 기분 좋게 상담실로 들어와 여성들과 가졌던 성적으로 만족스럽고 매혹적이라고 느낀 관계들에 대한 이야기를 이어 갔다. 환자는 나에게 이 이야기를 하면서 곧 당황스러워하기 시작하였다. 그는 이것을 "제가 더 건강해지면서 선생님을 거부하고 있는" 것으로 이해하였다. 하지만 그의 말은 진심이 아닌 것으로 들렸기 때문에 당황스러움에 대해 마음 속에 무엇이 떠올랐는지 물어보았다. 그는 항상 특히 어머니 앞에서 성적인 것에 대해 당황스러움을 느꼈다고 말했다. 청소년기에, 그는 어머니가 자신이 사귀던 여자 친구들을 보거나 그가 사귄다는 사실을 아는 것조차 원치 않았다. 그런 다음 그는 또 다른 사건을 떠올렸다. 고등학교 시절 합창단에서 노래를 했었다. 어느 날 어머니가 아들이 노래하는 것을 들으러 왔을 때, 그는 엄청나게 당황스러움을 느꼈다. 아버지가 법조인이 되려는 야망을 포기하고 더욱 내향적으로 변했던 시기에 노래하는 것을 포기했음에도 불구하고, 환자는 어떤 것들—여성들에게 매력적으로 보이는 것과 노래를 하는 것과 같은—을 아버지와 연결지어 생각하였다. 여성과 노래는 아버지의 영역처럼 느껴졌기 때문에, 그는 자신이 그런 일을 하고 있음을 어머니에게 보이는 것을 당황스럽게 느꼈다.

일단 물꼬가 터져 그 주제가 나오게 되면서, 이어지는 회기들에서 다른 연상들이 빠르게 뒤따랐다. 그는 어머니의 특별한 조수이자 외아들로서 어머니와 가까웠던 때를 회상하였다. 이런 기억들은 어머니의 비(非)성적인 "친구"로서의 역할을 포함하는 환자의 어린 시절로 안내해 주었다. 그런 다음 원초적 장면 경험들*(primal scene experiences) 그리고 보고 들은 것을 부인하려는 노력에서 파생된 것으로 보이는 어

---

* 역자 주: 이것은 정신분석에서 사용하는 용어로서 아동이 부모의 성행위를 목격하는 것을 의미한다.

욕동, 자아, 대상 그리고 자기

린 시절의 특정 강박 사고들에 대한 기억이 나타났다. 이런 일련의 회기들은 당황스러움의 주제와 "알고 있는"(성에 대해, 원초적 장면경험에 대해) 자기(self)의 주제가 한 회기에 함께 등장하면서 종료되었다. 환자는 청소년기에 어머니에게 비밀로 했던 많은 것들에 대해 말하고 있었다(성에 대한 어떤 언급도 없었지만). 그는 또한 청소년기에 겪었던 많은 억제들에 대해서도 이야기하고 있었다. 이에 대해 나는 비밀유지와 억제들은 모두 아들이 더 이상 비성적이지 않음을 어머니가 알게 될 경우 환자가 느낄 수 있는 당황스러움을 반영하고, 이런 성적 느낌들이 그가 집에 있는 동안 어머니 앞에서 일어나고 있었다고 제시했다. F씨는 자신이 어떤 여성과 성관계를 갖게 될 것이라는 점이 그들 모두에게 분명해지는 시점에 이를 때까지는 종종 성적으로 억제된다고 말하였다. (그가 말하기를) 일단 어머니가 알게 되면, 마치 그녀는 그의 어머니가 아닐 것 같았다. 나는 그럼 비밀유지가 어머니와의 성적/비성적 유대라고 제안하였다. 즉, 알고 있는 사람은 어머니가 아니며, 어머니는 알고 있는 사람이 아니다.

이 작업은 첫 번째 여름휴가 바로 전에 완료되었고 이후에 얼마 동안 다시 이어지지 않았다. 이 주제가 다시 회기에서 다루어지게 되었을 때에는 다음과 같이 진행되었다. 여러 회기 동안 환자는 의식의 가장자리에서 가물거리는 "이상한(weird)" 생각들에 대한 혼란스러운 마음을 표현하였다. 그것들에는 자위행위를 할 때 잠시 스쳐 가는 어머니의 이미지와 "반으로 갈라지는" 자신의 이미지 그리고 아버지보다 낫다는 생각들이 포함되어 있었다. 다음 회기에 환자는 이런 말을 하였다: "집 안에 있는 모든 물건들을 반듯하게 정리 정돈하고 있습니다. 물건들을 깔끔하게 정리하는 거죠. 제가 뭘 하는지 알고 있지만,

반드시 해야 한다는 강박을 느꼈습니다. 제 생각으로부터 도망치고 있어서, 저한테는 최근에 가졌던 생각들이 나지 않을 겁니다." 나는 환자에게 생각으로부터 도망치는 특별한 방법과 관련해서 마음 속에 무엇이 떠올랐는지 물어보았다. 그는 즉각적으로 "그건 더 어렸을 때, 제가 엄마의 좋은 [비성적인] 아들이었을 때 어떤 아이였을까 하는 것이에요. 항상 방을 깨끗하게 정돈해 놓아서 어머니가 칭찬해 주셨지요. 그래서 제가 착한 아이라는 느낌이 들었습니다."라고 대답하였다. 방어로 사용된 강박적인 깔끔함이 오래된 비성적인 대상과의 유대를 이어주고 있음을 보여준다. 이 회기에 환자는 편하게 느끼게 되었지만, 이어지는 회기에서는 상당한 불안이 뒤따랐다. 그 불안에는 어머니가 "꽤 예뻤다"고 생각하여 어머니 가까이에 있으면서 신체적 접촉을 하는 것을 좋아했던 어린 시절의 비성적인 친밀감에 대한 회상이 포함되어 있었다.

여기서 나는 오이디푸스기적 집합체(oedipal constellation)와 연관된 다른 세 개의 주제를 간략하게 언급하고, 그런 다음 그것들 가운데 많은 것들이 생생하게 나타난 분석 후반에 진행된 두 회기의 내용을 요약하고자 한다. (1) 아버지와의 경쟁이 전이의 형태로 강력하게 나타났다. 어느 날 환자는 치료실에 들어와서 **에쿠우스**라는 연극을 얼마나 엄청나게 즐겁게 관람했는지 말하면서, 연극에 등장한 정신과 의사를 무시한 것이 자신에게 분석가인 나를 이겼다는 승리감을 주었음을 불안스레 깨닫게 되었다. 다음 날 그가 치료실에 일찍 도착하였지만 나는 아직 내 사무실에 도착하지 않았을 때, 그는 우쭐해져서 나보다 우월하다고 느꼈지만, 그런 다음 그는 무슨 일이 일어났는지, 내가 죽었거나 다른 좋지 않은 일이 일어났을지도 모른다는 걱정을 하기 시작하였다. 이 사건은 환자가 아버지에게 화를 낸 후 아버지가 암 진단을 받았던 때로 이끌어주었다. (2) 신체적인 불안들과 거세 이미지가 자주 등장하였다. 이런 이미지들은 아동기의 강박적인 생각들처럼 그의 마음 속에 박혀 있었다. 이런 내용과 연결되어 과거에는 "착한(good)" 아들이었음과 지금은 "훌륭한(good)" 법률 업무, 요리, 노래, 새 관찰과 같은 "좋은(good)" 취미를 통해 스스로가 "착한(good)" 사람이라는 주제가 등장하였다. 결국 우리는 환자가 스스로를 긍정적으로 바라보는 것을 일종의 마술적 주문으로 이해하였다. 이 주문은 어떤 나쁜 일도 그에게 일어나지 않을 것이라는 확신을 주는 방책으로 사용되었다. 환자는 이런 말들을 되뇌었다: "내가 착한 아이라면 아무도 나를 해치지 않을 거야." 그리고 이후에 "내가 착하다면 (아버지처럼) 죽진 않을 거야." 그러나 F씨는 자신이 착하다는 것 자체를 경쟁의 한 형태로 인식하게 되었다. 그는 다른 사람들보다 더 착한 사람이었고 이런 방식으로 어머니의 사랑을 얻고자 하였다. (3) 그가 노래하는 것이 중심 무대에 등장하였다. 한 여성이 그에게 펠라치오를 하고 있는 동안 용접용 가스 발염기(blowtorch)의 이미지는 소변 줄기(야뇨중)처럼 페니스가 공격하는(penile attack)-공격적으로, 성적으로- 연상으로, 그런 다음 그가 노래하는 연상으로 이어졌다. 그는 자신의 목에서 "흘러나오는" "강력한 톤"에 실린 쾌락을 알아차리게 되었는데, 그에게 목소리는 또 하나의 관통하는 남근이었다.

내가 이미 말했듯이, 오이디푸스기적 주제들이 분석 작업에 중심이 되었고, 그것들에 대한 작업은 초기 호소문제였던 환자의 직장에서의 기능을 자유롭게 해주었다. 또한 다른 호소문제로 힘들어했던 환자의 경쟁심의 일부를 줄이게 되었고 여자들과 어머니와도 더 쉽게 관계를 맺도록 해 주었다. 이런 변화들은 시간이 지나면서 서서히 일어났으며 작업이 어떤 것에 우선순위를 두거나 극적으로 진행된 적은 한 번도 없었다. 하지만 분석 후반부에 있었던 두 회기에서 많은 주제들이 한꺼번에 나타났다.

환자는 "호전적인" 이미지들로 구성된 꿈을 가지고 왔다. 그는 이 꿈을 현재 모든 것이 잘되고 있다고 느끼는 자신의 삶과 대조하였다. 그는 그의 주변에 있는 사람들이 그렇게 잘 하지 못하는 것을 보았기 때문에 그렇게 잘한다는 것은 "하고 싶은 대로 하는 것"과 동일하였다. 그런데 최근 이상한 일이 일어나고 있었다. 펜을 차례로 계속해서 분실한 사건이다. 이것은 꿈 속에 나타난 무기를 떠오르게 하였다. 이에 대한 해석은 등가성의 방향으로 나아갔다. 즉, 펜(pen)=페니스(penis)=무기(weapon)로, 특히 환자가 성인이 될 즈음에 있었던 아버지의 죽음에 비추어볼 때 자기 거세(펜을 잃어버리는 것)를 그의 경쟁력 있는 성공에 대한 처벌로 이해되었다. 다음 회기에 왔을 때, 환자는 지난 회기부터 팔을 잃어버리는 것과 같은 신체적 손상에 대한 다른 많은 이미지를 갖고 있음을 인식하고 있었다. 그는 이제 그런 것에 대해 염려하지 않았다. 그는 자신이 무슨 일이 일어나고 있는지 보고 있다고 느꼈다. 그러나, 다음 순간 그는 통찰력 있게 자신의 "진짜 범죄"에 대해 말해주었다. 그는 여자 친구와 노래를 하고 있었다. 그는 노래를 잘 불러서 그 여자가 그에게 성적으로 관심을 가지도록 하고 있음을 알고 있었으며, 그녀를 유혹하고 싶었다. 그는 이것을 알았으며 그렇게 하도록 허용하였고 드디어 성공하였다. "그게 정말로 하고 싶은 대로 하는 것이죠." 환자의 통찰과 심리내적 자유가 증가하고 있었다.

나는 자기 경험의 특별한 현상이 네 가지 심리학 각각의 측면에서 확장되고 이해할 수 있는 다양한 의미를 축적하는 방식을 설명함으로써 F씨와의 분석 작업의 다른 한 면을 요약하고자 한다. 이 현상은 F씨가 어렸을 때 작고 병약한 아이였다는 느낌을 회상하였을 때 처음 등장하였다. 이것은 그에게 고통스럽고, 세상과의 계속되는 관계의 한 측면-위험에 처하고, 실패하고, 연약한-을 보여주는, 자기를 정의하는 핵심 경험이었다(얼마 후 그는 내적인 모순을 인식하게 되었다. 즉 그는 자신에 대해 강하다는 느낌을 가지게 되었는데, 이것은 내가 환자를 처음 만난 순간부터 항상 그에게서 흘러나온 어떤 것이었다). 어린 아이였을 때 그는 "어머니와 아버지의 대립하는 경향의 희생자인 것 같았고, 우유부단했으며, 바다에 떠돌아다니는 마시멜로 과자처럼 느꼈다." 거기에는 신체적인 측면도 있었다. 여기에는 아픔, 통증, 피부의 조그마한 티들도 몸에 뭔가 이상이 있다는 증거라는 느낌 그리고 다양한 방식으로 몸을 만지는 것 등이 포함되어 있었다. 분석 후반부에 이런 현상들은 "통합성을 상실했고," "자신이 기형이라는" 느낌과 함께, 더 높은 수준으로 나타났다. 하지만 아직 분석 초기인 지금(그리고 그 후로도 얼마 동안), 그는 심리적으로 힘들 때 거울에 비친 자신의 모습이 어떠한지에 대해 얘기해주었다. 나중에서야 나는 이것이 매우 괴롭다는 것-"혼란스럽거나(disorganized)" "방향 감각을 잃어버린(disoriented)" 것처럼 느끼는 것-을 의미한다는 것을 알게 되었다. 그러한 경우, 거울에 비친 자신의 모습을 보면 마음이 가라앉고, "모호함을 덜 느끼고" 자신이 경계가 있는 사람임을 인식하게 되었다. 이러한 보고들의 일부가 심각하게 들릴 수도 있겠지만, 나는 그의 병리가 매우 원초적이라는 느낌이 전혀 들지 않았다. 이어지는 분석과정에서 그 느낌이 확인되었다. 그러나 환자는 분명히 혼란스럽게 하는 느낌을 주는 심한 불안을 종종 경험하였다. 나는 이상의 주제들에 대한 작업을 연속적으로 기술하지 않고, 그 대신 분석 작업이 중복되고 순환적인 방식으로 진행되었던 여러 방향의 측면에서 다루어보고자 한다.

한 방향은 어머니의 격노와 아버지의 무반응이라는 대립하는 경향에 시달린다고 느꼈을 때, 그의 매우 초기 아동기의 주관적인 상태를 생생하게 회상하고 어느 정도 재구성하는 것으로 나아갔다. 여동생들이 태어날 때마다 명백하게 나타난 어머니의 우울하고 산만하고 압도된 상태와 맞물려, 환자는 버림받았다고 느끼거나 어머니의 예측할 수 없는 분노 폭발의 대상이 되는 것 때문에 무섭다고 느꼈다. 이런 핵심적인 자기 경험은 그것이 돌봄에 대한 소망과 경쟁적이지도 위험하지도 않은 "착한" 사람으로서의 자기 정의를 포함하게 되면서 익숙해지게 되었고 그 자체로 동기부여의 힘이 되었다. 이것은 그가 편안하게 혹은 불편을 감수하고라도 돌아갈 수 있는 상태였다. 즉, 자기 경험이 대체로 부정적인 정서 상태임에도 불구하고, 그것은 환자에게는 익숙했으며 그래서 안전한 것이었다. 그는 자신이 결함이 있다고 느꼈고, 결국 통제 불능의 어머니와 동일시하였다. "저는 엄마가 저를 올바로 키우지 못했다고 생각해요. 그건 엄마의 잘못이지요. 그리고 저는 엄마와 비슷하죠." 환자는 성장하는 동안 병치레를 하였고 신체적인 상처를 입어 작은 수술을 받은 적이 있었는데, 이런 경험들은 그에게 결함이 있다는 느낌을 더해줬을 뿐만 아니라 이미 있었던 자기감의 관점으로 해석되었다. 그리고 그것들은 환자의 결함을 보여주는 증명서이자 증거였다. 또한 거세의 파생물들—부러진 뼈들, 야뇨증—도 "엄마가 나를 올바로 키우지 못했기 때문에 제가 엄마와 비슷하지요."라는 말을 증명해주었다.

욕동, 자아, 대상 그리고 자기

하지만 환자가 자신의 많은 경험들을 패턴화하고, 조직하고, "설명했던" 자기에 대한 이런 부정적인 경험은 또한 중층결정되고 다중적으로 기능했다. 분석 초기에 부인하고 회피했던 분노가 방향 감각을 잃어버리는 경험과 몸을 만지는 행동을 유발했음이 분명해졌다. 몸을 만지는 행위는 공격적이었고 그를 흥분시켰다는 점에서 자위행위와 비슷한 면이 있었다. 그와 같은 상태에서 일어난 자위행위에는 그것에 동반되는 환상들과 자위행위들 자체 모두에 있는 자기 위로적인 측면들과 공격성을 통제하는 측면들이 포함되어있다. 환자는 분노와 관련해서 다음과 같이 즉각적인 반응을 보였다. "저는 합리적인 사람이고 싶습니다. 그래서 분노가 사라지기를 원합니다." 분석 작업이 계속되면서 우리는 그것이 진행되는 하나의 방향을 볼 수 있었다. 그것은 환자가 어머니처럼 분노에 차 있어서 외부 세계에서뿐만 아니라 자신의 내부에서도 통제가 안되는 상태에 대한 추가적인 증명을 하려는 것이었다. 우리는 분석이 진행되는 두 번째 방향을 확인했는데, 그것은 "착하고," "나무랄 것 없고," 양심의 가책을 받는 성격발달이 일어나는 방향이다. 환자는 이것이 자신의 변호사 활동의 방향과 연결되어 있음을 깨닫게 되었다. 중재(arbitration)는 평화를 만드는 행위로서 사람들을 기쁘게 해줄 수 있다. 그리고 그의 마음 속에 있는 다른 관심들은 온화하고 사랑하는 사람들을 위한 것들이었다.

그는 자신의 분노가 쌓여가고 있음을 느꼈을 때, 우리는 (내부에서는) 혼란스럽고 (외부 세계에서는) 방향 감각을 잃어버린 느낌이 생겼음을 진작부터 알고 있었지만, 훨씬 후에야 환자가 빠져 있는 함정의 다른 측면을 보게 되었다. 그는 "너무 착하고," 다른 사람들에게 맞춰주고 순응할 때, "통합성의 상실(loss of integrity)"을 느꼈다. 비록 그가 성격적으로 다른 사람에게 맞춰주는 것으로 이어졌던 억제된 분노를 종종 인식하지 못했지만, 맞춰주는 것에서 기인하는 것으로 경험되는 분노 때문에 그는 더욱더 불안해했다. 그는 화가 나면, 착한 사람이 되려고 애썼다. 자신이 너무 착하다고 생각되면, 화가 났다. 순응으로 인한 통합성의 상실은 신체적 통합성의 상실처럼 느껴졌다. 이것은 자신의 과거의 익숙하고, 병약하고, 거세당한 자기를 떠오르게 하였다. 그래서 분노 혹은 분노의 억제는 그를 동일한 종점으로 이끌어 갔다.

(꿈 속에서) 그가 발명한, 어떤 것을 밟으면 모양을 변화시켜서 "바퀴벌레도 죽이지 못하는" "스스로 변형시키는 신발"에 대한 꿈은 몇 회기에 걸쳐 다시 격렬한 공격성과 방어적인 성격 스타일이 자기 경험과 연결되어 있음을 확연히 보여주는 일련의 연상들로 이어졌다. 그래서 환자는 본인이 순응적이고(자기를 변형시키고) 그렇게 함으로써 원하는 것을 얻기 위하여 은밀하게 자기를 변형시키는 신발임을 쉽게 인식하였다. "저는 원하는 것을 얻기 위해 그걸 사용할 수 있습니다. 그리고 그걸 잘 하고요. 제 방식대로 할 수 있단 말이죠." 그는 분석에서 "선생님을 바보로 만들기 위해서"(저항으로) 이것을 사용할 수 있었다. "선생님은 제가 정말 어떤지 모를 겁니다." 하지만 이런 반응은 환자의 형태 없음(formlessness)의 느낌을 가중시켰다. "저는 그저 비참한 카멜레온에 불과하죠." 그래서 우리는 그가 화를 내게 되면 혼란스러움을 느끼겠지만, "자기 변형," "비위 맞추기"를 통해서 화를 회피한다면, 그는 또한 "형태가 없는 것"으로 느낀다는 것을 알게 되었다. 다시 환자는 자신이 파놓은 함정, 즉 실패한 결과를 계속해서 반복하는 신경증적 해결책의 덫에 걸려버렸다. 이런 작업이 진행되었던 일련의 회기들이 지난 다음, 곧바로 아동기 기억들의 새로운 영역이 펼쳐

졌다. 여기에는 그의 아버지, 즉 무기로 사용될 수 있는 "위험한 도구들"(지하 작업실에 있는)을 가진 아버지에게 화를 내는 것에 대한 두려움이 포함되어 있었다.

이 모든 것은 자신이 "무너져 내릴" 수 있다는 막 시작된 두려움을 아동기의 사랑 대상과의 관계를 지속하는 수단으로 사용한 것과 긴밀하게 연관되어 있었다. 전이 현상과 환자의 개인사를 고려해 보면, 이것은 환자가 실제로 돌봄을 받았다고 느낀 것보다는 더 좋은 돌봄을 받으려는 요구를 보여주었다. 따라서 그것은 그가 경험하기를 소망했던 관계의 한 모습이었다. 하지만 그것은 아버지의 죽음 이후 새로운 대상관계의 요소를 취하게 되었다. 이와 관련하여 자신의 몸을 만지는 행위에는 동일시와 구조(rescue)의 의미가 있었다. 그는 (아버지의 암 발생 부위인) "내 가슴에서 폭력"을 느끼곤 했으며, 이 폭력을 끄집어내기 위해서 고통스럽게 가슴을 떼어내고 싶어했다.

이제 나는 이런 자기 상태와 관련된 분석 작업의 마지막 한 영역인 방어 기능(자아심리학의 영역에 속한)에 대해 언급하고자 한다. 아버지가 돌아가신 후 F씨는 대략 1년 정도 심리치료사를 만나 상담을 받았다. 치료사의 침습(intrusiveness)이 얼마나 영향을 미쳤는지 그리고 그 시기에 환자가 내면으로 들어가서 자신을 보호하려는 욕구가 얼마나 영향을 미쳤는지는 정확히 알려지지 않았다. 하지만 환자의 경험은 분명했다. 그는 치료사에게 침습당했고, 침범당했다고 느꼈으며, 방어벽이 무너진 경험은 동일하게 혼란스러운 느낌을 만들어냈다. 환자가 자신에 대한 것들을 드러냄으로써 이전 치료사의 요구에 맞춰주었을 때, 이런 것도 훨씬 후에 언급될 변형(deformation)과 통합성의 상실을 유발하게 되었다. 말할 필요도 없이, 분석과정 자체는 두려웠고 쉽게 이러한 "침습"이 다시 일어나는 시간으로 재경험되었다. 그러나 현시점에서 환자는 (성공적인 분석의 증거로) 이런 공포에 대한 분석 작업을 분명하게 진행할 수 있었다(마지막 반전 하나를 언급하고자 한다. 우리는 외부로부터 침입당하는 환자의 경험을 그 자체가 내부에서 비롯된 침입 경험─그 자신의 충동들, 느낌들과 환상들─에 대한 방어로 보게 되었다. 우리는 이런 내적 위험요인들을 외부로 옮기는 전치와 같은 용어를 통해 환자의 수많은 아동기 공포들을 이해하게 되었다).

이 내용을 출판하기 위해 F씨의 허락을 받으려고 연락했을 때, 그는 내용을 읽고 난 다음 분석의 종결과 이후의 치료 효과와 관련해서 몇 가지를 덧붙여주었다. 그는 아버지가 돌아가시고 난 이후 다시는 누구도 만날 필요가 없기를 얼마나 소원했는지를 회상하였다. 하지만 그는 분석가인 내가 필요하다고 인식하게 되었고, 동시에 (분석을 종결하고) 나를 떠나 자신의 삶을 살아갈 수 있었다. 이것은 그에게 중요한 성취처럼 느껴졌다. 또한 그는 분석 경험을 통해서 여성과 함께 할 필요를 느끼게 되었고, 분석이 종결되고 2년 후에 결혼을 할 수 있었다.

나는 이 분석에 대한 전체적인 설명보다는 분석의 여러 측면들에 대한 느낌을 제공하기에 충분한 정도를 제공하고자 하였다. 우리는 상호 합의하에 종결하였으며 우리 둘 다 분석이 성공적이고 가치 있는 경험이었음을 느꼈다고 생각한다. 여기서 나는 F씨에 대한 분석─[분석과정에] 참여했던 사람들에게 특별하긴 했지만, 형식과 내용 면에서는 특이할 것이 없는─을 평범한 사례로 제시하였다. 이러한 다면성─욕동, 자아, 대상관계 그리고 자기 경험에 대한 주제들의 상호작용─은 어느 분석에서나 볼 수 있는 현상이다. 우리는 우리의 이론을 만들거나 다양한 이론적 언어로 우리의 임상 작업을 요약할 수 있지만 그럴 필요는 없을 것 같고, 그렇게 하고 싶지도 않다. 지금 (a) 나는 분석에서 발생하는 현상들을 더 협소한 이론적 틀에 집어넣으려는 시도에서 어떤 유익도 보지 못하였고, 사실은 자의적일 수 있음을 보았으며, (b) F씨는 오이디푸스기적 주제들 쪽으로 기울어지고, E씨는 자기 경험을 중심으로 촘촘하게 조직되어 있는, 다른 심리적 문제의 가중치─다양한 위계들─는 다중 모델의 관점에서 더 잘 포착될 수 있기 때문에, 나는 다중모델 접근을 선호한다.

욕동─방어 주제들 "아래에 있는" 자기와 대상의 주제들의 위계

여기에서 나는 분석에서 네 가지 심리학의 자료를 드러내는 과정에서 반영된 세 번째 개인적인 위계를 설명하기 위해서 다른 환자에 대한 자료를 제시할 것이다. 하지만 이 사례에서는 실제 분석 내용에 대한 간략한 요약만을 제공할 수 있다.

27세의 G씨는 회기에서 종종 감지하기 힘든 미묘한 무감각함(deadness)을 드러내었다. 내가 이것을 포착해서 환자에게 말로 표현하는 데는 오랜 시간이 걸렸다. 내가 그렇게 했을 때, 환자는 그것을 알아차리기 시작하였고, 그것이 오랫동안 익숙한 것임을 인정했으며, 그것을 "바람이 빠진 것(going flat)"이라고 명명하였다(사실 환자는 발기불능이었다). 나는 이것이 발기불능과 은유적으로 연결될 뿐만 아니라, 환자의 은유적 표현을 위협적인 성적 환상들이 나타날 때 작동하는 방어라는 점을 점진적으로 이해하게 되었다. 바람이 빠진 것의 이러한 방어적인 측면에 대한 해석은 어김없이 인생사의 중요한 측면들뿐만 아니라, 대개 성적이거나 공격적이거나 독립적인 갈망들을 포함하는 더 활기찬 상태에 대한 회상으로 이어졌다. 분석이 시작되고 첫 3년 동안 욕동과 자아(방어) 심리학의 측면에서 개념화했던 분석 작업을 통해서, 환자의 기능에 있어서 인상적인 진전이 있었는데, 즉 발기불능이 사라지고 행복감이 전반적으로 상승하였다.

하지만 환자가 분석의 종결(종결은 내가 제안하지 않았다)이 임박했다고 생각하게 되면서, "바람이 빠진" 상태로 돌아가는 엄청난 퇴행이 나타났다. 무감각한 느낌과 자기 소멸감은 이전보다 더 퍼지게 되었다. 이것은 자신보다 좀 더 나이가 많고 영향력이 있고 힘을 남용하는 직장상사에 대한, 동성애적 성격이 있긴 하지만 행동으로 옮기지 않은 사랑의 열병(infatuation) 형태로 나타났다. 환자는 이 남자에게 끌렸지만 처음에는 왜 그에 대한 환상들에 그렇게 휩싸이게 되었는지 이해하지 못했다. 분석을 통해 얻은 치료적 유익들은 급속하게 사라지고 이전에 경험했던 것보다 훨씬 심각한 무감각함이 들어섰다. 거의 1년 동안, 직장상사에 대한 동성애적 환상들로 인해 고통을 받으면서, 환자는 서서히 적어도 세 살부터 시작된 형에 의한 성적 학대를 기억해냈다. 이를 통해 우리는 환자의 바람이 빠진 느낌, 즉 무감각함이 의지가 없는 물건으로 취급받은 것과 관련된, 자기에 대한 주된 느낌임을 알게 되었다. 그는 아이였을 때 형의 학대에 무기력하게 순응한 것, 즉 사실 형의 위협과 자신의 감정의 홍수에 압도되어서, 방바닥에 등을 대고 수동적이고 무기력하게 누워 바람이 빠진 상태가 되어버린 경험을 기억하였다. 의지가 없고 물건이 되어버린 느낌이 이런 경험들의 중심에 자리 잡고 있었다.

분석에서, 무감각함이라는 핵심적인 자기감정은 과거의 내면화된 형과의 대상관계가 환상들을 통해서 재연된 것과 비슷하였다. 여기에서 나는 "바람이 빠진" 경험에 대해서 조직화된 욕동-방어의 주제들 아래 놓여있는 자기와 대상관계의 주제들을 포함하는 위계조직으로 개념화할 것이다.

거의 1년 정도의 분석 작업이 진행된 다음, 환자는 결국 직장상사와의 사랑의 열병을 포기하였다. 그리고 종결이 서서히 다가오면서 그는 보다 큰 통찰력을 가지고 분석의 두 국면에 있는 주제인 욕동과 방어와 관련된 주제들 사이를 오가게 되었다.

내가 이 장에서 두 개의 요약된 분석을 소개한 의도는 네 가지 심리학 각각의 현상들이 어떻게 자리를 잡고 있는지 설명하기 위하여 그 분석 작업에 대한 상세한 묘사를 제공하는 것이었다. 이와 더불어 우리가 발견한 개인적인 위계에 속해 있는 여러 심리 현상들의 조직화의 측면들에 대해 (개별 환자들을 위해서) 설명하였다. 나는 모든 독자들이 네 가지 심리학의 현상들이라는 측면에서 사고하는 것의 임상적, 개념적 유용성을 확신하게 되리라고는 생각하지 않는다. 하지만 내가 소망하는 바는 본장과 앞장에서 제시한 자료가 적어도 이 책의 전반부에서 제시한 이론적 주장들을 위한 나의 참조점을 분명히 밝히는 것이다.

제 3 부

응용

제3부

응용

3부에서 나는 1부에서 개략적으로 정리해 놓은 개념들을 정신분 석의 발달과 임상 이론의 여러 주제들에 대한 논의의 기초로 사용할 것이다. 그런 의미에서 3부는 응용 부분이다―제시한 아이디 어들을 정신분석이론에서 거론되는 다른 질문들에 응용하는 것이다. 이런 것은 일반적인 의미에서의 응용 정신분석이 아니다. 예를 들어, 문학이나 인류학―즉 엄밀한 의미의 정신분석 밖에 있는 주제들―에 응용하는 것이 아니다. 이어지는 네 개의 장에서는 다음의 영역들을 다룰 것이다: 전오이디푸스기 병리의 개념, 자아 결함의 개념, 특히 새 로운 유아 연구의 관점이 제공하는 공생단계에 대한 비평의 견지에서 살펴본 발달 단계들의 특징 그리고 정신분석과 정신분석적 심리치료 에서의 변화 요인들. 각각의 논의는 네 가지 심리학의 관점에서 시작 한다.

288 \ 욕동, 자아, 대상 그리고 자기

전오이디푸스기 병리

Michael Balint(1968)는 자신의 책 *The Basic Fault**에서 다음의 내용을 기술하였다:

이름의 부적절한 선택이 오해로 이어지거나 문제의 공정한 연구에 편견을 갖게 하는 것은 과학에서 종종 일어난다. 이런 위험들을 피하려면 [그가 논의해오던] 두 개의 정신 단계를 서로 관계가 없는 용어로 지칭해야 한다. 오이디푸스기가 그 단계의 주요한 특징들 중 하나에서 비롯된 고유한 이름을 갖고 있는 것처럼, 다른 단계도 고유의 이름을 가져야 하며 어떤 것의 전 단계로 불리면 안 된다. 확실히 전오이디푸스기(pre-Oedipal)라고 부르지 말아야 하는데, 그 이유는 어쨌든 우리의 임상경험에 비추어보면, 전오이디푸스기는 오이디푸스기와 공존할 수 있기 때문이다. (p. 16)

---

* 역자주-국내에서는 『기본적 오류』(하나의학사, 2011)로 번역 출간됨.

Balint는 이 주장을 그가 '근본적 오류'라고 부르는 영역을 소개하는 서론의 일부로 사용하였다. 이것은 또한 나의 목적을 위한 서론의 역할을 한다.

전오이디푸스기 병리의 개념은 서로 구별되는 것이 더 좋을 법한 많은 것들을 함께 연결시키는 까닭에, 쓰레기통 용어가 될 위험에 처해 있다. 병리의 특정 형태들을 "전오이디푸스기적"이라고 정의함에 있어서, 우리는 오이디푸스기적인 것보다 오이디푸스기적이지 **않은** 것들에 대해 더 많이 얘기한다(즉, 그것들이 오이디푸스기적이지 않거나, 처음부터 혹은 주요하게 오이디푸스기적이지 않다). 이것은 세상을 분석가들과 비분석가들 혹은 정신분열증 환자들과 그렇지 않은 사람들로 양분하는 것이나 마찬가지이다. 분류는 어떤 목적을 위해서는 유용하지만, 확실히 나누지 않는 것(non group)이 이런 분류들이 제안하는 것보다 기술하는 일과 구별하는 일에 더 좋을 것이다. 전오이디푸스기라는 개념은 병리의 그러한 다른 영역들에 대한 **어떤 것**, 즉 병리의 근원이 오이디푸스기 단계의 이전에 있다는 취지를 지니고 있다. 하지만 우리가 사용하는 범주가 구별되지 않고 추가적으로 정의되지 않는다면, 전오이디푸스기 개념은 완전히 정확하지 않거나 잘못 적용될 수 있는 위험에 빠질 수 있다. 이번 장에서 나는 그런 구별을 위한 기초로서 네 가지의 심리학을 사용하고자 한다. 여기서 나는 단지 일반적인 논지에 대한 개략적인 윤곽과 예시를 제공하겠지만, 초기 자아 결함의 구체적인 문제와 관련해서는 10장에서 더욱 자세하게 논의를 이어갈 것이다.

Freud는 "Three Essays on the Theory of Sexuality"에서 다음과 같이 기술하였다.

욕동, 자아, 대상 그리고 자기

오이디푸스 콤플렉스는 신경증들의 핵심 콤플렉스이며 신경증 내용의 본질적 부분을 구성한다는 것은 올바르게 표현되었다고 본다. 그것은 유아 성욕의 정점을 대표하며, 오이디푸스 콤플렉스의 여파로 유아 성욕은 성인들의 성에 결정적인 영향력을 행사한다. 지구상에 태어난 모든 인간은 오이디푸스 콤플렉스를 극복해야 하는 과제에 직면한다. 이 과제 수행에 실패한 사람은 누구든지 신경증에 걸리게 된다. 정신분석적 연구가 진전되면서 오이디푸스 콤플렉스의 중요성이 더욱더 분명하게 명백해지고 있다. 오이디푸스 콤플렉스의 인정 여부는 정신분석의 추종자들과 반대하는 사람들을 구분하는 평가 기준이 되었다. (1905, p. 226, 1920 첨가)

이런 강력한 진술에 비추어보면, 오이디푸스 콤플렉스가 병인(病因)을 설명하는 정신분석적 이론들에서 중심에 남아있다는 것은 놀랍지 않다. 그리고 당연히 병인에 기여하는 다른 요인들도 자체적으로 이름을 붙이기보다는 종종 오이디푸스 콤플렉스와 관련하여 그 위치가 정해진다(즉, 전오이디푸스기). 하지만 프로이트의 견해는 본인의 자기분석을 통해 발견한 것들, 그가 살던 시대의 문화 그리고 더 구체적으로는 정신분석에서 만난(그리고 정신분석에 적합해 보였던) 특정 환자들에 의해 제한을 받으며, 부분적으로 그것들을 반영한다. 이에 덧붙여, 이 견해는 아이가 이미 말로 표현할 수 있을 때, 상대적으로 늦게 발달하는 삼자간 오이디푸스 콤플렉스가 한 사람(자신의 몸) 심리학과 두 사람(유아와 엄마) 심리학에 초점을 맞추는 어둠으로 뒤덮인 언어습득 이전의 가장 이른 시기들보다 더 많이 탐색된다.

물론 오이디푸스 콤플렉스는 대단히 중요하다. 두 부모의 자녀로 태어난 것과 (두 가지 성이 존재하는 세상에서) 하나의 성(性)으로 태어났다는 생물학적 사실은, (보통) 부모에 의해 양육되었다는 사회심리학적 사실과 함께, 성장하는 아이의 생활과 마음 속에 부모와 관련하여 엄청나게 중요한 자리매김, 갈망 그리고 경쟁으로 이어진다. 그리고 좀 더 이른 시기에 발달하는 어떤 병리(혹은 어떤 다른 발달상의 특징)이든지 아이가 그런 내면의 현상들을 지닌 채 오이디푸스 단계로 진입함에 따라, 필연적으로 그 병리에 삼자간 오이디푸스기적 관계의 흔적을 남길 것이다. 그리고 그 내면의 현상들은 나중에 (우리의 환자들 안에서) 삼자간 오이디푸스기적 관계라는 특별한 거울에 비춰질 것이다. 하지만 전오이디푸스기 병리라는 바로 이 개념 때문에 우리는 오이디푸스 콤플렉스가 단지 병인의 중심 요인들 중 하나일 뿐이지 – 아마도 그것은 우리가 신경증이라고 부르는 것의 중심요소일 것이라는– 반드시 모든 사람들에게 주된 중심요소는 아니라는 생각을 인정할 수 있게 된다. 임상적 경험과 개인의 역사에 따라, 다른 이론가들은 초기의 발달적 상황의 다양한 측면들과 발달적 상황이 병인에 미치는 역할에 대해 차별적인 민감성을 보였으며 우리에게 더 포괄적인 개념화를 위한 도구들을 제공하였다.

전오이디푸스기 병리라는 용어를 가장 직접적으로 사용하는 것은 욕동심리학의 영역에 있는 현상들과 관련되어 있다. 그 현상들은 우리가 리비도적/심리성적 발달선에 속하는 것으로 개념화하고 오이디푸스기적 집합체(oedipal constellation)에서 정점에 이르지만, 그럼에도 불구하고 오이디푸스기가 꽃을 피우기 이전에 나타나는 현상들을 가리킨다. 이런 것들은 대개 고착과 퇴행으로 쌍을 이루는 항목에서 논의된다. 즉, 우리는 때로는 수유 현상들을 둘러싼 쾌락과/이나 고통,

욕동, 자아, 대상 그리고 자기

배변 기능과 이 기능에 동반되는 가학적-피학적 충동 혹은 성정체성과 성별 차이들에 대한 초기의 환상들이 너무 엄청나서 오이디푸스기의 불안으로부터 더 이른 고착의 영역으로 되돌아가는 예비된 퇴행을 위한 무대가 마련된다고 믿는다.

때로는 오이디푸스기 삼각관계가 수유와 소극적 돌봄에 대한 경쟁 혹은 더럽히는 것과 통제하는 것 그리고 가학적-피학적 상호작용들을 위한 경쟁 혹은 자신의 능력이나 아름다움을 과시적으로 보여주려는 경쟁의 양상을 띠는 것 같다. 즉, 짐작하건대 더 이른 시기의 심리성적 문제들은 아이-엄마-아빠의 삼각관계에서 전개된다. 다른 상황들에서 우리는 두려워했거나 상상했던 남근 상실 혹은 오이디푸스기적 사랑의 대상을 얻지 못한 것은 말하자면 더 이른 시기에 경험한 젖가슴이나 배설물의 상실에 상응하는 방식으로 경험된다. 그리고 다른 환자들에게 있어서, 명백한 오이디푸스 콤플렉스 수준의 갈등에서 생기는 동일시들은 사실 더 이른 심리성적 시기들의 소원들과 실패들을 따라서 일어나는 아이-부모의 상호작용의 그런 요인들에 근거하고 있다. 예를 들어, 내가 생각하고 있는 것은 배변훈련을 받은 적이 없는, 부모와의 얽힌 관계가 더럽히는 행위(soiling)를 중심으로 이루어진 다섯 살짜리 남자 아이인데, 아이의 부모도 성장과정에서 그리고 현재의 기능에 있어서 장과/이나 방광 조절과 관련하여 문제가 있는 경우이다. 항문기와 오이디푸스기 간의 상호작용 그리고 대상관계와 동일시 사이의 선들은 실로 불분명하다. 나는 분석과정에서 펼쳐졌던 대로, 리비도적 선에 있는 전오이디푸스기 병리의 간단하고 비전형적이지 않은 예를 소개하고자 한다.

구강기 병리

 H양은 여자 친구와 같이 살기 위해서 처음으로 부모의 집에서 나오게 된 30대 중반에 분석을 받고자 하였다. 이것은 삶을 새롭게 시작하려는 노력의 일부였다. 이런 소원을 행동으로 옮기는 차원에서, 그녀는 낮에는 일을 하고 밤에는 대학교육을 마치기 위해 지역에 있는 대학교에서 개설된 수업을 듣고자 등록하였다. 앞으로 나가려는 조합된 움직임―부모로부터의 독립과 공부하려는 계획―에는 불안, 분노 그리고 우울을 강렬하게 경험하는 고통이 뒤따랐다. 그녀의 우울은 매우 심각해서 많은 주말을 심지어 옷도 입지 않은 채 아파트에서 혼자 있을 정도였다(그녀의 룸메이트는 주말이 되면 자신의 남자친구와 시간을 보냈다). 그리고 어떤 경우에는 많은 남자들과 어울리며 자신의 성적 문란을 걱정하였지만, 또한 피부 접촉에 대한 욕구가 그녀를 몰아붙이고 있음을 느꼈다. 그녀는 결국 학업을 포기하고 말았다.

 분석이 진행되면서, 분석 작업에서 다른 무엇보다도 오이디푸스기적 내용들이 중요한 주제가 되었다. 엄마와의 경쟁적 싸움은 부분적으로 그녀가 교육적 성공에 대해 느끼는 불안의 기저를 이루고 있었다; 교육적 성공으로 그녀는 여러 개의 학위를 가진 남자인 아버지에게 더 가까이 갈 수 있을 것이기 때문이다. 성적 관계들은 환상 속에서 그려보는 "매춘부와 같은(whorish)" 힘뿐만 아니라 오이디푸스기적 승리의 측면들을 가지고 있는 것으로 보였다. 이 성적 환상에서 그녀는 페니스를 가진 능동적이고 남성적 모습으로 성관계에서 상위에 있었다. 그녀의 인생사가 펼쳐지면서, 그녀의 가족이 (비록 결코 드러나게 행동으로 옮기진 않았지만) 두 명의 남자 형제들(오빠 한 명, 남동생 한 명)과 각각 대단히 유혹적인—오빠가 여동생인 그녀에게, 그녀는 남동생에게 성적으로 접근하는— 관계가 있었음이 드러났다. 이 관계들은 항상 그녀로 하여금 "순진하게" 계속하게 했던 그녀의 순박함이 그 특징이었다. 이 순박함 때문에 그녀는 어떤 행위에 대해서 동의하지 않으면서도 허용하게 되었다. 이런 성향은 이후에 다른 남자들과의 관계와 전이에서 반복되었다. 나는 여기에서 이 자료에 초점을 맞추지 않을 것이다. 다만 그것이 환상, 행동, 전이 그리고 인생사에서 광범위하게 정교하게 만들어졌으며 분석과정에서 시종일관 주요하면서도 생산적인 중심이 되었다고 말하는 것으로 충분하다.

하지만 위의 내용이 이야기의 전부는 아니다. 초기 구강기 문제들을 암시하는 내용이 항상 오이디푸스기적 자료와 함께 —때로는 교대로, 때로는 동시에 일어나는 느낌도 있다— 존재하였다. 나는 많은 회기에서 가장 중심이 되는 직접적인 경험에서 환자에게 다가가기 위해서, 해석이 동시에 펼쳐지는 두 단계 중 어느 쪽을 다루는 것이 가장 좋을지에 대해 고민했던 일을 회상해본다. 그래서 성적 쾌락의 중요한 형태로서 펠라치오는 종종 남성의 성기를 함입하는 환상과 상상에서 이루어진 거세를 보상하고 싶은, 그렇지만 다른 때에는 "내 엄마가 전혀 해주지 못했기" 때문에 남자들(아버지)을 통해 "나를 채우려는" 소원과 종종 연결되어 있었다. 그녀에게 남자 형제들이나 아버지와 연결된 독특한 분위기를 자아내는 성적 접촉이 주는 메스꺼움의 발작들은 마침내 근친상간적인 환상들에 대한 해석을 통해서 사라졌다. 하지만 "그녀를 채워주는" 수단으로서 펠라치오와 연관된 메스꺼움은 그 이후에도 얼마 동안 남아있었고, 결국에는 그녀가 어머니로부터 받아들인 "나쁜" 것들에 대한 느낌과 연결되어 있는 것으로 이해되었다. 분리들은 아버지를 엄마에게 잃어버린 것(예를 들어, 환자는 내가 집을 떠나 휴가를 갔을 때, 환자는 내가 아내와 함께 있다는 생각에 특히 제정신이 아니었다)뿐만 아니라 종국적으로 훨씬 강력하게 어머니 자체의 상실로 이해되게 되었다. 어머니를 잃어버린 것은 환자의 어린 시절에 있었던 실제 분리와, 엄마에게 정서적으로 접근할 수 없었던 만성적인 상태를 보여주었으며 강렬한 갈망들을 만들어냈다.

다른 자료들도 두 방향─때로는 오이디푸스기의 주제들과 때로는 초기 구강기 주제들에 대하여─을 가리키고 있었다. 그녀는 남자친구가 내가 그녀를 유혹하고 그녀가 나를 유혹하는 것으로부터 자신을 지켜주고 있다고 느꼈다; 하지만 (그녀가 부모님의 집을 떠나 살던 첫해에 추구했던 피부 접촉이 주는 편안함과 같이) 남자친구와 함께 있는 것은 "따뜻한 담요에 덮여있는" 것과 비슷하였다─이것은 분석이 진전을 보이면서 내 목소리와 관련하여 그녀가 느끼게 된 경험이었다. 또한 아이를 갖고 싶다는 소원이 강력하게 나타났다. 환상 속에서, 그 아이는 아버지와의 사이에서 태어난 그녀의 아이일 것이고, 그녀의 오이디푸스기적 승리를 증명해주는 존재일 것이다. 그러나 이것도 함입된 남근처럼, 그녀가 채워졌다고 느끼게 해줄 것이다; 뱃속에 있는 아이와 함께 그녀는 그 아이에게 먹을 것을 줌으로써 스스로에게 영양분을 제공할 것이다; 그리고 그녀는 자신의 어머니가 그랬던 것보다 아이와 본인에게 더 좋은 엄마가 될 것이다. 그리고 이 자료의 두 가지 측면을 보여주는 예시 하나를 소개하고자 한다: 환자가 고등학교 시절 교실에서 진행된 최면에 걸렸었다. 그녀의 남자 형제들 중 한 사람에 의해 마음이 사로잡혀 (최면에 걸려) 그의 성적 유혹에 끌리고 통제를 당하는 환상 이후에, 강력하고 흥분시키는 환상이 생겨났다. 그러나 한참 후에, (주로 전이에서 느낀) 모성적 돌봄에 대한 갈망에 의해 "마음이 사로잡히는" 것에 대한 공포가 강력하면서도 선명하게 나타났다.

분석의 과정 동안, 병약하고 눈물겨운 초기 아동기에 대한 느낌이, 이미 언급했듯이 가장 초기에 있었던 엄마와의 분리 경험들과 함께 등장하였다. 환자는 손가락을 빠는 아이였다. 그녀는 엄마가 입는 실크 잠옷의 촉감을 좋아했으며, 그래서 촉감에 의한 접촉을 전적으로 즐기게 되었음을 회상하였다. 정서적으로 부재했던 엄마에 의해 남겨진, 그로 인해 경험하게 된 빈자리를 채우기 위해 울지 않고 자려고 자신에게 노래를 불러주었던 것을 기억하였다. 그녀는 엄마의 (구강기적) 궁핍함에 대한 느낌, 즉 딸에 대한 엄마의 욕구를 만족시키기 위해 자신이 엄마 속으로 "빨려 들어가는(sucked into)" 느낌을 회상하였다. 어린 시절의 잘못된 대상관계는 성격에 끝이 없는 흔적들을 다양하게 남길 수 있다. 이 실례와 내가 여기서 특별히 강조하기 위해 선택한 부분에는, 접촉하고 안심시키고 "채우려는" 욕구인 깊은 구강기적 허기를 느끼는 지속적인 감각이 존재하였다.

때로는 분석에서, 구강기의 주제들이 오이디푸스기적 주제들에 대한 퇴행적 방어로 작용하였다. 하지만 때로는 오이디푸스기적 욕망이 구강기적 갈망들을 차단하기 위해서 사용되는 반대의 경우도 있는 것 같았다. 점진적으로 분석이 진행되면서 구강기의 주제들은 갈망들, 환상들, 회피들 그리고 이것들에 집중된 자기 영속적인 갈등과 함께 그 자체로 병리적 조직의 중심으로 보였다. 이런 갈등들과 소원들은 실제 오이디푸스기적 자료-펠라치오를 선호하는 것과 함입을 통한 오이디푸스기적 승리, 즉 지금은 남근과 어린 아이에 대한 환상들-의 많은 부분을 형성하였다.

H양은 우리에게 전오이디푸스기 병리의 한 예를 제공한다―그것은 오이디푸스기 병리로 이어지고 이 병리와 결합되고, 그것을 형성하며, 또한 오이디푸스기 병리를 퇴행적으로 차단하는 주요한 구강기 장애이다. 이것은 심리성적/욕동적/오이디푸스기적 발달선의 개념적 틀에서 전오이디푸스기 특성을 가진다. 하지만 나는 이 발달선이 전오이디푸스기 병리 개념이 언급되는 가장 일반적인 상황이라고 느끼지 않는다. **전오이디푸스기 병리**라는 용어는 내가 사용하는 용어인데 자아, 대상관계 그리고 자기의 심리 현상들과 연결된 장애들을 언급하기 위해 더 자주 사용된다. 이런 용례에서 **전오이디푸스기적**이란 용어는 어느 정도 개념적 습관에 따라 사용된 것이다. 그것은 실제로 성격의 **다른 영역들**에서 일어나는 오이디푸스기보다 훨씬 이전 시기의 병리를 가리킨다. 전오이디푸스기 병리와 오이디푸스기 병리와의 관계는 보다 이전의 심리성적 단계들에 출현하는 병리들의 관계보다 덜 명확하다. 이 병리를 단지 전오이디푸스기적이라고 지칭한다면, 그 병리에 우리가 현재 활용할 수 있는 이론들이 제공할 수 있는 개념적 구별(conceptual differentiation)의 정도를 적용하지 못한다. 나는 이제 그런 병리의 몇 가지 실례들을 살펴보고자 한다.

분리-개별화, 내면화된 대상관계, 자기 경험 그리고 잘못된 자아발달의 측면들과 관련된 병리의 실례들을 기술함에 있어서, 나는 이런 것들이 서로 혹은 욕동 경험들로부터 분리되어 있음을 암시하려는 의도는 없다. 그러나 나는 몇 가지 특징을 가진 사례들을 선정하려고 애썼는데, 그것들은 균형이 한쪽으로 더 기울어지고, 장애의 기원이 아마도 더 이른 시기이고, 하지만 그 조직의 중요한 측면이 자기(경계 혹은 존중감), 내면화된 대상관계 혹은 자아 결함의 면에서 생산적으로 보이는 사례들이다.

분리 – 개별화

I부인은 치료에 와서 "제가 사라지고 있어요(I disappear)."라고 말하면서 그리고 여러 해 동안 이 [끔찍한] 경험을 겪고 있으며, 아이를 출산하고 나면(첫째 아이를 임신한 지 7개월이 되었다) 더 악화될 것이라는 막연한 두려움 때문에 도움을 받고 싶다고 말했다. "사라지고 있다"는 그녀의 기술은 모호하고 [연결이 되지 않는] 파편적인 것이었으며, 그녀는 전반적으로 공황 상태였다. 하지만 그녀는 생각을 또렷하게 표현하였고, 지적이고, 매우 의욕적이었다. 나는 시험 삼아 해본다는 심정으로 약간 망설이면서 분석을 시작했지만, 그녀가 믿음직스럽고 수월하게 작업할 수 있음이 금방 분명해져서, 우리는 몇 년 동안 일주일에 세 번씩 지속적으로 진행된 집중 심리치료를 시작하였다. 점차, "사라지는" 상태들이 다양한 정신적 내용들과 연관된 심각한 불안 발작을 포함하고 있음이 분명해졌다. 이 정신적 내용들 중 어떤 것은 "사라진다"는 개념 아래 느슨하게 들어갈 수 있었다. 그래서 그녀는 "숲속에서 길을 잃고 헤매면서 완전히 혼자"라고 느끼거나, "마치 자석에 이끌려서 자유롭게 풀려나올 수 없다"고 느끼곤 하였다. 이것들은 모호한 내용들이었다; 내가 [모호한] 그것들을 (심지어 환자의) 말로 표현하자, 이전보다 더 정확하게 들렸다. 때로는 이런 상태들이 이인증(depersonalization)이나 비현실감 장애(derealization) 경험처럼 들렸는데, 두 현상은 다양한 비율로 나타났다. 환자는 언제부터 그리

고 왜 이런 상태를 "사라지고 있다"라고 지칭하게 되었는지 전혀 기억하지 못했다.

쌍둥이 자매 중 한 명인, 그녀는 똑같은 것, 의리 그리고 쌍둥이 언니와 함께 있기를 고집했던 인물로 기억하였다. 그러나 다른 기억들이 나란히 존재하고 있었다; 그녀는 심술궂고 괴팍하며 고집이 세서 잘못을 인정하지 않으려 했고, 자기 자신, 자기 혼자를 위한 위대한 미래를 그리는 개인적인 환상들을 붙들고 있었다. 그러나 그녀의 개인사를 통해 드러난 쌍둥이 관계보다 훨씬 더 놀라운 것은 엄마와 형성한 "쌍둥이 관계"였다—그리고 이것이 (적어도 부분적으로, 어쩌면 대부분) 실재임을 확증해주는 외부요인들이 있었다. 그 둘은 유별나게 가까웠으며, 환자는 쌍둥이 언니를 배제한 특별한 관계 속으로 엄마를 끌어들이려고 졸랐던 일을 기억하였다. 게다가 세대간 구별은 불안정하였다. 즉, 때로는 엄마는 슈퍼맘이었는데, (어린 소녀였을 때) 환자의 모든 필요를 충족시켜주고 모든 기분을 맞춰주었다; 다른 때에는 그녀가 명백히 어린 딸과 동일시된, 또 다른 언니와 비슷하였다. I부인은 20대에 결혼하였으며, 내가 그녀와 분석 작업을 시작할 시점에는 엄마와 언니와 멀리 떨어져 살면서 그녀 안에 이중적인 쌍둥이 관계의 느낌을 지니고 있었다. 그녀는 어떤 것도 엄마와의 관계를 끊을 수 없다는 것과, 정말 그녀가 엄마에게 그랬듯이 솔직하게 나에게 말하는 것은 기대조차 할 수 없음을 나에게 분명하게 밝혔다. (그녀는 정말 놀랄 정도의 솔직함으로 엄마와 얘기했던 것 같았으며, 엄마의 반응은 전적으로 비판단적이고 수용적이었던 것 같았다.)

이 모든 것은 몇 년 동안 지속된 치료를 거치면서 상당히 많이 변했다. 나는 분석 작업이 진행되면서 명확해진 환자의 네 가지 특성에만 초점을 맞추고 싶다.

첫 번째 두 가지 특성은 "사라지는" 증상의 대조적이면서도 연결된 두 측면들이어서, 어느 정도 상호적인 것들이다. 그녀가 생각이나 현실에서, 어린 시절의 가족에게 너무 가깝다고 느끼기 시작할 때 사라지는 경험을 한다는 것이 분명해졌다. 그녀의 개인사와 증상에 대한 묘사 그리고 촉발 사건과 일치할 것 같은, 그 경험을 바라보는 내 방식과 내가 제공한 해석은 이 [가족들과의] 가까움이 그녀가 정말 힘겹게 얻은 자기, 즉 바로 그 자기됨(selfness)의 상실을 두려워하게 만들었다는 것이다. 즉, 그녀는 쌍둥이 자매/자기 그리고 엄마/자기의 단일체 속으로 사라지는 것을 두려워하였다. 그러나 다른 상호적인 촉발요인은 (각각은 우리가 어떤 방식으로 이해할 수 있기 전에 여러 번 일어났다), 그녀가 개별성과 직업적인 성공에 대한 강력한 느낌을 감지했을 때였다(그녀는 상당한 영향력을 가진 회사 책임자였다). 여기서 제공한 해석은 사라짐의 방어적 측면들에 초점을 두었다. 즉, 쌍둥이 언니 그리고 엄마와의 유대감을 지키기 위해서 성취한 개별성과 성공을 포기하는 것이다. 즉, 그녀는 단일체의 누구와도 너무 분리되어 있다는 느낌을 가지지 않으려는 소망을 이루기 위해서 자신의 강하고 독립적인 자기를 "사라지게" 하였다. 양쪽에서 그녀는 **경계선** 주제들을 다루고 있는 것 같았다. 너무 가까이 있는 것 혹은 너무 멀리 있는 것 모두 그녀 자신을 잃어버리는 느낌을 촉발시켰다. 그녀의 사라짐의 상태들에 대해 초반에 기술했던 두 개의 주된 묘사—(한편으로는) 마치 자석에 끌려가는 듯한 것 혹은 (다른 한편으로는) 숲속에서 길을 잃어버린 듯한 것—는 흡수(absorption)와 지나친 독립이라는 양 극단을 반영하고 있는 듯하였다. 이 두 가지는 각각 사라짐을 촉발하였다.

이 환자의 기능의 세 번째 측면은 그녀가 전이해석들에 대한 수용을 (전반적으로) 단호하게 거부하는 것이 치료가 진행되는 동안 일관된 모습이었던 같다. 전이해석들이 제공되었지만, 환자는 그것들을 참아내지 못했다. 완전히 비유적인 것은 아니지만, 치료자가 그녀의 생각 속으로 들어가면 구석에 내몰린 고양이처럼 자리를 박차고 빠져나갈 방법을 찾으려고 했다. 이것도 경계선 문제임이 분명하였다. 치료자는 "의사"였다. [그래서] 그는 그녀의 머릿속이 아니라 본인의 위치에 있어야 한다. 더 많은 신뢰가 쌓여가면서 우리는 부분적으로 이 문제를 해결하는 법을 배우게 되었지만, 심지어 그때에도 전이 차원에서 치료자와 관계를 형성한 것은 주로 환자의 고집스럽고 완고한 개인주의적 측면이었다. 그리고 이것은 그녀가 초기의 (그리고 현재의) 개별성의 상실에 대항하는 싸움의 일면이었다. 그러나 치료자와의 연합은 매우 강하고 신뢰할 만하였고; 여기에서 치료자는 자신의 위치에 머물러 있는 또 다른 인물이었으며, 그 자체가 그녀에 의해 치료적인 것으로 경험되었다.

내가 언급하고 싶은 네 번째 특징은 그녀의 청소년 시절에 대해 알게 된 어떤 것에서 시작된다. 그녀의 공황상태가 시작된 바로 그 시점에, 자신의 성(性)으로 활력을 느끼면서 청소년기를 시작하는 이 소녀는 아버지가 외도하고 있음을 우연히 알게 되었다. 성적으로 존경받던 남자가 갑작스레 어린 청소년기 소녀에게 **너무** 성적으로 느껴지게 된 것이다. 그녀는 아버지로부터 돌아서서 언니/엄마와의 쌍둥이 관계로 돌아왔으며 그리고 그녀의 증상이 시작되었다. Greenson(1967)과 Stoller(1968)가 어머니로부터의 "탈동일시(disidentification)"를 촉진하는 데 도움이 되는 어린 아들과 아버지와의 관계에 대해 저술한 바와 같이, 아버지도 어린 청소년 딸을 위해서 그런 역할—그녀가 언제드든지 사용할 수 있는 엄마, 흡수됨 그리고 사라짐을 상징하는―로 다시 흘러들어 갔다. 하지만 이 일은 여기에서 실패하였다. 아마도 너무나도 쉽게, 어떤 일에든지 환자가 엄마에 대해 퇴행적 움직임을 보이는 방향으로 기울어진 탓일 것이다. 결국 나는 환자가 겪고 있는 갈등의 이런 측면을 "진퇴양난에 빠진(between the devil and the deep blue sea)" 곤경으로 이해하게 되었다. 이 표현은 대단한 의미를 가지게 되었다. 물론 세부적인 면들에서 개별적인 인생사적 차이점들을 갖고 있었지만, 두 번째 환자에게서도 동일한 복합요인(constellation)을 보았기 때문에, 나는 지금 "진퇴양난에 빠진"이란 표현을 어떤 사람들에게는 중요한 발달상의 어떤 어려움을 포착하는 것으로 이해하고 있다. 환자의 아버지는 성의 악마(devil of sexuality)였다. 어머니는 Freud(1930)의 "대양감(oceanic feeling)"과 연결되는 깊고 푸른 바다―연합, 자기 상실 그리고 사라짐을 일으키는 엄마―였다. I부인에게 있어서, (성적인) 악마였던 아버지에 대한 환상들은 그녀가 대처하기에는 너무나 큰 것이어서, 그녀는 깊고 푸른 바다―그녀가 언제든지 사용할 수 있는 엄마, 흡수됨 그리고 사라짐을 상징하는―로 다시 흘러 들어갔다. 그래서 융합을 바라는 소망과 그것에 대한 공포를 두고 평생에 걸친 싸움이 시작되었다(비슷한 곤경을 겪었던 나의 환자들 중 다른 한 명은 악마를 "선택하였다." 아버지는 그녀 자신과 어머니가 융합으로 이끌리는 것으로부터 그녀를 구해주었을 뿐만 아니라, 애타게 찾았던 냉정한 엄마와의 연합이 줄 수 없었던 따스함을 제공해 주었다).

치료 후반에, 그 환자를 위해서 꿈에 대한 연상들이 이 자료의 많은 부분의 재구성으로 이어졌을 때, 그녀는 아이로서 아버지에게 가까이

가려고 애쓴 노력뿐만 아니라, 이에 대응하여 "마치 자석으로 이끌리듯이 나를 잡아당기는" 엄마가 보인 특정 행동들을 기억하였다.

나는 I부인과 함께 [위에서 언급한] 자료가 분리-개별화의 주제들과 자기와 대상의 형성에 수반되는 문제들을 병리적으로 해결하려고 했던 것임을 보여주고 있는 것으로 이해하게 되었다. 나는 이 책에서 사용하고 있는 방식을 사용하여, 그녀의 병리가 자기의 경계선 형성에서의 실패와 내면화된 대상관계들의 왜곡과 모두 관련되어 있다고 보는데, 그곳에서 그녀의 마음 속에 있는 어머니/쌍둥이 언니/자기 동일체들이 병리적이긴 하지만 그녀의 자기 경험의 두드러진 형태로 남아있었다. 그러나 욕동의 문제들—즉, 아버지와 관련하여 강렬하고 지속적인 성적 환상의 문제들—이 여기에서 관찰된 분리-개별화 주제들의 특정 복합체에 없는 것은 아니었음을 주목해야 한다. 내가 배타성을 옹호하는 것은 아니다; 우리가 내면에서 어떻게 조직되든지 간에, 욕동, 자아, 대상관계들 그리고 자기는 우리 모두 안에 형성되지만, 분리-개별화의 주제들은 그녀의 개인적인 위계에서 중심에 있었다. 이 환자는 단지 오이디푸스기 병리보다 더 앞선다는 의미에서 전오이디푸스기 병리를 드러내고 있다(혹은, 적어도 나는 그 문제들이 생후 첫 2년 동안에 시작되었다고 믿는다). 이 환자의 병리가 다른 의미에서(즉, 다른 발달의 영역에서는) 비오이디푸스기적(nonoedipal)임을 인식하는 것이 동일하게 중요하다. 아버지와의 성공적인 오이디푸스기적 연결이 그녀의 병리적인 쌍둥이 관계들과 환상들로부터 그녀를 벗어나게 해줄 수도 있었겠지만, 나는 그녀의 병리를 오이디푸스기적 갈등으로부터 후퇴한 퇴행의 결과로 간주하는 것이 최선이라고는 생각하지 않는다. 그 대신 나는 그것을 일차적인 것으로 본다.

내면화된 대상관계

47세의 외과 의사인 J박사는 여성들과의 관계에서 겪는 문제들 때문에 분석을 받게 되었다. 그는 자신이 대단히 동경했던 새로운 여성들을 정기적으로 만났지만, 금방 엄청나게 공격적인 특성−외설적이고, 모멸적이고, (결코 행동으로 옮기지 않은) 신체적 학대의 환상들을 가진−을 가진 그들과 관계하고 있는 자신을 발견하였다. 그의 동료들과 관계는 증오로 가득한 시기, 불신, (그가 실제로 잘하고 있는) 전문적인 기능의 영역에서 "공격을 받고 있다"는 공포로 특징지어졌다. 그는 외동아들이었으며, 나는 나중에 어머니, 아버지 그리고 아들 사이에 증오로 가득 차고 학대하는 관계가 존재하고 있음을 알게 되었다.

빠르게 이루어진 전이는 오이디푸스기적 특성−긍정적이고 부정적인 요소들을 모두 가지고 있는−을 보여주는 것 같았다. 이 환자는 어머니 같은 분석가를 기쁘게 해주고 매료시키는 일에 있어서 자신이 다른 (특히 남성) 환자들을 눌러 이기는 경험을 하였다. 그리고 대칭점에서 그는 모든 여성을 버리고 분석가와 같은 인물들과의 동성애 환상을 갖고 있었다. 그의 인생에 대해 기억되는 내용의 중심적인 측면에는 이것과 유사한 점들이 있었다. 그는 삼촌과 숙모와 함께 여름 캠핑 여행을 하면서, 두 사람의 성관계를 주기적으로 엿들었던 일을 선명하게 기억하였다. 다음 날 아침에 숙모는 항상 상기되고 상냥해 보인다는 것을 알아차렸다. 곧이어 그는 이 사건을 부모에게로 가져와 그들의 성관계에서도 아버지가 정말 얼굴이 상기될 정도로 어머니를 행복하게 해준다는 생각에 사로잡혔다. 그런 다음 그는 두 가지 환상을 갖게 되었다: 엄마와 성적으로 함께 있는 것과 (그의 상상 속에서) 아버지가 그랬던 것처럼, 어머니를 행복하게 해주는 것 그리고 아버지와 성적으로 함께 있는 것과 아버지에 의해 그 만남이 행복한 것이 되게 하는 것, 이것들은 전이에 색깔을 입히는 두 환상들이었다. 그 정도는 분명했다. 하지만 그 밖에 어떤 것도 맞아 들어가지 않는 것 같았다: 여자들과 동료들과의 관계를 특징짓는 잔혹한 혐오(그리고 이 감정은 주기적으로 분석가와의 관계 속으로 쏟아져 들어왔다), 분석가를 향한 명백한 화를 알아차렸을 때 회기 내에서 즉시 잠에 빠지는 경향 그리고 가족 구성원들 간에 일어난 폭력적인 신체적 학대와 언어적 학대의 역사는 모두 정열적인 성의 행복에 겨운 이미지들과는 어울리지 않았다. 그의 가장 초기의 "기억"은, 아이로서 그가 엄마로부터 받은 관심에 대한 질투에서 비롯된 격노로 "나를 죽이려는" 아버지와, 보복하는 차원에서 아버지에게 저주를 퍼붓고 물건들을 집어 던지는 엄마에 대한 것이다. 이 "기억"에서 사실들, 투사들, 동일시들을 분류하는 일은 끝이 없는 과정이었다. 그러나 모든 증거들은 파괴적이고 증오가 가득한 신체적 폭력이 환자의 [출생 후] 초기 몇 개월부터 가족 관계들을 특징짓고 있었던 것 같았다. 이런 역사를 고려해 보면, 성관계 후에 있었던 어머니의 행복에 대한 환상이 그에게 필요했던 것으로 이해되었다; 이 환상은 폭력으로서의 섹스에 대한 환상과 나란히 존재하게 되었고, (역동적으로는) 가족 내에서 기억되고 있는 증오로 가득한 관계를 이상화 역전(idealizing reversal)으로 사용하게 되었다.

최종적으로 얻게 된 이해는 초기의, 신체적으로 학대하고, 증오로 가득한 내면화된 대상관계들이 지속되어 정신병리의 지배적인 특징이 되었다는 점이다. 이것들은 부분적으로 분열되었고(그래서 그것들을 언급하면 그는 잠에 빠져들었다), 다른 부분에서는 (여성들과 동료들

\ 욕동, 자아, 대상 그리고 자기

과 함께) 실연되었다. 새로운 여성들과의 만남, 분석가와의 관계의 중심적 측면 그리고 부모님의 행복한 성관계에 대한 환상들에서 경험된 이상화는 동전의 다른 면이었다. 그러나 이런 것들은 주로 부인과 분열에서 기여한 결과, 환자가 자존감을 유지하는 데 도움을 주었다.

내가 이 책에서 사용하는 용어들로 표현하자면, 초기에 내면화된 병리적인 대상관계가 장애의 핵심에 있었으며, 그 결과 "오이디푸스기적" 해결(부모의 행복과, 환자가 아버지나 어머니와 함께 하는 행복에 대한 환상들)은 철저하게 불안정하였고, 심지어 실제적이지 않았다. 그것은 계속되는 가족의 현실들과는 모순되었으며, 주로 내면에서 일어나는 분노의 홍수에 맞서 자신을 지탱해줄 허술한 부인하기와 이상화의 역할을 하였다. 그럼에도 불구하고 어머니와 쌍둥이 언니와의 지나친 융합에서 자신을 구하기 위해서 아버지와의 관계를 거의 사용할 수 없었던 이전 환자(I 부인)와는 대조적으로, 이 남성은 증오에 찬 집착과 기억들을 완전히 가리기 위해 행복으로 가득한 성 이미지들을 사용하였다. 그러나 그것들이 어머니, 아버지 그리고 자기를 포함하는 삼각관계를 이루고 있음에도 불구하고 그리고 그것들이 성행위를 엿듣는 것과 관련되어 있음에도 불구하고, 그가 이런 기억들로부터 끌어낸 주된 특징은 행복이 가득한 것이었다. 왜냐하면 그것은 병리의 주요 영역인, 파괴적이고 미움과 시기에 찬 내면화된 인간관계의 이미지들을 치유하려는 그의 노력에 필요했던 것이기 때문이다. 그런 병리는 또한 오이디푸스기적이긴 하지만(즉, 기원에 있어서 초기의), 오이디푸스기적 발달선이 아닌 다른 관점에서 기술하는 게 더 적합하다; 여기서 그 병리는 파괴적인 내면화된 대상관계의 관점에서 기술되었다.

자기 경험

내가 여기에서 논의하고 싶은 분석의 마지막 환자는 앞 장에서 이미
언급한 인물인 E씨이다. 하지만 이번에는 추가적인 요점을 밝히고자
그 자료를 사용하려고 한다. 앞에서 소개한 세 개의 사례들에서, 나의
요점은 전오이디푸스기 병리가 상당히 다른 모양들을 띨 수 있으며 좀
더 구별된 방식으로 기술하는 것이 더 적합하다는 것이다. 초기 심리
성적 단계들의 병리 혹은 자기와 대상의 병리로 묘사될 수 있다(즉, 이
것은 분리-개별화 장애들을 가진 환자와 병리적으로 내면화된 대상표
상들과 관계하고 있는 또 다른 환자의 사례를 통해 설명되었다). E씨
와 함께, 나는 오이디푸스기 영역 밖에 있는 모든 병리─즉, 모든 자기
또는 대상 병리─가 주로 전오이디푸스기적일 필요가 없음을 생각해
보고 싶다(그리고 10장에 있는 Joan Fleming[1975]의 사례에 대한 나
의 토론을 참고하라).

나는 이미 Mitchell(1984)의 "발달적 편향(developmental tilt)" 개
념에 대해 논의하였다. 즉, 그것은 병리의 오이디푸스기적 근원이 아
닌 것들은 일반적으로 오이디푸스기적인 것보다 더 앞서 있으며, 오이
디푸스기와 오이디푸스기 이후의 기간에는 [병리의 형성에] 실질적으
로 중요하게 기여하지 않는 것으로 보인다. Mitchell의 주장은, 이 견해
와 대조적으로, 대상관계의 문제들이 인생 주기 전체에 걸쳐 중요하다
는 것이다. 4장에서 내가 보여주고자 했던 것은 그의 주장을 확장하고,
욕동, 자아, 대상관계, 자기의 개별 영역에서 발생하는 현상들이 (병리
의 중심을 형성하면서) 문제가 될 수 있는 그리고 정상적인 경우에는
최적의 성장과 기능을 성취하게 된다면 다양한 발달을 거치게 되는 매

우 초기(전오이디푸스기)의 핵심 발달들을 포함하고 있음을 보여주고자 함이었다. 다른 한편으로 나는 또한 욕동, 자아, 대상관계 그리고 자기의 영역들에 있는 현상들이 오이디푸스기 이후에도 지속적으로 발달하는 중요한 측면들을 가지고 있음을 제안하였다.

가끔은 놀랍게도, E씨의 분석이 진행되면서, 나는 주기적으로 자기의 특정 경험, 즉 "궁핍하고 끔찍한" 느낌이 계속해서 중심 무대를 차지하고 있음을 알게 되었다. 비록 어떤 때는 우리가 오이디푸스 콤플렉스 복합체(constellation)에서 그 느낌의 위치를 확인하였고 다른 때에는 성과 분노와 관련하여 그것의 방어적 기능을 알게 되었음에도 불구하고, 이런 주제들이 명확해지면서 그것들은 중요도에 있어서 중심적 자기 경험을 대체하지 못했다. 그런 다른 영역들에 대해 많은 중요한 것을 알게 되었지만, 매번 그런 문제들은 ─마치 덜 절박한 것처럼─ 배경으로 사라졌으며, 자기 경험이 다시 중심을 차지하면서 우리를 생산적인 분석 작업이 가능한 또 다른 영역으로 안내해 주었다. 그러나 여기에 나의 주장이 있는데, 이 모든 것들 때문에 그리고 자기의 특정 경험에 집중된 병리에도 불구하고, 나에게는 우리가 분석 작업을 하고 있는 것들이 매우 초기의, 주로 전오이디푸스기 기원들을 갖고 있었던 것은 전혀 아닌 것 같았다. 진정으로 내가 보기에 E씨는 상당히 온전한 인물인 것 같았다─기본적으로 우리가 심리적 안정성에 대한 평가에서 들여다보는 그 핵심 영역들에서 건강한 모습을 보였다; 그는 안정적이고 정서적으로 의미 있는 대상관계들, 적어도 꽤 많은 자신의 감정에 대한 접근, 그에게 믿을만한 일군의 특유한 방어양식들, 조절된 충동표현 능력 그리고 사용할 준비가 되어 있는 정서조절, 생각, 언어 구사, 판단, 통찰 등과 같은 도구를 갖고 있었다. 그는 부수적으로—심지어 분석의 시발점에서— 사랑하고 일하며 놀 줄 아는 상당한 능력을 보여주었다. 하지만 그는 심각하게 고통을 겪고 있었다. 그는 매 순간 여러 시기에 인생의 헤아릴 수 없는 국면들을 망쳐버리게 한 고통스러운 내적 경험을 지니고 있었다.

내가 받은 인상은 아동기와 청소년 초기에 걸쳐 "긴장 외상(strain trauma)"(Kris, 1956a) 형태로 지속된, 아들을 "인정해 주지 않고" 무시하거나 이용할 수 있는 물건으로 취급하는 아버지와의 관계가(그리고 이차적이지만 엄마와의 관계도) 그의 내적 자기 경험에 파괴적인 영향을 미쳤다는 것이다. 그리고 그 관계는 장기간의 아동기와 청소년기에 걸쳐 지속되었기 때문에 축적되어 가장 큰 파괴적인 힘을 갖게 되었다. 나는 일찍부터 이런 관계를 움트게 한 씨앗들이 없었다고 말하고 싶은 마음이 조금도 없으며, 그렇게 주장할 필요도 없다. 하지만 내가 갖고 있는 이 환자에 대한 최상의 이해는 (오이디푸스기 이후에도) 계속된, 아버지가 아들을 무시하고 이용하는 파괴적인 영향이 일차적이고 누적된 병리를 유발하는 결과를 가져왔다는 것이다.

나는 여기서 오이디푸스기 이후에 출현한 병리가 단지 외부에서 비롯된다고 말하는 것이 아니다. E씨와의 분석 작업에 있어 기본적인 입장은 심리내적인 것이었고, 우리는 중층결정(overdetermination)*과 이런 내적 자기 경험의 다양한 기능들에 초점을 맞추었다. 이 견해를 취함에 따라서 우리는 아버지—아들의 실제적인 관계에서 **시작되어** 심리내적으로 정교하게 자리 잡은 하나의 경험에 대한 그의 환상들과,

---

*역자 주—overdetermination은 중첩결정(重疊決定), 과다결정(過多決定), 과잉결정(過剰決定), 결정과도(決定過度)로 번역할 수 있는데, 정신분석에서 이것은 모든 정신증상 또는 꿈의 모든 요소가 하나 이상의 연상에 의해서 결정되는 무의식적인 기전, 즉 꿈 또는 증상의 모든 요소가 많은 인자의 결과임을 가리킨다.

그 경험에 대한 독특한 적응 그리고 그것을 방어적으로 사용하고 밖으로 표현하고 반복해서 사용하는 것을 이해하게 되었다. 그러나 아동기 중기와 청소년 초기의 몇 년에 걸쳐 발생한 사건들이 병리 발생에 있어서 중요한 역할을 한 것은 중심에 남아 있었다.

나는 그렇게 더 늦게 발달하는 병리에 대한 증거가 명확하게 있다고는 확실하게 느끼진 않으며, 사실 나 자신도 초기의 원인들과 연결하지 않는다면, 그 견해에 대해 강한 의구심을 갖게 되었을 것이다. 그럼에도 불구하고, 나는 전오이디푸스기 병리의 개념이 자아, 자기 그리고 초기의 대상관계의 영역에 속해 있는 임상적으로 구별할 수 있는 현상들을 구분하지 못하는 것뿐만 아니라, 부분적으로 혹은 더 전면적으로 리비도적 욕동/방어/초자아의 발달선 밖에 있는 현상들이 오이디푸스기보다 더 일찍 영향을 미친다는 흔하게 하는 암묵적 가정에서도 오류를 범한다는 것을 고려해야 한다고 생각한다. 4장에서 제안했듯이, 나는 우리가 후에 과거 대상관계들의 병리적 반복으로 보게 된 것들 중 많은 부분이 아동기 중기에 속한 초등학교 시절의 끔찍한 경험들을 반영한다고 믿는다. 소위 잠재기로 불리는 이 기간은 (상대적으로) 욕동 현상들에 대해서만 잠재적이라는 것이지, 대상관계가 경험된 장과, 그에 동반되는 독특한 방어들의 내면화와 관련해서는 거의 그렇지 않다.

그래서 개략적으로 나는 **전오이디푸스기 병리**라는 용어가 마치 하나의 커다란 구분되지 않은 집합체(array)를 가리키는 것처럼, [정신분석] 문헌에서 느슨하게 사용되고 있음을 제시한다. 나는 그 이유는 (오이디푸스 콤플렉스가 중심에 있었던) 정신분석 이론의 역사적 발달과 이 콤플렉스와 관련된 주제들의 상대적 중요성에 대한 계속되는 논쟁 때문이라고 믿는다. 그러나 나는 우리의 임상 작업에 도움을 줄 수 있는 전오이디푸스기 병리에서 중요한 개념적 구분을 할 수 있다고 믿고 있다. 이번 장에서 나는 그 개념적 구분을 하려고 애썼다: 전오이디푸스기 병리 개념을 명료화 하는 것 그리고 그렇게 함에 있어서, 정신분석이 태동시킨 여러 심리학들(욕동, 자아, 대상관계, 자기)을 염두에 두는 것의 유익함을 보여주는 것. 초기 병리는 네 가지 영역들 중 어느 곳에서도 형성될 수 있으며, 그래서 전오이디푸스기인 것에 대한 우리의 견해는 그 모든 영역을 다룰 수 있을 정도로 폭이 넓어야 한다. 물론 우리는 실제로 단순히 초기의 병리적 발달에 대해 이야기하고 있는데, 우리를 이 영역에 두려는 목적으로 (단순히 초기보다는) **전오이디푸스기적**이라는 용어를 사용하는 것—정신분석의 역사적 발전과 오이디푸스적 병리에 대한 우리의 이해가 시간적으로 앞서 있음에서 생겨난—은 시대착오적인 발상이다.

나는 아직 자아의 심리 영역에서 발생하는 초기 병리에 대해 논의하지 않았는데, 다음 장에서 그 주제를 다루고자 한다.

CHAPTER 10

자아 결함

1부에서 나는 어쩌면 정말로 일련의 단순한 주장들을 소개하였다. 나는 성인이 (그리고 심지어 아동도) 유아에게는 아직 충분히 발달하지 않은 적응, 현실 검증 그리고 방어를 위한 도구들을 가지고 있고, 따라서 이것들은 반드시 유아기와 아동기 혹은 성인기 사이의 기간에 발달했음이 분명하다고 제안하였다. 그리고 나는 발달하는 어떤 것이든지 빈약하게 혹은 건강하게 발달할 수 있음을 덧붙였다; 그리고 나는 적응, 현실 검증, 방어의 영역에서 (실패하거나 정상을 벗어난) 빈약한 발달들을 자아 결함(ego defects)으로 생각해 볼 것을 제안하였다. 이번 장에서 나는 이런 주장들을 여러 방향으로 확장하기를 원한다.

내가 여기서, 말하자면 "공허함(Singer, 1988)"의 **경험들** 혹은 결함의 **느낌**(Coen, 1986)에 대해 논의하는 것은 아니다; 물론 그런 주관적 상태들은 누군가가 어떤 개별적 실례에서 그것들에 대해 이해할 만한 무언가를 말하기 전에 분석되어야 한다. 그러나 이것은 종종 분석가가 일부 부적절하게 발달한 심리적 기능의 도구에 대해 내리는 판단—동일하게 자주 환자가 공유하거나, 계속해서 다양한 방법으로 분석가에게 말해주는 판단—과는 다르다.

　나는 고려하고 있는 문제의 범위에 대한 개략적인 논의로 시작하려고 한다. 그런 다음 네 개의 사례에 대한 임상 발표를 다룰 것이다. 이 중 두 사례는 내가 개인적으로 익숙한 것이고 나머지 둘은 출판된 문헌에서 인용한 것이다.

서론적으로 고려해야 할 것들

　자아 결함의 문제에 대한 관심은 확실히 새로운 것이 아니다. Freud (1937)는 이 문제를 정신분석을 끝내는 것에 대한 논문의 일부로 탐색하였다. 또한 이것은 확실히 Balint(1968)가 근본적 오류(basic fault)에 대한 저술에서 탐구했던 것들의 일부이기도 하다. 그리고 아마도 시간상 그런 발달 실패의 현장에 가까이 있었던 아동 분석가들은 자아 결함의 문제에 주목하지 않을 수 없었다(Alpert, 1959; Red, 1951; Weil, 1953, 1956). Anna Freud(1974)가 이 문제를 가장 광범위하게 논의하고 있다:

> 우리가 이제까지 분석적 문헌에서 가장 익숙했던 것은 정신적 외상 그리고 불안, 방어, 타협형성이 뒤따라오는, 내부 주체들 간의 갈등의 사건에 의해 유발되는 이상심리들이다. 관심을 훨씬 덜 받아왔지만 여기에 추가된 것은 앞에서 언급한 발달상의 불규칙성과 실패에 의해 생겨난 성격 구조 자체에 있는 결함들이다. 그

래서 우리는 두 가지 형태의 유아기 정신 병리를 구별할 수 있다. 갈등에 근거한 병리는 불안 상태 공포, 히스테리와 강박 증후군, 즉 유아 신경증의 원인이 되며; 발달적 결함에 바탕을 둔 병리는 정신신체적 징후, 퇴보, 비정형적이고 경계선적인 상태의 원인이다.

발달선상에서의 성공이나 실패가 일차적으로 성격들을 형성하고, 이 성격들이 이차적으로 내부의 갈등에 관여하게 된다는 견해를 가지는 것은 편의상 좋을 수도 있다. 하지만 이런 종류의 어떤 진술이든지 일단 유아가 미분화되고 [성격적으로] 비구조화된 존재에서 벗어나게 되면, 중대한 허위사실이 될 것이다. 그것은 어느 하나가 후속적인 것이 아닌, 동시에 일어나는 두 과정 사이에 있는 시간적인 관계를 무시하게 된다. 발달선상에서 일어나는 진전은 갈등, 퇴행 그리고 이어지는 퇴행에 의해 지속적으로 방해를 받는 반면, 갈등 자체와 특히나 갈등 해결에 사용할 수 있는 방법들은 전적으로 그 동안 성취한 개인적 발달의 형태와 단계에 달려있다.

두 종류의 정신병리가 그 기원에 있어서 아무리 다르더라도, 임상적 상황에서 그것들은 완전히 뒤엉켜있는데, 이것은 두 병리를 보통 하나로 취급하는 임상적 접근을 설명해주는 사실이다. (p. 70-71)

그러나 **결함**(defect) 개념과 관련해서 정신분석 문헌에서의 최근 움직임은 다르지만 쉽게 혼동되는 **결핍**(deficit) 개념에 대한 Kohut (1971, 1977)의 저술에 대한 논쟁으로부터 나온 것이다. 나는 두 개념을 다음과 같이 구분할 것을 제안한다. (은행에 충분한 돈이 없는 것과 비슷한) 결핍은 주변 인물―주 양육자들―이 제공하는 돌봄의 불충분함과 연관이 있다. 대조적으로 결함은 (부러진 물건과 유사하게) 작동이 잘되지 않은 어떤 것을 가리킨다; 어떻게 해서 그런 상태가 되었든 지 간에, 결함은 (주변 인물이 아닌) 그 사람 안에 존재한다.

이와 관련된 논의에서 Kohut은 특히 두 영역에서의 결핍을 강조하였다: 하나는 아이에 대한 불충분한 "거울반영"(이것으로 인해 아이는 주요한 자기감, 자존감 그리고 자신을 주도적이고 적극적인 주체로 경험함)이고, 다른 하나는 아이가 부모를 이상화할 수 있는 기회(이것은 아이로 하여금 목표, 가치 그리고 이상을 형성하고 조절하게 함)를 충분히 제공하지 못한 것이다. 그러나 확실히 이런 것들이 부모가 제공하는 것들에서 중요하고 잠재적인 유일한 결핍은 아니다. 내가 (4장에서) 심리내적인 삶의 구성으로 묘사했던 것으로 들어가는 모든 기본적인 성취는 주 양육자로부터 어느 정도의 최적의 참여를 요구한다ㅡ그것은 단순히 촉진적 환경(Winnicott, 1965)이 제공하는 일반적인 지원이거나, 동일시와 다른 형태의 학습을 위한 기초를 제공하는 보다 구체적인 행동들과 돌봄들일 수 있다. 아마도 우리는 성격의 자기애적 영역에서 최적의 발달에 필요한 돌봄(그리고 관련된 결핍 혹은 결손)을 명료화한 Kohut의 공헌을 이해할 수 있다. 그러나 또 다른 돌봄들(그리고 그와 관련된 결핍들)은, 몇 개만 소개하면, 충동 통제의 형성, 정서적 포용, 다양한 정서의 확장, 일련의 안정된 방어들의 발달 그리고 신뢰, 신호 불안과 대상 항상성으로의 움직임에 대단히 중요하다.

Kohut의 저술들은 부분적으로는 병리와 치료기술의 일부 영역에 대한 안정된 믿음을 흔들어 놓았을 뿐만 아니라, 병리의 근원을 부모의 돌봄 실패에 둔 것에서 과한 측면이 있었기 때문에, [정신분석학계에] 파장을 일으켰다ㅡKohut의 주장은 여러 해에 걸친 정신분석의 전반적인 개념적 성취의 측면에서 보면 후퇴한 것처럼 보이는 어떤 것이었다.

그래서 자기애적 병리(혹은 그것이 자기라는 "상위(superordinate)" 개념 안에서 모든 것을 아우르는 병리인가?[Kohut, 1977])는 (a) 내적인 정교함과 (b) 발달하고 있는 아이 안에 있는 주요 근원들(예를 들어, 욕동들과 그것들에 대처한 결과물들)에 대한 충분한 인식이 없는, 과도한 결핍의 질환처럼 보였다. 밀접하게 관련된 논쟁 하나는 Kohut에 의해 개선된 치료기술법에 대한 것인데, 그 기법들에는 ─비록 우리의 일상적인 조용한 경청과 해석 작업의 맥락에서 사용되지만─ 공감적인 주변 인물과 이해하는 수용을 제공해줌으로써 발달을 촉진하는 것이 포함된다.

결함은 매우 다른 개념이다. 내가 방금 결핍을 정의한 바와 같이, 결핍들이 존재하며 영향력이 있음에 대해서는 한순간도 의심하지 않는다. 오히려 그것과 정반대이다; 나는 결핍이 Kohut이 다룬 영역(자기애적 부분)을 훨씬 넘어서까지 중요하다고 믿는다. 그러나 **결함**은 어떤 것이 잘 발달하지 않았음을 말해준다. 발달의 실패나 정상적 발달에서 벗어나는 이상(aberration)의 근원에 대해서는 아무런 언급이 없다. 그것은 결핍으로 인해 생길 수 있다. 즉, 일부 영역에서의 충분하지 않은 돌봄을 말한다. 예를 들어, 부모의 믿음직한 돌봄은 일반적으로 신뢰할 수 있는 능력과, 그로 인한 지연 능력을 만들어낸다(이에 대해서는 나중에 논의할 것이다); 그래서 그런 믿음직한 돌봄에서의 **결핍**이 지연 능력에서 **결함**을 만들어낼 수 있다. 혹은 결함은 이 특정한 상황에서 부모의 일상적인 돌봄을 충분하지 않은 것으로 만드는 일부 타고난 생물학적 조건, 외상 혹은 초기의 고통과 질병에서 기인할 수 있다(Chethik, 1984; Pin, 1986a). 또는 그것은 한 영역 혹은 다른 영역에서 자아발달을 방해하는("결함"을 발생시키는) 영향력을 가진 초

기의 해결들에서 비롯될 수 있다(이와 관련하여 유사-정신박약
(pseudoimbecility)을 통한 초기 해결의 발달상 결과들에 대한 나의 논
의[Pine. 1974]와, 무언증을 통한 초기 해결의 유사한 영향에 대한
Joseph Youngerman의 기술을 참조하라). 하지만 이러한 각각의 용례
에서 −그 근원이 무엇이든 간에− 적응, 현실검증 그리고/혹은 방어
의 발달에서 일정 부분 심각하게 실패한 것이 잔여물로 남는다.

그런 결함들은 확실히 갈등과 무관하지 않다. 이것들은 갈등이 작동
한 결과로 생겨날 수 있을 뿐만 아니라 −그 근원이 무엇이든지 간
에− 심리내적 경험, 다른 사람들의 반응, 자기 지각에 깊숙이 자리 잡
으며, 이런 것들을 통해서 환상 속으로 들어가서, 그것들에 갈등을 일
으키는 소망들이 작용하게 할 것이다. 결함들은 심리적 표상을 이루어
내고 어떤 정신적 내용처럼 취급될 것이다. 즉, 갈등을 일으키는 복잡
함에 엮이게 된다. 심각한 예를 하나 든다면, 시력 상실−생물학적 결
함−은 심리적 의미를 갖지 않을 수 없을 것이다. 그러나 내가 믿기로
는, 그로 인해 결함이 갈등과 엮여 있다는 바로 그 사실 때문에 우리는
결함의 측면을 보지 못한다. 그 이유는 갈등의 파생물이나 근원에 대
한 다른 해석이 계속해서 생겨날 수 있으며, 그 해석이 치료에 미치는
영향이 무엇이든지 그로 인해 결함이 있다는 사실을 인정하지 못하는
결과를 낳을 수 있다(그 반대의 문제도 발생할 수 있다; 즉, 결함이 있
다는 사실 때문에 우리는 해석을 요구하는 그것에 내포된 갈등의 복잡
함을 보지 못할 수 있다).

나는 발달과정에서의 그리고 주변 인물에게서 주어지는 적절한 돌
봄의 실패가 발생한 상황에서 일어날 수 있는 다양한 결함들에 대한 느
낌을 전하고자 한다. 나는 적절한 돌봄을 강조한다; 예를 들어, 초기의

질병 혹은 아이의 낮은 임계치와 과잉행동은 그렇지 않다면 **적절한** 돌봄인 것을 덜 적절한 것이 되게 한다. 그렇게 되면 그 돌봄은 위로하는 역할을 수행하지 못하거나, 돌봄 행위들을 약화시키고 왜곡시키는 양육자의 스트레스를 유발하게 된다. 그러나 어떤 경우에서든지, 많은 발달이 잘못된 방향으로 진행될 수 있다.

발달은 진행되지만 그 과정에서 빈약하게 발달할 수 있는 자아기능의 일부 특징들은 무엇인가? Anna Freud(1965)는, 아동들의 정상과 병리를 평가하는 방식들을 정립하려고 시도하면서 그리고 발달이 계속해서 우리가 실제로 관찰하는 것들의 구체적인 내용에서의 변화로 이어진다는 점에 주목하면서, 아동에 대해 네 가지 일반적인 특징들을 평가할 것을 제안하였다. 그녀는 이런 특징들은 아동이 이후에 얼마나 잘 발달할 것인가에 대해 어느 정도 예측력을 갖고 있다고 느꼈다. 그녀가 기술한 것들 중 세 가지 특성인 **승화 잠재력**(sublimation potential), **좌절 내성**(frustration tolerance) 그리고 **불안에 대한 태도**(attitude to anxiety)는 내가 염두에 두고 있는 발달적 특징들이다. 만약 이런 특징들이 잘 발달한다면 이후의 발달에 도움이 되는 긍정적 자원으로 활용될 것이다. 하지만 발달이 빈약하다면, 그로 인해 문제들이 급격하게 증가할 것이다—그것들은 충동들, 대상관계들 그리고 자기 경험들과 관련하여 지속되고 피할 수 없는 스트레스에 대처하는 과정에서 마주치는 문제들이다.

나는 상당히 더 큰 목록 하나를 개발하고자 한다. 발달이라는 파이는 많은 방법으로 자를 수 있으며, 내가 지금 보여줄 특정한 순서나 분류가 절대적인 것은 아니다. 게다가 앞으로 소개할 모든 내용은 어쩔 수 없이 추측할 수밖에 없는데, 그 이유는 기능 방식의 구성은 우리가 환상들의 내용에서 듣게 되거나 직접적으로 관찰할 수 있는 것이 아니기 때문이다. 하지만 그런 잘못된 자아 구성의 결과들은 우리가 치료하는 환자들에게 고유한 것이다.

첫째로, **신뢰**가 매우 중요하다. 그것은 일반적으로 주 양육자에 의해 초기의 욕구들(특히 배고픔, 따뜻함, 흔들어주기, 지나친 자극의 완화)이 믿음직하게 충족되고, 그로 인해 유아는 욕구 → 만족(혹은 해소)이라는 순환을 기대할 수 있을 때 발달한다고 가정된다. 욕구의 해소나 충족에 대한 그런 기대를 우리는 신뢰라고 한다. 그런 경험들은 또한 대상과 연결시켜주는 최초의 경험적 접착제를 제공한다. 게다가, 그런 신뢰 때문에 욕구에 직면해서도 **지연**이 가능할 수 있다. 왜냐하면 충족시켜줄 것을 기대할 수 있기 때문이다; 이런 지연의 순간에 ─대체로 만족스럽고 활동은 없지만, 깨어 있는 시간들에서처럼─ 학습의 많은 부분이 일어난다. 그래서 여기에서 자아 기능의 일부 측면들인 초기의 학습과 내적 조절이 어느 정도 시작된다. 욕구에 직면해서 정반대로 지속적으로 충족이 되지 않는 것도 학습으로 이어지긴 하지만, 이 경우에는 그 불충족과 괴로움이 커질 수 있다는 것을 배운다. 그러나 이것이 정확히 내가 강조하려는 그런 종류의 기형(malformation) ─자기경험, 대상관계 그리고 경험의 예측 가능하고 조용한 조직 대(對) 스트레스를 받고 혼돈스런 조직의 가장 초기의 특성들에 영향을 미치는─ 이다. 그것은 자아 영역에서는 전오이디푸스기 병리로 또는 내가 선호하는 것인데 자아 발달에서의 결함으로 볼 수 있다.

이것은 자연스럽게 **신호불안** 대(對) **공포불안**의 발달을 위한 조건들이나, 그 사이에서의 단계적 변화들에 대한 논의로 이어진다. (수유, 다른 대상과의 접촉, 확인해주는 반응적인 표정이나 미소 혹은 자극이

욕동, 자아, 대상 그리고 자기

든) 욕구가 정기적으로 충족되지 않을 때, 그 욕구는 고통이 지속되거나 악화되는 것에 대해 신호를 보낸다. 그런 경우, 신뢰할 만한 방어들이 작동하지 않는다면 고통은 급속도로 공포로 악화된다. 욕구를 직면한 상태에서 [그 욕구의] 해소에 대한 신뢰할 만한 기대 속에서, 고통과 불안의 악화가 지연되고 더 고차원의 대처 양식들이 점진적으로 등장할 때, 진정한 신호 불안으로의 이동이 일어난다. 그 결과 최초의 고통은 더 큰 잠재적인 고통을 암시하게 되고 지금 사용할 수 있는 방어들을 작동시킬 태세를 갖추도록 한다.

이러한 초기의 사건들을 기술하는 또 다른 방법은 **내적 자기조절**(internal self-regulation)의 시작이라는 관점에서 시도하는 것이다. 욕구의 충족과(이나) 해소를 기대하게 되는 유아에게는, 그 기대 자체가 이미 내적 상태의 조절자이다. 깨어 있는 상태에서 주위를 둘러보거나, 후에 옹알이하고 웅얼거리면서 좋아하거나, 엄지손가락을 찾아 빨거나 혹은 (믿음을 갖고) 좌우로 흔들면서 누군가를 부르는 유아는, 각각의 경우에, 내적 경험과 관련해 일종의 통제와 조절을 행사하고 있는 것이며, 이렇게 할 수 있는 이유는 이전의 경험들이 [욕구의] 충족이나 해소에 대한 확신을 통합시켰기 때문이다. 이와는 대조적으로, 극심한 고통이나 공포는 내적 자기조절의 실패 그 자체로 그리고 또한 일단 진행되면 너무나 강력해서 내적으로 조절할 수 없는 상태로 혹은 자기조절과 관련된 학습과 행동들이 일어날 것 같지 않은 (정서의 홍수로 인한) 인지적 혼돈의 상태로 볼 수 있다. 우리는 이후에 알코올이나 다른 약물 또는 중독적인 관계들이나 다른 사람들에 대한 마술적인 기대를 통해 자기조절을 이루려는 경향에 있어서 혹은 고통을 마주하여 절망 속에서 포기하거나 그것을 행동으로 옮기거나 정서적으로 산

만하게 분출하는 정도에 있어서, 개인마다 각기 다르다는 점을 알고 있다. 확실히 생애 첫 몇 달 동안 구체적으로 확고해지지 않겠지만, 이런 자기 조절의 실패들이 내가 기술하려고 시도했던 그런 방식으로 유아에게 일어날 개연성이 없지는 않을 것이다. 그러나 만약 그렇다면, 그 아이는 이미 장애가 되어버린 그 다음의 경험을 만나게 되고, [자기 조절의] 실패들은 증가한다.

그런 초기 현상들은 또한 우리가 나중에 −[갑작스런] 충동들을 자아 이질적이고 위협적이거나, 수용가능하고 수정할 수 있는 것으로 보는지에 대한 **사람들의 기본적인 태도**에서− 보게 되는 또 다른 핵심적인 차이가 형성되는 데 어떤 역할을 할 수 있다. 이것이 전 범위에 걸쳐 변형(variation)을 갖고 있으면서, 이후에 분석을 받으러 온 사람들에게서 나타나는 두드러진 차이라는 것은 의문의 여지가 없다. 어떤 사람에 의해서 확고한 정도로 견딜 수 있고 합리적으로 편안하게 기술될 수 있는 [강렬한] 충동들이 다른 사람들은 두려워하면서 회피하고 부인하는 것들이다. 이것은 충동을 명백하게 견뎌내는 것 자체가 때로는 무의식적 죄책감을 덮을 수 없거나 자기애적 과시행위(exhibitionism)의 한 형태−즉, 그 자체가 특정한 병리의 한 측면−가 되지 않을 수 있음을 말하는 것은 아니다. 하지만 그럼에도 불구하고 나는 이런 차원에 걸쳐 있는 심각한 변형이 우리들 중 누군가에 의해 치료받는 환자들의 집단에서 아주 분명하게 존재한다고 믿고 있으며, 우리는 일반적으로 (상당히 잘 조직화된 성격의 맥락에서) 충동적 삶을 견디는 것을 긍정적인 자원으로 간주한다. 나는 유아의 충동 경험과 (배고픔과 배변과 같은) 욕구의 신체적 표현에 대해 부모가 안심시켜주고 장난을 치는 듯한 태도와 연결된, 믿음직한 해소의 초기 경험들뿐만 아니라, 그런 충동과 신체적 욕구(need)의 순간들이 (어떤 이에게는) 전반적으로 만족스러운 유아-양육자의 상호작용을 위한 교차점—즉, 이 모든 것들이 신체적 기능들과 감각들, 그리고 이것들로부터 비롯된 소망하는 충동들에 대해 더 편안한 태도를 가질 수 있는 초석을 마련하는 일—이 될 수 있다고 추측한다. 그와는 반대로, 그런 경험들에 직면하여 [욕구의] 불충족과 증가하는 고통, 부모의 불편감과 불안 그리고 그것들과 관련하여 뒤따르는 유아-양육자의 부정적 순간들은, 유아가 경험과의 동일시에 의해서 충동들을 부정적인 방식으로 그리고 이후에는 자아 이질적이고 위협적인 것으로 보게 되는 태도들을 형성할 수 있다. 물론 심지어 긍정적인 경험들에서도, 죄책감과 불안이 충동들을 둘러싸고 갈등적인 환상이 발달함에 따라 그것들에 대한 태도를 바꿀 수 있다; 다른 한편으로, 충동(urge)에 대한 그런 초기의 좋은 경험들과 그 경험들에 대한 반응은 덜 심각한 초자아 기능의 전조들이 될 수 있다.

좋은 방향이나 나쁜 방향으로 진행될 수 있는 초기 발달의 또 다른 특징은 내가 **리비도적 욕구의 패턴화**(patterning of libidinal need)라고 지칭하려는 것이다. 충동들이 일상적으로 충족되지 않거나, 충족이 되더라도 일관성이 없거나 갈등을 일으킬 때, 그것들은 신뢰할 수 있고 패턴화된 방식들로 그리고 대상과 관련된 조건에 따라 제자리를 잡을 수 없다. 패턴화 자체는 이후의 적응과 고차원적 기능을 위한 기본 구성물의 역할을 할 것이다. 최적으로 발달하고 있는 아이는 단계별로, 시기별로, 고차원의 욕구 상태들을 접하게 되고 (충동과 관련된) 방어의 패턴들과 (대상과 관련된) 만족감이 발달한다. Sandler와 Sandler(1978)는 기대된 역할 관계들이 소망의 일부(갈망하는 상호작용의 패턴들)가 된다고 설득력 있게 주장하였다. 이것은 믿음직한 충족의 패턴들로 자기와 대상을 함께 묶어주는 데 기여한다. 그런 믿음직한 충족은 자기 경험을 결속시키고(이를 통해 그 경험에 연속성과 응집성을 부여하고), 이에 더하여 자기 존중감을 높여주는 핵심 현상들이다. 정반대의 극단에서, 충동들은 내부로부터 침입하는 자극이 되거나, 아니면 실제로 그러한 것으로 남아있다. Winnicott(1960a)은 충족이 되었을 때 어떻게 초기부터 충동들이 외적인 것 – "천둥소리나 타격과 같은"(p. 141) – 으로 경험되는지 설명했다. 그것은 충족이 되었을 때 변하는(그리고 충동들에 대한 "주인의식"으로 이어지는) 특성이다. 그런 성취들이 부족하기 때문에 그 사람은 후속적인 적응을 위한 견고한 기반을 상실하게 되고, 대신에 추가적인 적응을 위한 요구 – 침습적인 내적 (욕동) 자극들에 대처하라는 요구 – 에 직면하게 된다. 그 결과 리비도적 욕구들은 두 가지 중요한 방식으로 문제가 될 수 있다: 그 욕구들이 발달상의 실패 때문에 대상관계들과 자기 경험을 연결하는 접착제의 역할에서 실패한 것과, 그것들이 자극 저장소에 추가되어 고통을 주는 침습적인 내부 자극으로 존재한다는 것. 당연히 이것은 양자택일의 문제가 아니다. 하지만 나는 발달적으로 이후의 요구들을 숙달할 수 있는 능력에 영향을 미치는, 개인들 가운데 [존재하는] 중요한 초기의 변형들(variations)을 강조하려고 하고 있다.

좌절 내성에서의 변형들도 이 모든 초기 발달들로부터 생겨나고 결과적으로 그것들에 영향을 미친다. 이것은 욕구의 충족이나 해소가 확실하게 예상될 때, 지연 능력이 발달한다는 관점에서 내가 앞에서 기술했던 내용이 지니는 대단히 중요한 측면이다. 당연히 좌절 내성은 체질적인 한계 요인들, 초기의 가족 고유의 동일시들 그리고 충족이나

욕동, 자아, 대상 그리고 자기

충족의 부재에 대한 초기의 경험들에서 비롯된 기여 요인들에 의해 (별다른 해결책이 없이) 결정된다. 그러나 어떤 경우에서든지 좌절 내성이나 불내성은 이후의 적응 능력에 영향을 미치는 중대한 변인 중 하나가 된다.

여러 면에서 내가 지금까지 기술했던 초기 발달의 모든 특징들(즉, 신뢰, 신호불안, 내적 자기조절, 충동과 좌절 내성 그리고 리비도 욕구의 패턴화)은 서로 중첩되며 어느 정도로만 개념적으로 구별된다. 그러나 내부와 외부 세계에 대한 이후의 적응에 영향을 미치는 초기 발달의 또 다른 특징은 이미 논의했던 것들보다 상대적으로 구분이 더 쉽다. 나는 이 특징을 **능동성-수동성의 균형**이라고 부른다. 이후의 삶 속에서 사람들이 심리적 "행위자(doers)"로서 살아가는 정도는 다양하다(여기서 행위자는 "최고 경영자들" 등과 같은 외부 세계의 활동가가 아니라, 개인의 내면세계에서 반응하기보다는 주도하는 사람, 수동적으로 받아들이기보다는 적극적으로 대처하는 사람을 의미한다). 이것의 가능한 초기의 원천들은 여러 가지가 있을 수 있다: 예를 들어, 알려지지 않은 체질적 요인들, 양육자들을 불러내는 데 성공해서 그 행동을 지속했던 (절망으로 이어진 실패들에 반대되는) 초기의 경험들(해소를 위한 고요하고 모호한 울음), 시각적 운동 놀이가 펼쳐지고 유아가 스스로를 흥미로운 일들이 일어나게 할 수 있는 힘(force)으로 경험할 수 있는 초기의 고요한 순간들(반대로, 고통-필요-불안이 초기 경험에 널리 번져 있는 경우, 그런 고요한 순간들을 경험할 수 없다.) 그리고 부모의 방식에 대한 초기 동일시 등이다. 그러나 근원이 무엇이든지 간에, 능동성-수동성의 균형은 이후의 기능에 영향을 미치고 아마도 어떤 방향으로든 치우치게 되면 어려움이 생겨날 것이다.

나는 자아 기능으로 분류할 수 있는 것들에서 잠재적인 초기 실패의 영역들 중 몇 가지를 개별적으로 간략하게 언급하고자 한다. 초기 **자기-타자의 구별**은 (실패할 경우) 그 자체로 자아 결함의 한 형태이며, 현실 검증의 발달에 영향을 미치고 그 결과들은 도처에 스며들게 된다. 확실히 가장 초기에 이뤄져야만 하는 현실 인식은 자기와 타자 사이의 구별에 대한 것이다. 그런 초기의 구별 능력은 분명히 신경학적으로 만들어진 것으로 보이지만, "융합" 경험이 존재하는 정서적으로 중요한 순간들은 직접적인 지각적 인식 경험과는 모순이 된다. 내가 여기서 기술하는 자기-타자의 구별의 성취는 강렬하게 만족감을 주는 "하나됨"을 경험하는 순간들이 있는 상황에서 융합을 갈망하는 물결을 거슬러서 일어나는 일이다. 갈망의 압박을 거슬르면서, 현실에 적절히 뿌리를 내리게 되면, 이후에는 현실 원리가 쾌락 원리에 대해 지속적으로 승리하는 길이 열리게 된다.

욕구 충족과 타자를 향한 구체적인 열망을 연결시키고, 이에 더하여 대상에 대해 관심을 가질 수 있는 능력을 성취하는 것은 이미 기술한 발달들의 토대 위에서 이루어진다. 신뢰할 만한 충족이 없을 경우, 욕구는 절박하고 위험하고 특정 대상보다 더 중요한 것이 된다. 중요한 것은 오로지 내부에 있는 부정적인 욕구 상태 그리고 그것으로부터 벗어나는 것이다. 다른 한편으로, 신뢰할 만한 충족 경험들과 자기-타자의 경계선을 분명하게 구별하게 되는 경험은 대상과 구체적으로 관계하고 타자에 대해 관심을 가지는 데 기여한다.

다양한 정서의 구별(Pine, 1979a)은 나중에 내부와 외부 세계에 대처하는 데 중요한 영향을 미치는 초기 발달의 또 다른 특징이다. Anny Katan(1961)은 아동을 위해 정서에 이름을 붙여 구별하는 것에 내재

욕동, 자아, 대상 그리고 자기

되어 있는 통제 가능성들을 강조했다. 보다 최근에는 Theodore Gaensbauer(1982)는 외상에 대한 반응으로 조숙하게 정서를 구별하게 될 수 있음을 보여주었다. 그런 대조적인 방식으로 이루어낸 정서 구별이 어떻게 이후의 기능에 영향을 미칠지에 대해 얘기하는 것이 확실히 너무 성급한 일이긴 하지만, 그런 구별이 최적의 기능에 중요한 역할을 한다는 일반적인 사실은 임상적 작업에서 보면 명백해 보인다.

행위자로서의 자기에 대한 초기의 경험들(White, 1963; Broucek, 1979; Pine, 1985), 건강한 내적 상태에 대한 경험들 그리고 유아에 대한 부모의 즐거움에 반영된 행복감에 기원을 둔 **자아존중감**(self-esteem)도 초기에 발달하는 심리내적 경험의 또 하나의 특징이다. 부정적으로 보면, 자아존중감은 좌절 내성의 발달과, 이후에 있을 좋은 경험들의 기반이 되는 긍정적인 관계의 발달 그리고 경험을 자기 것으로 만들기 위해 필요한 안전 기지의 발달에 방해거리가 될 뿐만 아니라, 어쩌면 그 자체가 장애의 중심일지도 모른다.

일반적으로 자기와 타자에 대한 사랑스러운 이미지와 격노로 가득한 이미지를 통합함으로써 이뤄지는 **공격성의 완화**가 방해를 받을 수 있다. 이런 일이 발생하는 이유는, 어느 정도는 압도당하고 (욕구가) 충족되지 못한 아이가 느끼는 반작용적인 격노를 극복하기 어렵기 때문이고, 부분적으로는 정상적인 발달에서처럼 대상을 보존하려는 의도를 가진 방어적인 분열로 인해 사랑스러운 이미지들이 증오로 가득한 이미지들을 수정하지 못함으로써 문제를 가중시키기 때문이다. 그 결과로 발생한 사랑과 증오의 분열 또는 보다 전형적으로 이상화와 증오의 분열은 또 하나의 자아 결함으로 보일 수 있다.

만성적인 고통과 충족되지 않는 경험에 직면하여 비록 많은 경우에 성공하진 못하더라도, 초기에 형성되고 있는 방어에 절박하게 매달릴 경우, 더 큰 유연성과 더 높은 차원의 형태들을 성취하려는 **방어들의 성숙**이 좌절될 수 있다(Pine, 1986a). 심리내적으로 그리고 외부적으로 경계심을 늦추고 새로운 행동 양식들을 받아들이거나 만드는 것을 허용하는 편안하고 심리적인 유연성과 놀이 그리고 상대적 신뢰가 있는 기간들은 너무나도 드물다. 그래서 우연히 발견한 방어양식이 무엇이든지 간에 융통성 없이 반복하는 현상이 발생한다.

마지막으로 어떤 초기의 근원들에서 유래되었든지, **승화의 잠재력**은 이후의 심리적 욕구들과 만남을 위한 엄청나게 중요한 도구이다.(A. Freud, 1965)

이것은 잠재적 해결을 위한 완전히 새로운 방식을 열어준다.

이것은 잠재적인 초기 발달의 상당히 광범위한 목록이다. 이 초기 발달들은 잘못된 방향으로 진행될 수 있고, 그렇게 되면 개인의 적응 능력, 현실 검증 혹은 방어 능력을 손상시켜서 결국 (내가 사용하는 용어인) 자아 결함을 일으킨다. 나는 그런 발달적 결함들이 진행되는 가능한 통로들을 보여주고자 하였다. 다시 말하거니와, 결함들과 갈등들이 양립할 수 없는 것은 아니다. 물론 한 사람이 결함과 갈등을 모두 지닐 수 있다. 평균 이하의 지능을 가진 사람이 다른 사람들처럼 갈등을 경험하듯이, 자아 기능을 담당하는 도구가 "평균 이하"의 발달 수준에 있는 사람도 갈등을 겪을 것이다. 자아의 측면에서 보면, 영향을 받는 모든 영역은 갈등을 구성하는 요소들이다. 결함들은 자기 정의(self-definition)의 일부를 이루고, 환상 발달의 바탕이 되며, 그래서 갈등에 연루되는 것이다. 또한 결함들은 갈등을 경험하고 대처하는 데 사용되는 도구와 연관됨으로써, 갈등의 결과에도 영향을 미친다. 여기서 강조하는 바는 (공격 혹은 리비도 충동들과, 충동들의 충족 또는 충족 실패 그리고 대상 관계적 욕구들과 그것들의 충족 또는 불충족에 대한) 초기의 경험들이 흔적들을 남기는데, 그 일부는 자아 결함으로 적절히 묘사될 수 있다. 이 말은 정반대의 주장을 명백하게 보여준다. 그것은 우리가 보통 갈등을 생각할 때 떠올리는 더 높은 차원의 갈등은 자기와 타자를 확립하는 데 있어서, 충동을 패턴화하고, 유도하고, 환상에서 정교화함에 있어서 그리고 방어의 목록을 발달시킴에 있어서, 기본적인 발달상의 성취를 모두 이루어내야 할 것을 요구한다는 점이다.

요약하자면, 나는 여기에서 초기 발달의 과정에서 형성되는 그리고 어떻게 형성되었든지 간에, 일단 자리를 잡게 되면 이후의 심리적 요구들과 관련된 차후의 적응과 방어 기능에 심각한 영향을 미치는, 모든 사람들이 갖고 있는 기능에서 중첩되는 일련의 특징들을 상세하게 기술하고자 노력하였다. 나는 각 영역에서 중요한 것들이 매우 초기에 시작되며, 그래서 (오이디푸스기보다 더 앞선다는 의미에서) 전오이디푸스기적이지만 여기에서는 자아심리학의 영역에 있는 것으로 볼 수 있다고 믿는다. 그러나 매우 구체적인 측면에서 보면 좌절 내성, 승화 잠재력, 충동에 대한 태도, 대상에 대한 관심, 신호불안의 발달 그리고 리비도 욕구의 패턴화 등과 같은 특징들은 오이디푸스기 결과에 영향을 미치는 도구들, 자원들(혹은 잘못된 발달에 있어서는 결함이 있는 자원들)이 될 수 있다. 모든 사람들이 오이디푸스기 갈등이라는 폭풍을 겪기 때문에, 이 요소들은 우리가 구별되는 결과를 이해하는 데 유용한 도움이 될 수 있다. 하지만 이 영역들 중 어느 곳에서든 심각한 오류들은 그 자체로 임상 작업의 중심적인 초점이 된다. 최근에 나는 긴장 상태의 조절이나 충동 경험에 대한 태도 혹은 신뢰와 대상

항상성의 실패로 이어졌던 엄마와의 부정적 경험들이 반복되는 것이 분석 작업의 초점이 되었던 환자들을 만났다. 각 사례에서는 여기에서 다룬 "결함들"의 특징들, 이 결함들의 기원을 재구성하려는 시도들 그리고 어느 정도의 숙달을 목적으로 하는 치료 기법의 적절한 수정 등을 계속해서 되돌아보는 것은 가치 있는 노력이었음이 증명되었다.

임상적 실례들

예시로 사용할 임상 자료들을 제시하기 전에, 나는 자아 결함의 영역에 적용되는 기법과 관련하여 몇 가지 일반적인 사항을 언급하고 싶다. 일부 독자들은 인용할 사례들에 자아 결함의 주제가 있다는 기본 전제를 따르지 않을 것이며, 다른 독자들은 어쨌든 치료 기법의 변형 문제에 대해서 신중할 것이라는 가정하에 시작하고자 한다. 나는 좀 더 일찍 나의 초기 작업에서부터 이런 방향으로 노력했다(Pine, 1985). 하지만 (나의 분석 작업에서 알게 된 바와 같이) 나의 개인적인 성향은 대체로 내가 분석하는 환자들에게서 결함 문제를 추정하지 않는 편이다. 나는 분석을 받는 환자가 그런 결함들이 관찰되는 주요 인물이라고 생각하지 않는다. 하지만 분석 과정에서 (혹은 지금 나한테 그렇게 보이는데), 우리는 여전히 그런 용어들을 통해 유용하게 이해될 수 있는 어떤 것을 발견할 수 있다. Balint(1968)는 어떤 형태의 초기 장애와 관련하여, 환자들은 이 장애를 "콤플렉스, 갈등, 상황이 아니라 오류(fault)로"(p. 21) 느낀다고 지적하였다. **결함**(defect)은 오류와 동일한 것이며, 환자에게 정확히 같은 방식으로 이해된다. 비록 내가 결함에 대한 느낌과 결함 자체를 동등시할 의도가 없음에도 불구하고, Stanley Coen(1986)은 결함에 대한 느낌이 얼마나 흔한 것인지를 보여준다.

이 문제들에 대한 나의 경험들은 전이와 일상적인 생활과 인생을 살아오면서 갈등에 대해 들었던 대로, 익숙한 방식으로 갈등에 대한 해석을 통해 작업했던 분석 과정에서 펼쳐졌다. 대개 이런 방식은 분석에서 어느 정도, 적어도 몇 달, 때로는 일년 혹은 수년간 지속되었다. 그러나 나는 얼마 지나지 않아 각각의 사례에서 뭔가 잘못되었다는 느낌을 알아차리기 시작하였다. 그 느낌은 아마도 특정 영역에서의 변화가 평상시보다 훨씬 더 어렵다는 것, 환자가 어떤 면에서 나의 개입을 통해 인정받지 못했거나 상처를 받은 것 혹은 환자가 "나에게 뭔가 문제가 있기" 때문에 통찰하게 된 것을 활용할 수 없다고 말했던 것일 수도 있다. 이것을 알아차리게 된 사례들에서, 내가 여기서 자아 결함(물론 이것은 개인마다 독특한 방식으로 진행된 작업에서 발견한 것을 가리킨다)이라고 부르는 것을 명백하게 인식하게 되자, 환자는 마음으로 이해받았다는 느낌을 갖게 되었다. 나는 지금 환자가 불안이나 우울을 제어할 수 없을 것 같거나, 행동화하려는 특정 충동들을 통제할 수 없을 것 같거나 그것들을 확실히 통제할 수 있을 것 같거나, 아니면 (환자한테는 아니고) 분석가인 내가 보기에 상대적으로 작고 우호적인 개입들처럼 보이는 것들에 의해 환자가 압도되고 과잉자극을 받았다고 느꼈던 경우들을 생각하고 있다. 이런 경우들에서, 환자가 새롭게 이해받았다고 느끼고 대개 이것이 눈에 보일 정도의 편안함을 통해 꽤 분명해졌을 때, 분석 작업은 한층 더 발전하게 되었다. 그렇지만 전부터 진행되었던 갈등과 관련된 작업을 취소하거나 종결로는 이어지지 않았다. 예를 들어, 자극 내성, 지연 혹은 대상 항상성에서 결함의 일부가 존재하고 있음을 발견(인식, 확신)했음에도 불구하고, 갈등과 관련된 작업은 멈추지 않았다. 실제로 환자는 이해받았다는 느낌 때문에, 결함의 근원과 결함의 작동을 재구성하는 일에 참여했을 뿐만 아니라, 일반적으로 갈등 파생물들에 대해 더 협력적이고 편안하게 작업할 수 있었다. 그래서 나는 다음과 같은 견해를 갖게 되었다. 그것은 결함 대 갈등의 문제가 아니라, 결함의 요소가 있다면 기술적 절차들이 추가되거나 바뀔 수 있는지에 대한 문제이다. 더군다나 내가 느끼기에는, 그런 분석 작업이 아무런 한계도 없이 작업할 수 있는 "일반적인 신경증" 환자를 양산하는 "엄밀한 의미의 분석"을 위한 준비 단계로 명확하게 보이진 않는다. 그러나 차라리 우리가 긴장을 견디고, 경험을 인정하고, 대상의 내적 이미지를 간직할 수 있는 능력 등을 키워가면서, 기본적으로 처음에 작업을 함께 했던 동일한 환자를 만나지만 이제는 분석에서 사람들이 일반적으로 얘기할 수 있는 것들, 즉 갈등과 반복에 대해 (그런 결함들에 대해서 염려를 덜 하면서) 말을 걸어볼 수 있는 그런 환자를 대면한다.

"그러면 이게 정신분석인가, 아니면 심리치료인가?"라고 누군가 질문할 수 있다. 이것은 확실히 분석가들이 묻거나 고민하는 질문이다. 모든 사람들이 내가 하는 방식대로 문제를 해결하지는 않을 수 있다. 그러나 수많은 분석 과정에서 적어도 자아 결함이라고 생각할 수 있고 분석 작업에서 씨름하게 되는 현상들을 접하게 된다. 나에게는 이것이 분석이다. 환자와 분석가는 그것에 대해 분석 작업을 하는 것이다. 자아 결함으로 보이는 어떤 것과 관련하여 일부 작은 일이 발생한다는 이유로, 분석이 아닌 것은 아니다.

욕동, 자아, 대상 그리고 자기

또한 자아 결함이 존재하는 경우, "그 환자는 분석 가능한가?"라는 질문을 할 수 있다. 나는 이 질문을 "분석이 가능한가?"로 바꾸고 싶다. 나는 종종 이 질문에 "그렇다"라고 답한다. 그런데 자아 결함에 대한 작업을 해야 할 당사자는 환자와 분석가 모두이며, 이때 분석가는 어조(tone), 치료적 개입의 정도(Grunes, 1984) 그리고 좀 더 일반적으로 안아주는 환경을 수정하려는 유연성을 갖고 분석에 임해야 한다. 또한 (결함들과 같이) 이름을 붙이고, 확인하고 탐색해야 할 현상들이 늘어날 것이다.

정신분석은 통찰을 얻고자 해석을 활용하는 과정을 통해서 환자에게 구조적 변화를 이루려고 한다. 확장된 인지가 구조적 변화를 위한 수단이다. 인지의 확장은 전이에서 발생하는 현상들을 봄으로써 정서적으로 아주 가깝게 느껴지고, 환자에게 정말 중요한 인물인 분석가와의 관계에서 통찰이 일어나기 때문에 강력한 힘을 가진다. 어떤 의미에서 분석은 그것 자체에 그런 구조적 변화를 일으키는 유일한 치료적 접근이라는 지위를 부여해왔다. 무엇보다도, 그것은 거의 경험에 근거한 일반화가 아니며, 어느 정도의 합리적 사고, 정신분석에서의 일부 경험과, 다른 형태의 치료들에 대한 몇몇 태도들에 근거한 주장이지 그 이상은 아니다. 나는 더 구체적으로 질문하고 싶다: "구조적 변화"는 어느 구조들이 변할 필요가 있느냐에 달려 있지 않을까? 우리가 대상항상성, 긴장의 유지 혹은 지연 능력에서의 실패를 다루고 있다면, 추가적인 "안아주는", "공감적인" 혹은 각 개인에게 맞춰진 절차들이 분석 작업의 하위단위에서 변화를 일으키는 데 적합한 것들이 아닐까? 적어도 이것에 대해서 생각해 볼 가치가 있다. Fleming(1975)도 대상항상성에 결함이 있는 환자에 대한 분석을 보고하면서, 유사한 질문들을 하고 있다. 그녀는 다음과 같이 기술하고 있다.

> 치료 상황에서 "동맹"이 대상항상성을 확립하는 일에 있어서 우리가 맡게 되는 자아 활동(ego operations)을 반복하게 하는 일이 가능할까? 일단 상호적 관계가 작동하게 되면, "관찰 자아의 발달"과 같이 우리가 사용하는 용어들이 실제 분석가의 이미지의 내사뿐만 아니라, 새로운 자아 이미지의 시작을 나타낸다는 것 또한 가능할까? 분석 경험을 통해 우리가 바라는 구조적 변화들이 일반적인 의미의 해석이 아닌 분석가의 반응으로 촉진되는 것이 가능할까? 분석적 치료과정에서 일반적으로 나타나는 임상 현상들을 이해하려는 노력은 더더욱 나를 이 방향을 향하게 하였다. 성인 환자는 결코 갓난아기가 아니며, 분석가는 그의 부모가 아니다. 그럼에도 불구하고, 많은 성인에게 존재하는 대상 욕구는 여러 가지 방식으로 엄마와 아이의 기능적 관계를 재생산한다. 지지적 느낌(diatrophic feeling)이 없으면 분석 과정은 어려움을 맞게 된다. (pp. 748-749)

Fleming은 한 사례에서 자아 결함에서 구조적 변화를 일으키려고 할 때, 해석적 개입이 아닌 것들을 설명해주고 있다. 나는 이번 장의 후반부에서 그 사례를 요약하고 논의할 예정이다.

여기서 나는 개인적으로 익숙한 두 개의 임상 사례를 소개하면서 시작하고자 한다. 한 사례는 나의 환자에 대한 것이고, 다른 사례는 내가 자문을 통해 알게 된 환자와 관련된 것이다. 그런 다음 관련 문헌에서 선정된 두 개의 용례들을 소개할 것이다.

충동 통제에서의 문제

증권회사의 회계담당 임원인 30세의 흑인 여성이 마침내 재정적인 형편이 허락되어서 (이전에 심리치료를 받은 경험이 있었는데) 분석을 받으러 왔다. 그녀의 부모는 모두 사회복지사였으며, 이로 인해 정신분석은 그녀의 집안에서는 익숙한 것이었다. 내가 K부인이라고 부를 이 환자는 대인관계와 성관계에서 억제와 자기 비하를 중심으로 하는 성격상의 문제로 오랫동안 어려움을 겪고 있었다. 동료 관계에서는 다소 정서적으로 고립되어 있는 측면이 있었지만, 그녀가 꽤 성공적이고 상당히 합리적으로 힘을 발휘하는 곳에서는 억제가 직장생활에 영향을 미치는 것 같지 않았다.

이 환자는 분석에 매우 충실하였으며, 분석을 정서적으로 자신의 생활 중심에 두게 되는 강한 전이를 급속도로 발달시켰다. 그리고 처음에 분석을 받게 한 성격 문제들과 폭넓게 관련된 작업으로 이끌었던 많은 자료들을 가져왔다.

분석 초기부터 그리고 대단히 강렬하게 분석이 진행되고 전이 관계가 깊어지면서, 평상시 억제를 보이던 환자는 자신이 실제로 분석가에게 성적으로 접근하는 것을 막지 못할 수 있다는 두려움을 보이기 시작했다. 그녀는 이것을 생각이 아닌 일시적인 충동으로 인식하였으며, 충동이 커져감에 따라 종종 유혹, 수치심, 거절에 대한 두려움을 강렬하게 느꼈다. 이것이 내가 종국적으로 억제된 자아 결함이라고 생각하게 된, 구체적인 특징이다. 나는 이것에 초점을 맞추고자 한다.

분석이 시작된 이후 대략 3년의 기간 동안, 환자의 이 충동은 분석 작업에서 매우 다채로운 방식으로 나타났으며 다양한 해석이 이루어졌다. 해석은 환자의 과거에 대한 상당히 많은 양의 새로운 내용에 접근할 수 있었다는 점에서 생산적이었다. 이 내용의 일부는 잠시 후에 요약할 것이다. 환자 자신도 이 충동이 유발되는 다양한 맥락들과 관련하여, 연상적인 면과 해석을 잘 활용하였다. 중심주제 중 하나는 내가 흑인 여성인 그녀가 통제 불능상태가 될 것이라고 예상한다는 그녀의 생각이었다. 그녀가 나에게서(즉, 외부에서) 그런 생각이 온다고 경험할 때에는, 그녀가 갖고 있는 중산층의 다소 도덕주의적인 가치들과 충돌하는 내적 갈등의 경험을 피할 수 있었다. 하지만 분석에서 모든 것들이 잘된 것처럼 보였음에도 불구하고 그리고 환자가 자신의 인생과 다른 영역에서의 기능 방식을 바꾸기 위해 통찰을 활용할 수 있다는 맥락에서도, 나에 대한 강한 충동이나 이 충동이 통제 불능상태가 될 수 있다는 공포는 근본적으로 줄어들지 않았다. 오히려 그 반대였다. 이미 언급했듯이, 전이가 깊어짐에 따라 충동은 강렬해졌다. 이 충동이 항상 있지는 않았지만, 반복되는 익숙한 경험이 되었다.

비록 환자가 실제 이 충동을 전혀 명백히 드러나게 행동화하지 않았음에도 불구하고, 행동화에 대한 공포는 당연해 보였다. 처음에는 몰랐지만 환자의 부모가 각기 그녀에게 반복해서 성적으로 부적절한 행동을 한 사실이 드러났다. 엄마는 딸을 성적으로 학대하지는 않았지만, 환자의 발달단계에서 상대적으로 후반까지 딸과의 신체적 접촉을 많이 하였다. 아버지는 엄마처럼 신체적인 접촉을 하지는 않았지만 딸을 가족의 은밀한 관계, "밀회"와 경쟁 속으로 끌어들였다. 부모의 이런 행동은 성장하고 있는 K부인에게는 (성적으로) 자극적이면서도 혼란스러운 경험이었다. 그래서 환자는 분석을 받기 전까지 이 경험을 말로 표현하지 못했다. 그러나 훨씬 더 중요한 것은 K부인이 과거에

욕동, 자아, 대상 그리고 자기

위험스러운 상황에서 무모하게 충동에 따라 행동했던 것 또한 드러났다는 점이다. 게다가, 분석가에 대한 충동이 커지면서(그리고 환자가 괴로워했는데, 그 이유는 자신이 거절당하거나 버려졌고, 더 나쁜 것은 받아들여져도 그녀 자신의 분석가를 잃어버렸다는 느낌을 갖고 있었기 때문이다), 환자는 다시 잠재적으로 자신에게 해를 끼치게 되겠지만 분석 밖에서 행동화하려는 충동을 느끼기 시작하였다. 확실히 충동 통제가 주제였다.

나는 충동 통제에서 억제되어 있지만 반복되는 결함으로 보게 된 것을 다룰 수 있는 전략을 갖고 있지 않았다. 내가 이해하기로는, 이 결함은 가끔씩 일어나는 방어 실패의 상황에서 경험한 강렬한 욕구(소망)뿐만 아니라, 초기의 수동적 경험들과, 부모의 (성적인) 공격성과의 동일시에 근거하고 있었다. 하지만 해석에 다른 방법들을 추가하여 치료적 접근을 시도하였다. 돌이켜 보면, 세 가지 단계를 거치면서 아래에 기술한 일이 발생했으며, 그 방법들은 환자의 통제 능력을 안정시키고 통제 상실에 대한 두려움을 감소시키는 결과를 낳았다.

첫 번째 단계는 내가 시작했다. 즉, 환자의 충동이 올라왔을 때(뿐만 아니라, 차분한 상태에서도, Pine, 1985), 어린 아이였던 환자에게 했던 부모의 부적절한 행동과 그 영향에 대해 "교육적인" 성격을 지닌 재구성을 제공하였다. 시간이 지나면서 이런 재구성의 결과로, 특별히 부적절한 행동들과 관련하여 환자는 부모에게 더 많이 화를 낼 수 있게 되었고 죄책감은 줄어들었으며, 적어도 행동화하려는 경향에 대해 좀 더 편안하게 생각해 볼 수 있게 되었다.

그 후 얼마 지나지 않아 나는 환자가 나에 대한 구체적인 성적 환상들을 가져오기 시작했음을 주목하게 되었다. 그러나 무언가 다른 게 있었다. 그것의 특징은 그 환상을 행동화하는 것에 대한 공포라기보다는 그것들을 즐기고 있다는 것이었다. 대부분 나는 환상 자체에 관해서는 (해석의 의미를 띄는) 어떤 말도 하지 않기로 했다(이미 밝혔듯이, 분석의 초기 단계에서 상당한 해석 작업이 진행되었다). 나는 환자의 즐거움이 있는 환상 활동을 생각(ideas) 놀이의 한 형태와, (내가 생각하기에) 잠재적으로는 자기 통제로 가는 단계로 보았다. 얼마 후 나는 환자가 본인의 생각들을 좀 더 편안하게 느끼는 것 같아서 이것에 주목하면서 환상 활동 자체에 대해 언급하였다. 환자의 환상 활동은 분석 회기에서 자주 나타났다 사라졌다 하면서, 몇 달 동안 계속되었다.

조금 시간이 흐른 뒤, 환자는 다른 것을 가져오기 시작했다. 돌이켜보니 나는 이것이 억제된 충동 통제의 문제를 다루는 세 번째 단계라는 생각이 든다. 그녀는 조금은 완화된 "성적 유혹"을 다양한 모습으로 실연하기 시작했다. 환자는 분석을 위해 카우치에 눕기 전에, 아주 빠르게 나를 아래위로 훑어보았다. 휴가 전 그리고 휴가 후에 다시, 그녀는 악수를 하려고 먼저 손을 내밀었으며 꽤 오랫동안 내 손을 잡고 있었다. 어느 성탄절에는 다소 지나치다 싶게 애정 어린 카드를 보내주었다. 각 사건과 관련하여, 나는 이런 행동들은 그녀가 정말로 통제 불능의 상태가 되지 않을 것이며, 진정으로 침착하게 행동할 수 있음을 증명하는 안전한 행동유형들이라고 제안하였다. 나는 이렇게 설명했지만 그녀가 이와 같은 작은 행동들을 하는 것을 방해하지 않았다.

이러한 세 단계들(설명이 있는 재구성, 환상 다루기, 양성의[benign] 실연)을 거치면서, 환자의 행동 경향이 진정되었다. 환자-분석가 상호작용이라는 네 번째 요소가 중요한 역할을 했을 수도 있다(Schulman,

1988). 나는 특정한 방식으로 환자와 함께 했다. 즉, 내가 (어린 시절의 부모와는 달리) 통제력을 유지할 수 있음을 행동으로 보여주었고 환자가 내면화할 수 있는 예를 제공하였다. 이런 일련의 개입들이 있고 난 다음, 통제 상실에 대한 환자의 공포는 근본적으로 사라졌다. 이후 이 공포가 주기적으로 나타나긴 했지만 이제는 그녀가 얘기할 수 있는 것으로 등장하였다.

여기에서 나는 내가 자아 결함으로 보게 된 현상을 설명하기 위해서 (다양한 측면에서 일반적인 분석으로 보이는) 짧은 사례를 소개하였다. 나는 분석에 (지금 내가 판단해 보기에) 꽤 유익하게 사용될 수 있는 방식으로 작고 특정한 방법에 따라 기법을 수정하였다. 환자가 가져온 문제는 분명 다른 방식으로도 개념화할 수 있지만, 우리에게 결정적인 증거가 될 수 있는 확실한 자료는 없다.

말하기의 기능적 활용에서의 문제

L씨가 치료를 받으러 왔을 당시, 그의 나이는 46세였다. 결혼을 해서 두 명의 십대 자녀를 두고 있었다. 치료를 받게 된 직접적인 촉발요인은 그의 친한 친구를 괴롭힌 심장의 관상 동맥과 관련해서 건강에 대해 과도하게 불안감을 느끼게 된 것이다. 그는 오랫동안 건강염려증으로 힘들어했으며, 친구의 관상 동맥 문제를 듣고 난 후 뒤따르는 추가적인 불안과 많은 신체적 증상 때문에, 마침내 그의 주치의가 몇 년 동안 권유했던 심리치료를 찾게 되었다.

그는 아주 조용한 사람이었다. 첫 번째 자문이 있고 난 뒤 이 점은 정말 그에 대한 가장 두드러진 특징이었다. 환자는 아내와 자녀들(그리고 다른 사람들)과 관계가 충분히 만족스럽지 못한 것에 대해서는 언급이 적었지만, 이것은 말하기를 극도로 주저하는 그의 성향에서 비롯되었음을 쉽게 추정할 수 있었다. 하지만, 그는 자신의 이런 (조용한) 면에 대해서 불평하지 않았다. 다소 심각하게 표현을 억제함에도 불구하고, 그는 기본적으로 안정된 사람으로 보였으며 직장이나 가정생활을 상당히 잘 해내고 있었다. 그리고 자신의 조용한 성격에 매우 잘 적응하고 있었다. 그는 도서관 사서로 일하면서, 그의 말을 빌리자면 "조용한 세계"에 살고 있었다. 이러한 시점에 가족들도 그와의 대화에서 많은 것을 기대하지 않았다. 가족들이 그에게 애정을 보이긴 했지만 집에 함께 있을 때에도, 종종 그가 혼자 책을 읽도록 내버려 두었다. 내가 여기서 자아 결함이라고 기술하려는 것은 구조적이기보다는 기능적인 측면에서 가벼운 문제였다. L씨는 확실히 말을 할 수 있었고 그렇게 할 수 있는 언어도 가지고 있었다. 내가 이해한 바로는, 발달상의 실패는 자기표현과 관계에서 기능적 역할을 수행하는 말하기 (speech)의 실패였다. 그의 몸(건강염려증)은 "말하기"의 주요 수단으로 남아있었다. 환자의 침묵에 대한 이런 견해는 치료가 진행되는 동안 서서히 발전하였지만, 어떤 개념적인 명칭도 붙이지 않았다. 그러나 치료사는 다음과 같은 믿음을 갖게 되었다: 침묵에 대한 그런 견해가 작업에 도움이 되었으며, 점진적으로 환자가 말하기를 자신의 일부와 관계 맺기의 일부로 경험할 수 있게 해주었다. 그리고 환자는 말하기에 대한 기능적 통제를 시작하였다.

작업이 시작되고 치료가 진행되는 몇 년 동안, 환자는 회기에서 완전히 침묵하진 않았지만 정말 말이 없었다. 그에게 있어서 말하기는 의사소통의 수단으로 자연스러운 것이 아닌 것 같았다. 점차 그의 원가족 구성원들이 매우 조용한 사람들이라는 것을 알게 되었다. 우울증을 앓았던 아버지는 그가 기억하기로, 거의 한마디도 하지 않았다. 아버지는 과묵함이 문제가 될 소지가 없는 다소 격리되고 일거리가 많지 않은 부서에서 일했다. 환자가 자신의 엄마와 얘기하려고 시도했을 때, 엄마도 (아버지의 우울증 때문에) 집안을 꾸려나가는 일에 너무 정신이 팔려서 아들에게 반응해 주지 않았다. L씨는 자신의 목소리가 다른 식구들에게 들려지지 않는다고 느꼈다. 그의 말들이 아버지에게 제대로 들어가 반응을 얻어냈지만, 엄마한테는 순간에 몰두해 있는 그녀를 건드리지 않으면 그의 말은 무시당했다. 아이로서 L씨는 내적 실재인 자신의 말이 설 자리가 없다고 느꼈다. 이 환자에게는 모든 것이 침묵하고 있는 것 같았고 서서히 그 자신도 더욱더 침묵하게 되었다.

이 모든 것들이 치료과정에서 아주 천천히 나타났다. 치료사는 많은 회기에서 많은 경우 오랫동안 침묵하면서 환자와 앉아 있었다. 가끔 치료사는 환자가 자신이 당했던 것, 즉 다른 사람을 침묵으로 대하는 일을 회기 내에서 하고 있다고 느꼈다. 어떤 때에는 환자가 침묵을 약간 변형시켜 침묵으로 관계하는 부모-아이 관계의 분위기를 다시 만들고 있는 것 같았다. 침묵의 저항적 측면들을 다루려 했던 개입들은 전반적으로 효과를 거두지 못했다. 환자는 이해받지 못했다고 느꼈다. 침묵은 그의 세계였으며 치료자에게 가져올 필요가 있었던 것이었다. 치료가 시작된 후 몇 년이 지나고 나서야 환자는 치료가 자신을 위한 것임을 뚜렷하게 느끼기 시작하였다. 이제 치료는 환자에게 속한 것이고 그를 위해 존재하였다. 치료는 환자가 자신의 실재인 침묵을 가져올 수 있었던 곳이었다. 환자는 이것을 전달하면서, 치료사에게 자신을 알리기 위해 침묵뿐만 아니라 단어들을 사용하면서 더 많이 말하기 시작했다. 이즈음 어느 날, 저녁 식사를 하는 자리에서 그가 가족들에게 다음과 같이 자기 의견을 분명히 전달했다: "난 얘기를 더 많이 하고 싶고 너희들과도 더 많이 소통하길 원해." 환자 안에 있는 치료가 "나의 것"이라는 느낌은 자신의 실재가 중요하지 않다고 느낀 어린 시절의 감정과는 정반대로 보였다. 어릴 때 집에서 그는 "나의 것"이 없었다. 아버지는 아들을 무시했고, 엄마는 자신의 관점에서만 아들의 얘기를 들었다. 서서히 말하기는 "나의 소유"가 되었다.

L씨가 좋아하는 활동이 하나 있었는데, 그것은 주말 아침에 혼자서 하는 장거리 하이킹이었다. 하이킹을 하는 동안, 그는 침묵과 홀로 있음을 강렬하게 인식하였다. 그는 스스로를 아무도 그의 목소리가 어떤지 모르는 세상을 살아가는 외로운 존재라고 생각했다. 이 생각과 연결된 정서는 거의 없었다. 하지만 그가 말을 더 많이 하게 되면서, 주말 걷기 여행에서 변화가 일어났다. 그는 감정이 분노의 형태로 생각 속으로 들어온 것을 알아차렸다. 즉, 아무도 자신의 목소리가 어떤지 모른다는 생각이 처음으로 화나고 박탈당한 것으로 경험되었다. 그는 사람들이 정말로 자신의 목소리가 어떤지 알 수 있도록 이런 생각을 소리질러 알리고 싶었다. (이것과 관련해서, 말하지 않은 것의 방어적 측면들 중 하나는 종종 격노와 관련된 것 같다는 점을 밝히고자 한다. 즉, 말하지 않는 것은 분노를 침묵하게 하는 일종의 방편이었다.)

서두에서 밝힌 바와 같이, 환자가 말을 하지 않는 것을 자아 결함의 한 구성요소로 보는 것이 타당하고, 치료 기법적인 면에서도 그렇게 보는 것이 유익한 것 같았다. 그렇게 보는 것이 타당한 두 가지 이유가 있었다. 첫째, (점진적으로 줄어들었지만) 초반에 있었던 신체 증상의 정도는 말들이 결코 표현의 수단으로써 몸을 충분히 대신하지 못할 것이라는 가능성을 시사하고 있다. 온갖 종류의 긴장들이 여전히 신체 감각들이나, 신체적 공포와 환상들을 통해 표출되거나 묶여 있었다. 말들은 내적 삶을 경험하고 분류하며 그 내적 삶을 의사소통할 수 있는 잠재적 위치로 완전히 이동하지 않았다. 둘째, 어린 시절 집안에서의 침묵과, 그가 했던 의사소통들에 대한 적절한 반응의 부재는 말을 하는 것에 대해 부정적 피드백만을 제공했으며 의사소통의 수단으로써 말의 사용을 위한 어떠한 동일시 모델도 보여주지 못했다. 결함은 말하기 자체에 있는 것이 아니고 그것을 사용하는 기능에 있다. 말하기의 많은 부분이 엄마와 아이의 상호작용의 환경에서 발달하는데(Mahler et al., 1975), L씨의 경우에는 이런 상호작용이 결여되어 있었다.

치료자가 견지하고 있는 이런 입장에서 나온 기법적 함의는 이미 간접적으로 언급되었다. 무엇보다도, 이 환자에게 있어서 침묵은 (분명히 가끔 저항의 기능을 했지만) 저항의 신호로 여겨지지 않았다. 실제로는 그 반대였는데, 침묵은 그가 자신의 중요 부분들을 치료에 가져오는 방식으로 보였다. 침묵은 뼛속 깊숙이 그의 일부분을 이루고 있다. (침묵 자체가 그의 삶이었음을 알리는 방법으로 침묵을 해석하기보다는), 침묵을 다른 어떤 것에 대해 얘기하는 것을 회피하기 위한 수단이라고 해석하는 것은 종종 그다지 그에게는 와 닿지 않았으며, 그로 인해 다시 다른 사람의 현실을 자신의 것으로 대체하였다. 그런 해석은 (일반적으로, 항상 그렇지 않지만) 환자에게 공감하지 못하고 심리적으로 괴롭히고 상처를 줄 수 있다. 하지만 치료사가 침묵 가운데 환자와 함께 앉아 있는 것은 어린 시절의 경험을 반복하는 것 같지 않았는데, 왜냐하면 환자가 (부모와는 달리) 치료사를 경청하고 말하는 것이 준비되어 있는, 심지어 기꺼이 말을 하는 인물로 경험했기 때문이다. 그리하여 이제는 침묵 자체에 대해 얘기할 수 있었다("L씨에게 침묵은 어떤 건가요?" "침묵은 익숙한 것인가요?" "침묵하는 동안 나와의 관계는 어땠나요?").

치료는 천천히 진전되었다. 그러나 환자는 점차 말하기를 자신의 것으로 소유하고 사용하게 되었다.

내가 소개할 다른 두 사례는 출판된 문헌에서 발췌한 것이다. 나는 첫 번째 사례(Fleming, 1975)를 간략하게 요약하고 강조하고자 한다. 그리고 두 번째 사례는 Berta Borstein(1949)의 유명한 "Frankie"에 대한 분석인데, 여기서는 자아 결함의 측면에서 개념화할 것이다.

대상항상성의 문제

Fleming(1975)은 어린 시절 4세부터 9세까지 엄마와의 관계에서 심각한 균열을 경험했던 한 남성에 대한 분석을 보고하였다. Fleming은 이 환자를 분석하기 위해서 분리-개별화 과정에 대한 Mahler의 개념뿐만 아니라, 초기 대상 상실 그리고 그 영향과 관련된 이전의 연구들을 참조하였다. Fleming이 이해한 바로는, 환자가 두 가지 결함을 분석에 가져왔다. 첫 번째 결함은 대상항상성 능력의 상대적 연약함으로써, 이것은 중요하지만 부재한 대상 이미지를 불러들여 욕구 긴장을 조절하는 내적 도우미로 활용할 수 있는 환자의 능력이 부족함을 의미한다. 두 번째 결함은 "외부 대상에게서 강화를 받을 필요가 있는 낮은 자존감을 가진 빈약한 자기 이미지"(p. 751)였다. 이 환자를 분석하는 과정에서 분석가가 사용한 개념적 방향성에는 환자의 결함에 필적하는 두 개의 요점이 포함되었다: 첫째, 대상항상성은 초기 아동기에 단번에 발달하는 것이 아니기 때문에, 이후에 혼란을 겪을 수 있고 적절한 돌봄을 필요로 한다는 것이다. 둘째, 중요한 대상과 내면화된 대상

표상으로부터의 반응은 보다 적합한 자기 분화와 자기존중감 발달에 기여한다는 점이다. 이 환자는 두 가지 결함을 가지고 있었다. 전체적으로, Fleming의 주장은 누구나 욕동 욕구들에 덧붙여 (발달의 초기뿐만 아니라) 지속적으로 대상 욕구들을 가지고 있다는 생각에 근거하고 있다. 나는 단계별로 Fleming의 주장을 인용하여 이 사례를 요약하고 논의하면서, 각 단계마다 논평을 덧붙여 나갈 것이다. 인용된 글에 있는 모든 페이지 숫자들은 Fleming의 원 저서의 페이지를 가리킨다.

> 나는 32세의 남성 환자인 Frank의 사례를 기술하고 논의하고자 한다. 그는 분석 초기에 주말에 일어나는 분리에 대해 극심한 반응을 보였다. 그는 지적이고 능력 있는, 재정적으로 성공한 사업가였지만, 사회적 관계에서 깊게 자리 잡은 외로움과 부적절감 때문에 힘들어했다…. 이 환자의 개인사를 보면, 출생 후 첫 4년 동안 엄마와 매우 친밀한 관계를 유지하였으며, 이로 인해 나는 건설적인 공생적 관계와 대상항상성이 확립되었음을 가정하였다. 하지만 4세 때, 엄마가 만성적인 질병 때문에 갑작스럽게 입원을 하게 되면서, 5년 간 부모와 떨어져 지내게 되었다. 이 기간 동안 외할아버지와 외할머니와 함께 살았다. 이 어린 소년은 극심한 외로움과 절망의 순간들을 경험하면서, 엄마가 아직도 살아있는지 궁금해 하고 엄마 생각을 정말 많이 하면서 엄마가 죽지 않고 언젠가는 그에게 돌아올 것이라고 느꼈다. (p. 751)

나는 여기서 두 가지 점을 강조하고 싶다. 첫째, Fleming의 의도가 환자의 특정한 자아 결함을 다루는 데 적합한 작은 치료 기법의 변형에 초점을 맞추는 것이었지만, 환자를 "지적이고 능력이 있는, 재정적으로 성공한 사업가"라고 묘사한 것에서는, 여타 다른 분석에서처럼 분석의 많은 부분이 전이에서 등장한 갈등에 대한 해석을 위주로 이루어 졌을 것 같다는 느낌을 주었다. 이것들은 치료 기법에 있어서 양자택일의 문제가 아니다. Fleming 자신도 분석 작업 자체를 발표함에 있어서 이따금씩 그와 동일한 것을 보여주지만, 명백히 그것은 이 글에서 다루려는 핵심 요지는 아니다. 내 개인적인 경험으로 비춰보면, 자아 결함에 대한 작업은 다른 경우라면 일반적일 수 있는 분석의 진행을 배제하지 않는다. 사실 그것은 한 분석의 모든 부분이다.

내가 지적하고 싶은 두 번째 요점은 4세 때 있었던 환자의 분리 경험이다. 이 분리 경험은 4세 이전에 엄마와 아이의 좋은 관계가 있었음을 전제로 하는 것이다. 9장에서 이른바 오이디푸스기 병리가 전혀 전오이디푸스기적인 것이 아닐 수도 있다는 나의 제안을 상기해 보라. 거기에서 나의 의도는 전오이디푸스기 병리가 어떤 시점을 기준으로 이전에 발생하느냐 혹은 그렇지 않느냐 보다는, 현재의 병리가 무엇이냐는 관점에서 기술하는 것이 더 나을 수 있다는 제안을 하고자 함이었다. 이에 덧붙여, 나는 일단 우리가 **전오이디푸스기**라는 용어가 지닌 개념적 전형을 깨고 나오면, 반드시 매우 이른 시기에 형성되지 않은 오이디푸스기와 관련이 없는 병리의 측면들이 있음을 발견할 수 있다고 제안하였다. 나는 E씨에 대한 분석을 부분적으로 그런 관점에서 보았다. 여기서 Fleming은 비슷한 점을 제시하고 있는데, 특히 우리가 4세라는 환자의 나이를, 대상 항상성의 형성과 유지가 지속되는 측면에 대해 Fleming이 이전에 이론적으로 논의했던 것에서 찾아볼 수 있다.

사례에 대한 보고는 다음과 같이 계속되었다.

분석은 심리치료에 대한 환자의 강한 저항과 함께 시작되었다.

나는 원시적 대상 욕구로 퇴행하려는 경향과 외부 대상이 주는 강화를 필요로 하는 낮은 자존감을 갖고 있는 빈약하게 정의된 자아상을 둘러싼 갈등이 문제라고 진단하였다. 그런 상황들에서 환자가 겪었던 과거 경험은 분석 작업의 속도를 더디게 하였지만, 환자가 혼자 있으면서 위험을 느꼈을 때 가졌던 공포를 직면하고 환상들에 귀 기울일 수 있게 해주었다. 그는 그 경험을 "허물어지고 있다"라거나 "내 머리가 어디 있는지 모르겠다"라고 기술하였다. 처음에 내가 없을 때 연상하려는 그의 노력을 내가 지지한 것은 직관에 따른 행동이었다. 하지만 시간이 흐르면서, 분리 기간 동안 내 이미지를 떠올리는 그의 능력을 촉진시킨 것은 바로 내가 보인 반응이었음을 알게 되었다. 이후의 사건들이 그런 개념화를 입증해 주는 것 같았다. (pp. 751-752).

여기서 우리는 처음으로 대상항상성의 실패에 맞추어진 기법의 변화를 발표하였음을 알 수 있다. 그 변화된 기술은 환자가 분석 시간 이외에 부재중인 분석가에 대한 기억을 불러일으키는 연상(association)을 말한다. Piaget(1973)는 온전한 대상영속성의 발달에 앞서, 대상이 시야에서 사라지기 전에 유아가 그 대상과 관련하여 연속적인 행동을 이미 시작했다면 현재 잃어버린 대상을 계속해서 찾는 단계가 있음을 보여주었다. 그래서 기억이 완전히 독립적으로 저장되기 전에, 행동은 기억의 저장을 촉진한다. Fleming의 환자에게 있어서 이런 일을 이루어내는 데 도움이 되었던 "행동"은 연상하기였다.

내가 기술하려는 것이 엄마와의 공생적 관계 또는 가장 초기에 확립된 대상항상성이 개인의 삶에서 비정상적임을 보여주는 것은 아니다. 그것은 정상적인 분리-개별화의 단계가 시작되었지만,

"부화" 단계가 완료되지 않았음을 보여준다. [환자가 9세였을 때 엄마가] 실제로 돌아온 것은 복잡한 갈등의 원인이 되었다. 이유는 엄마와 아들 모두에게 일어난 변화들은 분리 전 상황의 실제적인 재연(reenactment)이 일어나지 못하게 막았다. 이것은 그의 모호함을 강화시키고 기다림의 고통을 아무것도 아닌 것으로 만들어버렸다. (p. 752)

그래서 우리는 여기에서 대상항상성의 실패가 점진적으로 일어나고 있음을 보게 된다. 갈등이라고 말할 수 있는 "양가감정"은 나름의 역할을 한다. 모든 것이 변했을 때, 엄마의 귀환에 따른 새로운 현실의 실패도 마찬가지이다. 그 결과, (이 성인 환자에게서 보았듯이) 현재 부재한 타인에게 매달리고 자기조절 방식으로 타인에 대한 내적 감각을 사용하는 능력이 없어지게 된다.

자신이 경험하는 것을 말로 표현하고 나의 반응들을 사용할 수 있는 환자의 능력으로 인해, 우리는 정신적 표상들의 발달에 필요한 일련의 단계를 거쳐갈 수 있었다. 그 단계는 분석 전에 비해 더 개인화된 자기감과 타인에 대한 감각을 형성하는 데 한몫을 하였다. [Fleming은 분석가가 주말 동안 자신의 엄마처럼 돌연히 사라져버릴 수도 있다는 공포와 경험에 대해 계속 기술하고 있다. 얼마 후 그가 아이였을 때 엄마의 얼굴을 그려보려고 애썼던 일과, 입원해 있는 엄마를 한번 방문하고 나서 병원 침상에 누워있는 엄마를 생각하는 것이 어떻게 더 쉬워졌는지를 기억하였다]. 다시 말해, 그는 필요로 하는 대상의 이미지를 떠올릴 수 있는 자신의 능력을 사용하곤 있지만, 또한 엄마가 어디에 있는지 알 필요가 있었다. Fraiberg(1969)는 아이가 엄마가 어디엔가 분명히 있다는 것을 알고 엄마를 부를 때, 정신적 표상을 조직함에 있어서 이루어지는 진전에 대해 언급하였다. [환자가 "돌연히 사라지는" 경험으로 힘들어할 때, Fleming은 공간적 위치화(spatial localization) 개념을 가지고 작업을 하였다. 한번은 환자가 엄마는 가버렸지만 월요일에 돌아올 것을 안다고 말한 후, "나는 단지 당신이 어디 있는지 모를 뿐입니다."라고 덧붙였을 때, Fleming은 환자에게 내가 어디 있을지 혹은 나한테 전화할 생각을 했었는지 물어보았다. 그가 대답하기를, "아니요, 난 그런 걸 생각할 수 없었어요." [하지만 그런 다음 자신이 아이처럼 무기력하지 않음을 깨달았으며, 그 후에 월요일에 돌아와 다음과 같이 말했다:] "저는 선생님이 떠나버렸다고 느꼈는데, 지금은 어디 계신지 알고 있지요. 그리고 선생님이 살고 계신 건물을 확인했고 거기에 계신 모습을 그려볼 수 있습니다." 분리 불안을 극복하고 있음을 보여주는 다음 단계의 진전이 있었다. 그 시점은 환자가 내가 어디 있는지 그리고 누군가와 함께 있음을 상상할 수 있게 된 이후로, 자신이 단절되었다고 느끼지 않는다고 말했을 때였다. 하지만 환자가 그런 이미지를 떠올리면 마음이 불편해졌는데, 그것들이 그의 질투심을 유발시켰기 때문이다. [그리고 이것은 그의 엄마가 병원에서 의사들과 함께 있는 것을 즐기고 있다고 상상했던 기억으로 이어졌다.] (pp. 752-754)

여기서 우리는 두 번째 치료 기법의 수정을 마주하게 된다. 그것은 환자가 주말에 그녀가 어디에 있었는지 혹은 전화할 생각을 했었는지를 묻는 Fleming의 질문이다. 환자는 이런 질문들을 Fleming의 진료실이 있는 건물의 위치를 확인하기 위해 자신만의 방식으로 사용하였다. 이렇게 하여 그는 분석가의 소재와 그녀가 계속해서 존재하고 있음을 마음 속에 그려볼 수 있었다. Fleming이 언급했던 Fraiberg는 엄마의 소재를 파악하는 데 특별히 어려움이 있는 맹인 유아들과의 작업 때문에, 엄마가 어디에 있는지를 아는 문제에 특별나게 익숙했을 것이라고 생각해 보는 것은 흥미로운 일이다. 그리고 분석가가 자기 통제를 보여주었던 K씨의 사례에서처럼, Schulman(1988)은 특정한 방식으로 환자와 관계하기는 중대한 영향을 미칠 수 있음을 지적하였다. Fleming의 경우에는, 분석가가 주말 동안 환자에 대해 염려하고 그래서 그를 생각할 수 있음을 보여주었다. 위에 인용한 글에 대해 마지막으로 짧게 논평하자면, 환자가 자신의 질투에 대해 언급한 것은 단지 대상항상성에서 결함이 존재하기 때문에, 갈등과 오이디푸스기적 소망들과 관련된 주제들이 없지 않음을 상기시켜준다.

나는 Fleming이 보여준 치료 기법의 수정을 하나 더 소개하고, 그런 다음 그녀가 했던 총평의 일부로 마무리하고자 한다.

정신분석 상황에서 메시지는 대개 목소리를 통해 전달된다.... 어떤 환자들은 시각적 접촉을 필요로 하기도 한다. 이것은 Frank와 함께 우연히 시작한 행동의 패턴에서 입증된 것이다. 분석 시간의 막바지에, 그는 카우치 가장자리에 앉아 잠시 동안 내 눈을 바라보곤 했다. 처음에는 직관적으로 그의 응시에 답하는 차원에서 한두 마디 건네곤 하였다. 가끔 이렇게 주고받는 것은 몇 분 동안 지속되었다. 환자가 더욱 뚜렷하고 온전하게 느끼는 것에 대해 이야기할 때, 나는 그것이 누군가의 얼굴을 들여다보는 것에 Southwood(1973)와 Winnicott(1967)가 부여한 중요성을 갖고 있음을 깨닫기 시작했다. 환자가 말하기를, "저는 저 자신에 대해 다르게 느끼고 있습니다.... 스스로에 대해 책임을 지고 저의 욕구에 따라 선택을 할 수 있지요. 외로움이나 공허감을 느끼지 않으려고 누군가의 공간을 채울 필요는 없습니다." 이후에도 여전히 분석에서, Frank는 이런 순간들과 연관된 좋은 감정과, 그 당시 일어나고 있는 일들을 내가 해석하지 않아서 얼마나 좋았는지에 대해 얘기하였다[pp. 754-755]. [이런 전반적인 대화는 앞에서 했던 Frank에 대한 언급과 연결된 듯하였다: 제가 스스로에 대해 어떻게 느끼고 있는지 알려면, 선생님이 저와 함께 있어 주는 것이 필요합니다"(p. 754). 이것에 대해 Fleming은 다음과 같이 계속해서 논의하였다.] 환자와 나는 작업동맹에 해당하는 대상항상성과 공생의 개념과 관련된 현상들을 관찰할 수 있었다. 하지만 우리는 대상의 반응들이 긍정적인 자아 존중감을 지닌 자아상을 구축하는 경험들의 중요한 구성요소가 되는 방식도 볼 수 있었다. 효과적인 대상항상성이 분석 상황에서 재구성되었지만, 추가적으로 구조를 구축하는 일이 있었다. 대상의 내면화된 이미지는 방어적이고 지난 일을 떠올리게 하는 기억(protective evocative memory)을 조직하는 데 관련되었다. 이 대상과의 작업동맹의 발달은 안전을 위한 토대의 역할을 하는데, 이 토대로부터 자기 분화와 자아상의 조직이 이전에 있었던 것보다 더 큰 자기감과 자신감 그리고 자기 가치감과 함께 발달하였다. 지속적인 부적절감과 외부의 관여에 대한 취약함으로 인해, 환자는 자신의 부적절함(때로는 실제로 그렇고, 때로는 그렇지 않음)과 "형편없음" 때문에 버림받을지도 모른다고 걱정하는 상태에 놓이게 되었다. 형편없음의 공포와 관련된 전이 요소들은 환자의 분노와, 뒤이어 자기 존중의 욕구가 좌절됨에 따른 적대적이고 공격적인 반응에 의해 강화되었다.(pp. 756-757)

그래서, 다시 한 번 환자가 자신의 "형편없음"에서 분노의 변형을 겪으면서, 갈등이 드러나고 이것에 대한 작업이 진행된다. 그러나 Fleming의 주요 요점은, 환자가 카우치의 가장자리에 앉아 있을 때 면대면 접촉이 분석가의 내적 이미지를 공고화하는 일에 추가적인 역할을 할 뿐만 아니라, 그 이미지 자체와 이미지를 내면에 품을 수 있는 환자의 능력은 그에게는 경계를 형성하고 (다른 말로는 분화하고) 자존감을 세우는 일이다.

그래서 우리가 여기서 대상항상성 그리고 그와 관련된 능력들에서 발견되는 결함에 대해 반응하고, 전반적인 분석의 맥락에서 치료 기법을 조금 수정함으로써 이 일을 시도하려는 것이다. 이런 노력은 치료 과정 중에 종종 자연스럽게 만들어진다. 나는 자연스러움(spontaneity)을 강조하고자 한다. 예를 들어, Fleming은 실패한 대상항상성에 대한 작업을 진행하기 위해 환자가 회기 후 상담실을 떠나기 전에 카우치에 앉아 그녀를 쳐다보는 행위를 사용하였다. 그녀는 어떤 전략과 일련의 기술들을 사용하지 않고, 여느 분석에서처럼 환자가 보여주는 연상과 행동들에 반응하였다. K씨에 대한 나의 분석 작업이 정확히 동일한 것이었다.

나는 Fleming의 저술에 있는 마지막 글을 인용하면서 이 사례를 마무리하고자 한다.

> 어린 시절에 필요로 했던 대상의 죽음으로 인해서 발달이 정체된 상태에 있는 성인들과의 경험은 분석을 치료적 접근으로 선택하게 한다. 정신분석의 구조와 일관성을 통해서 치료적 상황은 환자와 분석가 모두에게 안전감을 제공한다. 그리고 만약 분석가가

정신분석 과정을, 특히 이탈했던 자기-대상관계를 원래의 궤도에 올리는 부분에서 발달과정에 필적할 만한 것으로 생각한다면, 정신분석적 치료는 가장 값진 일이 될 것이다. (p. 756)

불안을 담아주기에서의 문제

내가 논의하려는 마지막 사례는 Bornstein(1949)이 발표했던 "Frankie"에 대한 분석이다. 이 사례는 아동 분석가들에게 잘 알려져 있으며, 오랫동안 수많은 아동 분석 세미나에서 인용되었다. 그 이유는 매우 존경받는 임상가인 Bornstein이 분석 작업과 치료 과정에서 (각 단계에서의 선택과 선택의 이유를 보여주는) 추론 과정을 매우 자세하게 기술했기 때문이다. 그녀는 Frankie의 심한 불안에 세심한 주의를 기울이면서, 분석과정에서 시기 선택과 순발력 있는 결정이 어떻게 환자의 불안에 영향을 주는지 분명히 보여주었다. 여전히 Bornstein은 그녀가 활동했던 당시에 사용할 수 있었던 개념과 가정들로 인해서 한계를 가지고 있었다. 그녀는 사실 심한 불안이 있는 아동에 대한 치료적 접근이 특별히 수정이 요구됨에도 불구하고, 신경증적 아동을 위한 치료 방안을 가지고 Frankie와 작업을 하였다. 나는 오늘날 임상가들이 더 심각한 장애의 관점에서 훨씬 더 쉽게 생각할 것이라고 믿으며, Bornstein이 보고한 분석과정 자체는 더 심각한 병리를 보여주고 있다. Frankie는 분석 작업의 각 단계에서 해석을 제공하면 증상 하나가 사라졌지만 다른 증상이 나타났다. 그리고 분석 작업이 진행되면서 심리내적 삶이 심한 불안정 상태에 머물러 있거나 심지어 악화되는 경향을 보였다. 분석 후반에는, 전능 환상의 출현과 가정생활에 지장을 주고 분석에 위험이 될 정도로 환상이 미치는 전반적인 영향력 때문에 실제로 입원

치료를 받아야 할 지경에 이르렀다. 하지만 얼마 지나지 않아 전능 환상이 빠른 속도로 줄어들었으며 놀랄 정도로 급속하게 (약간은 받아들이기 어려운) 종결단계로 나아가게 되었다.

나는 이 사례를 하나의 중심이 되는 방식으로 재개념화하고자 한다. 즉, 긴장과 불안을 통제하는 능력에 깊숙이 자리잡고 있는 결함이 급증하는 증상의 기저를 이루고 있다고 제안하는 바이다. 이 결함은 이미 생후 첫 반년 동안 밤 시간에 Frankie의 달랠 수 없는 울음에서 명확하게 보였다(혹은 결함이 그 울음에서 시작되었을 것이다). 분석의 전 과정에 걸쳐 높은 수준의 불안이 때때로 명백하게 나타났다. 이런 상황에서, 전반적인 불안 수준을 줄이려는 다른 비해석적 개입들이 해석 작업에 수반되는지 또는 선행되는지에 대해 질문이 생길 수 있다.

나는 독자들이 이 사례에 대한 나의 의견을 충분히 이해할 수 있도록 노력할 것이다. 하지만 Bornstein의 최초 보고서를 완벽하게 소화한다면, 이 사례를 더 확실하게 이해할 수 있다. 나는 많은 독자들이 이 사례에 친숙할 것이고 어떤 독자들은 이후에 Bornstein의 보고서를 읽어보고 싶을 수 있을 것이라고 믿는다. 아래의 내용은 Bornstein(1949)의 글에서 인용한 것이다.

뛰어난 지능과 배우려는 열정을 가진 5세 반의 남자아이 Frankie가 심각한 학교 공포증 때문에 분석을 받으러 왔다. 그는 엄마나 보모가 눈에 보이지 않으면 공포에 휩싸였다[p. 181]. 그의 개인사는 다음과 같다: 정상적인 분만을 통해 태어났으며 건강한 아이였다. 하지만 엄마가 처음으로 아이를 팔로 안는 순간, 아이와 떨어진 듯한 느낌을 경험하였다. 조그마한 아이의 울음소리는 엄마에게 묘하고 이상한 느낌을 안겨주었다. 그녀는 둘째 아이인

딸에 대해서는 상당히 다르게 느꼈다[p. 182]. [이런 현상의 배경을 설명해 주는 엄마에 대한 몇 가지 역사적 내용이 뒤따랐다.] 엄마는 Frankie가 최초로 보인 불안 증세인 지속적인 소리 지르기와 우는 행동을 이해할 수 없었다. 그녀는 병원에서 제공된 만족스럽지 못한 이유식이 그런 반응을 일으켰다고 확신하였다. 이유식의 시간 간격이 줄어들자마자 소리 지르기의 강도와 빈도는 감소하였다. 젖병을 사용하여 이유식을 먹였으며 먹는 것에 욕심을 보였던 것으로 묘사되었다. 야간 이유식은 대단히 오랫동안 계속되었고, 다섯 달 반에 새벽 2시에 주는 이유식을 중단했을 때 아이는 다시 욕구불만을 겉으로 드러냈다. 여러 달 동안 이 시간이 되면 계속해서 소리를 질렀다. 아이의 울음과 소리 지르기가 유난히 격렬했었는지, 아니면 부모가 지나치게 민감해서 그렇게 보였는지는 확인할 수 없었다. 사실 부모는 아이가 소리 지르는 것을 예측하고 있었기 때문에 잠을 잘 수 없었다. Frankie가 2세였을 때, 밤에 그를 재우기가 유난히 어려워졌다. 주기적으로 잠자기 전 한 시간 동안 그리고 밤에 깨기만 하면 소리를 질렀다. 아이가 4살 반이 되었을 때, 세 번째 소리를 지르는 기간이 있었지만 보모가 벌을 주겠다고 위협한 이후에야 중단되었다.(pp. 182-183)

여기서 이미, 우리는 매우 초기에 발생하는 일부 장애의 측면에서 Frankie를 생각해 볼만한 기본적인 지식을 갖고 있다. 첫 번째 고려사항은 "학교 공포증"이라는 호소문제 자체이다. 요즘에는 학교 공포증을 더 구체적인 공포증들과 구별하기 위해, 흔히 "등교 거부"라는 용어를 사용한다. 등교 거부는 주로 (개, 천둥 등과 같은 것들에 대한) 공포증에서 발견되는 억압되고 전치된 두려움보다는 발달상 매우 초기에 경험한 분리 문제와 관련이 있는 것 같다. 두 번째 고려할 것은 달랠 수 없었던 초기의 소리 지르기이다. Chethik(1984)은 경계선 문제를 가진 아동들에 대한 연구에서, 종종 부모가 경감시킬 수 없었던 초기 질병이나 고통과 관련하여 달랠 수 없는 기간이 있었음을 밝히고 있다. 이전에 (Pine, 1986a) 나는 그런 초기의 "압도됨"의 상태가 이후에 경계선 환자가 된 사람들(그리고 Frankie와는 달라 보이지 않는 사람들)에게 상당히 만연해 있음을 제안하였으며, 압도된 상태의 결과들을 보여주려고 했다. 경계선 아동들에 대한 문헌들(예를 들어, Rosenfeld와 Sprince, 1963)은 그들에게 신호불안이 발달하지 못했음에 주목하고 있다. Bornstein(1949, p. 182)은 Frankie에게 보였던 엄마의 냉담함을 언급하면서, 이 냉담함이 문제의 원인을 제공했을 거라고 추측하였다. 하지만 나는 자폐아동을 둔 냉담한 엄마에 대한 Leo Kanner(1942)의 초기 견해를 떠올렸다. 두 사례에서, 우리는 엄마의 반응이 달랠 수 없는 아이에 대한 그녀의 자기 보호적인 행위일 수 있음을 고려해야 한다.

나는 Frankie에게 (초기의 소리를 지르는 사건들에 나타났거나 그로 인해 유발된) 긴장을 통제할 수 있는 능력이 없었음을 제안하고자 한다. 이런 무능력은 일부 내재적인 욕동 압력, 낮은 임계치, 부모 대상의 실패 또는 자극 과부하를 높이는 질병이나 고통 등과 같이 다른 요인들에 의해 유발될 수 있는데, 그로 인해 환자는 여전히 심각한 불안 경향을 보인다. 분석 전과 분석 과정 중에 환자가 보였던 일련의 증상들과, 종종 치료 중에 지속된 심한 불안과 분노의 측면에서 보면, 그의 증상들은 심리내면에 존재하는 다양한 욕동/방어/양심의 압력들 사이에 일어난 타협형성을 보여준다는 일반적인 가설을 넘어, 적어도 두 개의 부수적인 가설을 고려해야만 하는 임상적 주의가 요구된다.

욕동, 자아, 대상 그리고 자기

첫 번째 가설은 더 평이한 면을 가리키는데, 심각한 불안 성향은 새로운 증상들을 만들어내는 경향의 기저를 이루고 있다는 것이다. 그래서 환자는 성공적인 해결책을 찾는 데 덜 능숙하고 더 많은 증상을 만들어내는 일반적인 취약성인 하나의 장애를 가지고 인생을 시작한 것으로 보인다. 두 번째 가설은 추가적이고 더 강한 특징이 있는데, 그것은 타협형성에 덧붙여, 해석에 대한 그의 반응이 그랬듯이, 환자의 증상들은 심한 불안을 통제하려는 절박한 시도라는 것이다. 이것을 분석 자체의 기본구조로 가져와서, 나는 해석에 대한 환자의 수용성이 항상 해석의 정확성을 증명해주지 않으며 환자의 지속되는 불안에 대한, "설명," 곧 그 "의미"를 찾으려는 절박한 시도일 수 있음을 제안하는 것이다(결국 우리는 Bornstein이 제시한 해석을 통해서만 환자의 증상을 이해하게 된다). 이런 것들은 양자택일의 문제가 아니다. 지금 내가 증상 형성이 임의적이고 심리적인 결정론을 벗어난다고 제안하는 것은 아니다. 내가 제안하는 바는, 불안에 대한 초기 경향성과 설명에 대한 수용성이라는 과정 변인도 전체적인 상황에서 영향을 미치는 요인들로 작용해 왔을 것이라는 점이다. 여기에서 설명은 불안 통제에 도움이 되고 불안의 이유를 잘 설명해 줄 수 있는 모든 설명을 가리킨다. 물론 나는 Bornstein의 Frankie에 대한 분석을 다룬 보고서 전체에 대한 지식을 가지고 이 모든 말을 하고 있다. 내가 아직 요약하지 않은 그 보고서에는 특히 급증하는 증상들과 거의 최악의 상태인 현실 검증의 상실이 포함되어 있다. 하지만 이 두 현상 때문에 공포증을 가진 신경증 아동이 되었던 것으로 보이지 않는다.

Bornstein은 계속해서 분석의 초반에 대해 기술하였다. 그녀는 효과적인 분석이 이루어지려면 Frankie가 현실 갈등을 겪을 수 있는 준비기가 필요하다고 느꼈다. 이 갈등에서 그는 학교 공포증이 다니고 싶었던 학교를 빼앗아버린 것처럼 느꼈을 것이다. 그런 다음 그녀는 어떻게 이 일이 이뤄졌는지에 대해 기술하였다: "확실히, Frankie는 그의 공포증이 보여주듯이, 이미 내적 갈등으로 고통 받고 있었다"(p. 184). 나는 정말 많은 내적 갈등이 존재하고 있음을 의심하진 않지만, Bornstein은 당시에 사용할 수 있었던 가정들에 따라 분석 작업을 진행하였다. 학교 공포증은 공포의 한 종류로서, 무의식적 갈등과 전치와 관련이 있었다. 일반적으로 이것은 욕동-방어 갈등을 의미하였다. 분석가는 명백하게 소리 지르기가 있었던 더 이른 초기의 기간에 관심을 가질 것이 아니라, 초기의 분리 문제들이 연루된 다소 다른 종류의 갈등을 염두에 두어야 한다. 학교 공포증은 결국 엄마와의 분리를 거부하는 심리적 증상이다. 아래에 소개된 분석의 시작에 대한 Bornstein의 요점이 나의 주장과 일치됨을 말해준다.

> 첫 회기 동안에 있었던 Frankie의 극적인 놀이는, 성인분석에서 최초의 꿈이 종종 신경증의 핵심으로 안내하듯이, 그가 겪고 있는 갈등 속으로 곧장 들어가게 했다. 그는 놀이를 통해서 즉시 **공포증으로 이어졌던 경험들을 보여주었고, 나는 그 증상의 의미를 알게 되었다.** [Frankie가 3년 3개월이 되었을 때, 엄마가 여동생을 출산하였다.] 그는 "여성동," "신생아동," "남성동"으로 구분된 병원을 만들면서 첫 회기를 시작했다. 로비에는 네 살 난 외로운 남자아이 한 명이 높이가 위로 조절된 의자 위에 홀로 앉아 있었다. (pp. 184–185).

여기에서부터, Bornstein은 계속해서 회기를 한층 더 깊게 묘사하고 있다. 이 회기는 집을 떠나 동생을 낳은 엄마의 "충실하지 못함," 소년의 슬픔 그리고 (높이가 위로 조절된 의자가 상징하는) 방어적인 과대함(defensive grandiosity)에 초점을 두었다. 이 모든 것이 확실히 간단명료해 보이지만, 내가 생각하기에는 "공포증으로 이어진 경험들"로 과장해서 기술되었다. Bornstein은 접촉과 위로를 받고자 소리를 질렀던 모든 초기의, 취약한 시기들을 빠뜨린 것 같다. 사례 보고의 마지막 부분에 가서야, 입원의 위협이 있고 난 후에 Bornstein은 실질적으로 더 이른 시기와 관련된 내용을 소개하였다.

> [Frankie의 현실적인 전능 신념을 초기 유아 시절에 경험한 무기력을 역전시키려는 소망에 대한] 해석 중에서, 원하는 것들을 들어주지 않았을 때 울고불고하는 행동과 배고픔이 즉시 충족되지 않았을 때 소리 지르기와 분노 사이에 유사점이 있다는 해석은 그에게 가장 큰 절망을 안겨주었다. 여기서 우리는 아마도 아이가 엄마의 젖과 애정을 갈구하며 몇 시간 동안 소리를 질렀던 시기에 경험한 "원초적 외상(primal trauma)"을 다루었다. 독자들이 기억하고 있듯이, 아이가 5개월이 되었을 무렵 야간 이유식을 중단했을 때 이런 일이 일어났다. (p. 217)

Frankie가 잘못된 불안 통제와 신경증 범위를 넘어서는 병리를 지속적으로 보인 것은 Bornstein이 분석과정을 기술하면서 진술한 다양한 독백에 반영되어 있다. 그녀는 다음과 같이 기술하였다: "아이가 귀를 막지 않고 분석가가 하는 말을 참고 견딜 준비가 되었다면, 문제의 존재를 인정하는 첫걸음을 내딛고 있음을 보여주는 것이다.... 아동은 본능적인 요구들에 휩싸일 때 훨씬 더 큰 위험에 처해 있다"(pp. 198–

199). 그리고 나중에 말하기를, "여기서 분석가는 [Frankie가] 자신의 행동에서 보여준 절박감이 단순한 이론 이상의 것, 즉 말로 표현할 수 없었던 과거의 경험을 보여주려는 시도였음을 인식했어야만 했다. 그런 정서적 절박함은 우리가 환상이 아닌 현실 경험과, 더 나아가 아마도 언어사용이 가능하기 전에 있었던 경험의 영향을 다루고 있다는 임상적 징후처럼 보인다"(p. 202). 이후에 Frankie가 두 명의 죄수가 탈출했다는 얘기를 들은 후에 진행된 회기와 납치자들에 대한 공포에 휩싸였던 기간 동안, "환자가 보인 최초의 반응은 더 이상 분석가를 보지 않으려는 것이었다. 하지만 다음 날 아빠는 아들의 생각은 무시하고 억지로 진료실에 데려왔다. 아이는 분석가를 보자마자 막무가내로 행동하고 눈물을 터트리고 분석가를 공격했는데, 심지어 목을 조르려 했으며 분석가의 시골집에 불을 지르겠다고 위협하였다"(p. 231). 이런식의 불안 통제는 확실히 바람직하지 않은 반응이다.

논의를 마무리하는 차원에서 나는 이 분석과정의 일부를 개략적으로 기술하고자 한다. 내가 이 길고 방대한 사례를 적절하게 요약할 수 있는 방법은 없다고 본다. 분석의 초기에는 학교 공포증에 초점을 맞추었다. 적대감의 출현과 마찬가지로, 거절당한 아이의 슬픔이 등장하여 증상으로 나타났다. 엄마에게 돌아갈 길을 찾지 못한다는 공포는 엄마가 사라졌으면 좋겠다는 분노어린 소원과 나란히 평형을 이루고 있었다. 엄마에 대한 적대감이 줄어들면서 학교 공포증이 감소하였고, "치료의 전오이디푸스기적 기간"(p. 190)-엄마에게 지향된 기간-이 얼마 동안 지속되었다. 그런 다음 부모의 성관계에 대한 환상과 공포, 오이디푸스기적 소원, 거세공포 그리고 월경에 대한 불안을 초래한 환자의 불면증에 초점을 맞추었다. 바로 이 기간 동안 전능 환상이 처음

욕동, 자아, 대상 그리고 자기

으로 등장하였다: 그는 신이었다(후에 그가 원하는 것이라면 무엇이든지 볼 수 있게 하는 텔레비전 장치를 가지게 되었다). 이 시점에서 불면증을 초래한 심리적 현상들은 환자의 성적 호기심을 만족시키는 역할을 하는 것으로 이해되었다. 이런 환상들이 다른 맥락에서 재등장하기 전에, (거세와 임신 환상들과 연결된) 오줌 참기와 (환자의 모든 갈등을 대표하는) 승강기 공포에 대해 상당한 작업이 이루어졌다. 납치를 당하는 것에 대한 공포, 보다 근본적으로 수동성에 대한 공포는 주요 병리적 생성물에서 절정에 이르렀다: 환자를 상징하는 생성물은 전능한 "King Boo Boo"*였다. 이것은 현실 검증 능력이 와해된 것처럼 보였으며 (무서워했던 분리인) 입원치료를 해야 한다는 위협이 되었다. 하지만 이 위협만이 전능 환상을 버릴 수 있게 하였다. 사실 이 위협은 환자가 네 살 반이었을 때 보모의 위협으로 밤에 울던 일을 포기했던 경험을 반복한 것이다. 이런 결과는 확실히 우리에게 의문의 여지를 남긴다.

이런 분석 과정을 고려하면서, 나는 이 아동을 바라보는 최상의 방법뿐만 아니라 치료 기법에 대한 질문(즉, 불안 통제 능력에서의 결함에 대한 질문)을 하게 된다. 어떤 사람들은, 치료적 재능과 개입시기에 대한 Bornstein의 분명한 관심에도 불구하고, 전체적인 분석이 Frankie의 인지적 숙달에 도움을 주었지만 동시에 지나치게 자극적인 면이 있었을 수도 있다는 의구심을 가질 수 있다. 또한 사람들이 이 특별한 사례의 세부사항들에 맞춘 달래주거나 "안아주는" 상호작용의 어떤 형태가 분석 전 오랜 기간 혹은 초기의 분석 작업과 조합되었을

---

* 역자 주: 일본 만화에 등장하는 다소 귀엽게 보이는 괴물들의 리더.

때 유익하지 않았을 것이라고 생각할 수 있다(그런 상호작용은 K씨와 Fleming의 환자에게도 일어났지만 자연스러운 기회에 맞물린 것이었다). 또 다른 영역에서 Kohut(1972)은 "자기애적 분노"가 (단지 자기애적 굴욕의 증가와 함께 다시금 분노를 유발하는) 해석을 통한 직접적인 직면이 아니라, 자기가 덜 취약할 때 자기애적 분노가 저절로 사라지는 맥락에서 생겨나는 더 큰 자아 존중감이 서서히 발달하는 과정에서 감소한다고 제안하였다. Frankie의 증상들이 해석을 통한 직접적인 시도가 아니라, 불안 통제의 핵심 문제에 접근하는 노력을 통해 감소될 수 있었을까? 만약 그렇다면, 이것은 "분석이 아닌" 것으로 여겨질 수 있다. 하지만 그런 노력은 (1) 환자에게는 적절한 것일 수 있고; (2) 이후의 분석을 촉진할 수도 있으며; (3) K씨에 대한 나의 치료 사례와 Fleming의 사례와 같이, 분석과 밀접하게 함께 갈 수도 있다. 이 분석이 확실히 당시에 사용할 수 있었던 개념적 도구들을 가지고 분석 작업에 임한 아주 특별히 존경을 받았던 임상가인 Bornstein에 의해 이루어졌음에도 불구하고, 그 과정과 결과가 완전히 만족스러운 것은 아니다.

요약

이 장에서 나는 자아 결함에 대해 발달적으로 그리고 임상적으로 도출해 낸 개념을 제시하고자 하였다. 그런 결함들은 불안 유지, 충동 지연과 통제 그리고 대상항상성과 같은 적응 기능의 핵심 도구들을 구성함에 있어서 발달상의 실패 혹은 일탈(aberrations)을 보여주는 것이다. 나는 결함 대 갈등이라는 이분법적 사고가 유익하지 않음을 제안

욕동, 자아, 대상 그리고 자기

하였다. 갈등은 결함으로 이어질 수도 있고, 결함으로 나타나거나 아니면 그 결함 위에 놓여질 수 있거나 혹은 결함과 공존할 수도 있다. 하지만 적어도 내가 여기에서 옹호하는 바와 같이, 결함에 대한 개념화를 하게 되면, 분석가는 구체적으로 결함 조건을 바꾸는 데 적합한 치료 기법의 변화를 시도할 수 있다. 나는 예시를 통해 그러한 작업을 볼 수 있도록 하였다.

보다 넓게는, 나는 이 장과 앞 장을 결합하여, 오이디푸스기 병리 이외의 것들에 대해 전오이디푸스기 병리 개념으로 포착하는 것보다 더 차별화된 견해를 보여주고자 했다. 초기 그리고 어쩌면 이후의 어느 시기에, 욕동, 자아, 대상 그리고 자기와 관련된 장애들은 각 용어들을 이용한 개념화를 가능하게 하고, 이것은 보다 구체적인 임상적 개념화와 치료적 개입을 위한 능력을 향상시켜줄 수 있다.

CHAPTER **11**

유아 연구, 공생 단계와 임상 작업: 개념에 대한 사례 연구

1980년 포르투갈에서 개최된 제1회 세계 유아 정신건강의학 대회에서, Erik Erikson과 Margaret Mahler가 전체 프로그램에 대한 마무리 논평을 위해 초대받았다. 이 모임에서 발표된 유아의 인지 능력에 대한 모든 연구와, 건강한 유아의 적응과 학습에 대한 일반적인 의견을 듣고 난 다음, Erikson(1980)은 엉뚱하면서도 불평 섞인 목소리로 "구강기에 도대체 무슨 일이 일어난 걸까요?"라고 질문하면서 논평을 시작했다. 나는 잠시 후 이번 장에서 나의 논지에 대한 도입을 통해 그 질문을 추적해 보고자 한다. 유아의 인지와 분화된 관계성에 대한 연구는 우리에게 구강기가 존재하지 않음을 가르쳐 주었는가? 확실히 우리가 이전에 보았던 구강기가 아니다. 상황이 훨씬 더 복잡해서, 우리는 내가 단계(phase)에 대해 새롭게 정의한 개념을 필요로 하는데, 이 개념에 대해서는 이후에 다룰 것이다. 그래서 유아 연구는 초기 구강성(orality)이 대단히 중요한 것은 아니며, 그로 인해 우리가 임상 작업에서 그것을 무시해도 된다고 우리에게 가르쳐 왔는가? 확실히 그렇지 않다; 그리고 연구자들이 그런 주장을 하지 않는다.

이번 장에서 그리고 급증하고 있는 동일한 유아 연구 문헌을 고려하여, 나는 Erikson의 질문에 필적하는 한 질문에 초점을 맞추고 싶다: "공생 단계에서 무슨 일이 일어나고 있는가?" 나는 공생에 대한 비평을 점검하고, 유아기에서의 **공생**이 가리키는 대상들을 탐색하고, "단계"로써 공생의 지위를 살펴보며, 임상 작업과 유아의 경험에서 나타나는 공생 현상들의 지속적인 관련성을 강조하고자 한다. **공생**이 지금은 익숙한 용어이기 때문에 사용하지만, 나는 융합 현상 혹은 미분화나 무경계성에 대한 구체적인 내용을 다룰 때 사용한다. 공생은 유아의 경험에 대해 무언가를 말하기 위해서 Mahler와 동료들(1975)이 의도적으로 만든 개념이다; 그리고 문제는 유아의 지각과 인지 기능에 대한 새로운 이해에 비추어, 그 경험에 대한 우리의 개념을 어떻게 수정해야 할 것인지에 대한 것이다. 하지만 공생은 어쨌든 유아에 대하여 기술할 목적으로만 만들어진 개념이 아니다. 오히려 그것은 유아기 이후의 삶─아동기, 청소년기와 성인기─의 정상적인 그리고 병리적인 현상들의 가능한 기원들에 대한 우리의 이해를 돕도록 의도된 것이다. 정신분석은 전통적으로 그런 현상들을 더 이른 시기의 징후들, 즉 그것들이 정상적인 발달의 보편적인 특성일 수도 있는 시기까지 추적함으로써 그것들의 뿌리들을 이해하고자 노력한다; 따라서 유아에게 그런 현상들이 존재하는 것에 대한 질문은 어느 정도 중요한 것이다.

내가 언급하고 있는 [유아기] 이후에 펼쳐지는 삶의 현상들은 무엇인가? 그것들은 크게 네 가지 종류로 구분된다: (1) 소멸(dissolution)

에 대해 엄습해오는 극심한 공포에 휩싸인 경험들(경계의 상실); (2)
(불안이 동반될 수도 있고 아닐 수도 있는) 융합에 대한 망상적 사고들
(이것은 사실 더없이 행복한 것일 수도 있다); (3) ("하나됨"과 대조되
는) 분리에 대한 극심한 불안; 그리고 (4) (경계 상실을 경험하지 않는)
융합에 대한 갈망들. 이런 현상들은 각각 강도, 기간, 분열성 그리고
구체적인 내용에 있어서 넓은 범위에 걸쳐 다양하다. 만약 우리가 가
장 이른 유아기 현상들의 기원이라는 관점에서 네 종류의 현상들을 이
해하고자 한다면, 다음 질문에 직면할 수밖에 없다: 융합에 대한 정상
적인 유아기의 경험들은 유아가 보여주는 인지 능력들과 양립할 수 없
는가? 나는 그렇지 않다고 생각하며, 그래서 나는 이 책의 전반적인 주
제—심리내적 삶이 다르게 조직되는 다른 순간들—를 활용하여 [양립
할 수 있다는] 점을 주장할 것이다.

현재 일부 유아 연구자들과 이론가들은 다른 생각을 갖고 있다. 최
근 몇 년 동안, 실험 연구는 유아의 인상적인 인지와 관계 능력들을 강
력하게 보여주고 있다(보다 초기의 요약은 Stone과 동료들의 1973년
연구를 참조하라). 이것은 [정신분석] 문헌에 공헌한 여러 학자들이
(Peterfreund, 1978; Gaensbauer, 1982; Horner, 1985; Stern, 1985)
공생 단계 개념은 더 이상 옹호될 수 없다고 주장하는 데까지 이르렀
다. 그 주장은 간단하다: 유아가 엄마-유아의 경계를 의식하지 못하며
자신이 단지 엄마와 융합되어 있거나 미분화된 것으로 경험한다는 생
각은 유아의 지각과 기억 장치들의 기능에 관한 연구 결과들과 양립하
지 않는다. 그리고 더욱이 주 양육자에 대한 애착의 구체성을 보여주
는 많은 초기의 징후들(즉, 다른 사람들과 비교되는 엄마와 관련된 행
동의 구체성)이 있기 때문에, 우리는 유아의 분화된 기능의 추가적인

징후를 가지고 있다.

이런 주장들은 설득력이 있다. 나는 유아의 기능에 대한 더 완전한 그림이라고 믿고 있는 것을 보존하고, 이 완전한 그림 속에서 임상 작업을 위한 설명 가능성의 일부를 유지하기 위해, 이 주장들에 반응하고자 한다. 그러나 특별히, 나는 발달과 임상 작업 모두의 특정 순간들(moments)과 네 가지 심리학적 접근의 힘이라고 믿고 있는 바를 입증하는 차원에서 이 주장들에 반응할 것이다. 상대적으로 정교해진 기능이 어떤 순간에 자아 영역에 존재한다는 사실은 유아의 하루 생활 중 다른 순간에 다른 영역에서 벌어지고 있는 것에 대해서는 아무것도 알려주지 않는다.

공생 현상, 유아 연구 그리고 임상 작업

나는 다시 한번 장님들과 코끼리에 대한 익숙한 이야기를 언급하면서 시작하고자 한다. 장님들은 제각기 다른 부분을 만지고 나서, 코끼리를 다르게 묘사한다. 사실 그들은 우연히 자신들의 경험의 전부가 되어버린 경험의 한 조각에 대해서만 보고하고 있다.

인간에 대한 우리의 많은 견해들이 그렇듯이, 정신분석가들과 유아 연구자들의 견해들도 마찬가지이다. 그래서 Freud는 [연구의] 초반부터 성을 연구하는 과정에서 그 중심적 역할을 알게 되었다. Winnicott도 초기의 자기를 형성해 내는 친밀한 엄마-유아의 상호작용을 관찰하고 확인하였다. Mahler는 그녀가 공생이라고 부른 것을 관찰하여 알게 되었다; 그리고 Kohut은, 한참 후에, 다른 관점에서 자기의 현상들을 관찰하고 그 존재를 알게 되었다. 나는 이 사람들 각자가 정말 거기에 있는 어떤 것을 보았다고 믿는다. 그리고 그들 각자가 본 것을 보는 것이 우리의 관심사에 있다. 그들은 그 당시의 문화적 측면들과 개인사의 특유한 측면들 때문에, 그들이 관찰한 독특한 것들을 볼 수 있었다. 문화와 관련해서, 19세기 후반 억압적인 비엔나에서, 성이라는 주제는 Freud가 활동했던 중상류층의 문화에서 갈등을 일으킬 가능성이 매우 높았다는 사실은 세월이 지난 시점에서 보면 우리에게 분명해 보인다. 그래서 Freud가 환자들의 연상들을 듣게 되었을 때, 성이라는 주제는 그에게 두드러지게 다가왔다. 그리고 Freud의 죽음과 미국에서 있었던 삶에 대한 상대적 반권위주의로 인하여 정신분석학계 내에서 Mahler, Kohut 그리고 다른 임상가들의 견해들과 같은, 새롭고 독창적이며 상대적으로 인습을 타파하는 견해들에 대해서 더 수용적인 문화가 형성되었다. 개인적인 성향도 한 몫을 하고 있다. 한 이론가가 기술한 현상들은 그 자신의 기능에서 중요한 역할을 하고, 다른 사람들에게 있는 그런 현상들에 대한 고도의 조율로 이어질 수 있다. 그래서 성과 갈등이라는 현상은 Freud의 자기분석에서 분명히 중심적인 위치에 있었고, 이것은 그의 견해의 초기 발달에 긴밀하게 영향을 끼쳤다. 한 개인이 자신의 민감성과 어쩌면 취약성을 가지고 이후에 우리가 작업할 수 있는 무엇인가를 우리 모두에게 제공해주는 창조적인 결과물로 탈바꿈시켰던 일은 엄청난 업적이다.

그래서, 다시 Erikson의 불평 섞인 엉뚱한 질문인, "도대체 구강기에 무슨 일이 있었던 거죠?"로 돌아가 보자. 인지 연구자들은, 적어도 그들의 연구 보고들을 살펴보면, 어떤 구강기도 보지 못한 것 같다. 나는 그들 모두가 구강기의 타당성에 반대하고 있다고 말하고 싶진 않다; 구강기는 단지 그들의 연구목적에서 중심이 되지 않을 뿐이다. 인지

연구자들은 그들이 "접촉하는" 유아의 부분[인지]에서 구강기를 "보지" 않는다. 반면에, Freud는 성인 환자들의 자유연상이라는 유리한 관점에서 (물론 유아 행동에 대한 그의 전반적인 지식의 맥락에서) 구강기를 "보았다." 다른 한편으로, Erikson(1950)은 유아의 **인지** 기능 자체의 측면에서 구강기를 알아보았다; 예를 들어 그는 어떻게 유아가 두 눈으로 세상을 받아들이는지를 강조하였다. Erikson의 의도는 자신이 구강기 **양식**이라고 부르는 것이 입뿐만 아니라 유아의 전반적인 수동적이고 수용적인 태도—예를 들어, 유아의 지각 장치들의 수동적 수용성—에도 적용된다는 점을 보여주는 것이었다.

나는 비슷하게 공생 단계의 예를 들어보고자 한다. Mahler(1968)는 그녀가 공생으로 지칭했던 것을 특정 정신증 아동들에게서 보았다고 느꼈고, 초기 유아기 공생적 정신증의 증상을 기술하였다. 이후에 그녀는 정상적인 아동에게서 그런 공생적 현상의 기원들과 변형들을 탐색하였다. 초반에 그녀는 이런 현상들이 존재한다는 것을 대략적으로 가정했으며 어떻게 개인이 그런 현상을 넘어서 발달해가는지—다시 말해, 그녀에 의해 개념화된 대로 공생적 정신증 아동들에게 나타나는 정상궤도를 이탈한 발달—에 대한 연구에 착수하였다. 대략적으로 말하자면, 그녀는 경계가 없다는 느낌—타자로부터의 분화의 결여—은 출생 후 초기의 몇 달 동안, 아마도 2~3개월에서 5~6개월까지 정서적으로 그리고 인지적으로 유아에게 가장 중요한 것으로 믿게 되었다. 그녀는 초기 유아기의 발달 과제에는 현실 검증의 발달의 일부로써 미분화를 이루어 나가고 나-너의 경계에 대한 감각을 성취하는 과제가 포함되어 있다고 주장하였다. 나는 여기서 그녀의 연구를 검토하지 않을 것이다. 하지만 우리는 다시 원래의 질문으로 돌아간다: 유아기에 대한 새로운 연구 결과들에 비추어 볼 때, 우리는 여전히 초기의 융합 현상의 관점에서, 단계(phase)로 생각해 볼 수 있는가? 그리고 그렇다면 어떤 의미에서?

나는 개인적으로 모든 것은 코끼리의 어느 부분을 만지고 있느냐에 달려있다고 본다. 유아 연구는 대부분 유아가 Wolff(1959)가 깨어있는 비활동상태(states of alert inactivity)라고 불렀던 상태에 있는 그리고 인지 기능이 현실에 가장 많이 조율된 지점에 있는 "코끼리"의 그 부분을 다룬다. 일부 연구는 물론 다른 상태들과 관련된 것이긴 하지만, 이것은 아직 다른 현상들이 중심에 있을 때 다른 상태들이 여전히 존재하고 다른 순간들도 아직 존재한다는 사실을 부정하는 것은 아니다—그리고 여기에는, 내가 주장할 것인데, 정서적으로 중요한 융합 경험들의 가능성을 담고 있는 어떤 것이 포함되어있다. **변형**(variation)의 한 가지 예를 들어보자: 내가 이번 장을 집필하고 있던 어느날, 어떤 환자가 그날 아침 비몽사몽중에 겪은 경험에 대해 얘기하였다. 그는 거의 매일 아침에 타는 운동용 자전거가 특이한 방식으로 부러졌다는 확신을 갖고 있었다(우리는 이후에 이것의 중요성을 분석했다). 그가 사실은 자전거가 부러지지 않았다는 것과 잠에서 깨어 자전거를 탈 시간임을 완전히 깨닫는 데에는 깨어난 다음 어느 정도의 시간이 걸렸다. 반쯤 잠들어있고 반쯤 깨어있는 두 순간들은 그에게 "현실"에 대한 상당히 다르고, 그 조건 내에서는, 동일하게 설득력 있는 두 개의 관점을 제공하였다. 유아의 "현실" 경험들도 순간순간 다양할 것이다.

유아 연구 문헌들은 우리에게 정신분석에서 자아 개념에 포함시킨 기능의 영역인, 아동의 지각/인지 장치들이 외부 현실에 조율되는 순간들에 대해 많은 것을 보여준다. 그 문헌들은 이런 능력들이 어떻게 유아를 주 양육자와의 관계에 연결시키는지 보여준다(Sander, 1977). 그리고 Stern(1985)은 이 모든 것들이 어떻게 초기의 자기 형성에 기여하는지에 대한 추가적인 주장을 제시한다.

나는 원칙적으로 자아, 대상관계 그리고 자기의 영역에서 일어나는 이런 초기 발달들에 대해 의문을 제기하지 않는다. 4장에서 논의한 바와 같이, 네 가지 심리학의 개별 영역에서의 현상들은 실질적으로 출생 이후 계속해서 존재하며 생애 주기에 걸쳐 발달 [과정]을 거친다는 것이 바로 본서 전체에서 내가 주장하는 것이다. 내가 갖고 있는 의문점은 이런 자아, 대상관계적 그리고 자기 형성의 능력들이 존재하는지의 여부가 아니라, 그것들이 다른 "능력들"—즉, 다른 종류의 경험을 마음에 새기는 능력—을 배제하는지의 여부이다. 유아가 엄마의 젖가슴에서 잠이 들 때 융합의 특별한 경험들이 존재하지 않겠는가? 아니면 우리는 인지적으로 발달하고 정교하게 조율된 유아가 그런 순간에 심리적으로 중요한 것들 중 어떤 것도 마음에 새기지 못한다는 것을 믿어야 하는가?

Stern(1985)은 다음과 같이 기술하고 있다.

> 유아들에 대한 최근의 연구 결과들은 [공생 그리고 자기—타인의 분화와 관련된] 이런 일반적으로 수용된 시간표와 순서에 이의를 제기하고 자기와 타자에 대한 통합된 감각을 가질 수 있다는 —실제로, 갖게 될 것으로 예상되는— 유아에 대한 변화된 인상과 더 일치한다. 이 새로운 발견들은 대인 관계의 세계를 형성함에 있어서, 유아의 첫 번째 우선 과제가 핵심 자기와 핵심 타자들에 대한 감각을 형성하는 것이라는 견해를 지지한다. (p. 70)

그러나 유아의 "첫 번째 우선 과제"가 무엇인지를 누가 결정하는가? 상당히 많은 과제들이 한꺼번에 진행되고 있는 것은 아닐까? 인간의 기능에 대해 우리가 알고 있는 어떤 것도 한 가지에 집중하는 견해를 지지하지 않는다. 그렇다면 어떻게 우리가 지금은 출생 이후에 엄청나게 더욱 심리적으로 기민하고 복잡해지는 것으로 보이는 유아 유기체가 한 가지에만 집중한다고 결론지을 수 있겠는가? 그리고, 더욱이 "**대인관계적** 세계를 만들어내는 첫 번째 우선 과제가 핵심 자기와 핵심 타인들에 대한 감각을 형성하는 것이라면," 심리내적 세계—느낌, 환상 그리고 비현실의 세계—에는 어떤 "과제의 순서들"이 있을까? 정확하게 말하자면, 융합/무경계 현상을 비판하는 유아 연구자들이 목욕물과 함께 아기를 버리고 있는 것은 아니다; 그들은 자신들의 아기(현실에 조율된 아기)를 지키면서 다른 사람들의 아기는 내다 버리고 있다. 그러나 이 다른 아기—융합 경험을 하는 아기—가 현실에 조율이 덜 되어있는 것이 아닐 수 있다. 이 아기는 단지 (내가 보여주려는) 자기 자신의 **경험적** 현실, 즉 이후에 이해하게 될 객관적 현실과 일치하지 않는 현실을 기록하고 있을 뿐이다.

Stern은 위에서 인용한 문단에서 계속 이어간다:

> 증거는 또한 [핵심 자기와 타자에 대한 감각을 형성하는] 이 과제가 대개 2개월과 7개월 사이의 기간에 성취된다는 견해를 지지한다. 게다가, 그 증거는 정신분석에서 기술된 융합 —혹은 융해(fusion)와 같은— 경험을 할 수 있는 능력은 이차적이며 자기와 타인에 대해 이미 존재하는 감각에 달려 있음을 제안한다. 이 새롭게 제안된 시간표는 자기의 출현을 시간적으로 더 이른 시기로 앞당기고 발달 과업들의 순서를 뒤집어놓는다. 자기와 타자가 먼

욕동, 자아, 대상 그리고 자기

저 형성되고 그런 다음에야 융합과 같은 경험들에 대한 감각이 가능해진다. (p. 70).

이것은 타당성이 있는 주장이다; 하지만 그것은 단지 주장일뿐이다. 또 다른 주장도 가능하다: 융합 경험들에 대한 희미한 기억의 흔적들을 저장하는 일뿐만 아니라 자기와 타자가 형성되는 일은 모두 삶의 초기부터 동시에 일어난다. 다시 말하지만 나는 자기가 매우 이른 시기에 발달하기 시작한다는 견해에 반대하지 않을 것이다; 이전에(Pine, 1982), 나는 바로 그런 발달을 주장했으며, 이것에 대해서 가설적으로 상세히 기술한 논문 한편을 출간하였다. 하지만 왜 양자택일의 생각이 필요한가? 물론 나중에 분화된 자기와 타인의 융합에 대한 환상들이 형성될 수 있다. 질문은, 그 환상들이 더 앞선 경험들에 기반을 두고 있는가?라는 것이다. 내가 다른 순간에 구별되는 [심리] 조직의 관점에서 바라본 유아에 대한 견해―여기에서 제안한 네 가지 심리학 전체의 기초가 되는 견해―는 그 질문에 대해 잠정적으로 긍정적인 답변을 가능하게 한다. 적어도 그 견해는 단순히 '아니다'라고 답하는 것을 막아준다.

일단 우리가 환자들로부터 융합 경험들에 대해 들은 것들을 간직하면서, 지금 유아의 인지에 대해 배우고 있는 것을 고려하여, 나는 유아에게 ―몇 주 혹은 몇 달 계속되는 상태가 아닌― 무경계 혹은 융합 경험의 순간들이 있다고 제안하는 바이다. 융합의 그런 순간들에 대해 내가 꼽는 최상의 시간은 유아가 엄마의 팔에 안겨서, 엄마의 젖이나 젖병을 힘차게 빨고 있는 동안, 서서히 몸의 긴장이 풀리면서 잠잠해지고 잠이 들어서 엄마의 품에 스며들어가는 **순간들**이다. 이런 순간들이 진행되는 동안에는 인지 기능이 확실히 최상의 상태에 있을 것 같지 않다. 현실에 조율된 유아의 인지 수행들은 하루 종일 드문드문 (그리고 초기 몇 달까지는 점점 더 오랜시간 동안) 깨어있는 비활동 시기 (Wolff, 1959)에 이루어지지만, 엄청난 힘으로 빨고, 엄마의 품에 스며들어 잠드는 순간에는 그렇지 않다. 무경계에 대한 감각이 존재할 것이고; 반대로 (고차원의 인지 기능이 진행되는 순간들과 연관된) 경계에 대한 분명한 의식은 희미해질 것이다. 젖을 먹고 난 후 졸린 상태에서 일어나는 융합의 순간들이 존재한다는 것과 다른 상태들에서 더욱 명확한 인지가 존재한다는 것 사이에는 분명히 어떠한 모순도 존재하지 않는다. 엄마의 품에서 잠이 드는 융합 경험의 유일한 그런 순간들인지, 아니면 예를 들어, 눈과 눈이 서로를 강렬하게 응시하는 순간들이나 상호적으로 반응하는 즐거운 소리와 옹알이도 유아에게 그런 순간들인지의 여부는 내가 개진하고 있는 주장에는 전혀 중요하지 않다. 중요한 것은 적어도 융합 경험의 어떤 순간들이 있다는 점이다.

하지만 이것들은 단지 강렬한 순간들일 뿐이다. 살포시 잠이 든 유아가 엄마의 팔에 안겨, 엄마의 온기, 냄새 그리고 목소리를 감지하는 고요하게 지속되는 [드러나는] 배경의 많은 순간들은 주관적 융합 경험을 하게 되는 또 다른 가장 적합한 시기일 수 있다. 그리고 아마도 다른 순간들 또한 그런 경험에 기여할 수 있다. 나는 유아가 엄마의 팔에 안겨 둘이 완전한 동일체가 되어 엄마가 움직이면 엄마의 몸과 함께 움직이는 그런 순간들을 염두에 두고 있다. 하루 동안의 움직임에는 유아가 겪게 되는 경험의 주관적인 실재가 융합 혹은 무경계 중 하나가 될 수 있는 많은 순간들이 존재한다.

하지만 이것 때문에 우리는 그런 견해들을 반대하는 또 다른 가능한 주장을 만나게 된다. 엄마-자기의 분리에 대한 유아의 보다 "현실적인" 분화된 지각들이 지배적인 것들이 되지 않을까? 그 지각들이 보다 "환상적인" 융합 경험들을 지워버리는 지각과 기억의 안정적인 고정 장치를 제공하지 않을까? 그런 융합 경험들이 그렇게 "환상적"이지 않을 수도 있다는 점과는 별도로 ―즉, 그것들이 어떤 때는 경험의 **실재**일 수 있다― (성인의 조건에서는) 보다 현실적인 분화된 지각들이 자동적으로 지배적인 것들이 되지 않을 것이라는 믿음을 갖게 할 만한 충분한 이유가 있다. 그런 지각들은 심지어 자기-타자 간 분화가 훨씬 더 견고하게 확립된 때에도, 모든 성인들에게 확실하게 지배적이지는 않다. 사실, 현실적인 지각들이 자동적으로 지배적인 것이 된다면, 정신분석이나 역동적 심리치료는 결코 필요하지 않을 것이다. 하지만 그 정반대이다. 정신분석은 우리에게 (선정된 갈등 영역들에서) 객관적인 현실이 소망과 정동에 의해 작동되는 현실을 눌러 이기는 것은 대단히 어렵다는 것을 가르쳐주고 있다.

그리고 이번에는 유아발달의 영역 내에서만, 분리를 인식하는 순간들이 융합 경험의 순간들에 대해 지배적인 위치를 차지하지 않는다고 믿을 수 있는 두 번째 이유가 있다(Hegarty, 1989). 즉, 지금까지 유아의 인지능력들에 대해 어떤 것들이 제시되었든 간에, 우리한테는 여전히 유아가 다양한 인지적 생각들을 비교하고 대조하며 조정하면서 그 생각들 중에서 선택할 수 있는 상위 인지능력을 갖고 있다는 증거가 없다.

인지 기능이 최상의 인지 수준에 작동할 때 유아가 할 수 있는 인지적 분화(cognitive differentiations)가 자동적으로 중심적 역할을 한다는 주장에 대해서, 정동과 소망이 현실적인 지각들에 미치는 영향은 ("순간들" 개념에 덧붙여) 전적으로 다른 형태의 반론을 제공한다. 그래서 관련된 한 영역에서, McDevitt(1975)는 내면화된 리비도적 대상의 항상성이 —심지어 그것이 획득된 이후에도— 유아의 집중적인 분노에 의해 도전을 받는다고 주장한다. 나는 McDevitt의 초기 주장을 아래와 같이 더 발전시켰다(Pine, 1985).

> 물리적 대상의 영속성(아동의 **무생물** 대상들에 대한 영속성 개념 획득에 대해서는, Piaget의 저술을 참조하라)과 리비도적 대상의 항상성을 비교함에 있어서, 18개월에서 20개월 이후에서의 요소들도 고려되어야 한다. 리비도적 대상은 극단적인 갈망과 분노의 대상이 되고, 그 대상의 표상은 소망에 따라 혹은 방어적으로 왜곡되거나 보호받을 수 있다(McDevitt, 1975). 이것은 Piaget가 연구한 물리적 대상들에게는 적용되지 않는다. 그리고 정말 그렇다면, 그것들은 우리가 말하는 리비도적 대상이 될 것이다. 그래서 우리는 일단 물리적 대상의 영속성이 획득되었다고 해서, 리비도적 대상의 항상성도 획득되었다고 가정할 수 없다. 우리는 인지적 잠재력이 그곳에 있다고 말할 수 있을 뿐이다. 대상과의 강렬한 리비도적인 그리고 공격적인 연결이 존재하기 때문에, 그로 인해 모든 측면에서 그 대상에 대한 영속적인 인지적/정서적 표상이 **더 빠르지만 덜 확고하게** 획득될 수 있다. (p. 104).

리비도적 대상의 항상성에 대한 소망과 정동에 근거한 도전들과 관련된 주장은 유아에게 있는 자기와 타인에 대한 "획득된" 분화에 대한 도전에 동일하게 적용된다.

Jacobson(1983)은 어떻게 다른 순간들에 따라 해석이 다양하게 이뤄지는지를 보여주면서, 순간 순간의 변형에 대한 생각들을 임상 상황에 적용하였다. 여기서 제시한 주장의 일부를 담고 있는 나의 이전 저술에 대한 응답으로, Jacobson(1987)은 다음의 글을 나한테 보내왔다.

저는 박사님께 흥미로울 수 있는 임상적 관점에서, 박사님의 논문에서 다루고 있는 동일한 딜레마의 일부 측면들에 접근해 왔습니다. 박사님께서 말씀하신 바와 같이, 우리가 결국 신생아들과 영유아들에게 있는, 이전에는 예측하지 못했던 지각 능력들에 대한 증가하고 있는 관찰들을 어떻게 해석하고 활용할 것인가에 있어서, 더 넓은 과학적 의미에서뿐만 아니라 임상적으로도, 많은 것들이 위태로운 상태입니다. 물론 정신분석 임상가들과 학자들의 딜레마는, 다양한 공생 현상들과 같은 가치 있는 임상적 개념을 성급하게 포기하지 않으면서, 어떻게 최신의 자료들에 정통할 것이며 그것들을 우리의 생각에 통합할 것인가입니다. 이 점에서 박사님께서 깨어있는 상태와 졸린 상태를 구분한 것은 정말 유익합니다. 우리는 나이가 더 많은 아동과 성인이 경험하는 졸림의 세계에 접근할 수 있는 다양한 간접적인 수단들을 가지고 있습니다. 자유연상, [환자가] 보고하는 꿈, 일련의 행동들, 언어화되지 않은 자아 상태에 대한 공감적 공명 등은 모두 우리를 관련이 있는 무의식적 환상들로 안내합니다. 저는 최근의 유아관찰 연구의 대부분이 각성과 깨어있는 상태 동안 관찰할 수 있는 행동에 크게 의존하며, 졸린 상태의 내부적 정동 경험들에 대한 추론에는 덜 의존한다는 박사님의 지적이 도움이 된다는 것을 알게 되었습니다. 자연스럽게 자료를 수집하기 위해서 유아를 "깨우지" 않고 유아의 졸린 상태에 접근하는 일은, 언어구사 능력이 있는 아동과 성인을 위해 이런 기술들을 개발하는 것보다 훨씬 더 많은 인내와 독창성을 요구한다는 것이 저에게는 놀랍기만 합니다. 많은 관찰자들이 보기에 엄마와의 융합을 추론하는 기준을 만족시킬 수 있는 심각한 자기애 환자나 정신분열 환자는 여전히 일상생활 속에 관찰되는 많은 행동에서 엄마를 분리된 개인으로 취급하고 있는 듯해 보일 수 있으며 [그리고 내가 한 환자와 운동용 자전거에 대해 지적했던 지금은 정신분열증 환자에게서 혹은 분화와 비분화와 관련하여 유아에게서, 여기서 Jacobson은 일시적인 변형을 인식하고 있습니다], 그로 인해 초기의 유아관찰 연구에서 사용된 지각 검사들에 상응하는 성인검사에서 명백한 자기-대상 분화를 보여줄 것입니다. 그는 엄마가 말을 하면 엄마를 쳐다보고, 엄마가 앉았던 의자를 차지하려고 애쓰지 않습니다. 하지만 임상적인 관점에서 보면, 무의식적으로 그는 그 둘이 생각, 감정, 혈류, 신경계 그리고 운명을 공유하고 있는 "정말로" 하나임을 확고하게 믿고 있음을 우리에게 보여줄 수도 있습니다. 우리가 이 사례들에서 "융합"으로 지칭하고 있는 것은 물론 환자에 의한 지적인 평가라기보다는, 지속적이거나 반복되는 자아 상태를 보여주는 추론된 무의식적 환상이나 정동적 융합 경험을 말합니다.

나는 이번 장에서 지금까지 네 가지 심리학의 경우에서처럼, 경험이 구성되는 방식에 있어서 순간 순간의 변형이 존재한다는 생각을 발전시켜왔다. 나는 지금 추가적인 선-순간들로부터 더 큰 경험의 부분들, 발달하고 있는 어떤 사람들에게 정서적으로 중요하고 문제가 되는 부분들-을 따라서 나의 주장을 이어가고자 한다.

순간들, 확장 그리고 돌봄

그런 짧은 융합의 순간들은 우리의 이론들이 부여하는 발달의 비중을 지닐 수 있을까? 그 순간들은 정신병리와 정상적 발달과정에서 공생 현상들의 자리를 설명하는 데 도움이 될 수 있을까? 나는 의심의 여지 없이 그럴 수 있다고 생각한다. 확실히 심리적 현상이 지속되는 기간과 그 현상이 발달이나 기능에 미치는 영향의 정도 사이에는 직접적인 상관관계가 없다. 내가 제시할 수 있는 가장 단순하고 가장 분명한 예는 오르가즘이다. 한 주 동안 오르가즘에 소비된 시간의 양과 [정상적으로] 기능하는 성인인 우리에게 미치는 그것의 중요도를 생각해 보라. 확실히 중요성의 비율이 소비된 시간의 비율을 훨씬 능가한다!

나는 다른 곳(Pine, 1985)에서 공생의 순간들이 유아의 하루 생활에서 정서적으로 중심적인 순간들이며, 그래서 그 짧은 시간이 예측하는 것을 훨씬 넘어서 발달상의 중요한 의미를 지닌다고 제안했었다. 인지 능력을 평가받는 순간들에 깨어있는 유아의 인지 능력이 어느 정도이든 간에, 우리는 이 정서적으로 중요한 융합 경험들이 훨씬 더 많은 시간 동안 자기 자신의 세계에 대한 유아의 내적 경험에 색을 덧입힌다고 짐작해 볼 수 있다. 이런 생각은 우리가 초기 경험들이 개념적인 발달의 선들(Freud, 1915; Rapaport, 1951; Kernberg, 1976)보다 정서적인 선들(즉, "좋은 경험들"과 "나쁜 경험들")을 따라서 조직된다고 말할 때 염두에 두고 있는 것의 일부이다. 자기와 엄마가 분리되었다는 생각이 명확하고 더욱 확고하게 기억 속에 저장되는 유아 발달의 후반에는, 일시적인 융합 경험들이 (정상적인 경우에는) 전체적인 무경계감으로 번지는 경향이 줄어들 수 있다.

그러나 모든 사람이 이런 정상적인 경우에 해당하는 것은 아니다. 유아에게 있어서, 순간적인 것에서 지속적인 중대함으로 옮겨가는 큰 걸음을 내딛는 통로 중 하나는 어떤 특정 순간의 현상들이 매우 정서적으로 가득한 엄마의 기능 문제들과 교차하는 것과 관련되어 있다. **아이의 순간이 엄마의 성격이나 갈등을 만날 때, 그 순간이 확장될 개연성이 있다.** 우리는 많은 시나리오를 상상해 볼 수 있다(그리고 아이의 분리와 개별화에 대한 엄마들의 반응들에 대해서는 Mahler와 동료들의 저술을 참조하라). 그래서 유아가 엄마의 품속에 스며드는 것은 정서적으로 필수적인 것이고, 아이를 안아주고 흔들어주며 그런 순간에 자신의 갈망을 전해주는 ─그리고 다른 순간들에서는 그 반대로 우울하거나 그렇지 않으면 반응을 보이지 않는─ 엄마는 자동적으로 자신의 반응을 통해서 그런 순간들이 아이에게 미치는 심리적 중요성을 확장시킨다. 혹은 (예를 들어, "아니야"라는 말이나 혼자 걷는 것과 같이) 아이의 개별화 순간들에 대해 짜증이나 슬픔으로 반응하는 다른 엄마는 그런 순간들을 갈등이나 상실로 물들이고, 때로는 특정 성향이 있는 아동을 덜 개별화된 기능 쪽으로 몰아간다. 순간들의 중요성의 그런 확대는 잠재적으로 모든 발달 현상들과 관련되어 일어나고, 실제로는 모든 엄마-유아 쌍에게 어느 정도 발생한다. 어떤 쌍들에게 그것은 융합의 순간들이고, 다른 쌍들에게는 구강성(orality), 배변훈련, 성별혼란(gender confusion), 성적 호기심 혹은 삼각관계적 경쟁이다. 엄마의 성격과 갈등에서 문제가 되는 것이 아이의 순간에 문제가 될 것이며, 그 순간 너머로 그 중요성을 확장시키고, 아이의 성격과 갈등에까지 영향을 미칠 것이다. 그런 방식으로 순간적인 경험의 확장이 일어난다.

나는 특정 유아들에게 해당되는 융합-분화의 경험들을 강조함에 있어서 양육의 역할을 다룬 다음, 2개월에서 7개월 사이의 기간에는 자기와 타자들에 대한 핵심적인 (분화된) 감각이 분명해지는 것을 보게 되는 반면, 융합 환상들은 **이후에** 발달하는 현상이라는 Stern(1985)의 주장으로 돌아가고자 한다. 나는 인지가 더 발달하고 경험들이 기억에 저장되면서 융합 환상들은, 다른 환상들과 마찬가지로, 인생의 과정에 걸쳐서 점진적으로 더욱 정교해진다는 것에는 추호의 의심도 없다. 그러나 **엄마에게 있는** 심리적 문제들로부터 비롯된 (융합/분화 현상의) 확장의 역할은 매우 이른 시기에 그 기원이 있다. 그 이유는 첫 반년을 살고 있는 무기력하고 "연약한" 유아―머리를 받쳐주는 것이 필요하고 엄마의 팔에 안겨 있을 때 정기적으로 엄마의 품에 스며드는 유아―와 함께 엄마 자신에게 깊이 자리하고 있는 융합의 문제들이 활성화될 가능성이 있기 때문이다. 그리고 만약 유아의 무기력에 대해 (아이를 회피하거나 몰입하는) 엄마가 보이는 갈등적인 반응이 아이의 경험에 확장 효과를 끼친다면, 그런 일이 이렇게 매우 어린 나이에 일어날 가능성이 있다.

특정 순간들이 발달하고 있는 한 명 또는 다른 유아와 아동에게 정서적으로 현저하게 나타나는 방식에 대한 이런 논의와 함께, 나의 초점은 자연스럽게 임상적 상황으로 되돌아 간다. 어떤 사람들에게 있어서는, 그들이 우리의 진료실에 들어왔을 때 내가 앞에서 기술했던 현상들이 그들의 기능에 있어서 중심적인 위치에 있다: 예를 들어, 융합이나 분리에 대한 공포들, 융합에 대한 망상 혹은 "하나됨"에 대한 갈망 등이다. 바로 그런 임상적 현상들이 존재하기에, 초기의 융합 경험들에 대해 전체적인 관심과, 어떻게 그런 현상들이 어떤 사람들에게 중심적이게 되는지를 이해하려는 노력으로 이어진다—[아이가] 그런 현상들을 갈망했는지, 두려워했는지, 망상을 통해 존재한다고 상상했는지 또는 사실 다른 사람[엄마]을 접촉과 위안의 원천으로 내부로 받아들이는(Winnicott, 1958a) 어떤 은밀한 장소에 존재하는지의 여부. 그런 경험들이 유아기의 특정 순간들에 기원을 두고 있는 것으로 보이기 때문에, 여기에서는 다른 순간들에 일어나는 유아의 경험이 어떨지에 초점을 맞춘 새로운 유아 연구들의 결과들과 상반되는 것은 전혀 없다. 하지만 그러나 융합 순간의 잠재적인 정서적 중심성 때문에, 특히 엄마의 갈등적인 정서적 삶의 상호작용에 의해 확대될 때, 그것들은 적어도 우리가 고려해야 할, 내가 가정한 것들과 같은 초기 경험에서 비롯될 수 있는 분화에 대한 그런 이후의 공포(panics)와 갈망의 근원과 힘에 대한 무언가를 이해할 수 있게 해준다.

맺는 말

내 논의의 전반적인 취지는 우리가 발달에서 단계라고 일컫는 것을 다시 정의하자는 것이다. 왜냐하면 이번 사례에서, 우리가 융합의 순간들만 다루어야만 한다면 공생 단계의 개념을 수정해야 하기 때문이다. 공생 단계라는 개념에 대해 무엇을 말할 수 있는가? 확실히 하나의 단계는 그런 순간들이 모여진 것 이상의 것이다. 사실 나는 단계를 상당히 다르게 정의하는 것이 유익하다고 생각한다. 내가 다른 곳(Pine, 1986b)에서 이런 주장을 발전시켰지만, 여기서는 완성하는 차원에서 주요 요점들을 다시 언급하고자 한다. 아이가 더 이상 구강기에 "입과 관련된" 것이나, 항문기에 "항문에 대한 것"이나 혹은 오이디푸스기에 "오이디푸스기적"인 것에 더 많은 시간을 보내지 않듯이 공생 단계에서 "공생적인" 것에 더 많은 시간을 보내지 않는다. 그런 모든 단계에서 아이는 ─리비도적 단계의 용어들이 시사하는 것보다 훨씬 더─ 다면적이고 인지적으로 복잡한 존재이다. 리비도적 충동, 공격적 충동, 탐색과 놀이, 자기와 대상 경험, 자아와 초자아 기능에서의 발달은 모두 그런 단계들에서 일어난다. 그러나 모든 단계에서 그 단계에 이름을 붙여주는 심리 현상들도 단지 시간상의 기간에 대한 고려를 훨씬 더 능가하는 정서적 중심성을 가지고 있다.

나는 단계를 발달의 어떤 특정 영역에서의 [성격이나 증상의] 형성에 중요한 사건들이, 그것들의 순간적인 특징과 일시적인 확신과는 상관없이, 일어나는 기간으로 다시 정의할 것을 제안하였다. 그리고 이런 중대한 형성의 사건들이 짧은 기간에 일어난다 할지라도, 정서적으로 중심적인 현상들을 둘러싸고 조직될 수 있다. 그래서 명확하게 이번 장의 초점으로 다시 돌아가 얘기하자면, 공생 단계는 [출생 후] 가장 초기의 몇 개월 안에 일어나는 (엄마의 품에 스며드는 동안 젖을 먹는 일과 잠드는 것과 관련된) 그런 융합의 순간들이 성격이나 증상의 형성에 결정적인 영향력들로 나타나는 시기이다. 이것은 단계들이나 구강성(orality), 항문성(anality), 성 정체성 형성 혹은 오이디푸스기적 집합체에도 동일하게 적용될 수 있다. 이런 용어들 중 어느 것도 아이의 경험 전부를 가리키지 않으며, 나는 [그 용어들이] 각각의 현상들과 관련된 중대한 형성의 사건들이 일어나는 시간대를 지칭하는 것이라고 제안하는 바이다. 그리고 이런 결정적인 형성의 사건들은, 개별적인 사건에서, 양육자의 정서적 문제들이 유아나 아동에게 어떤 경험들을 확장시키는 양육자와의 상호작용에 의해 영향을 받는다.

이것은 Mahler(1972; Mahler와 동료들, 1975)가 처음에 제시했던 것과는 상당히 다른 공생 단계에 대한 개념임을 인식해야 한다. 유아 연구의 발견들은 확실히 이 개념에 영향을 미치고 있다. 융합의 순간 들은 공생적인 전체성과는 다르다. 그러나 이 개념은 신생아가 첫 1년 의 첫 6개월 동안 어떨지에 대한 다른 관점을 제시한다. 하지만 그렇더 라도 그것은 융합 현상을 위한 자리를 보존함에 있어서, 분화의 실패 로 인한 병리뿐만 아니라 이후의 분리-개별화 과제들에 대한 이해를 위한 틀을 제공하는 데 필요한 모든 개념적 작업을 가능하게 해주는 관 점이다. 그리고 그것은 또한 우리가 후에 욕동, 자아, 대상관계 그리고 자기의 심리학으로 생각하게 되는 것의 기원들인 그 모든 현상들을 위 한 공간(순간들)을 제공하는, 유아에 대한 관점이다.

CHAPTER **12**

정신분석적 치료에서의
변화 요인들

내가 다루고자 하는 마지막 질문은, 분석과정에서 변화를 일으키는 요인이 무엇인가이다. 나는 네 가지 심리학의 관점이 그런 폭넓은 변화 요인에 대한 우리의 인식을 풍성하게 해줄 것이라고 믿고 있다. 네 가지 심리학은 우리에게 마음의 다른 측면들에 대한 지식을 제공함으로써 광범위한 치료적 사건들을 알 수 있게 해준다. 아래의 내용에서 나는 먼저 언어적 개입들과 통찰을 위해서, 그런 다음 치료에 있어서 관계의 영향력과 관련하여, 네 가지 심리학의 개별적인 관점에서 치료적 사건들을 다루고자 한다. 이런 구분 자체가 은연중에 다양한 심리학을 반영한다. 왜냐하면 통찰의 힘은 자아, 인지와 학습, 정서 변형 이론들에 그리고 관계의 힘은 대상관계와 자기 이론 모두에 자리 잡고 있으며, 여기에서 자기는 타자와의 관계에서 형성되는 것으로 보이기 때문이다(Spitz, 1957; Mahler, 1972; Kohut, 1977). 아래의 내용은 네 가지 심리학의 입장에서 바라본 관점의 유용

성을 설명하기 위한, 변화의 심리학에서 마주치는 문제들의 한 표본이
될 것이다.

언어적 개입들

언어적 개입이 효과가 있으려면 어떤 의미에서 진실을 담고 있어야
한다. 즉, 그것은 환자가 그 개입에 공명할 수 있도록 환자의 경험에 접
촉해야만 한다. 내가 믿기로는 이렇게 하기 위해서는 다른 시점에 여
러 심리학들의 다양한 개념적 틀들 가운데 어떤 것으로 해석하는 것이
필요하다. 그래서 내가 여기에서 제시하고자 하는 관점들의 배경이 이
책의 전반에 걸쳐 제공되었다. 특히 "고르게 주의를 기울이기(evenly
suspended attention)"에 대한 확장된 견해에 의해 만들어진, 3장에
있는 일련의 질문들과, 4장에서 요약한 발달의 주요 영역들에 대한 폭
넓은 견해는 욕동, 자아, 대상관계 그리고 자기의 영역에서의 해석을
위한 배경을 제공한다.

욕동심리학과 관련해서, 나는 물론 고전적인 정신분석 기법에 익숙
하기 때문에, 이에 대해 짧게 언급하고자 한다. 무의식을 의식으로 전
환하는 것과 "원본능이 있는 곳에 자아도 있게 하라"(Freud, 1933)는
말은 효과적이지 못하거나 경직된 방어들을 사용하면서 양심에 의해
발생하고, 수용할 수 없는 충동들이나 소망들에 맞서 작동하는 무의식
적 갈등에 대한 해석과 관련된 것이다. 치료사의 과제는 갈등, 양심 그
리고 유연성이 없는 방어들의 점진적인 수정을 목표로 하는 해석이며,
이 모든 것들을 통해서 환자는 생각과 충동을 수용하는 일과 갈등 해
결, 정동 내성(affect tolerance), 전치 그리고 승화에서 더 큰 치료적

성공을 거두면서 [성격을] 재조직할 수 있게 된다. 특히 분석 과정이 어떤 식으로든 진전이 없을 때 또는 복잡하게 얽혀 있던 자료가 한 시간 안에 모두 나온 경우(이에 대해서는 Kris의 "good analytic hour," 1956b를 참조하라)에는 무의식적 갈등을 해석하는 힘−분석과정을 진전시키는 힘−은 아주 인상적이다.

부분적으로 대상관계와 연관된 스트레스(숙달을 위한 노력의 반복) 때문에 그리고 부분적으로 대상관계와 연관된 즐거움(만족을 위한 노력의 반복) 때문에, 초기의 경험들이 반복되는 것으로 이해되는, 내면화된 대상관계들의 심리학과 관련하여, 치료사의 과제는 환자가 새로운 경험들을 **새로운 것**으로 만날 수 있게끔 자유롭게 해주는 것을 목표로 하는 해석인데, 이때 환자가 그 해석을 역사적으로 기반을 둔 대상관계의 과거의 드라마에 흡수하지 않도록 해야 한다. 표현되어야만 하는 충동들의 계속되는 압력의 측면에서 이해될 수 있고 분석가의 역할을 하는 사람에게 펼쳐지는 전이는 동일하게 내면화된 과거의 대상관계를 반복하려는 경향으로 개념화될 수 있다. 여기서도 분석에서 (전이에서) 혹은 회기 밖에서 환자의 일상생활에서 일어나는 일들에 대해 갑작스럽게 새로운 관점을 가져오고 분석과정을 진전시키는 해석의 힘은 아주 분명하다.

욕동과 내면화된 대상관계의 영역 모두에서 −즉, 무의식적 소망들과 무의식적으로 강요되는 과거 대상관계의 반복과 관련하여− 해석은 환자의 인지 장치가 견딜 수 있는 힘을 가져오며 자신의 습관적인 방식들을 살펴보고 바꿀 수 있게 해준다. 하지만 이것이 전부라면, 분석은 훨씬 더 단축될 것이다. 보는 것과 **믿는 것**, 보는 것과 **기억하는 것** 혹은 보는 것과 **변하는 것**은 확실히 서로 일치하지 않으며; 과거의 소원들과/이나 관계들에 대한 환자의 집착은 쉽게 포기되지 않는다. 그래서 우리가 알고 있는 지속적인 발견, 재발견 그리고 훈습 과정으로 구성된 분석은 예측할 수 있는 치료방식이다. 그리고 나는 이것이 강력한 관계 안에서 일어난다는 사실은 전적으로 해석이 단순한 말 잔치 이상이 될 수 있는 기회를 주는 것임을 강조하고 싶다. 해석을 **실제적이게** 하는 것은 전이에서의 해석의 즉시성이며, 해석을 **중요한 것**으로 만드는 것은 환자-분석가 관계의 강도이다.

그럼에도 불구하고, 해석이 항상 변화로 이어지지는 않는다는 것은 분명하다. Freud의 "리비도의 부착"(1916)과 "원본능의 저항"(1925)이라는 개념들은 정말로 어떤 것도 명확하게 설명하지 않은 채 본질적으로 비변화(nonchange)의 사실을 단적으로 인정하는 것이었다. 그리고 Eissler(1953)의 기법의 변화 개념은 본질적으로 분석가들이 필요한 좋은 기법을 배우는 것-즉, 때로는 다른 종류의 개입을 하는 것-을 정당화시켜 주었다.

그래서, 이것을 염두에 두고, 자기와 자아 병리의 영역으로 방향을 돌려보면, 해석과 관련된 상황은 다르게 보일 수 있다. 이 작업에서 분명하게 선을 그을 수 없고 양자택일의 선택을 할 수 없지만, 여전히 자아 기능에서의 **결함**이나 잘못된 자기 경험을 만들어내는 건강한 양육의 **결핍**에 대한 "해석"이 그 자체로 "이제 알겠네요"라는 유익한 경험으로 이어지진 않는다. 분석적 만남의 관계적 측면이 여기서 중요한 역할을 할 수 있지만, 나는 나중에 그것에 대해 언급할 것이다. 지금은 언어적 개입과 그 영향력에 대한 논의에 집중하고자 한다. 무의식적인 충동이나 소망 그리고 그에 대한 불안과 방어들에 대해 잠재적으로 해석을 바꾸게 하는 것은 갈등이 아동기 시절부터 시작된다는 점인데,

그 갈등은 당시에는 (어떤 소망으로 인한 거세 위협과 같은 것으로) 이 해되었을 수 있지만 성인의 관점에서는 다르게 보일 수 있다. 그리고 과거의 내면화된 대상관계들의 반복에 대한 해석을 바꿀 수 있는 가능성은 유사하게 지금은 어린 시절의 부모와는 분리된 삶을 살기 때문에, 환자의 상태가 다를 수 있다는 추정에 기초하고 있다. 그러나 예를 들어, 환자로 하여금 주관적 경험 안에 있는 결함들(낮은 자존감, 확고하지 않은 경계, 불연속성)을 보게 하는 해석은 상처에 소금을 뿌리거나 희망을 없애버리거나 단지 고통을 일으킬 위험을 안고 있다.

일차적 결핍의 영역들에서, 언어적 표현에는 [말로 하는] 기술, 설명 그리고 재구성의 형태로 이루어지는 경우 −특히 분석 관계의 전반적인 안아주는 맥락에서(Modell, 1984)− 중요한 변화를 일으킬 가능성이 있다. 목표는 환자가 이런 내적 상태들에 익숙해지고 그것들을 언어 표현과 [분석가와] 공유하는 이해의 영역으로 가져올 수 있도록 돕고, 어떻게 그것들이 가족사에 등장하게 되었는지에 대한 이해를 돕는 것이다. 내 경험에 비추어보면, 이것을 통해 환자는 내적 상태들의 특성, 촉발사건, 과정 그리고 근원에 익숙해짐으로써 (비록 고통을 제거하진 못한다 해도), 그런 상태들로 인한 고통을 더 잘 견뎌낼 수 있게 되는데, 이것은 결과적으로 그런 내적 상태를 행동으로 옮기기보다는 견뎌내는 것(지탱하는 것)을 가능하게 해준다. 그러나 자기 혼란의 다른 영역들에서, 해석은 확실히 나름의 역할을 한다. 그리고 그 해석은 서서히 내가 기술, 설명, 재구성이라고 부르고 있는 것으로 바뀐다. 나는 3장에서 그런 해석들의 예시들을 제시하였다.

자아 기능의 심리학과 관련하여, 우리가 상당히 온전한 환자와 함께 정신분석에서 진행하는 작업의 많은 부분은 임상적으로 욕동과 갈등에 대한 해석 작업과 분리될 수 없다. 경직되고, 제대로 작동하지 않고, 비효율적이고, 낡고 오래된 방어의 전 영역은 그런 해석 작업의 핵심이며 충분히 익숙하다. 다른 한편으로, 자아 결함의 영역—즉, 기본적인 기능 도구들의 잘못된 초기 발달—은 자기 경험에서의 결함의 발달에 정확히 상응하는 설명을 필요로 한다. 해석적 개입들은 종종 무기력, 우울 또는 자기애적 굴욕을 유발한다. 하지만, 자기 경험에서의 결함들과 마찬가지로, 그런 결함들의 작동 방식을 기술하고 설명하며, 그 기원들을 재구성하는 것은 분석과정에서 긍정적인 단계가 될 수 있는데, 이를 통해서 환자는 최소한 인정과 이해를 받았다는 느낌과 그 결함에 대해 혼자가 아니라는 느낌을 갖게 되면서 서서히 그것을 수용하게 된다. 이것들은 본질적으로 환자가 교육적으로 받아들이는 재구성들이다. 나는 10장에서 그런 자아 결함에 대한 분석 작업을 보여주려고 노력하였다.

논의를 계속하기 전에 나는 언어적 개입과 변화에 대해 몇 가지 요점을 주장하고자 한다. (1) 내면의 삶에 영향을 주려는 목적으로 의식과 인지 장치의 힘을 활용하는 해석은 정신분석에서 [필요에 따라] 변화를 주어야 할 강력한 요인 중 하나이다; (2) 해석은 분석가에게서 나오는 모든 의사소통이 **환자에게 중요한 것**으로 받아들여지는 강렬한 환자–분석가 관계에서 가장 효과적이다; (3) 해석은 대개 그것이 가장 즉시적이고 실제적인 전이와 연결될 때 가장 강력하다; (4) (내 주장의 더 독특한 부분인데) 해석은 가장 진실할 때 가장 효과적이며 (여기서 **진실함**은 환자가 해석한 내용에 대해 공명할 수 있을 정도로 환자의 경험에 접촉하는 것을 의미한다). 그리고 이런 해석은 이론적 모델들—우리가 현재 사용하는 용어로는, 욕동, 자아, 대상관계 그리고 자기의 모델들—을 번갈아 가면서 작업할 것을 요구한다; (5) 다른 방식의 언어적 표현들—기술하기, 설명하기, 재구성하기—이 [결함에 대한] 익숙함, 어느 정도의 수용, 견딜 수 있는 능력 그리고 약간의 변화를 만들어낼 수 있음에도 불구하고, 결함의 영역들에서 —특히 자기 경험이나 기능적 적응 도구들의 잘못된 발달의 측면들에 관하여— 해석은 때로는 아무런 치료 효과도 없이 결함을 확인해주는 고통을 일으킬 수 있다.

지금까지 분석가의 언어적 개입들을 논의함에 있어서, 나는 네 가지 심리학의 개별적인 개념들을 염두에 둘 경우, 분석가의 행동이 어떻게 생산적으로 영향을 받을 수 있는지를 보여주려고 노력했다. 다양한 정신분석적 내러티브를 강조한 Schafer(1983)와, (정신분석적 만남에 대한 분석에서) 구조이론과 표상이론을 명시적으로 사용했던 Jacobson(1938)은 —각각 상당히 다른 방법이긴 하였지만— 이런 노력을 보인 최근의 선구자들이었다.

치료적 만남의 관계적 측면들

이 부분에서 나는 네 가지 심리학을 임상적 정신분석의 특수한 환경에서 진행되는 과정을 분석하기 위한 개념적 도구로 사용할 것이다. 환자들은 분석가인 우리와 형성한 관계를 사용하는데, 분석을 촉진하고 저항을 지속시키고, 한편으로는 그들이 비난, 처벌 또는 굴욕처럼 느끼고 다른 한편에서는 사랑, 칭송 그리고 특별한 관심과 안내를 받는 것처럼 느끼게 하는 방식으로 우리를 경험한다. 모든 것이 순조롭게 진행된다면, 이런 일의 대부분은 결국에는 분명해지고 그 자체가 분석의 대상이다. 하지만 갈등을 내포한, 그런 의미에서 "시끄럽고" 눈에 띄는 것이 분석을 거치면서 점차적으로 감소한 다음에는, 우리가 환자들의 심리적 삶에 기능하는 다른 방법들―상대적으로 갈등이 없고 분석적 만남의 변화를 일으키는 힘에 기여하는 방식들―이 남아있다. 나는 지금 이것들 중 일부를 기술하고자 한다.

그러면 욕동심리학의 관점에서 시작해보자. 환자가 금기로 간주하는 소망들에 관한 분석가의 탐색, 관찰 그리고 해석에 **비난이 담겨있지 않다면**, Strachey(1934)가 오래전에 지적했듯이, 서서히 의식의 수정으로 이어질 수 있다. 게다가, 상호적인 성적 환상이나 행동으로 끌려 들어가지 않고 환자의 분노에 맞서서 분노나 거부로 보복하지 않는다는 의미에서, 분석가가 계속해서 **살아남는다**는 사실은 환자가 본받아야 할 모델을 제공한다. 그 상황은 Winnicott(1963a)이 유아―엄마 관계에서 묘사했던 것과 같다: 유아의 파괴성에 직면하여 거듭해서 살아남은 엄마는 그 유아로 하여금 자신의 파괴성이 [다른 사람을] 죽이지 않을 것이고, 안전하게 (서서히) 자신의 것으로 받아들여지고, 심지어 사랑하는 사람들에게도 표현될 수 있음을 배울 수 있게 해준다. 분석 중에 환자는, 성과 분노에 대한 소망과 환상을 반복해서 이야기함으로써 그리고 분석가의 사실적인 반응을 관찰함으로써, "어떤 일도 일어나지 않음"―어떤 행동, 어떤 유혹, 어떤 비난도, 어떤 보복도 없음―을 알게 된다. 단지 살아남고 삶은 계속 이어진다. 확실히, 때때로 이것은 실망, 추가적인 감정 자극, 환상 속에서의 비난 또는 갈망하던 행동으로 이어지지만, 이 모든 것들에 대한 분석이 계속되면서 남는 것은 살아남는 생존이다. 이제는 이전에 금기시했던 소망들을 그냥 가진 채 삶은 계속된다.

욕동, 자아, 대상 그리고 자기

    대상관계의 심리학의 관점에서 보면, 분석의 핵심 특징 중 하나는 분석이 서서히 내면화된 대상관계의 세계로 들어갈 수 있는, 새로운 교정적인 대상관계를 환자에게 제공한다는 점이다. 나는 교훈적인 의도를 가지고 이런 말을 하는 것은 아니다; 분석가가 이러 저러 "해야만" 한다—친절하고 도움이 되는 그런 종류의 것들—고 제안하는 것은 아니다. 내가 말하는 바는 지속적인 주의, 관심, 비난하지 않음 그리고 이해하려는 끈질긴 노력들을 보이는 분석가는 아동기의 내면화된 부모와는 다르다는 것이다. 아동 분석가는 어린 환자에게 새로운 대상이며 단순히 전이 대상이 아니라는 것은 오랫동안 알려진 사실이다. 나는 이것이 심지어 성인 환자에게 있어서도 완전히 사라진다고 믿지 않는다(Loewald, 1960). 하지만 환자가 꾸준히 분석가를 새로운 대상으로 경험하게 되면, 분석 관계에 불가피한 폭풍우와 스트레스의 어떤 것은 확실히 사라지게 된다. 오히려 새롭고 교정적인 것은, 환자가 전이 왜곡에 대한 분석 그리고 분석가의 실수와 공감 실패로부터의 상호 회복에 뒤이어, 분석가가 기본적으로 좋은 의도와 관심을 갖고 있다는 것을 지속적으로 재발견하는 것이다. 추가로, 분석 작업은 시간이 지나면서 그 방향으로 진행된다. 만약 종결이 다가오면서 환자가 상당히 일관된 신뢰와, 분석가가 적어도 일정 기간 동안 도움을 주고 명료화시켜줄 수 있다는 느낌을 가지고 분석가를 바라볼 수 없다면, 확실히 우리는 뭔가 잘못되었음을 느끼게 될 것이다.

    변화를 가져올 수 있는 영향력을 지닌 분석적 만남의 두 번째 대상 관계적 구성 요소는 Loewald(1960)가 분석에서의 해체와 통합 경험들에 대한 논의에서 언급했던 내용이다. 자유연상 과정, 카우치 그리고 분석가의 침묵과 해석들은 계속해서 작은 해체 경험들로 이어진다.

분석가의 개입(또는 때로는 단순히 함께 하는 것)은 새로운 통합들이 일어나게 하고, 이 통합들을 통해서 환자는 점진적으로 숙달하게 된다. 그러나 이런 통합들이 일어나게 하는 것은 바로, 부모-아이 관계의 모델에 근거한, 분석가와의 보이지 않은 대상관계이다.

그리고 이제 세 번째로 여전히 환자-분석가의 관계 그 자체에 의해 수반되는 결과들을 검토하는 자기심리학의 관점에서 보도록 하자: 여기서는 물론, Kohut의 저술(1971, 1977)이 이 주제를 가장 분명하게 다룬다. 그는 분석가에 의해 "거울반영을 받았으며" 공감적으로 이해받았다고 느끼고/거나 분석가를 이상화하는 환자의 경험은 부분적으로 자기 경험에 있어서의 존중과 안녕이 결여된 것에 원인을 제공한 환자의 아동기에 겪었던 결핍 경험들을 보상해 줄 수 있음을 지적할 뿐만 아니라, 이에 덧붙여 자신이 충분히 "분석적"이지 않다는, 즉 이상화나 거울반영을 받는 환자의 즐거움을 허용하고 있다는, 궁극적으로 분석가의 역전이적 불편함때문에 이런 경험들을 너무 일찍 해석하는 것에 대해 경고한다. 그의 요점은 해석(혹은 내가 앞에서 사용한 용어로는 기술, 설명, 재구성)이 중요한 위치를 차지하지만, 특히 결함 상태에서는 **경험하기**(experiencing) 또한 중요한 위치를 차지한다는 것이다.

그리고 이런 구체적인 자기애적 전이들을 넘어서 Kohut(1971)이 이전에 기술했듯이, 모든 환자들은 분석적 만남에서 그런 종류의 것을 경험한다는 것이 내가 받은 인상이다. 비록 그런 것이 종종 (치료적 대화의 대단히 많은 부분이 환자가 스스로에 대해 지각한 "나쁨"과 관련되어 있기 때문에) 천천히 온다 할지라도, 일반적으로 환자는 분석가에 의해 가치 있는 존재로 천천히 느끼게 된다. 지각한 나쁨을 마주하여 [분석가와] 함께 작업할 수 있을 정도로 가치 있다는 느낌과 분석가가 믿을 수 있게 함께 하고, 관심을 보여주면서, 날이 가고 해가 바뀌어도 회기에서 분석 작업을 할 정도로 가치가 있다는 느낌. 확실히 그런 경험은 적어도 소소한 방식으로 자아존중감에 영향을 미친다.

내가 자기의 문제들에 포함시켰던 또 다른 영역―자기와 타자 간의 경계 형성의 영역―에서, 나는 또한 치료적 상황의 직접적인 경험적 측면이 미치는 영향에 감명을 받았다. (7장에서 소개한) A양은 자주 그것을 말로 표현하였다. 우리 사이에 형성된 "완벽한 교감"의 느낌은 그녀 자신과 어머니 사이의 교감과 같으면서도 매우 달랐다. 내가 생각을 말로 표현했는데, 그녀가 말하기를 ―그것으로 인해 어느 정도 분화를 이루어냈다― 그것 때문에 그녀는 내가 나만의 경계를 가지고 있음과, 나 자신의 개인적인 목적을 위해서 그녀가 분석가인 나와 완벽한 교감속에 있을 필요가 없음을 감지하였다. 경계 형성의 병리도 보였던 I양(9장)은 매회기마다 여러 번 정식 호칭으로 나의 이름을 불렀는데, 그러면서 경계선 문제를 행동으로 해결해 나갔다. 이러한 각각의 사례에서, 치료적 만남의 관계적 측면―분석가 그 자신의 경계들이 어디에 위치해 있는지에 대한 감각을 가진 사람이라는 환자의 지각―이 언어로 이행되는 기술하고, 해석하고, 재구성하는 광범위한 작업에도 불구하고, 치료적 효과를 얻는 데 중요한 역할을 하였다.

그리고 네 번째, 자아심리학의 관점에서, 나는 자아 기능에 미치는 정신분석의 만남에 내재된 보다 일반적인 관계의 영향력 중 일부만을 언급할 것이다. 나는 다시 한번 Loewald가 환자에게 도움이 된다고 하여 말하기의 기능을 다룬 그의 논문(1960)을 언급하면서 시작하고자 한다.

일단 환자가 방어 분석의 도움을 받아서 도달하게 된 퇴행의 온전한 수준에서 적극적으로 말할 수 있다면, 그는 자신의 경험들을 말로 표현함으로써 언어를 창조적으로 사용하기 시작한다, 즉 통찰이 시작된다. 환자는, 분석가에게 말을 함으로써, 더 높은 단계의 자아-현실 조직의 표상인 분석가에 다가서려고 한다. 그리고 그 결과 언어의 과정—그런 표상인 분석가와의 대화—에서 스스로 통찰을 하게 되었다고 말할 수 있다. (p. 26)

경험을 말로 표현하는 바로 그 행동은 "분석가에게 다가가" 대화하려는 노력에 의해 촉진되는데, 이것은 흔히 이전에 형태가 없었던 경험에 형태를 입혀 주고 그런 경험을 더 높은 수준의 자아 조직으로 움직여 가는 과정의 일부이다.

나는 여기에서 분석가의 침묵이 중요하다는 것을 덧붙여야겠다. 분석가의 침묵, 환자의 누워있는 자세와 자유연상의 과제는 환자 안에 특정 종류의 **수동성**을 위한 조건들—경험이 검열받지 않고, 때로는 퇴행적으로 흘러나오게 되는—을 만들어 낼뿐만 아니라 동일하게 환자에게 특정 종류의 **능동성**을 위한 조건—환자는 어떤 형태여야 한다는 외부의 요구들이 없는 경험에 형태를 부여하고, 경험들을 말로 표현하고, 궁극적으로 내적 삶의 경험자이자 관찰자가 되는—을 만들어내는 것으로 이해될 수 있다.

나는 분석적 만남의 관계적 측면이 잠재적으로 변화를 가져올 수 있는 영향력들을 완벽하게 기술하려고 하지 않았다, 하지만 나는 어떻게 네 가지 심리학의 개별적인 관점이 우리에게 관계의 그 영향력의 측면에 주의를 기울이게 하는지를 보여주고자 하였다. 그 영향력들은 대체로 분석 과정에 내재해 있으며; 우리에게 특별한 어떤 것을 하라고 요

욕동, 자아, 대상 그리고 자기

구하지 않는다. 그것들은 단순히 사람들 사이에서 그리고 분석에서 나타나는데, 다중적으로 환자에게 기능적인 (그리고 기능 장애적인) 방식으로 나타난다. 환자가 관계를 기능 장애적이고 병리적으로 사용하는 것이 해석을 통해서 줄어들게 되면서, 성장을 위해서 관계를 보다 기능적으로 사용하게 된다. 그런 일들이 종종 분석가와 피분석자 사이에서 말을 통해 전체적인 과정의 일부로 인식되고 있음에도 불구하고, 대개 갈등이 없고 말로 표현되지 않기 때문에 종종 주목받지 못한다.

　요약하자면, 나는 이 장에서 정신분석에서 변화를 일으키는 요인들을 폭넓게 개념화하고자 노력하였다. 전이에서의 해석이 가장 극적으로 변화를 가져올 수 있지만, 분명히 그것이 분석에서 일어나는 전부는 아니다. 전반적으로 나는, 내용과 과정이 환자에게 중요하게 경험되는 강렬하고 친밀한 관계의 맥락에서, 언어적 개입과 관계적 요인들 둘 다 변화를 일으킬 수 있는 중요한 영향력을 갖고 있음을 제안하였다. 나는 정신분석의 만남이 변화를 일으키는 잠재력을 탐색하기 위한 도구로써 최근에 정신분석 분야에서 사용되고 있는 네 가지 정신분석 이론을 사용하였다. 그리고 나는 두 가지 요점을 주장하고자 하였다. 첫 번째 요점은 (전이에서의 해석과 시기에 맞는 해석을 포함한) 해석이 (거두절미하고 말하자면) 적절한 경우, 즉, 그 해석이 (반드시 의식적일 필요는 없지만) 환자에게 경험적으로 유효한 뭔가를 건드리게 될 때 변화를 일으키는 주요 잠재력을 가지게 된다. 그리고 그런 일을 하기 위하여 우리는 네 가지 심리학에서 각기 사용하는 용어로 —다른 환자들에 비해 어떤 환자에게는 특정 심리학을 더 많이 사용하고, 같은 환자에게도 지금은 이 심리학을, 다른 때에는 저 심리학을 더 많이 사용하면서— 다양하게 해석해야 한다는 것이다. 그리고 두 번째 요점은 환자가 네 가지 심리학의 관점에서 개념화할 수 있는 선을 따라서 관계 자체에서도 의미를 찾는다는 것이다; 이런 일은 (이 각각의 영역에서) 환자에게서 활성화된 과정들이 내면의 삶에 도움을 주는 그런 의미들을 찾아 모으기 때문에 일어난다. 우리가 환자가 겪고 있는 병리의 관점에서 문제가 되는, 발견된 그 의미들을 인식하고 해석할 때 그리고 그것들을 약화시킬 때, 우리는 여전히 환자에게 병리적이지 않은 방식으로 역할을 하는, 변화와 재개된 발달을 촉진하는 발견된 의미들을 환자에게 남겨두게 된다.

EPILOGUE

후기

　본서에 기술한 내용들을 돌아보면서, 비록 임상 작업과 (발달의) 즉시적인 현상들에 가까이 머무르려고 애썼고, 예증이 되는 광범위한 임상 자료를 제공했음에도 불구하고, 나는 최종 결과물이 여전히 정신분석 과정의 실제들에 대한 미약한 근사치에 불과하다는 것을 분명하게 인식하고 있다. 분석 과정의 신비와 창조성, 오랜 기간의 불확실성과 인내의 필요성, 잘못된 방향전환, 교정과 주요 통찰을 얻게 되는 뜻밖의 기회들은 단지 경험될 수 있을 뿐이지, 거의 [언어로] 전달될 수 없다. 그러나 그렇다 하더라도 내가 여기서 제시한 것은 일부 출판된 혹은 발표된 사례 보고 들을 편향되게 제시하는 이론적인 치우침없이, 아마도 내가 현재 하고 있는 방식인 정신분석의 과정에 어느 정도 근접한 것이라고 믿는다.

　본서를 마무리하면서, 나는 네 가지 심리학이 제공하는 개념과 임상 작업 과정의 관계에서 몇 가지 요점을 강조하고 싶다.

첫째, 나는 이 관점이 분석 작업을 엄청나게 자유롭게 해준다는 것을 알게 되었다. 그 관점의 도움으로 분석가는 [네 가지 심리학을 지지하는] 다양한 기고자들의 저술을 존중하고 그 영향을 받을 수 있다. 하지만, 현상들 위에 세워진 이론의 거대구조들보다는 그들이 관찰한 **현상들**에 초점을 맞춤으로써, 그 관점은 사람들이 그런 거대구조들의 구속과 얽힌 관계로부터 벗어날 수 있게 한다. 나의 입장은 결코 무이론적인 것이 아니라, (내가 바라기는) 주요 발달의 선들, 심리적 동기와 구조 그리고 치료과정 자체에 대한 현상에 근접한 이론이다. 그 관점 덕분에 분석가는 환자가 절충적인 만큼 —즉, 환자의 심리내적 삶의 현상들이 일단의 용어들과 다른 용어들로도 기술되고 설명될 수 있을 만큼— 정확하게 임상 작업에서 절충적인 입장을 취할 수 있다.

둘째, 분석 작업은 원칙적으로 네 가지 심리학의 이런 혹은 저런 현상들을 다루기 위해 만들어진 일단의 해석들이나 다른 개입들로 구성된 것은 아니다. 내가 7장과 8장에서 제공한 임상적 삽화들이 이 특징을 시사하고 있는 것 같지만, 거기서 나는 [심리 현상의] 자료가 네 가지 심리학 중 하나 혹은 다른 또는 더 많은 용어들 안에 포함될 수 있는 방식으로 이해되는 사례들을 보고했다. 하지만 분석에서의 많은 시간은 환자가 말하는 것을 다시 기술하고 강조하는 것을 포함한다. 이 작업은 계속해서 너무 낮은 수준의 개념화에서 진행되기 때문에 (즉, 보고된 현상 자체에 너무 근접해 있어서), 나는 그것에 대해 여러 심리학의 관점에서 생각해 볼 수 없다는 것을 알고 있다. 그것은 준비 작업, 개념화를 필요로 하는 현상이다. 하지만 상황들이 이해될 때, 분석가가 어느 정도 더 높은 수준의 설명하고 연결하는 방식으로 현상들을 이해할 수 있을 때, 그런 때에는 여러 심리학 중 하나 혹은 그 이상의 언어를 통해 이해가 가능하고 그렇게 될 것이다. 그리고 다른 때에는 다른 언어들로 [이해가 될 것이다].

셋째, 나는 이런 다양한 방식으로 작업하는 것이 더 어려운지에 대해서 종종 질문을 받는다. 그렇지 않으면 나는 그야말로 그런 작업이 너무 어렵다는 얘기를 듣는다. 제가 숙지해야 할 게 너무 많은 것은 아닌가요? 라는 질문을 받는다. 나는 이것에 대해 중첩되는 여러 반응을 한다. 하나는 어쨌든 분석에서 유념해야 할 것들이 너무 많아서 —예를 들어, 단지 고전적 욕동/구조이론 내에서도 너무 많은 잠재적 의미들이 있어서— 더 많은 것들을 추가한다는 것은 무한대로 추가하는 것과 같다. 그러나 대조적인 관점에서 보면, 환자가 얘기하는 것을 제외하고는 분석에서 염두에 두어야 할 것은 아무것도 없다; 나머지는 모두 (이론의 도움으로 명료화되는 그런 지점에 이르기까지) 어수선한 상태에 놓여있다. 그리고 마지막으로, 너무 많은 것을 염두에 두어야 하는 것이 어려운지의 여부는 타당한 고려사항이 아니다; 우리는 분석 작업을 향상시킬 수 있는 것이라면 무엇이든지 염두에 두어야 한다. 나는 다중모델 관점이 바로 그 일을 한다는 입장을 가지고 있다.

사실 내가 이전에 이런 생각들을 발표했을 때 —경험이 많은 임상가들과 상대적으로 신임인 임상가들 모두에게서— 대조적인 반응을 받았다. 많은 노련한 임상가들은, 사실 그들 스스로가 그런 방식으로 작업해 왔으며 그것들이 개념화되는 것을 보게 되어 좋다고 말하면서, 내가 제시한 생각들에 대해 우호적으로 반응하였다. 하지만 다른 사람들은 —아마도 종종 습관적으로 그러나 확실히 특정 작업 방식에서의 성공적인 경험에 근거하여— 기껏해야 시큰둥한 반응을 보였다.

아주 유사한 대조적인 반응이 학생들과 초심 임상가들에게도 존재한다. 일부는 마치 그 모든 것이 너무 복잡해 보여서 우려하는데, 그들은 마치 너무 압도적으로 보이는 치료 업무에 직면할 때 명료한 이론이 줄 수 있는 지지대를 빼앗긴 것처럼 행동한다. 그러나 다른 이들은 실제로 "무엇 때문에 소란입니까?"라고 말한다. 내가 이런 견해들을 발표하기 시작했을때, 그들은 훈련 과정을 통해서 욕동, 자아, 대상관계 그리고 자기에 대한 이론에 익숙해 있었다. 나는 심리내적으로 내가 훈련받은 모델에서 벗어나고 있었지만, 그들은 자신들에게 노출되어 사용되기를 기다리고 있었던 많은 아이디어들을 사용할 수 있는 방법을 듣고 있었다. 그래서 그들은 나의 개념화에 대해서 편안하게 느꼈던 것이다.

나는 이 책을 읽는 많은 독자들이 비슷하게 반응해 주기를 소망한다!

참고문헌

Abraham, K. (1921). Contributions to the theory of the anal character. In *Selected Papers* (pp. 370-392). New York: Basic Books, 1953.

_____. (1924). The influence of oral erotism on character formation. In *Selected Papers* (pp. 393-406). New York: Basic Books, 1953.

Alpert, A. (1959). Reversibility of pathological fixations associated with maternal deprivation in infancy. *Psychoanalytic Study of the Child, 14,* 169-185.

Bach, S. (1987). *Ego and self.* Paper presented at Third Annual Psychiatry Symposium of the Albert Einstein College of Medicine, New York.

Balint, M. (1968). *The basic fault.* London: Tavistock.

Bettelheim, B. (1943). Individual and mass behavior in extreme situations. *Journal of Abnormal Social Psychology, 38,* 417-452.

Blos, P. (1962). *On adolescence: A psychoanalytic interpretation.* New York: Free Press.

_____. (1967). The second individuation process of adolescence. *Psychoanalytic Study of the Child, 22,* 162-186.

Bornstein, B. (1949). The analysis of a phobic child: Some problems of theory and technique in child analysis. *Psychoanalytic Study of the Child, 3/4,* 181–226.

Bowlby, J. (1969). *Attachment and loss: Vol. 1. Attachment.* New York: Basic Books.

—————. (1973). *Attachment and loss: Vol. 2. Separation: anxiety and anger.* New York: Basic Books.

—————. (1980). *Attachment and loss: Vol. 3. Sadness and depression.* New York: Basic Books.

Broucek, F. (1979). Efficacy in infancy. *International Journal of Psychoanalysis, 60,* 311–316.

Chethik, M. (1984). The "highly-functioning" borderline child: Some diagnostic thoughts and developmental considerations. Paper presented at meetings of American Psychoanalytic Association, New York.

Coen, S. J. (1986). The sense of defect. *Journal of the American Psychoanalytic Association, 34,* 47–67.

Cooper, A. M. (1987a). Changes in psychoanalytic ideas: Transference interpretation. *Journal of the American Psychoanalytic Association, 35,* 77–98.

—————. (1987b). Comments on Freud's "Analysis terminable and interminable." In *On Freud's analysis terminable and interminable,* ed. J. Sandler. *International Psychoanalytic Association Educational Monographs, 1,* 127–148.

Eissler, K. (1953). The effect of the structure of the ego on psychoanalytic technique. *Journal of the American Psychoanalytic Association, 1,* 104–143.

Ekstein, R., & Wallerstein, J. (1954). Observations on the psychology of borderline and psychotic children. *Psychoanalytic Study of the Child, 9,* 344–369.

Erikson, E. H. (1950). *Childhood and society.* New York: Norton.

—————. (1980). Plenary session discussion. First World Congress of Infant Psychiatry, Cascais, Portugal.

Escalona, S. (1963). Patterns of infantile experience and the developmental process. *Psychoanalytic Study of the Child, 18,* 197–244.

Fairbairn, W. R. D. (1941). A revised psychopathology of the psychoses and psychoneuroses. *International Journal of Psychoanalysis, 22,* 250–279.

Fleming, J. (1975). Some observations on object constancy in the psychoanalysis of adults. *Journal of the American Psychoanalytic Association, 23,* 743–759.

Fraiberg, S. (1969). Libidinal object constancy and mental representation. *Psychoanalytic Study of the Child, 24,* 9–47.

Freud, A. (1926). Introduction to the technique of the analysis of children. In *The psychoanalytical treatment of children* (pp. 3–52). New York: International Universities Press, 1946.

_____. (1936). The ego and the mechanisms of defense. In *The writings of Anna Freud* (Vol. 2). New York: International Universities Press, 1966.

_____. (1965). *Normality and pathology in childhood*. New York: International Universities Press.

_____. (1970). The symptomatology of childhood. *Psychoanalytic Study of the Child*, 25, 19–41.

_____. (1974). A psychoanalytic view of developmental psychopathology. In *The writings of Anna Freud* (Vol. 8, pp. 57–74). New York: International Universities Press, 1981.

Freud, S. (1897). *The origins of psychoanalysis* (Letter 69). New York: Basic Books, 1954.

_____. (1900). The interpretation of dreams. *The complete psychological works: Standard edition* (Vols. 4, 5). New York: Norton.

_____. (1905). Three essays on the theory of sexuality. *Standard edition* (Vol. 7, pp. 135–243).

_____. (1908). Character and anal eroticism. *Standard edition* (Vol. 9, pp. 169–175).

_____. (1911). Formulations on the two principles of mental functioning. *Standard edition* (Vol. 12, pp. 218–226).

_____. (1912). Recommendations to physicians practicing psychoanalysis. *Standard edition* (Vol. 12, pp. 111–120).

_____. (1914a). On the history of the psychoanalytic movement. *Standard edition* (Vol. 14, pp. 7–66).

_____. (1914b). Remembering, repeating, and working through. *Standard edition* (Vol. 12, pp. 147–156).

_____. (1915). Instincts and their vicissitudes. *Standard edition* (Vol. 14, pp. 117–140).

_____. (1916). Introductory lectures on psychoanalysis. *Standard edition* (Vol. 16, pp. 243–263).

_____. (1917). Mourning and melancholia. *Standard edition* (Vol. 14, pp. 243–258).

_____. (1919). Lines of advance in psychoanalytic therapy. *Standard edition* (Vol. 17, pp. 159–168).

_____. (1920a). Beyond the pleasure principle. *Standard edition* (Vol. 18, pp. 7–64).

_____. (1920b). The psychogenesis of a case of homosexuality in a woman. *Standard edition* (Vol. 18, pp. 147–172).

_____. (1923). The ego and the id. *Standard edition* (Vol. 19, pp. 12–66).

_____. (1926). Inhibitions, symptoms, and anxiety. *Standard edition* (Vol. 20, pp. 87–172).

_____. (1930). Civilization and its discontents. *Standard edition* (Vol. 21, pp. 64-145).

_____. (1933). New introductory lectures on psychoanalysis. *Standard edition* (Vol. 22, pp. 5-182).

_____. (1937). Analysis terminable and interminable. *Standard edition* (Vol. 23, pp. 216-253).

Fromm-Reichmann, F. (1950). *Principles of intensive psychotherapy.* Chicago: University of Chicago Press.

Frost, R. (1971). The road not taken. In *Robert Frost's poems*, ed L. Untermeyer (p. 27). New York: Washington Square Press.

Gaensbauer, T. J. (1982). The differentiation of discrete affects: A case report. *Psychoanalytic Study of the Child, 37,* 29-66.

Goldberg, A. (Ed.). (1978). *The psychology of the self: A casebook.* New York: International Universities Press.

Greenacre, P. (1958). Toward an understanding of the physical nucleus of some defence reactions. *International Journal of Psychoanalysis, 39,* 1-8.

Greenberg, J. R., & Mitchell, S. A. (1983). *Object relations in psychoanalytic theory.* Cambridge, MA: Harvard University Press.

Greenson, R. (1967). *The technique and practice of psychoanalysis.* New York: International Universities Press.

Greenwald, A. G. (1980). The totalitarian ego: Fabrication and revision of personal history. *American Psychologist, 35,* 603-618.

Grunes, M. (1984). The therapeutic object relationship. *Psychoanalytic Review, 71,* 123-143.

Hartmann, H. (1939). *Ego psychology and the problem of adaptation.* New York: International Universities Press, 1958.

_____. (1955). Notes on the theory of sublimation. *Psychoanalytic Study of the Child, 10,* 9-29.

Hegarty, A. (1989). Personal communication, New York.

Hendrick, I. (1942). Instinct and the ego during infancy. *Psychoanalytic Quarterly, 11,* 33-58.

Holt, R. R. (1972). Freud's mechanistic and humanistic images of man. *Psychoanalysis and Contemporary Science, 1,* 3-24.

_____. (1976). Drive or wish? A reconsideration of the psychoanalytic theory of motivation. In *Psychology vs. metapsychology: Psychoanalytic essays in memory of G. S. Klein*, ed. M. M. Gill & P. S. Holzman. *Psychological Issues Monograph, 36,* 158-197.

Horner, T. M. (1985). The psychic life of the young infant: Review and critique of the psychoanalytic concepts of symbiosis and infantile omnipotence. *American Journal of Orthopsychiatry, 55*, 324–344.

Jacobson, J. G. (1983). The structural theory and the representational world. *Psychoanalytic Quarterly, 52*, 514–542.

_____. (1987). Personal communication.

Kanner, L. (1942). Autistic disturbances of affective contact. *Nervous Child, 2*, 217–250.

Katan, A. (1951). The role of "displacement" in agoraphobia. *International Journal of Psychoanalysis, 32*, 41–50.

_____. (1961). Some thoughts about the role of verbalization in early childhood. *Psychoanalytic Study of the Child, 16*, 184–188.

Kernberg, O. (1976). *Object relations theory and clinical psychoanalysis*. New York: Aronson.

Klein, G. S. (1976). *Psychoanalytic theory: An exploration of essentials*. New York: International Universities Press.

Klein, M. (1921–1945). *Contributions to psychoanalysis*. London: Hogarth, 1948.

Kohut, H. (1971). *The analysis of the self*. New York: International Universities Press.

_____. (1972). Thoughts on narcissism and narcissistic rage. *Psychoanalytic Study of the Child, 27*, 360–400.

_____. (1977). *The restoration of the self*. New York: International Universities Press.

Kris, E. (1955). Neutralization and sublimation: Notes on young children. *Psychoanalytic Study of the Child, 10*, 36–47.

_____. (1956a). The recovery of childhood memories in psychoanalysis. *Psychoanalytic Study of the Child, 11*, 54–88.

_____. (1956b). On some vicissitudes of insight in psychoanalysis. In *Selected Papers* (pp. 252–271). New Haven: Yale University Press, 1975.

Lichtenberg, J. (1983). *Psychoanalysis and infant research*. Hillsdale, N.J.: Analytic Press.

Loewald, H. W. (1960). On the therapeutic action of psychoanalysis. *International Journal of Psychoanalysis, 41*, 16–33.

_____. (1971a). On motivation and instinct theory. In *Papers on Psychoanalysis* (pp. 102–137). New Haven: Yale University Press, 1980.

_____. (1971b). Some considerations on repetition and repetition compulsion. *International Journal of Psychoanalysis, 52*, 59–66.

Lorenz, K. (1965). *Evolution and modification of behavior*. Chicago: University of Chicago Press.

_____. (1970). *Studies in animal and human behavior* (Vol. 1). Cambridge, MA: Harvard University Press.

Madsen, K. B. (1959). *Theories of motivation: A comparative study of modern theories of motivation*. Copenhagen: Munksgaard.

Mahler, M. S. (1966). Notes on the development of basic moods: The depressive affect. In *Psychoanalysis: A general psychology*, ed. R. M. Loewenstein, L. M. Newman, M. Schur, and A. J. Solnit (pp. 152–168). New York: International Universities Press.

_____. (1968). *On human symbiosis and the vicissitudes of individuation*. New York: International Universities Press.

_____. (1972). On the first three subphases of the separation-individuation process. *International Journal of Psychoanalysis, 53*, 333–338.

_____. (1975). On the current status of the infantile neurosis. *Journal of the American Psychoanalytic Association, 23*, 327–333.

Mahler, M. S., Pine, F., and Bergman, A. (1970). The mother's reaction to her toddler's drive for individuation. In *Parenthood: Its psychology and psychopathology*, ed. E.J. Anthony and T. Benedek. Boston: Little, Brown, 257–274.

_____. (1975). *The psychological birth of the human infant*. New York: Basic Books.

McDevitt, J. B. (1975). Separation-individuation and object constancy. *Journal of the American Psychoanalytic Association, 23*, 713–742.

_____. (1980). *Separation-individuation and aggression*. A. A. Brill Memorial Lecture, New York Psychoanalytic Society.

_____. (1983). The emergence of hostile aggression and its defensive and adaptive modifications during the separation-individuation process. *Journal of the American Psychoanalytic Association, 31*, 273–300.

Mitchell, S. A. (1984). Object relations theories and the developmental tilt. *Contemporary Psychoanalysis, 20*, 473–499.

Modell, A. (1984). *Psychoanalysis in a new context*. New York: International Universities Press.

Noy, P. (1977). Metapsychology as a multimodel system. *International Review of Psychoanalysis, 4*, 1–12.

Osofsky, J. D. (Ed.). (1979). *Handbook of infant development*. New York: Wiley.

Parens, H. (1979). *The development of aggression in early childhood*. New York: Aronson.

Peterfreund, E. (1978). Some critical comments on psychoanalytic conceptualizations of infancy. *International Journal of Psychoanalysis, 59*, 427–441.

Piaget, J. (1937). *The construction of reality in the child*. New York: Basic Books, 1954.

———. (1952). *The origins of intelligence in children*. New York: International Universities Press.

Pine, F. (1970). On the structuralization of drive-defense relationships. *Psychoanalytic Quarterly, 39*, 17–37.

———. (1974). On the concept "borderline" in children. *Psychoanalytic Study of the Child, 29*, 341–368.

———. (1979a). On the expansion of the affect array: A developmental description. *Bulletin of the Menninger Clinic, 43*, 79–95.

———. (1979b). On the pathology of the separation-individuation process as manifested in later clinical work: An attempt at delineation. *International Journal of Psychoanalysis, 60*, 225–242.

———. (1981). In the beginning: Contributions to a psychoanalytic developmental psychology. *International Review of Psychoanalysis, 8*, 15–33.

———. (1982). The experience of self: Aspects of its formation, expansion, and vulnerability. *Psychoanalytic Study of the Child, 37*, 143–167.

———. (1984). The interpretive moment. *Bulletin of the Menninger Clinic, 48*, 54–71.

———. (1985). *Developmental theory and clinical process*. New Haven: Yale University Press.

———. (1986a). On the development of the "borderline-child-to-be." *American Journal of Orthopsychiatry, 56*, 450–457.

———. (1986b). The "symbiotic phase" in the light of current infancy research. *Bulletin of the Menninger Clinic, 50*, 564–569.

———. (1988). The four psychologies of psychoanalysis and their place in clinical work. *Journal of the American Psychoanalytic Association, 36*, 571–596.

———. (1989). Motivation, personality organization and the four psychologies of psychoanalysis. *Journal of the American Psychoanalytic Association, 37*, 27–60.

———. (in press). The place of object loss in normal development. In *The problem of loss and mourning: psychoanalytic perspectives*, ed. D. R. Dietrich and P. Shabad. New York: International Universities Press.

Rapaport, D. (1951). Toward a theory of thinking. In *Organization and pathology of thought*, ed. D. Rapaport (pp. 689–730). New York: Columbia University Press.

———. (1953). Some metapsychological considerations regarding activity and passivity. In *The collected papers of David Rapaport*, ed. M. M. Gill (pp. 530–568). New York: Basic Books, 1967.

_____. (1957). The theory of ego autonomy: A generalization. In *The Collected Papers of David Rapaport*, ed. M. M. Gill (pp. 722-744). New York: Basic Books, 1967.

_____. (1960a). On the psychoanalytic theory of motivation. In *Nebraska Symposium on Motivation*, ed. M. R. Jones (pp. 173-247). Lincoln: University of Nebraska Press.

_____. (1960b). The structure of psychoanalytic theory. *Psychological Issues Monograph*, 6.

Rapaport, D., and Gill, M. M. (1959). The points of view and assumptions of metapsychology. *International Journal of Psychoanalysis*, 40, 153-162.

Redl, F. (1951). Ego disturbances. In *Childhood Psychopathology*, ed. S. I. Harrison and J. F. McDermott (pp. 532-539). New York: International Universities Press, 1972.

Rosenfeld, S. K., and Sprince, M. P. (1963). An attempt to formulate the meaning of the concept "borderline." *Psychoanalytic Study of the Child*, 18, 603-635.

Sander, L. W. (1977). Regulation of exchange in the infant-caretaker system: A viewpoint on the ontogeny of "structures." In *Communicative structures and psychic structures*, ed. N. Freedman and S. Grand (pp. 13-34). New York: Plenum Press.

Sandler, J. (1960). The background of safety. *International Journal of Psychoanalysis*, 41, 352-356.

_____. (1976). Countertransference and role responsiveness. *International Review of Psychoanalysis*, 3, 43-47.

_____. (1981). Unconscious wishes and human relationships. *Contemporary Psychoanalysis*, 17, 180-196.

Sandler, J., and Rosenblatt, B. (1962). The concept of the representational world. *Psychoanalytic Study of the Child*, 17, 128-145.

Sandler, J., and Sandler, A.-M. (1978). On the development of object relationships and affects. *International Journal of Psychoanalysis*, 59, 285-296.

Schafer, R. (1983). *The analytic attitude*. New York: Basic Books.

_____. (1986). Personal communication. New York.

Schulman, G. (1988). Personal communication, Helsinki.

Segel, N. P. (1981). Narcissism and adaptation to indignity. *International Journal of Psychoanalysis*, 62, 465-476.

Settlage, C. F. (1977). The psychoanalytic understanding of borderline and narcissistic personality disorders: Advances in developmental theory. *Journal of the American Psychoanalytic Association*, 25, 805-833.

Singer, M. (1988). Fantasy or structural defect? The borderline dilemma as viewed from analysis of an experience of nonhumanness. *Journal of the American Psychoanalytic Association, 36,* 31–60.

Southwood, H. M. (1973). The origin of self-awareness and ego behavior. *International Journal of Psychoanalysis, 54,* 235–240.

Spence, D. P. (1982). *Narrative truth and historical truth: Meaning and interpretation in psychoanalysis.* New York: Norton.

Spiegel, L. A. (1959). The self, the sense of self, and perception. *Psychoanalytic Study of the Child, 14,* 81–109.

Spitz, R. A. (1957). *No and yes.* New York: International Universities Press.

Stern, D. N. (1985). *The interpersonal world of the infant: A view from psychoanalysis and developmental psychology.* New York: Basic Books.

Stoller, R. J. (1968). *Sex and gender.* New York: Science House.

Stone, L. (1954). The widening scope of indications for psychoanalysis. *Journal of the American Psychoanalytic Association, 2,* 567–594.

————. (1986). Personal communication.

Stone, L. J., Smith, H. T., and Murphy, L. B. (1973). *The competent infant: Research and commentary.* New York: Basic Books.

Strachey, J. (1934). The nature of the therapeutic action of psychoanalysis. *International Journal of Psychoanalysis, 15,* 127–159.

Sullivan, H. S. (1953). *The interpersonal theory of psychiatry.* New York: Norton.

Waelder, R. (1936). The principle of multiple function: Observations on overdetermination. *Psychoanalytic Quarterly, 5,* 45–62.

Weil, A. (1953). Certain severe disturbances of ego development in childhood. *Psychoanalytic Study of the Child, 8,* 271–287.

————. (1956). Certain evidences of deviational development in infancy and early childhood. *Psychoanalytic Study of the Child, 11,* 292–299.

Werman, D. S. (1984). *The practice of supportive psychotherapy.* New York: Brunner/Mazel.

White, R. W. (1959). Motivation reconsidered: The concept of competence. *Psychological Review, 66,* 297–333.

————. (1963). Ego and reality in psychoanalytic theory: A proposal regarding independent ego energies. *Psychological Issues Monograph, 11.*

Winnicott, D. W. (1956). Primary maternal preoccupation. In *Collected Papers* (pp. 300–305). New York: Basic Books, 1958.

————. (1958a). The capacity to be alone. In *The maturational processes and the facilitating environment* (pp. 29–36). New York: International Universities Press, 1965.

_____. (1958b). *Collected Papers*. New York: Basic Books.

_____. (1960a). Ego distortion in terms of true and false self. In *The maturational processes and the facilitating environment* (pp. 140–152). New York: International Universities Press, 1965.

_____. (1960b). The theory of the parent-infant relationship. In *The maturational processes and the facilitating environment* (pp. 37–55). New York: International Universities Press, 1965.

_____. (1963a). The development of the capacity for concern. In *The maturational processes and the facilitating environment* (pp. 73–82). New York: International Universities Press, 1965.

_____. (1963b). Psychiatric disorders in terms of infantile maturational processes. In *The maturational processes and the facilitating environment* (pp. 230–241). New York: International Universities Press, 1965.

_____. (1965). *The maturational processes and the facilitating environment*. New York: International Universities Press.

_____. (1967). Mirror-role of mother and family in child development. In *The predicament of the family*, ed. P. Lomas. London: Hogarth Press.

Wolff, P. H. (1959). Observations on newborn infants. *Psychosomatic Medicine, 21*, 110–118.

Youngerman, J. K. (1979). The syntax of silence: Electively mute therapy. *International Review of Psychoanalysis, 6*, 283–295.

욕동, 자아, 대상 그리고 자기
임상 작업을 위한 종합

1판 1쇄 인쇄   2021년 8월 25일
1판 1쇄 발행   2021년 8월 30일

편저자   프레드 파인(Fred Pine)
옮 김   문희경 현상규
발행인   문희경
발행처   도서출판 지혜와 사랑

출판등록   제 2015-000007호
등록일자   2015년 04월 14일
주소   경기도 남양주시 다산지금로 146길67 7403-1203호
문의   010-5585-7731
E-mail   headnheart@hanmail.net

ISBN 979-11-957392-5-7 (93180)

값 30,000원